立法学：
原理、制度与技术

杨临宏◎著

中国社会科学出版社

图书在版编目（CIP）数据

立法学：原理、制度与技术/杨临宏著.—北京：中国社会科学出版社，2016.12

ISBN 978 - 7 - 5161 - 9010 - 4

Ⅰ.①立…　Ⅱ.①杨…　Ⅲ.①立法—法的理论—高等学校—教材
Ⅳ.①D901

中国版本图书馆 CIP 数据核字（2016）第 237635 号

出 版 人	赵剑英	
责任编辑	张　林	
特约编辑	蓝垂华	全顺太
责任校对	冯英爽	
责任印制	戴　宽	

出　　版	中国社会科学出版社
社　　址	北京鼓楼西大街甲 158 号
邮　　编	100720
网　　址	http://www.csspw.cn
发 行 部	010 - 84083685
门 市 部	010 - 84029450
经　　销	新华书店及其他书店

印刷装订	三河市君旺印务有限公司
版　　次	2016 年 12 月第 1 版
印　　次	2016 年 12 月第 1 次印刷

开　　本	710×1000　1/16
印　　张	26.75
插　　页	2
字　　数	428 千字
定　　价	96.00 元

目　录

第一编　立法原理

第二编 立法制度

第三编　立法技术

第一编

立法原理

第 一 章

立法概述

第一节　立法的概念

一、中国古代典籍中关于立法的论述

"立法"一词中外古代典籍中很早就已经使用。从实质意义上讲，《左传·昭公六年》记载"夏有乱政，而作禹刑"就包含了立法的意思。从字面上讲，如《商君书·算地第六》中有"观俗立法则治，察国事本则宜。不观俗，不察国本，则其法立而民乱，事剧而功寡"的论述。《荀子·议兵》中主张："因其民，袭其处，而百姓皆安，立法施令，莫不顺比。"《商君书·修权》有"立法明分，而不以私害法则治。"《商君书·更法》更是进一步论述道："前世不同教，何古之法？帝王不相复，何礼之循？伏羲神农教而不诛，黄帝尧舜诛而不怒，及至文武，各当时而立法，因事而制礼。礼法以时而定，制令各顺其宜，兵甲器备各便其用。臣故曰：'治世不一道，便国不必法古。'汤武之王也，不循古而兴；殷夏之灭也，不易礼而亡。然则反古者未可必非，循礼者未足多是也。君无疑矣。"《韩非子·诡使》云："夫立法令者，以废私也。法令行而私道废矣。私者，所以乱法也"；《韩非子·有度》亦云："能去私曲就公法者，民安而国治。能去私行行公法者，则兵强而敌弱。"《邓析子·转辞》说："夫治之法，莫大于使私不行；君之功，莫大于使民不争。今也立法而行私，与法争，其乱也，甚于无法。"《史记·律书》主张："王者；制事立法，物度轨则，壹禀于六律，六律为万事根本焉。"《汉书·刑法志》主张："圣人制礼作教，立法设刑。"《汉书·艺文志》和荀悦的《汉纪》、刘勰的《新论》、庚信的《羽调曲》中，都分别提出要"各当时而立

法"、"昔在上圣，惟建皇极，经纬天地，观象立法"、"治民御下，莫正于法，立法施教，莫大于赏罚"、"树君以牧人，立法所以静乱"的观点。清代沈家本主张："为政之道，首在立法以典民，法不一则民志疑，斯一切索隐行怪之徒，皆得乘瑕而蹈隙，故欲安民和众，必立法之先统于一，法一则民志自靖，举凡一切奇哀之说，自不足以惑使人心。"梁启超亦主张："立法者国家之意志也。昔以国家为君主所私有，则君主之意志，即为国家之意志，其立法权专属于君主固宜。今则政学大明，知国家为一国人之公产矣。"这些"立法"的观点，都是指"设立法制"，偏重在设立为维持治安之刑罚法制为主。① 在通常意义上，立法是指国家立法机关依据一定的职权和程序，制定、修改、补充或者废止法律的活动。② 民国政府时期有学者谢振民认为："就广义言，行政机关之颁布条例章程，自治团体订立公约规则，均可谓之立法。就狭义言，必立法机关依立法程序议决法律案，乃可谓之立法。"③

此外，还有学者从形式和实质两个方面来认识立法。从形式意义上看，立法"乃国家有意识地创设能够规律、统治特定社会事项的一般、抽象规范之过程"；从实质意义而言，立法"即统治者所发之命令而有强制人民遵行之力者。"并进一步指出："立法为国家统治权之作用"，"以成文法为限，即以依国家意思而订立之法规范为限"，"依此而订立之规范，系规律国家与人民间之关系"，"此类规范，有时直接完成法的规律，适用于具体事实时，无另为任何行为之必要"。④

二、西方学者关于立法的观点

在西方，"立法"一词的使用远远多于古中国。古希腊、古罗马思想家都对立法问题发表过议论。但无论中西古代典籍，迄今为止都没有关于立法概念的规范化定义或诠释。在古希腊、古罗马学者的著作中，"立法"一词屡见不鲜。柏拉图在《理想国》、《法律篇》、《政治家篇》，亚

① 罗传贤：《立法程序与技术》，台湾五南图书出版股份有限公司 2010 年版，第 1 页。
② 《辞海》，上海辞书出版社 2002 年版，第 1008 页。
③ 谢振民：《中华民国立法史》，南京正中书局 1937 年版，第 4 页。
④ 罗传贤：《立法程序与技术》，台湾五南图书出版有限公司 2010 年版，第 4 页。

里士多德在《政治学》、《尼各马可伦理学》等著作中都有许多关于立法问题、立法家的专题论述。① 这些定义或诠释的出现，是立法学作为理论法学的一个分科产生之后的事。在英文中，与"立法"对应的词是 Legislation，其含义有二：一是法律的制定；二是制定的法律。② 在理解上，英国和美国有所差别，英国指"制定法律产生法律的过程"，美国则指"规定或制定法律之行为或制定法律之权力"。③《牛津法律大辞典》给立法下的定义是："指通过具有特别法律制度赋予的有效地公布法律的权力和权威的人或机构的意志制定或修改法律的过程。这一词亦指在立法过程中所产生的结果，即所制定的法律本身。在这一意义上，相当于制定法。"④《美国大百科全书》对这一词条的解释是："立法是指包括政府各部门所用的规范社会行为的法的规则。一般说，这一术语尤指代议机关所制定的法以及制定法的过程。"⑤

根据周旺生教授的总结，当代西方学者关于立法概念的界说主要有两种：一是过程、结果两种意义说。⑥ 认为立法既指制定或变动法的过程，又指在立法过程中产生的结果即所制定的法本身。二是活动性质、活动结果两种意义说。认为立法是制定和变动法，因而有别于司法和行政的活动，同时又是这种活动的结果，这种结果与司法决定不同。

三、当前我国立法学者关于立法的基本观点

由于立法是所有法学学科都必然会涉及的问题，因此，我国法学界关于立法定义的认识也颇有不同。如《法学词典》中，将立法解释为："立法通常指国家立法机关按照立法程序制定、修改或者废止法律的活动。广义上的立法，包括由国家立法机关授权其他国家机关制定法规的活动。"⑦ 关于立法的基本观点，理论界的观点并不完全一致，主要的观点有：

---

① 郭道晖：《法理学精义》，湖南人民出版社 2005 年版，第 292 页。
② 同上书，第 293 页。
③ 罗传贤：《立法程序与技术》，台湾五南图书出版有限公司 2010 年版，第 1 页。
④ ［英］戴维·M. 沃克：《牛津法律大辞典（中文版）》，光明日报出版社 1989 年版，第 547 页。
⑤ 郭道晖：《当代中国立法（上册）》，中国民主法制出版社 1998 年版，第 5 页。
⑥ 周旺生：《立法学》，法律出版社 2000 年版，第 72 页。
⑦ 《法学词典》，上海辞书出版社 1984 年版，第 217 页。

周旺生等认为："立法是由特定主体，依据一定职权和程序，运用一定技术，制定、认可和变动法这种特定的社会规范的活动。"①

胡建淼教授主编的《公权力研究——立法权·行政权·司法权》一书认为："立法是指享有立法权的主体依照法定的程序和职权，制定、认可、修改或废止法的活动。其直接目的是要产生或变更法这种特定的社会规范，其实质在于统治阶级通过国家机关把自己的意志转化为国家意志活动。"②

夏勇主编的《法理讲义——关于法律的道理与学问》一书认为："立法既可以作为动词使用，也可以作为名词使用。作为动词，立法既指制定和认可法律，也指对法律的解释、补充、修改、编纂和废止等；既指作为代议机关的议会的立法活动，在一定条件下也指行政机关的委任立法（授权立法）、行政立法和司法机关的'法官立法'。作为名词，立法既指民事、刑事、行政、经济、社会、政治等的立法形式（立法结果），也指国际公法、国际私法、国际经济法的立法形式（立法结果）、在特定情况下还可以指宪政立法。"③

朱力宇教授认为："从现代立法的意义讲，广义的立法主要是指法的制定，即指有关国家机关在其法定的职权范围内，依照法定程序，制定、修改、补充和废止法律规范的活动。狭义的立法，专指国家最高权力机关（或国会、国家立法机关等）制定、修改、补充、废止基本法律（或称法典）和基本法律以外的法律（或称普通法律）的活动。所以，'立法'一词有多种含义，在使用时应明确其含义。"④

张永和教授认为："立法是享有立法权的国家机关，依据法定的职权和程序，制定、认可、补充、修改和废止法律的活动。"⑤

刘莘教授认为："立法有静态含义和动态含义。静态含义的立法是指立法活动的结果即产生出的法文件，这时候的'立法'与作为概括说法

---

① 周旺生：《立法学教程》，北京大学出版社 2006 年版，第 60 页。
② 胡建淼：《公权力研究——立法权·行政权·司法权》，浙江大学出版社 2005 年版，第 16 页。
③ 夏勇：《法理讲义——关于法律的道理与学问（下）》，北京大学出版社 2010 年版，第 489—490 页。
④ 朱力宇、叶传星：《立法学（第四版）》，中国人民大学出版社 2015 年版，第 17—18 页。
⑤ 张永和：《立法学》，法律出版社 2009 年版，第 5—6 页。

的'法律'或者'法'的含义是一样的。在这一意义上，立法相当于制定法。"立法在动态意义上，是"指法的创制活动。"①

黄文艺教授认为："立法就是立法主体遵循一定的制度创造法律文本的活动。"②

侯淑雯教授认为："在当代的中国，立法有广义和狭义之分。广义的立法是指所有依据法律的规定有权制定规范性法律文件的活动。其中既包括权力机关制定法律的活动，也包括行政机关制定法规的活动；既包括法定主体的制定规范的活动，也包括被授权主体制定规范的活动。狭义的立法则仅指权力机关依据法定职权制定规范性法律文件的活动。"③

徐向华教授主编的《立法学教程》一书认为："立法是一定政权中的特定主体以政权的名义，为体现最终决定于社会物质生活条件的执政者的共同意志，依据一定的职权，遵循一定的程序，运用一定的技术，提供具有普遍性、明确性的法律规范的活动。"④

戚渊则认为："立法就是一定的主体确立具有普遍效力的法规范和法规则。"立法是一定主体确立具有普遍效力的法规范和法规则的活动；立法是一种结果，它确定法规范和法规则；立法是一个过程，一定的主体进行立法时必须依据既定程序，否则法规范和法规则就不具有效力；立法包括议会立法、司法立法、行政立法及古代的国王立法；规范和规则也不排斥法的价值。⑤

近年来我国学术界对立法概念的解释渐多，较普遍的观点有以下几个。

第一，立法，是指从中央到地方一切国家机关制定和变动各种不同规范性文件的活动。这是所谓对立法最广义的解释。

第二，立法，是指最高国家权力机关及其常设机关制定和变动法律这种特定规范性文件的活动。这是所谓对立法最狭义的解释。

第三，立法，是指一切有权主体制定和变动规范性法律文件的活动。这是介乎广狭两义之间对立法的解释。

这些解释虽能够揭示立法的某些特征，可以说明某些立法，却不能说

---

① 刘莘：《立法法》，北京大学出版社 2008 年版，第 21—22 页。
② 黄文艺：《立法学》，高等教育出版社 2008 年版，第 15 页。
③ 侯淑雯：《新编立法学》，中国社会科学出版社 2010 年版，第 24 页。
④ 徐向华：《立法学教程》，上海交通大学出版社 2011 年版，第 41 页。
⑤ 戚渊：《论立法权》，中国法制出版社 2002 年版，第 12—13 页。

明一般的立法，不适宜作为一般立法的定义。

从以上列举的定义来看，笔者认为关于立法的定义，学者的认识大体是相同的，学者之间的认识没有根本性、对立性的差别，其差别只不过是表述的角度、方式和表述的详略程度不同。

四、本书关于立法的基本认识

笔者认为，立法既可以作为动词使用，也可以作为名词使用。作为动词使用时，立法是指享有立法权的国家机关，在自己的职权范围内，依据法定程序，运用专门技术，制定、认可和变动法律规范的活动。作为名词使用时，立法是指立法活动所产生的结果，即法律。在一般情况下，人们将其作为动词使用较多，将其作为名词使用较少。本书研究的立法是指作为动词使用意义上的立法。

要把握一般的立法概念，需要全面把握立法的内涵和外延，揭示出可以反映各种立法共同特征的、适合于说明各种立法而不只是某些立法的定义。基于这一立场，可以将立法界定为：立法，即法律的制定，是由享有立法权主体，在职权范围内依据法定程序，运用一定技术，制定、认可和变动（解释、补充、修改、编纂和废止）法这种特定社会规范的活动。

按照这一界说，立法的特征亦即立法的内涵在于以下几个方面。

第一，立法是由享有立法权的主体进行的活动。立法是以国家的名义进行的，但不是所有国家机关都有权立法，只有特定国家机关亦即有权立法的主体才能立法。一个国家的哪个或哪些机关有权立法，主要取决于国家的性质、组织形式、立法体制和国情等因素。在现代各国，议会（代表机关）以及其授权的国家机关可以称为有权立法的主体；在君主独掌立法权的专制制度下，专制君主则是最主要的立法主体。立法所以要由特定的主体进行，根本原因在于立法活动在国家的各种活动中，是最重要的活动之一，关系到国家能否制定出适合自己所要维护的社会关系的社会规范。立法问题，也直接关系到国计民生。这样重要的问题，只有交由特定的主体处理，才能保证不至于大权旁落，也才可能处理得好。

第二，立法是依据一定职权进行的活动。有权立法的主体不能随便立法，而要依据一定职权立法：①就自己享有的特定级别或层次的立法权立法。例如，只享有地方立法权的主体就不能行使国家立法权。②就自己享有的特定种类的立法权立法。例如，只能制定行政法规的主体便不能制定刑事法律。③就自己有权采取的特定法的形式立法。例如，只能制定行政法规的主体，便不能制定基本法律。④就自己所行使的立法权的完整性、独立性立法。例如，只能就制定某种法行使提案权的主体，便不能就制定该种法行使审议权、表决权和公布权。⑤就自己所能调整和应当调整的事项立法。例如，只能就一般事项立法的主体，便不能就重大事项立法；应当就一定事项立法的主体，便不能不就整体事项立法。立法主体不依自己的立法职权立法，就可能超越或滥用职权，或不努力行使自己应当行使的职权，就会生出诸多弊端。

第三，立法是依据一定程序进行的活动。现代立法一般经过立法准备、由法案到法，再到立法完善等阶段。其中由法案到法的阶段，一般都经过法案提出、审议、表决和法的公布诸道程序。在特殊情况下可以有特殊程序。古代立法似乎是随便进行的，但实际上也有自己的程序。在实行民主、共和政体的古代国家，立法要遵循一定的程序自不必说，即使在君主"言出法随"的专制国家，立法一般也都有问题的提出、处理和法的形成过程，这个过程通常总要按惯例进行，这种惯例经法律确定后便是立法程序。立法程序本无固定模式，今天的立法程序同古代的立法程序存在本质的差别，只表明不同文化形态下的立法文化的多样化和差异性，不表明古代立法没有程序。立法依据一定程序进行，才能保证立法具有严肃性、权威性和稳定性。

第四，立法是运用一定技术进行的活动。立法是一门科学，要使所立的法能有效地发挥作用，必须重视立法技术。明智的立法者一般都能比较自觉地重视立法技术。不重视立法技术，立法就缺乏科学性，就会有许多弊端，立法的目的就难以实现。立法技术在不同时代和国情之下有很大差别，但就其基本含义来说，是指一定的立法主体在立法的过程中所采取的如何使所立的法臻于完善的技术性规则，或是制定和变动规范性法律文件活动中的操作技巧和方法。在此意义上，立法技术又具有共通性，古今中外的立法技术对提高我们的立法工作都具有积极的参考借鉴价值。

第五，立法是制定、认可和变动法的活动。立法是一项系统工程，包括制定法、认可法、修改法、补充法和废止法等一系列活动。制定，通常指有权的国家机关进行的直接立法活动，如全国人民代表大会及其常务委员会制定法律、国务院制定行政法规。认可，① 指有权的国家机关进行的旨在赋予某些习惯、判例、法理、国际条约或其他规范以法的效力的活动。修改、② 补充、解释③和废止法，则指有权的国家机关变更现行法的活动。

这些特征结合在一起，使立法与其他活动区别开来，而成为具有自己特色和独自属性的活动。

第二节　立法权

一、立法权的概念

立法权是国家权力体系中的重要组成部分，是相对于国家的行政权、司法权、军事权而存在，并由专门机关行使的一项国家权力。但"立法

---

① 如《香港特别行政区基本法》第八条规定："香港原有法律，即普通法、衡平法、条例、附属立法和习惯法，除同本法相抵触或经香港特别行政区的立法机关作出修改者外，予以保留。"《澳门特别行政区基本法》第八条规定："澳门原有的法律、法令、行政法规和其他规范性文件，除同本法相抵触或经澳门特别行政区的立法机关或其他有关机关依照法定程序作出修改者外，予以保留。"

② 如 2014 年 11 月 1 日第十二届全国人民代表大会常务委员会第十一次会议通过《全国人民代表大会常务委员会关于修改〈中华人民共和国行政诉讼法〉的决定》；2015 年 3 月 15 日第十二届全国人民代表大会第三次会议通过《全国人民代表大会关于修改〈中华人民共和国立法法〉的决定》。

③ 如 2014 年 11 月 1 日第十二届全国人民代表大会常务委员会第十一次会议通过的《全国人民代表大会常务委员会关于〈中华人民共和国民法通则〉第九十九条第一款、〈中华人民共和国婚姻法〉第二十二条的解释》规定："最高人民法院向全国人民代表大会常务委员会提出，为使人民法院正确理解和适用法律，请求对民法通则第九十九条第一款'公民享有姓名权，有权决定、使用和依照规定改变自己的姓名'和婚姻法第二十二条'子女可以随父姓，可以随母姓'的规定作法律解释，明确公民在父姓和母姓之外选取姓氏如何适用法律。""全国人民代表大会常务委员会讨论了上述规定的含义，认为：公民依法享有姓名权。公民行使姓名权属于民事活动，既应当依照民法通则第九十九条第一款和婚姻法第二十二条的规定，还应当遵守民法通则第七条的规定，即应当尊重社会公德，不得损害社会公共利益。在中华传统文化中，'姓名'中的'姓'，即姓氏，体现着血缘传承、伦理秩序和文化传统，公民选取姓氏涉及公序良俗。公民原则上随父姓或者母姓符合中华传统文化和伦理观念，符合绝大多数公民的意愿和实际做法。同时，考虑到社会实际情况，公民有正当理由的也可以选取其他姓氏。基于此，对民法通则第九十九条第一款、婚姻法第二十二条解释如下：公民依法享有姓名权。公民行使姓名权，还应当尊重社会公德，不得损害社会公共利益。公民原则上应当随父姓或者母姓。有下列情形之一的，可以在父姓和母姓之外选取姓氏：（一）选取其他直系长辈血亲的姓氏；（二）因由法定扶养人以外的人扶养而选取扶养人姓氏；（三）有不违反公序良俗的其他正当理由。少数民族公民的姓氏可以从本民族的文化传统和风俗习惯。"

权（legislative power）是一个比较难定义的词语"。"立法权问题，既简单也复杂。说其简单，是因为其创立之初，为了区别政府的不同功能——法律的创制、法律的执行和法律的适用（裁决）——而把创制法律的权力称为'立法权'。"① "立法权是国家的心脏，行政权则是国家的大脑，大脑指使各个部分运动起来。大脑可能陷于麻痹，而人依然活着。一个人可以麻木不仁地活动；但是一旦心脏停止了它的机能，则任何动物马上就会死掉。"② "它是立法的内核，它决定立法的性质、内容并影响和制约立法制度的发展变化。"③ 但由于"中国人对立法权问题一向并未看重，迄今尚未发现中国古代有人明确提出过立法权的概念，虽然一些著述中包含有关于立法权问题的思想，但理论上的研究是谈不上的。近代中国有人对立法权问题作过论述，梁启超还写有《论立法权》的专论，但整个地说，思想理论界在立法权问题上是没有什么说得过去的研究。共和国建立之前的二三十年中，议论立法权问题的著述有所增多，但所论的深度、广度和系统性都远不足道。共和国诞生后，关于立法权的研究，亦未引起应有的注意和重视，不仅未产生系统阐述立法权问题的专著，也极少有讨论立法权的专文"④。因此，关于如何界定立法权，理论界还有一些分歧。但就内容而言，立法权是指立法主体行使的制定、认可、修改、补充、解释和废止法律规范的国家权力。立法权包含如下几个方面的含义。

第一，立法权是国家权力体系中具有相对独立性的重要权力。立法权的相对独立性，是因为立法权"同行政权、司法权的区分并不泾渭分明，而有一定程度的互相渗透"⑤。立法权又是具有相对独立性的权力，尽管一些国家在不同性质权力的划分与行使当中存在着模糊现象，但是立法权还是具有相对独立性。它是相对于行政权、司法权而独立存在的一种国家权力。

第二，立法权是一种综合性的权力体系。立法是特定国家机关制定、认可、修改和废止规范性法律文件的活动，则立法权包括制定权、认可

---

① 夏勇：《法理讲义——关于法律的道理与学问（下）》，北京大学出版社2010年版，第491页。

② ［法］卢梭：《社会契约论（中译本）》，何兆武译，商务印书馆1980年版，第177页。

③ 徐育苗：《中外政治制度比较》，中国社会科学出版社2004年版，第273页

④ 周旺生：《立法论》，北京大学出版社1994年版，第320—321页。

⑤ 郭道晖：《法理学精义》，湖南人民出版社2005年版，第298页。

权、修改权和废止权，而不仅指其中的某一方面。"完整的立法权概念，既包括实体性的立法权力，也包括程序性的立法权力；既包括立法的源泉，也包括授予其他机关、从属于立法源权的派生立法权力。"[1]

第三，立法权具有法律性。立法权具有法律性就意味着立法权的行使主体是由法律明确规定了的，不仅如此，法律对立法权行使的范围也做出具体规定。一个国家在一定的时期，立法权的主体范围总是有限的、特定的，这种特定性决定于这个国家的性质与具体国情。如《中华人民共和国宪法》（以下简称《宪法》）、《中华人民共和国立法法》（以下简称《立法法》）[2] 等法律除了明确规定享有立法权的主体外，还明确了各个不同立法主体行使权力的合理范围与界限。[3]

第四，立法主体并不仅限于立法机关，只要拥有立法权力的机关都可以成为行使立法权力的主体，现代社会由于经济社会管理的复杂性和专业性日益明显和社会关系变化迅速，部分行政机关也在一定范围内行使行政立法权，也可以成为立法主体。

第五，立法权活动的形式具有多样性，包括制定、认可、修改、废止、批准法规范等多种形式。

二、立法权的性质和特征

（一）立法权的性质

立法权的性质如何？学者对此研究并不多。

台湾地区的学者罗传贤认为立法权具有政治性、主动性、民主性、主观性、统一性、公开性及自律性等七个属性。[4] 大陆学者戚渊认为，立法权的性质包括合法性、统一性和民主性。其中，"立法权的合法性是指立法权合法地产生、存在及行使，它决定着立法成果的正义性"。"立法权之统一性不仅表现在国家立法机关应统一行使立法权，不经国家立法机关授权或委托，任何团体和个人不得制定成文法律、不得创制法律规范或规

---

① 郭道晖：《法理学精义》，湖南人民出版社 2005 年版，第 300 页。

② 2000 年 3 月 15 日第九届全国人民代表大会第三次会议通过。2015 年 3 月 15 日第十二届全国人民代表大会第三次会议通过《关于修改〈中华人民共和国立法法〉的决定》进行了修改。

③ 黄文艺：《立法学》，高等教育出版社 2008 年版，第 59—60 页。

④ 罗传贤：《立法程序》，台湾龙文出版社 1993 年版，第 4 页。

则，由立法授权行政机关所颁布的法规不得抵触立法机关制定的法律；不仅表现在立法形式上，使法律结构、系统、格式及文字等各方面趋于统一；不仅表现在立法技术上，要采用以禁止性规范为主、授权性规范为辅的立法技术；而且更重要的是，立法价值的统一性，即要求在宪法和法律中要有统一的价值标准。"立法权的民主性是指"立法权由国家立法机关统一行使并不说明其他个人或团体不可以不同程度地参与立法"。"广义上说，法律制定已不再为少数人所垄断，除个人或各种社会团体可以发表意见外，政党及各种利益团体也可以对立法施加政治压力，大众传播媒体也可以利用舆论，给予政治影响。""立法权的民主性也表现为立法机关内部的民主。"①

（二）立法权的特征

学者在讨论立法权的性质和特征时对二者没有作十分严格的区分，性质中有特征的成分，特征中有性质的因素，二者是交叉的。立法权有如下特征。

第一，立法权的主体和范围具有法定性。立法权主体的法定性，是指享有立法权的主体必须由法律来加以明确规定，而不能由国家机关或社会组织自由为之；立法权范围的法定性，是指立法主体各自的立法范围都是由法律明确规定的，不得逾越。

第二，立法权的行使具有民主性。立法权的民主性，具体表现在立法权的内容要充分反映民意，立法过程要充分吸收民众参与，立法决策要遵守多数决原则。"立法程序中，需要程序的参与者根据自身的情况，对立法活动提出建议，从而使立法者在立法时能够'兼听则明'。"② 确保所制定的法规范具有正当性，防止"恶法"的出现。

第三，立法权的内容具有制规性。立法从根本上讲是为社会提供行为规范的活动。因此，立法权的内容就是制定人们的行为规范，保证社会在法律规范的引导下和谐有序发展。

第四，立法权在体系上具有统一性。即立法权作为一个体系，要求内

---

① 戚渊：《论立法权》，中国法制出版社 2002 年版，第 23—26 页。

② 胡建淼：《公权力研究——立法权·行政权·司法权》，浙江大学出版社 2005 年版，第17 页。

部统一，以确保国家法制的统一和立法的权威。立法权的统一性具体表现为主体统一、内容统一、形式统一和价值统一。而且价值统一是内容统一和形式统一的基础和保障。①

三、立法权的分类

立法权可以根据不同的标准作出不同的分类。

（一）实体立法权和程序立法权

根据立法权的内容为标准，可以将立法权分为实体立法权和程序立法权。

实体立法权，是指立法的实质内容，即立法权能够从事何种行为。实体立法权包括法的制定权、法的认可权、法的修改权、法的补充权、法的解释权、法的废止权、法的撤销权等内容。

程序立法权，是指立法必须经过的法定程序，不经过这些程序，社会规范就不能成为法律规范。程序立法权包括立法提案权、立法审议权、立法听证权、立法表决权、立法公布权、立法公决权等内容。

（二）中央立法权与地方立法权

根据立法权享有机关的级别不同，将立法权分为中央立法权与地方立法权。

中央立法权，是指由中央一级的国家机关行使的立法权。如我国全国人民代表大会修改宪法和制定基本法律的权力；全国人民代表大会常务委员会有解释宪法、制定法律和部分修改基本法律的权力；国务院有制定与修改行政法规的权力；国务院各部、委以及直属机构有制定和修改部门规章的权力。

地方立法权，是指由特定的地方国家机关行使的立法权。如我国省级人民代表大会及其常务委员会以及设区的市人民代表大会及其常务委员会有制定地方性法规的权力；省级人民政府以及设区的市人民政府有制定地方政府规章的权力；民族自治地方（自治区、自治州、自治县）的人民

---

① 胡建淼：《公权力研究——立法权·行政权·司法权》，浙江大学出版社 2005 年版，第28—29 页。

代表大会有制定自治条例与单行条例的权力①；特别行政区的立法机关行使的立法权。

（三）权力机关的立法权与行政机关的立法权

根据行使立法权的机关的性质不同，将立法权分为权力机关的立法权与行政机关的立法权。

权力机关行使的立法权，就是代议机关的立法权，通常世界各国的代议机关同时也是立法机关。如国外的议会或国会，我国的全国人民代表大会及其常务委员会。

行政机关的立法权，是指特定的行政机关在宪法、法律规定的职权范围和权力机关专门的授权范围内行使的立法权，人们通常将其称之为行政立法权。

在我国现行立法体制下，行使立法权是权力机关一项基本职权与职责；行政机关制定行政法规与规章是行政机关的一项重要的职权与职责。

（四）职权立法权与授权立法权

根据立法权的来源不同，将立法权分为职权立法权与授权立法权。

职权立法权，是指立法主体的立法权力来源于宪法、立法法和组织法规定的立法权力。如《宪法》《立法法》《国务院组织法》《地方各级人民代表大会及地方各级人民政府组织法》关于立法权的规定。

授权立法权，是指立法主体的立法权力源自特定机关的授权或者特定法律的授权。在我国有两种类型：一种是特别授权，如全国人民代表大会或常务委员会以专门的授权决议对经济特区制定经济法规的特别授权；另一种是相关的法律条文中授权即某一法律中某一条款规定有关国家机构可以制定变通规定或实施细则。

（五）明示立法权与默示立法权

根据法律对立法是否作出明确的规定，将立法权分为明示立法权与默示立法权。

明示立法权，是指《宪法》《立法法》和其他法律明确规定各种立法主体的立法权力，它包括明确规定可以或应当行使哪些立法权力或限制行使哪些立法权力。明示立法权力有两种方式，一种是明确授权，另一种是

---

① 根据修改后的《立法法》自治州的人民代表大会及其常务委员会有权制定地方性法规。

明确禁止。明确授权又可以分为两种方式：一是《宪法》、《立法法》或其他法律直接规定或列举。如《宪法》第六十二条规定：全国人民代表大会有权"制定和修改刑事、民事、国家机构的和其他的基本法律。"《立法法》第八条①规定了全国人民代表大会及其常务委员会专属立法权的十一类事项；二是宪法、立法法或其他法律规定某些事项可以依法制定，如我国《宪法》第五十九条规定："全国人民代表大会代表名额和代表产生办法由法律规定。"明确禁止也有三种方式。一是禁止一定的机关行使某些立法权，如专属立法权，只能由全国人民代表大会或全国人民代表大会常务委员会行使，其他机关就不能行使。二是明确规定下位法不得与上位法相抵触。如我国宪法、立法法都规定，制定地方性法规，不得同宪法、法律、行政法规相抵触；三是规定某些立法权时应当符合一定的条件，如《立法法》第十条至第十三条②规定，授权立法应当严格按照授权目的和范围行使该项权力，被授权机关不得将该项权力转授给其他机关。

默示立法权，是指立法权的行使，没有直接具体的法律依据，但可以从宪法、立法法和其他法律的条文中推导出来的，或在宪法、立法法以及法律的条文精神中包含有的立法权。其具体方式如下。一是概括地规定立法主体有某些未明示的立法权，如《宪法》第六十二条第十五项规定全

---

① 《立法法》第八条规定："下列事项只能制定法律：（一）国家主权的事项；（二）各级人民代表大会、人民政府、人民法院和人民检察院的产生、组织和职权；（三）民族区域自治制度、特别行政区制度、基层群众自治制度；（四）犯罪和刑罚；（五）对公民政治权利的剥夺、限制人身自由的强制措施和处罚；（六）税种的设立、税率的确定和税收征收管理等税收基本制度；（七）对非国有财产的征收、征用；（八）民事基本制度；（九）基本经济制度以及财政、海关、金融和外贸的基本制度；（十）诉讼和仲裁制度；（十一）必须由全国人民代表大会及其常务委员会制定法律的其他事项。"

② 《立法法》第十条规定："授权决定应当明确授权的目的、事项、范围、期限以及被授权机关实施授权决定应当遵循的原则等。""授权的期限不得超过五年，但是授权决定另有规定的除外。""被授权机关应当在授权期限届满的六个月以前，向授权机关报告授权决定实施的情况，并提出是否需要制定有关法律的意见；需要继续授权的，可以提出相关意见，由全国人民代表大会及其常务委员会决定。"第十一条规定："授权立法事项，经过实践检验，制定法律的条件成熟时，由全国人民代表大会及其常务委员会及时制定法律。法律制定后，相应立法事项的授权终止。"第十二条规定："被授权机关应当严格按照授权决定行使被授予的权力。""被授权机关不得将被授予的权力转授给其他机关。"第十三条规定："全国人民代表大会及其常务委员会可以根据改革发展的需要，决定就行政管理等领域的特定事项授权在一定期限内在部分地方暂时调整或者暂时停止适用法律的部分规定。"

国人民代表大会有权行使"应当由最高国家权力机关行使的其他职权";《立法法》第八条第十一项规定:"必须由全国人民代表大会及其常务委员会制定法律的其他事项",这一规定就包含着全国人民代表大会及其常务委员会可以行使除已列举以外的其他职权,通常被称为兜底性权限。二是从宪法、法律规定有关立法主体享有的职权中,可以推导出对某些事项的立法权。再如,《宪法》第八十九条①规定的十八项国务院行政管理职权的事项,就说明了国务院在其行使行政管理职权过程中可以采取制定行政法规的方式。

四、立法权的归属

近代资产阶级学者如洛克、孟德斯鸠、卢梭等都认为立法权是属于人民的,但也都认为立法权的行使并不是由人民亲自完成。洛克认为:"立法权,不论属于一个人或较多的人,不论经常或定期存在,是每一个国家中的最高权力。"② 属于人民的立法权必须设定立法机关代为行使,立法机关必须秉承人民的意愿行使立法权,否则人民有权变更立法机关直至起来革命。③ 孟德斯鸠认为:"在一个自由的国家里,每个人都被认为具有

---

① 《宪法》第八十九条规定:"国务院行使下列职权:(一)根据宪法和法律,规定行政措施,制定行政法规,发布决定和命令;(二)向全国人民代表大会或者全国人民代表大会常务委员会提出议案;(三)规定各部和各委员会的任务和职责,统一领导各部和各委员会的工作,并且领导不属于各部和各委员会的全国性的行政工作;(四)统一领导全国地方各级国家行政机关的工作,规定中央和省、自治区、直辖市的国家行政机关的职权的具体划分;(五)编制和执行国民经济和社会发展计划和国家预算;(六)领导和管理经济工作和城乡建设;(七)领导和管理教育、科学、文化、卫生、体育和计划生育工作;(八)领导和管理民政、公安、司法行政和监察等工作;(九)管理对外事务,同外国缔结条约和协定;(十)领导和管理国防建设事业;(十一)领导和管理民族事务,保障少数民族的平等权利和民族自治地方的自治权利;(十二)保护华侨的正当的权利和利益,保护归侨和侨眷的合法的权利和利益;(十三)改变或者撤销各部、各委员会发布的不适当的命令、指示和规章;(十四)改变或者撤销地方各级国家行政机关的不适当的决定和命令;(十五)批准省、自治区、直辖市的区域划分,批准自治州、县、自治县、市的建置和区域划分;(十六)依照法律规定决定省、自治区、直辖市的范围内部分地区进入紧急状态;(十七)审定行政机构的编制,依照法律规定任免、培训、考核和奖惩行政人员;(十八)全国人民代表大会和全国人民代表大会常务委员会授予的其他职权。"

② 〔英〕洛克:《政府论》,叶启芳等译,商务印书馆1964年版,第83页。

③ 〔英〕洛克:《政府论》,叶启芳等译,商务印书馆1986年版,第90页。

自由的精神，都应该自己统治自己，所以立法权应该由人民集体享有。"①
卢梭认为，立法权属于人民，并认为这种权力不能转让，不能由人民议员
去行使，"人民的议员并不是也不可能是人民的代表，他们只不过是人民
的仆役罢了"。②

我国国学大师梁启超在《论立法权》中亦曾经质问："立法权之不可
不分，既闻命矣，然则此权当谁属乎？属于一人乎，属于众人乎，属于吏
乎，属于民乎，属于多数乎，属于少数乎？此等问题，当以政治学之理论
说明之。""英儒边沁之论政治也，谓当以求国民最多数之最大幸福为正
鹄。此论近世之言政学者多宗之。夫立法则政治之本原也，故国民之能得
幸福与否，得之者为多数人与否，皆不可不于立法决定之。夫利己者人之
性也，故操有立法权者，必务立其有利于己之法，此理势所不能免者也。
然则使一人操其权，则所立之法必利一人；使众人操其权，则所立之法必
利众人。吏之与民亦然，少数之与多数亦然。此事固非可以公私论善恶
也。一人之自利固私，众人之自利亦何尝非私，然而善恶判焉者。循所谓
最多数最大幸福之正鹄，则众人之利重于一人，民之利重于吏，多数之利
重于少数，昭昭明甚也。"可见，立法权归属之问题至关重要。

我国《宪法》第二条规定："中华人民共和国的一切权力属于人民。"
"人民行使国家权力的机关是全国人民代表大会和地方各级人民代表大
会。"根据该条的规定，在我国立法权是国家的权力，理所当然属于
人民。

既然立法权属于人民，为什么在多数时候人民并不直接行使立法权
力，而将立法权交由特定的机关——立法机关行使呢？其基本原因如下。

第一，现代民主，都是代议制民主，在绝大多数情况下人民只能通过
其代表机关行使国家权力，不可能也没有必要直接行使国家权力。

第二，立法要为社会提供肯定、明确、普遍的行为规范，需要掌握一
定的立法技术的机关才能实现这一目的。

第三，由于法律对社会行为的规范是统一的，就要求立法既要防止法
出多门，也要防止法无门出的情况，否则就会出现或自相矛盾、人们无所

---

① ［法］孟德斯鸠：《论法的精神》，张雁深译，商务印书馆1961年版，第158页。
② ［法］卢梭：《社会契约论》，何兆武译，商务印书馆1982年版，第125页。

适从，或立法空白、无法可依等不良情况。

可见，立法权由特定机关——立法机关行使，既是立法机关的职权，也是立法机关的职责。

五、立法权的基本功能

立法权的功能，是指立法主体制定、认可、修改、废止法规范对社会产生的功效或作用。

反映社会需求，引导社会发展。

协调社会利益，防控社会纠纷。

弘扬主流价值，伸张社会正义。

第三节　立法学

一、立法学的研究对象

立法学，是以立法现象及其规律为研究对象的法学分支学科。在法学学科体系中，其他部门法学主要是以立法活动产生的结果作为研究对象的，并不重点研究立法活动本身，而立法学以自己特有的研究对象——立法现象或法的创制活动与其他部门法相区别，成为法学的一门独立分支学科。

由于立法活动所制定的只是规范性法律文件，并不直接对社会关系进行规范，所以，人们长期对立法的研究并不重视（特别是中国人有重结果、轻过程的传统，人们认为调整和规范人的行为的是部门法律规范，立法与自己无关。而事实上，法律将如何规范人们的行为、配置社会资源、确认权利义务、追究法律责任等都是在立法时就已经确定了的）。所以，在法学的各个分支学科中立法学是一个产生较晚的学科。

"立法是一门科学，为了搞好立法，必须学习法律，熟悉法律，特别是学习宪法，熟悉宪法。"[①] "搞立法工作必须精通宪法，还要研究有关历

----

① 彭真：《彭真文选》，人民出版社 1991 年版，第 569 页。

史文献。"① 与其他法学学科一样，立法学也有自己独立的研究对象，概括起来立法学的研究对象包括如下十个方面：

第一，既研究立法现状，也研究立法历史；

第二，既研究立法制度，也研究立法理论；

第三，既研究立法文本，也研究立法背景；

第四，既研究立法行为，也研究立法规律；

第五，既研究立法原理，也研究立法技术；

第六，既研究立法结果，也研究立法过程；

第七，既研究宏观立法，也研究微观立法；

第八，既研究静态立法，也研究动态立法；

第九，既研究一般立法，也研究部门立法；

第十，既研究本国立法，也研究外国立法。

二、立法学的体系

从目前国内研究立法学的著作来看，立法学的体系主要是如下几种。

第一，周旺生教授主张的立法原理、立法制度、立法技术三部分体系。

第二，朱力宇教授主张的以立法原理、立法制度、立法过程和立法技术为基本内容的，以我国社会主义立法为重点的四部分体系。②

第三，此外，还有学者从立法学总论与立法分论；立法史学和现实立法学；国内立法学、国外立法学、比较立法学；理论立法学与应用立法学；立法学与立法学边缘学科等多种方法构建立法学体系。③

尽管学术界关于立法学体系建构有多种学说，但从目前出版的立法学教科书体系看，研究的范围都大体相同，只是在编排体系上存在一些差别，而且这些差别也不是本质性的。本书对立法学的研究，基本上是按照立法原理、立法体制、立法程序和立法技术展开的，以《立法法》为基础，重点研究中国现行的立法制度和通用立法技术。

---

① 彭真：《彭真文选》，人民出版社 1991 年版，第 664 页。
② 朱力宇、叶传星：《立法学（第四版）》，中国人民大学出版社 2015 年版，第 2—3 页。
③ 黄文艺：《立法学》，高等教育出版社 2008 年版，第 4—5 页。

三、立法学的学科属性

立法学作为法律的一个分支学科，与其他法学学科相比，具有如下特殊性质：

第一，立法学是应用法学。由于立法学主要是研究立法现象，特别是法律的创制及所涉及的相关原理、体制、程序和技术等问题，所要解决的是如何制定出好的法律，与理论法学研究各种形式的法律现象产生、发展和活动的一般规律和基本原理相比，应用性强，所以具有明显的实用性、操作性，属于应用法学。

第二，立法学属于国内法学。一般而言，除专门研究国际法的创制的著作外，立法学都以本国法的创制问题为主要研究对象，不研究国际法的创制问题，因此，立法学属于国内法学。

第三，立法学属于综合法学。由于立法学主要研究各部门法学的主要研究对象——部门法律法规的创制的共同性问题，研究的对象涉及中国特色社会主义法律体系内的各个部门法的内容，因此，立法学属于综合法学。

四、立法学的研究方法

立法学的研究方法是多种多样的，人们从不同的路径都能探寻到立法学的真义。但单一的研究方法所获得的知识是有限的，具有一定的局限性，因此，要全面掌握立法学的精髓，立法学的研究方法也应该是多样的。从现阶段的研究情况看，人们在研究立法学时通常采用文本研究方法、实证研究方法、比较研究方法、成本效益方法、绩效评估方法等多种方法。

五、立法学的意义

2011年3月，第十一届全国人大常委会委员长吴邦国在全国人大四次会议上宣布："一个立足于中国国情和实际、适应改革开放和社会主义现代化建设需要、集中体现党和人民意志的，以宪法为统帅，以宪法相关法、民商法等多个法律部门的法律为主干，由法律、行政法规、地方性法规等多个层次的法律规范构成的中国特色社会主义法律体系已经形成，国家经济建设、政治建设、文化建设、社会建设以及生态文明建设的各个方面实现有法可依，党的十五大提出到 2010 年形成中国特色社会主义法律体系的立法工作目标如期完成。"在中国特色社会主义法律体系形成后，立法学研究有何意义呢？笔者认为，在中国特色社会主义法律体系形成后，立法任务并非到此结束，反而更加繁重，在这一背景下深入开展立法学研究，意义更加重大。具体表现如下。

第一，深入开展立法学的研究，有助于进一步提高立法质量。我国在形成中国特色社会主义法律体系的过程中，由于普遍存在"有法律总比没有法律好"的观念，对于立法工作存在重数量轻质量、以法律应急的现象，因此立法质量整体不高，通过立法学的研究，能够从整体上提高法律体系的质量。

第二，深入研究立法学，能够指导法律的实施工作。科学的立法，是正确实施法律的前提。没有科学的立法，法律就会与实践相脱节，法律在实践中就必然会遇到技术上的障碍，如在法律实施过程中对相关的法律条文需要进行解释时，如果没有科学的解释方法则可能会曲解立法的原意，人们会因此而陷入无休止的争论之中，使法律的实施产生阻力。而通过深入研究立法学，在提高立法质量的基础上，既可以为国家机关工作人员正确进行执法、司法和法律监督提供保证，也可以为人民群众遵守法律提供依据，进而保障法律的有效实施。正因为如此，有学者指出："立法学不仅要研究立法中一般理论和制度问题，而且要研究立法实践中提出的应用性问题，以保证在立法实践中，科学、正确、合法地创制法律规范。"[1]

第三，深入研究立法学，有助于深化其他法学学科的研究。立法学虽然是一个独立法学分支学科，但其与其他法学学科之间存在紧密的联系，相互之间具有互动性。如立法学要借助法理学的研究成果，将法理学的研究成果应用到立法领域；立法学对法律编纂问题进行深入研究，对法典的编纂具有直接影响，能够指导相关学者应用立法原理对本部门法典的编纂进行研究。

---

① 朱力宇、叶传星：《立法学（第四版）》，中国人民大学出版社 2015 年版，第 2 页。

第 二 章

立法体制

第一节　立法体制的基本理论

一、立法体制的含义

"体制"一词在通常意义上，一是指"国家机关、企业事业单位在机构设置、领导隶属关系和管理权限划分等方面的体系、制度、方法、形式等的总称"；二是指"诗文的体裁、格局"。① 很显然，"立法体制"中的体制，是在第一种意义上使用的。

法学界关于立法体制具有不同的观点，概括起来主要有如下几种类型。

第一种类型的观点认为，立法体制是立法权限的划分制度。在此类型之下又有多种观点。①立法体制就是明确中央和地方立法权限的划分。② ②立法体制就是明确一国政权机关立法权限划分的体制。③ ③立法体制是有关法的创制的权限划分所形成的制度和结构，它既包括中央和地方关于法的创制权限的划分制度和结构，也包括中央各国家机关之间及地方各国家机关之间关于法的创制权限的划分制度和结构。④ ④立法体制是参与立法的主体具有什么影响立法手段、在立法过程中如何运作的制度。立法体

---

① 《辞海》，上海辞书出版社 2002 年版，第 1658 页。
② 吴大英、刘瀚：《中国社会主义立法问题》，群众出版社 1984 年版，第 5 页。
③ 孙琬钟：《立法学教程》，中国法制出版社 1990 年版，第 70 页。
④ 张文显：《法理学》，法律出版社 1997 年版，第 341 页。

制包括参与立法的主体、影响立法的手段和立法的运作机制三个部分。① ⑤立法体制是由立法权限划分和有权立法的国家机构共同构成的制度体系，核心是立法权限的划分。② ⑥立法体制是指关于立法权限的划分制度，即法的制定权限的划分制度意义的立法体制，它既包括同级的国家权力机关和国家行政机关在横向结构上对立法权限的划分，也包括中央和地方的国家机关在纵向结构上的对立法权限的划分。③ ⑦立法体制是关于立法权限划分的基本制度，即一个国家哪些国家机关或人员有权制定、认可、修改、废止法律和其他具有不同法的效力的规范性法律文件和权限的制度。④

第二种类型的观点认为，立法体制是立法主体与立法权限的划分。在此类型之下也有多种观点。如：①立法体制是立法主体的组织体系和立法权限划分的制度，包括立法主体的组织体系和立法权限的划分制度两个方面的基本内容。⑤ ②立法体制的基本含义是指国家的立法权限的划分和立法机构的设置。⑥ ③立法体制是关于立法主体的资格、立法权限的划分以及权属关系的体系和制度的总称。主要包括在一个国家中，享有立法权的主体有哪些、彼此存在怎样的隶属关系和权属关系、各立法主体行使的立法权范围和性质如何。⑦

第三种类型的观点认为，立法体制是立法主体设置、立法权限划分与立法权运行的体系和制度。如有学者认为，立法体制是有关立法权限、立法权运行和立法权载体诸多方面的体系和制度所构成的有机整体，其核心是有关立法权限的体系和制度。立法体制是静态和动态的统一，立法权限的划分是立法体制中的静态内容；立法权的行使是立法体制中的动态内容；作为立法权载体的立法主体的建置和活动，则是立法体制中兼有静态

---

① 李步云、汪永清：《中国立法的基本理论和制度》，中国法制出版社 1998 年版，第 91—92 页。

② 刘莘：《立法法》，北京大学出版社 2008 年版，第 107 页。

③ 朱力宇、叶传星：《立法学（第四版）》，中国人民大学出版社 2015 年版，第 104 页。

④ 谷安梁：《立法学》，法律出版社 1993 年版，第 86 页。

⑤ 张根大：《立法学总论》，法律出版社 1991 年版，第 112 页。

⑥ 李培传：《中国社会主义立法的理论与实践》，中国法制出版社 1991 年版，第 48 页。

⑦ 侯淑雯：《新编立法学》，中国社会科学出版社 2010 年版，第 108 页。

和动态两种状态的内容。① 再如，有学者认为："立法体制是以国家有关机构为主体，以负有宪法、法律、法规、规章等级的制定、认可、修改、废止的权限划分为主要内容，从属于国体和政体的一项等级分明、连结有序的机构和制度体制。"②

第四种类型的观点认为，立法体制是立法主体影响立法的手段和过程。如有学者认为，立法体制是参与立法的主体具有什么影响立法的手段、在立法过程中如何运用的制度。包括参与立法的主体、影响立法的手段和立法的运作机制三个部分的内容。③

可见，不管对立法体制持何种观点，"立法体制，是指一个国家立法权限的划分及立法机构的设置。立法体制的核心是立法权限划分问题，特别是中央与地方立法权限的划分问题。"④

根据学者的上述论述，笔者认为，所谓立法体制，是以划分立法权为核心而形成的有关立法组织的体系。根据这一定义，立法体制实质上要解决如下问题：

第一，谁来划分立法权？

第二，谁享有立法权？

第三，享有立法权的主体享有何种立法权？

第四，各种立法权之间的关系如何？

如果人们能够清晰地回答上述问题，则就完整地把握了立法体制的内涵和外延。

二、影响立法体制的基本因素

立法体制属于国家的上层建筑，受多种因素的影响和制约，其中国体、政体、国家结构形式、国家的历史传统和民族因素对立法体制的影响

---

① 周旺生：《立法学教程》，北京大学出版社 2006 年版，第 157 页。

② 李步云：《法理学》，经济科学出版社 2001 年版，第 537 页。

③ 李步云、汪永清：《中国立法的基本理论和制度》，中国法制出版社 1998 年版，第 91—92 页。

④ 李培传：《论立法（第三版）》，中国法制出版社 2013 年版，第 163 页。

最为明显。①

国体，即国家的性质或阶级属性。掌握立法权的统治阶级，为了维护自己的有效统治，必然要采取适合于自己统治的立法体制。由于相同国体的国家，采取的政体可以不尽相同，其立法体制也就必然有所不同。

国家结构形式是指国家整体与其组成部分的关系的形式。当今世界，国家结构形式主要分为单一制和联邦制两种。国家结构形式是影响中央与地方立法权限划分的最直接、最重要的因素。

一个国家的历史传统也是影响立法权限划分的重要因素。一般来说，如果一个国家的民族结构比较单一，立法权限则相对比较集中，而多民族国家则必须考虑各民族的不同情况，对立法权限的集中程度也就相对比较弱。

当然，立法体制的设置与国家的幅员辽阔程度也有关系，如果一个国家地域面积狭小，发展水平相对比较平衡，立法体制就会比较单一；反之，如果一个国家地域幅员宽广，各地发展的水平参差不齐，则立法体制会比较复杂。

三、立法体制的分类

根据不同的标准，对立法体制可以作不同的分类。

（一）根据立法权的机关不同，可以将立法体制分为单一立法体制和复合立法体制

单一立法体制，是指立法权由同一类型的国家机关或同一机关行使的立法体制。在单一立法体制之下，大多数国家所采用的是由中央国家机关中的一个机关独立行使立法权，其他国家机关不得行使立法权，也无权对立法机关行使立法权的行为进行制衡。

复合立法体制，是指立法权由两个或者两个以上的不同类型的国家机关分别行使的立法体制。当今世界各国，多数实行的是复合制的立法体制，但享有立法权的中央机关行使立法权的方式各有不同。如冰岛、芬兰、厄瓜多尔、智利等国实行总统和议会共同行使立法权；比利时、丹

---

① 乔晓阳：《中华人民共和国立法法讲话（修订版）》，中国民主法制出版社 2008 年版，第 8—10 页。

麦、荷兰等国实行君主和议会共同行使立法权。

（二）根据地方是否享有立法权，可以将立法体制分为一级立法体制和多级立法体制

一级立法体制，是指立法权仅属于中央立法机关，地方没有立法权的立法体制。

多级立法体制，是指中央和地方的立法机关都享有各自不同的立法权的立法体制。实行多级立法体制的国家，由于地方的层级有差别，所以又可以分为二级立法体制、三级立法体制和四级立法体制等类型。

（三）根据立法权行使的集中程度不同，可以将立法体制分为集权型立法体制和分权型立法体制

集权型立法体制，是指国家的立法权高度集中在某一个人或者某一个机关，其他机关不得行使的立法体制。

分权型立法体制，是指根据适当性原则对立法权进行划分，分别由不同的机关在自己权限内行使的立法体制。

（四）根据立法权行使时是否受相应制约的机制，可以将立法体制分为独立型的立法体制和制衡型的立法体制

独立型的立法体制，是指立法主体行使立法权时不受其他机关或个人制约，自己根据立法权限和程序进行的立法体制。

制衡型的立法体制，是指立法主体在行使立法权时须受其他国家机关或者个人限制的立法体制。美国是最典型的制衡型立法体制的国家。

（五）根据立法权行使的集中程度不同，可以将立法体制分为集权型立法体制和分权型立法体制

集权型立法体制，是指国家的立法权高度集中在中央立法主体，地方没有立法权，或者地方立法权是基于中央授权而得的立法体制，如朝鲜。

分权型的立法体制，是指国家的立法权分别由中央和地方行使，并且地方的立法权相对独立，不是基于中央授权而得的立法体制，如美国。

第二节　立法体制的历史沿革与基本内容

一、我国当代立法体制的历史沿革

自 1949 年 10 月 1 日中华人民共和国成立以来，我国的立法体制经过

了从初创到发展完善的演变过程，大致经过了四个发展阶段。

（一）初创时期

这一阶段的时限是1949年新中国成立到1954年《宪法》颁布之前的立法体制。我国的人民代表大会制度正式建立于1954年，在这之前由全国政协代行国家权力机关的权力。1949年9月29日，中国人民政治协商会议第一届全体会议通过了具有临时宪法性质的《中国人民政治协商会议共同纲领》。该纲领在第十三条规定："在普选的全国人民代表大会召开以前，由中国人民政治协商会议的全体会议执行全国人民代表大会的职权，制定中华人民共和国中央人民政府组织法，选举中华人民共和国中央人民政府委员会，并付之以行使国家权力的职权。"第十六条规定："中央人民政府与地方人民政府间职权的划分，应按照各项事务的性质，由中央人民政府委员会以法令加以规定，使之既利于国家的统一，又利于因地制宜。"第十七条规定："废除国民党反动政府一切压迫人民的法律、法令和司法制度，制定保护人民的法律、法令，建立人民司法制度。"第五十一条规定："各少数民族聚居的地区，应实行民族的区域自治，按照民族聚居的人口多少和区域大小，分别建立各种民族自治机关。凡各民族杂居的地方及民族自治区内，各民族在当地政权机关中均应有相当名额的代表。"在这次政协会议上还通过的《中央人民政府组织法》又进一步规定，中央人民政府委员会制定并解释国家的法律，颁布法令，并监督其执行；规定国家的施政方针；废除或修改政务院与国家的法律、法令相抵触的决议和命令。政务院颁发决议和命令，并审查其执行。1949年12月，政务院通过《大行政区人民政府组织通则》的规定，大行政区人民政府委员会有权拟定与地方政务有关的暂行法令条例，报政务院批准或备案。这些规定为中央和地方在立法权限的纵向划分上奠定了基础。从上述规定可见，共同纲领时期的立法体制是中央统一立法和大行政区行使部分立法权相结合，这一时期我国的立法体制呈现出的特点是：①就立法体制的性质而言，人民民主专政的立法体制初见雏形；②就政党在立法体制中的作用而言，中国共产党领导的多党合作、政治协商形成惯例；③就公民在立法体制中的作用而言，公民各种在当时适宜的影响立法的手段得到了确认；④就有权立法的国家机关立法权限划分而言，实行了中央集中统一与地方立法相结合的体制。① 此外，还有学者认为，这一时期我国立法体制的特点是立法主体数量较多；中央与地方相对分权，但地方立法权仍然受中央立法权牵制。②

（二）高度集中的立法体制时期

这一阶段的时限是 1954 年到 1977 年。1954 年 9 月 20 日，第一届全国人民代表大会第一次会议通过了我国第一部社会主义宪法。该《中华人民共和国宪法》第二十二条明确规定中华人民共和国全国人民代表大会是最高国家权力机关、是行使国家立法权的唯一机关。第二十七条规定全国人民代表大会修改宪法、制定法律。第三十一条进一步规定全国人民代表大会常务委员会解释法律、制定法令。③ 根据 1954 年《宪法》，全国人民代表大会常务委员会没有国家立法权，国务院也无权制定行政法规，地方人民代表大会也无权制定地方性法规的立法权。1975 年和 1978 年宪法也都作了类似规定。全国人民代表大会常务委员会虽然可以制定法令，但无立法权。

虽然 1954 年宪法规定全国人民代表大会是行使国家立法权的唯一机关，但由于全国人民代表大会代表较多，不可能经常开会，加之每次开会的时间也不可能很长，而需要制定的法律的数量又很大，仅靠全国人民代表大会显然无法承担如此繁重的立法任务。因此，1955 年 7 月，第一届全国人民代表大会第二次会议又专门"授权常务委员会依照宪法的精神、根据实际的需要，适时地制定部分性质的法律，即单行法规"。1959 年第二届全国人民代表大会第一次会议又进一步明确确定："为了适应社会主义改造和社会主义建设事业发展的需要，大会授权常务委员会，在全国人民代表大会闭会期间，根据情况的发展和工作需要，对现行法律中一些已经不适用的条文，适时地加以修改，作出新的规定。"虽然通过这两次授权，全国人民代表大会常务委员会可以行使国家的部分立法权，改变了全国人民代表大会是行使国家立法权唯一机关的规定，但我国的民主与法制

---

① 李步云、汪永清：《中国立法的基本理论和制度》，中国法制出版社 1998 年版，第 92 页。

② 李林：《立法理论与制度》，中国法制出版社 2005 年版，第 305 页。

③ 法令是指带有规范性质的、法律性的个别文书，在效力方面与法律不同。

建设逐渐走向停滞，全国人民代表大会常务委员会除通过一些决议、决定外，没有再制定法律，因此 1959 年的这次授权实际没有得到执行。1954 年《宪法》规定，国务院有权"根据宪法、法律和法令，规定行政措施，发布决议和命令，并且审查这些决议和命令的实施情况"。

这一时期，还需要提及的是关于立法有了一些规定。1954 年《宪法》第三条中规定中华人民共和国是统一的多民族国家。第四条规定各少数民族聚居的地方实行区域自治。第七十条规定，自治区、自治州、自治县的自治机关可以依照当地民族的政治、经济和文化的特点，制定自治条例和单行条例，报请全国人民代表大会常务委员会批准，而没有规定其他一般地方的立法权。由此可见，1954 年《宪法》确定的是中央集权的立法模式。

在这一时期，由于 1966 年"文化大革命"的爆发，立法体制受到了毁灭性的破坏，可以说是处于一个有宪法规定之名，而无实际运作之实的时期。1975 年《宪法》所确立的立法体制仍然是中央完全集权的体制，不仅没有规定地方的立法权，反而还将 1954 年《宪法》中关于民族自治地方的自治机关制定自治条例和单行条例的权力给予取消了。

就《宪法》的规定总体而言，这一时期我国立法体制的特点是：①对个人的立法的手段的规定更加具体、明确、科学，如"用公民的概念取代共同纲领中人民的概念，对公民基本权利的规定更加明确、具体，还规定国家供给必需的物质上的便利"；②立法权高度集中，全国人民代表大会是行使国家立法权的唯一机关；③新中国立法体制已经基本定型，享有立法权的国家机关和其他参与立法的主体影响立法的手段基本上得到1982 年《宪法》的确定，我国立法权配置的格局基本成型，民族自治地方法也已经确定并被沿用。①

（三）立法体制重建时期

这一时期时限是 1978 年 3 月第五届全国人民代表大会第一次会议通过的 1978 年《宪法》至 1982 年 12 月 4 日通过的第四部宪法。

由于 1978 年《宪法》在政体和国家结构形式上都是恢复 1954 年

---

① 李步云、汪永清：《中国立法的基本理论和制度》，中国法制出版社 1998 年版，第 93 页。

《宪法》的规定，在立法体制上也是基本上复制 1954 年《宪法》的规定。

1978 年《宪法》关于立法体制的规定涉及纵向立法权限划分和横向立法权限划分两个基本方面。在纵向上，1978 年《宪法》虽然恢复了民族自治地方享有的制定自治条例和单行条例的权力，但仍然没有授予地方立法权。在横向立法权限方面，1978 年《宪法》规定，全国人民代表大会享有修改宪法和制定法律的权力；全国人民代表大会常务委员会享有解释宪法、法律、制定法令的权力。但仍然没有授权国务院制定行政法规的权力。

1978 年 12 月，邓小平同志在《解放思想，实事求是，团结一致向前看》一文中就提出"现在立法的工作量很大……有的法规地方可以先试搞，然后经过总结提高，制定全国通行的法律。"1979 年 7 月第五届全国人民代表大会第二次会议重新修订的《地方各级人民代表大会和地方各级人民政府组织法》，对我国立法体制进行了重要改革，赋予省、自治区、直辖市人民代表大会及其常务委员会制定地方性法规的权力。1981 年 11 月 26 日，全国人民代表大会常务委员会通过了授权广东、福建省人民代表大会及其常务委员会制定所属经济特区的各项单行经济法规的权力。

总结这一时期，我国立法体制的特点，主要表现为：①基本上恢复了 1954 年《宪法》确立的立法体制；②"文化大革命"对立法体制的影响尚未得到彻底消除；③对建立适应我国国情的立法体制作了新的探索。①

（四）1982 年宪法制定后的立法体制

1982 年《宪法》以 1954 年宪法为基础，建立了现行立法体制，2000 年 3 月 15 日第九届全国人民代表大会第三次会议通过了《立法法》，进一步完善了我国的立法体制，至此，我国的立法体制已经完善，在将来很长的一个时期内会保持相对稳定。2015 年 3 月 15 日第十二届全国人民代表大会第三次会议，作出了《关于修改〈中华人民共和国立法法〉的决定》，对我国的现行立法体制作了必要的补充和完善。

二、我国现行的立法体制

我国现阶段的立法体制，是指我国现行《宪法》（即 1982 年宪法）

---

① 李步云、汪永清：《中国立法的基本理论和制度》，中国法制出版社 1998 年版，第 94 页。

和《立法法》所确立的立法体制。

根据《宪法》《立法法》和有关法律的规定，我国现行的立法体制的基本内容如下。

（一）全国人民代表大会及其常务委员会行使国家立法权，制定法律

现行《宪法》第五十八条规定："全国人民代表大会和全国人民代表大会常务委员会行使国家立法权。"根据《宪法》的规定，全国人民代表大会有权修改宪法，制定和修改刑事、民事、国家机构和其他的基本法律；全国人民代表大会常务委员会有权制定和修改除应当由全国人民代表大会制定的法律以外的其他法律，在全国人民代表大会闭会期间，对全国人民代表大会制定的法律进行部分补充和修改，但不得同该法律的基本原则相抵触；全国人民代表大会常务委员会还有权撤销国务院制定的同宪法、法律相抵触的行政法规和各级人民代表大会制定的同宪法、法律相抵触的地方性法规。

《立法法》第七条规定："全国人民代表大会和全国人民代表大会常务委员会行使国家立法权。""全国人民代表大会制定和修改刑事、民事、国家机构的和其他的基本法律。""全国人民代表大会常务委员会制定和修改除应当由全国人民代表大会制定的法律以外的其他法律；在全国人民代表大会闭会期间，对全国人民代表大会制定的法律进行部分补充和修改，但是不得同该法律的基本原则相抵触。"

第八条规定了专属于全国人民代表大会及其常务委员会的立法事项，即法律保留事项。这些事项包括：①国家主权的事项；②各级人民代表大会、人民政府、人民法院和人民检察院的产生、组织和职权；③民族区域自治制度、特别行政区制度、基层群众自治制度；④犯罪和刑罚；⑤对公民政治权利的剥夺、限制人身自由的强制措施和处罚；⑥税种的设立、税率的确定和税收征收管理等税收基本制度；⑦对非国有财产的征收、征用；⑧民事基本制度；⑨基本经济制度以及财政、海关、金融和外贸的基本制度；⑩诉讼和仲裁制度；⑪必须由全国人民代表大会及其常务委员会制定法律的其他事项。

（二）国务院根据宪法和法律制定行政法规

《宪法》第八十九条关于国务院的职权第（一）项规定，国务院有权"根据宪法和法律，规定行政措施，制定行政法规，发布决定和命令"。

全国人民代表大会及其常务委员会又两次对国务院进行授权。

第一次是 1984 年 9 月，第六届全国人民代表大会常务委员会第七次会议"授权国务院在实施国营企业利改税和改革工商税制的过程中，拟定有关税收条例，以草案形式发布试行，再根据试行的经验加以修订，提请全国人民代表大会常务委员会审议"。

第二次是 1985 年 4 月，第六届全国人民代表大会第三次会议"授权国务院对于有关经济体制改革和对外开放方面的问题，必要时可以根据宪法，在同有关法律和全国人民代表大会及其常务委员会的有关决定的基本原则不相抵触的前提下，制定暂行的规定或者条例，颁布实施，并报全国人民代表大会常务委员会备案。经过实践检验，条件成熟时由全国人民代表大会或者全国人民代表大会常务委员会制定法律"。

此外，《立法法》第六十五条也规定："国务院根据宪法和法律，制定行政法规。""行政法规可以就下列事项作出规定：（一）为执行法律的规定需要制定行政法规的事项；（二）宪法第八十九条规定的国务院行政管理职权的事项。""应当由全国人民代表大会及其常务委员会制定法律的事项，国务院根据全国人民代表大会及其常务委员会的授权决定先制定的行政法规，经过实践检验，制定法律的条件成熟时，国务院应当及时提请全国人民代表大会及其常务委员会制定法律。"

（三）特定的地方人民代表大会及其常务委员会行使地方立法权，有权制定地方性法规

根据《宪法》和《立法法》的规定，我国的地方立法权包括两个层次。第一个层次是省、自治区、直辖市人民代表大会及其常务委员会在不同宪法、法律、行政法规相抵触的前提下可以制定地方性法规。第二层次是设区的市人民代表大会及其常务委员会。《立法法》第七十二条第二款规定："设区的市的人民代表大会及其常务委员会根据本市的具体情况和实际需要，在不同宪法、法律、行政法规和本省、自治区的地方性法规相抵触的前提下，可以对城乡建设与管理、环境保护、历史文化保护等方面的事项制定地方性法规，法律对设区的市制定地方性法规的事项另有规定的，从其规定。设区的市的地方性法规须报省、自治区的人民代表大会常务委员会批准后施行。省、自治区的人民代表大会常务委员会对报请批准的地方性法规，应当对其合法性进行审查，同宪法、法律、行政法规和本

省、自治区的地方性法规不抵触的，应当在四个月内予以批准。"①

（四）民族区域自治地方人民代表大会制定自治条例和单行条例

除了自治区人民代表大会及其常务委员会可以制定地方性法规外，民族自治地方，即自治区、自治州、自治县的人民代表大会有权依照当地民族的政治、经济和文化的特点，制定自治条例和单行条例。自治区的自治条例和单行条例报全国人民代表大会常务委员会批准后生效；自治州、自治县的自治条例和单行条例报省、自治区、直辖市的人民代表大会常务委员会批准后生效。根据《立法法》第七十二条第三款规定，省、自治区的人民代表大会常务委员会在对报请批准的设区的市的地方性法规进行审查时，发现其同本省、自治区的人民政府的规章相抵触的，应当作出处理决定。自治州的人民代表大会及其常务委员会可以依照第七十二条第二款规定行使设区的市制定地方性法规的职权。自治州开始制定地方性法规的具体步骤和时间，依照前款规定确定。

（五）经济特区所在地的省、市人民代表大会及其常务委员会的特殊立法权

《立法法》第七十二条第四款规定："除省、自治区的人民政府所在地的市，经济特区所在地的市和国务院已经批准的较大的市以外，其他设区的市开始制定地方性法规的具体步骤和时间，由省、自治区的人民代表大会常务委员会综合考虑本省、自治区所辖的设区的市的人口数量、地域面积、经济社会发展情况以及立法需求、立法能力等因素确定，并报全国人民代表大会常务委员会和国务院备案。"海南省、深圳市、厦门市、汕头市、珠海市人民代表大会及其常务委员会按照全国人民代表大会的授权，根据经济特区的具体情况和实际需要，遵循宪法的规定以及法律和行政法规的基本原则，制定法规，在各自的经济特区实施。

（六）行政规章制定权

根据《宪法》及《立法法》第八十条的规定，国务院各部、委员会、

---

① 修改前的《立法法》规定，第二个层次是较大的市（即省、自治区人民政府所在地的市、经济特区所在地的市和其他经国务院批准的较大的市）的人民代表大会及其常务委员会根据本市的具体情况和实际需要在不同宪法、法律、行政法规和本省、自治区的地方性法规相抵触的前提下，可以制定地方性法规，报省、自治区人民代表大会常务委员会批准后生效，并报国务院备案。

中国人民银行、审计署和具有行政管理职能的直属机构，可以根据法律和国务院的行政法规、决定、命令，在本部门的权限范围内，制定规章。《立法法》第八十二条规定，省、自治区、直辖市和设区的市、自治州的人民政府，可以根据法律、行政法规和本省、自治区、直辖市的地方性法规，制定规章。

（七）特别行政区立法权

根据《香港特别行政区基本法》和《澳门特别行政区基本法》的规定，特别行政区在不与特别行政区基本法相抵触的前提下，具有独立的立法权。

三、我国立法体制的特点

对于我国现行立法体制，学者从不同的角度进行了不同的概括，主要观点有："一级立法体制说"、"两级立法体制说"、"多级或多层次立法体制说"、"一元两级说"、"一元二级多层次说"、"一元二层次三分支立法体制说"和"统一而又分层次的立法体制说"。

"一级立法体制说"认为，我国只存在中央一级立法体制，地方没有立法权或地方的立法权根据中央的授权进行。

"两级立法体制说"认为，两级立法是指中央立法和地方立法两级。

"多级或多层次立法体制说"认为，我国的立法体制既不是一级立法体制，也不是两级立法体制，而是集中统一领导下的多层次的立法体制。即全国人民代表大会和全国人大常委会行使国家立法权；国务院根据宪法和法律，行使部分行政立法权，制定行政法规；省、自治区、直辖市的人民代表大会和它们的常务委员会，在不同宪法、法律、行政法规相抵触的前提下可以制定地方性法规，报全国人大常委会备案；民族自治地方的人民代表大会，有权依照当地民族的政治、经济和文化的特点，制定自治条例和单行条例。[①]

"一元两级说"认为："我国的立法体制是一元的，即全国人大及其常委会行使国家立法权，是我国立法权的源泉，在我国立法体制中居于主要的和基础性的地位，并且统一领导和监督全国的立法工作，保证我国法

---

① 田农：《谈我国的立法体制》，《河北法学》1983年第2期。

制的统一。""我国立法体制是两级制，即在中央，全国人大常委会享有国家立法权；在地方，有权的地方人大行使地方立法权，其中包括：省、自治区、直辖市、省会市和较大市的地方人大及其常委会享有地方性法规制定权，民主自治地方的人大享有自治条例和单行条例的制定权。"①

"一元二级多层次说"认为：我国的立法体制包括国家立法权、行政法规立法权、地方性法规立法权、自治条例和单行条例的立法权、授权立法权、特别行政区立法权等，从而构成一个统一、完整、协调、实用的现行国家立法体制。② "一元"指中华人民共和国的一切权力属于人民，中华人民共和国全国人民代表大会是最高国家权力机关，行使国家立法权的主体是全国人民代表大会和它的常务委员会。"两级"指中央一级立法和地方一级立法。中央一级的立法包括全国人大及其常委会行使国家立法权制定法律，国务院根据宪法和法律制定行政法规。地方立法权包括一般地方法权、民族自治地方立法权和设区的市的立法权和特别行政区立法权四种。当然，"两级"的地位是不平等的，中央立法是地方立法的法律渊源。"多层次"表现是制定规范性法律文件的主体从中央到地方宝塔式的设置，层次清楚，权限明确，相应地它们制定的规范性法律文件的效力地位也是成为梯级的。

"一元二层次三分支立法体制说"。一元性——指国家立法权统一由全国人大和它的常委会行使。只有全国人大有权制定和修改宪法和基本法律，全国人大常委会有权制定其他法律。全国人大是其他机关制定其他法律和规范性文件的权力渊源。二层次——指统一行使国家立法权的有全国人大和它的常设机关——全国人大常委会。作为国家最高权力机关，它们属于同一级机关，但在立法权限上分为两个层次。三分支——指由全国人大通过宪法授予国务院以制定行政法规的权力，授予省、自治区、直辖市的人大和人大常委会制定地方性法规的权力，授予民族区域自治地方制定自治条例和单行条例的权力。这三分支就是由全国人大的立法权派生出来的三种"立法规权"，是从属于全国人大和它的常委会的立法权的三条支

---

① 俞敏声：《试论我国的立法体制》，《法制与经济》1995 年第 3 期。
② 胡建淼：《公权力研究——立法权行政权司法权》，浙江大学出版社 2005 年版，第 67 页。

流，也是从属于宪法和法律的三种不同法规。①

"统一而又分层次的立法体制说"，认为"我国是统一的、单一制的国家，但各地经济社会发展很不平衡。与这一国情相适应，在最高国家权力机关集中行使立法权的前提下，为了使我国的法律既能通行全国，又能适应各地方千差万别不同情况的需要，立法法根据宪法确定的在'在中央统一领导下，充分发挥地方的主动性、积极性'的原则，确立统一而又分层次的立法体制"。全国人大及其常委会行使国家立法权；国务院根据宪法和法律，制定行政法规；地方人大及其常委会行使地方立法权，制定地方性法规。②

有中国立法学之父之称的周旺生教授则认为：现行中国立法体制，可以看到这是一种由中央和地方、权力机关和政府作了一定程度的分权的立法体制。"现行中国立法体制是中央统一领导和适当分权的多级并存、多类结合的立法体制。最高国家权力机关统一领导，国务院享有相当大的权力、地方享有一定权力，是其突出的特点。"不可能以"级"和"层次"的概念来表明它们在中国立法体制中的地位的。③

还有学者不从形式上来讨论立法体制的特点，而是从实质上来讨论立法体制的特点。认为我国的立法体制是集中统一的立法体制、中央与地方适当分权的立法体制和各个国家机关分工协作的立法体制。④

虽然，近年来人们对我国立法体制的特点没有再进行深入研究，但并不意味着对此问题的认识已经达成共识，其实分歧仍然存在，只不过是人们没有再争论而已。

---

① 郭道晖：《论我国一元性立法体制》，《法学研究》1986 年第 1 期。
② 乔晓阳：《〈中华人民共和国立法法〉导读与释义》，中国民主法制出版社 2015 年版，第 24 页。
③ 周旺生：《论现行中国立法体制》，《北京大学学报》（哲学社会科学版）1989 年第 3 期。
④ 尹中卿：《我国的立法体制》，《人大建设》2001 年第 8 期。

第 三 章

立法主体

第一节　立法主体的基本理论

一、立法主体的概念

任何行为都必须由主体实施，立法作为行使国家权力的一种重要形式也不例外。就理论而言，立法主体是立法学中必不可少的一个学术概念；就实践而言，立法主体是所有立法活动的实施者，是直接行使立法权的机关。

关于立法主体的含义，理论界有立法活动参与者说；国家机关说；国家机关、组织和人员说；政权机关其他社会组织、团体说及模糊说多种不同的认识。

立法活动参与者说认为，"立法主体，简要地说，就是各种立法活动参与者的总称"。又可以分为法治说和功能说。法治说认为，立法主体是依法有权进行或参与法的制定、认可和变动活动的国家机关的总称。功能说认为，立法主体就是有权参与或实际参与立法活动的机关、组织和人员的通称。在功能意义上，衡量一个主体是否立法主体，不仅要看它是否依法具有立法权，还要看它事实上是否具有立法功能。事实上具有立法功能的，即使没有法定立法权或授权立法权，也是立法主体。①

国家机关说认为，立法主体是指具有立法权或参与法的制定、认可和变动活动的国家机关的总称。功能说认为，立法主体是有权参与或实际参与立法活动的国家机关、组织和人员的总称；关系说认为，立法主体是立

---

①　周旺生：《立法学》，法律出版社 2004 年版，第 86—87 页。

法关系中依法享有立法职权并承担立法责任的国家机关、组织和个人;①政权机关其他社会组织、团体说认为，立法主体是根据宪法和法律规定或授权，有权制定、修改、废止、解释规范性法律文件的政权机关或其他社会组织、团体。② 模糊说认为，立法主体是指根据宪法和有关法律规定，有权制定、修改、补充、废止各种规范性法律文件以及认可法律规范者，即法律规范的制定者。③

但亦有学者认为:"立法主体是根据宪法和法律规定或授权，有权制定修改、废止、解释规范性文件的政权机关或其他社会组织、团体。"立法权属于国家公权力，在"法无授权即为禁止"的支配下，只有国家法律明确授权的国家机关才享有立法权。因此，其他社会组织、团体也作为立法主体是不恰当的，就当今世界而言，立法权只能由国家机关行使，其他社会组织、团体虽然能够通过各种渠道对立法产生一定的影响，但不能行使立法权，将其作为立法主体是不妥当的。此外，将凡有法律解释权的国家机关都作为立法主体也不恰当，如社会现实中，大量的法律解释是由司法机关作出，如果将有法律解释权的司法机关也作为立法主体，似乎有悖人们对立法的普遍认知，也不利于国家机关之间的权力划分。

简单而言，立法主体就是指立法权的享有者。详言之，立法主体是指根据宪法和法律规定或授权，有权制定、修改、认可、补充和废除具有法效力的行为规范的各级各类国家机关。根据上述定义，立法主体具有如下特征:

第一，立法主体是国家机关。

第二，立法主体是有权制定法律规范的国家机关。

由于人们对"法律"理解存在差异，因此对立法、立法权、立法主体等的理解自然也就存在不同的认识。但在严格意义上，立法主体应当只包括代议机关，不包括行政机关;只包括全国代议机关，不包括地方代议机关。行政机关和地方代议机关的立法，是为了适应经济社会发展迅猛、专业性强和地方差异明显等情况而发展起来的。为什么在严格意义上法律

---

① 黄文艺:《立法学》，高等教育出版社 2008 年版，第 143 页。

② 徐向华:《立法学教程》，上海交通大学出版社 2011 年版，第 89 页。

③ 侯淑雯:《新编立法学》，中国社会科学出版社 2010 年版，第 152 页。

必须由代议机关制定呢？因为"人民生活常受法律的支配，法律的内容如何，对于人民，有很大的影响。现在使代表人民的议会制定法律，而议会制定的法律又有最高的效力，政府只能在法律的范围内，发布命令或作各种处分，这样，岂但法治政治可以维持，便是民意政治也可以实现了。由此可知立法机关若不是代表民意的机关，纵令政府行政必须按照法律规定，然亦只能实现法治政府，必不能实现民间政治，万一政府能够发布与法律效力同等的命令，则法治政治亦难维持"①。

二、立法主体的分类

根据不同标准，可对立法主体作不同分类。

（一）制宪主体、法律制定主体、行政法规制定主体、地方性法规制定主体和规章制定主体

这种分类是以制定的法律法规不同为依据而进行的。

制宪主体，是指制定宪法的主体，通常认为制宪主体是人民而非国家机关。由于一国宪法通常在建国初期制定，之后只是对宪法进行修改，因此，制宪主体通常也是修宪主体。如美国，宪法修正案由国会两院各三分之二以上多数议员通过后提出，或由国会应三分之二以上多数州议会的要求而召开的制宪会议提出，再由四分之三以上州议会或四分之三以上州制宪会议批准。上述国会两院或制宪会议与州议会或州制宪会议共为制宪主体。有的国家还规定，宪法的制定或修改必须经过全民公决，所以在实行全民公决的国家，人民也是制宪主体。我国《宪法》第六十四条规定："宪法的修改，由全国人民代表大会常务委员会或者五分之一以上的全国人民代表大会代表提议，并由全国人民代表大会以全体代表三分之二以上的多数通过。"因而宪法修正案的提出组织与全国人民代表大会共为制宪主体。

法律制定主体，是一个国家权力机关。在西方，是指议会（或国会），在我国是指全国人民代表大会及其常务委员会。我国《宪法》第五十八条规定："全国人民代表大会和全国人民代表大会常务委员会行使国家立法权。"

---

① 萨孟武：《政治学与比较宪法》，商务印书馆 2013 年版，第 144 页。

　　行政法规制定主体，在我国是指国务院。从各国宪法及宪法性法律规定来看，一般以最高行政机关为行政立法主体。但西方国家没有行政法规这样的概念，为论述上的方便，笔者将行政法规制定主体与西方国家的政府立法主体或委任立法主体等同使用。

　　地方性法规制定主体，是指制定地方性法规的国家机关。在我国，地方性法规是指省（自治区、直辖市）人民代表大会及其常务委员会，设区的市的人民代表大会及其常务委员会制定和发布的规范性法律文件。通常情况下，民族区域自治地方的人民代表大会制定的自治条例和单行条例也被纳入地方性法规的范围，只有需要特别强调自治条例和单行条例的特殊性时，才将其独立出来。

　　规章制定主体，是指有权制定规章的国家行政机关。在我国，规章制定主体包括两类：部委规章制定主体和地方政府规章制定主体。

　　（二）中央立法主体和地方立法主体

　　根据立法主体的级别不同，将立法主体区分为中央立法主体和地方立法主体。

　　中央立法主体，是指享有立法权的中央国家机关。在我国包括国家主席、中央权力机关、中央军事委员会、[①] 中央行政机关、国务院总理、部委首长。中央权力机关包括全国人民代表大会和全国人民代表大会常务委员会；中央行政机关包括国务院和国务院部委。

　　地方立法主体，是指享有地方立法权的地方国家权力机关和地方国家行政机关。地方国家权力机关包括省（自治区、直辖市）人民代表大会及其常务委员会，设区的市人民代表大会及其常务委员会、民族区域自治地方的人民代表大会。地方国家行政机关包括省（自治区、直辖市）人民政府，设区的市人民政府。

---

　　① 根据《宪法》，中央军事委员会领导全国武装力量，中央军事委员会主席对全国人民代表大会和全国人民代表大会常务委员会负责。在我国的立法体制中，中央军事委员会属于中央立法主体，其法律地位与国务院平行。中央军事委员会根据宪法和法律，制定军事法规。中央军事委员会各总部、军兵种、军区，可以根据法律和中央军事委员会的军事法规、决定、命令，在其权限范围内，制定军事规章。这里需要注意，军事法规、军事规章在武装力量内部实施，如果需要在全国范围内实施的，通常采用军事立法机关与行政机关联合制定的方式制定和发布。

（三）权力机关立法主体和行政机关立法主体

根据立法机关的性质不同，将立法主体区分为权力机关立法主体和行政机关立法主体。

权力机关立法主体，是指中央国家权力机关和享有立法权的地方人民代表大会及其常务委员会。

行政机关立法主体，是指享有行政法规、规章制定权的中央政府及其工作部门和地方人民政府。

（四）职权立法主体和授权立法主体

根据立法权的来源不同，将立法主体区分为职权立法主体和授权立法主体。

职权立法主体，是指因《宪法》、《组织法》、《立法法》的规定而享有立法权的国家机关。

授权立法主体，是指因《宪法》、《组织法》之外的其他法律、法规或专门授权决议而获得立法权的国家机关。

授权立法主体所得到的立法权限，来源于更高法律地位的立法主体的授权，其他立法主体的立法权限来源于宪法和宪法性法律的直接规定。因此，授权立法主体在数量上具有不确定性，取决于有权作出授权的立法主体的意愿。但一国的职权立法主体在数量上却带有确定性，因为它已经被具体确认在宪法和宪法性法律之中。

第二节 立法机关的基本规定

一、立法机关概述

（一）立法机关的含义

"立法机关属于政治机构，其成员在形式上是平等的，其权力根源于立法机关的成员是为政治共同体的代议员这一主张，其决策是按照复杂的程序集体制定。"[①] 专门意义上的立法机关起源于中世纪的欧洲，然后传

---

① ［英］戴维·米勒、韦农·波格丹诺：《布莱克维尔政治学百科全书（修订版）》，邓正来译，中国政法大学出版社 2002 年版，第 436 页。

到北美殖民地。在我国，立法机关通常泛指有权制定、修改和废止法律，即行使立法权的国家机关。"在单一制国家中有中央立法机关和地方立法机关之分，在联邦制国家中有联邦和联邦成员、地方立法机关之分。"①

（二）立法机关的功能

不同国家立法机关的基本功能是相同的，即都具有制定法律的功能，但除制定法规范外，其他的功能就存在一些差别。如英国的立法机关除制定法律的功能外，还具有选举首相的功能、教育的功能、传播信息的功能和表达民意的功能。而美国立法机关的功能则学者认识差别较大，如有的学者认为美国立法机关的功能有二，即讨论的功能和代表民意的功能。有的学者认为美国的立法机关具有制定法律、监督行政机关和司法（如国会行使调查权的行为）三种功能。有的学者认为美国立法机关的功能分为主要功能和次要功能两种。其中主要功能又可以细分为制定法律的功能、合法的功能、建立共识的功能三种；次要功能包括监督行政机关、表达民意和为选民服务。有的学者认为，立法机关功能主要有处理社会冲突和社会整合两项功能。立法机关如果能够妥善发挥处理社会冲突和社会整合的功能，则其对于政体维系与整合将产生积极、正面的作用。立法机关通常通过审议、决策、裁判和缓和等四种方式处理社会冲突；通过代表、合法、授权等三种方式实现整合功能。②

（三）立法机关的特征

台湾学者认为，立法机关具有政治性、主动性、民主性、主观性、统一性、公开性及自律性等七大特征。③另一位台湾学者则认为立法机关有四大特征，即：①由众人组织而成；②有正式的决策过程；③用投票的方式来作决定；④立法机关的成员由人民选举产生；⑤立法机关的成员对人民负责。④

立法机关的政治性，具体是指立法决策的政治性。因为立法是将政策合法化的过程，其作用在于确定大政方针，指定工作目标，对民众的权益

---

① 沈宗灵：《比较宪法——对八国宪法的比较研究》，北京大学出版社 2002 年版，第 181 页。

② 朱志宏：《立法论》，台湾三民书局 1995 年版，第 19—23 页。

③ 罗传贤：《立法程序与技术》，台湾五南图书出版公司 2009 年版，第 11—16 页。

④ 朱志宏：《立法论》，台湾三民书局 1995 年版，第 7 页。

影响很大，因此在制定决策时比较考虑政治因素，甚至经常考虑并设法反映社会团体与选民的利益和价值。

立法机关的主动性是指立法提案的主动性。由于立法的作用是立法机关在代表民意，适应时代与环境的需要，经由一定的合法程序制定法律，作为政府执行的依据及人民的行为准则，因此立法者需要根据其立场的全面需求，以选择处理有关的议题，并非根据特定公民团体对特定决策的看法来决定议题，因此立法不是被动的，也并不是只记录由大众压力所施加的既存公众观点。

民主性是指立法程序的民主。由于立法机关与议会合体，而议会是民主的化身，民主强调参与程序的价值。法律制定已经不再为少数人所垄断，除政府主管部门外，政党及各种利益团体对政治施加压力的活动，大众传播及社会各阶层也会形成舆论，给予政治影响，有时也会将立法过程带向始所未料、与当初立法目的迥然不同的方向。

主观性是指立法行为的主观性。立法机关的特殊知识，通常在本质上比较主观，其原因是议员对某些问题的意见较为主观，或其需要的信息是关于特定问题或政策的；立法机关是由地位平等、职权相同的人所组成的集合体，议员对政策制定大致上具有相等的影响力。必须靠多数决原理来调和复杂的民意，兼顾多数意见与少数的尊严。

统一性是指立法技术的统一性。法制统一是指一个国家全部法律之间的相互一致与相互协调。法制统一首先体现在立法统一之中，此外，由于现代社会法律的内容广泛复杂，法条众多，为保证公众能够普遍了解与遵守，立法必须对法律结构与体系作符合逻辑顺序的安排，对法律用语及格式亦不得不作通俗化、标准化的处理。

公开性是指立法过程的公开。由于现代社会人民具有知情权，议会是民意代表机关，是高度开放和易参与性的政治论坛，因此民主国家的立法机关都是在公开的原则之下进行立法工作。

自律性是指立法机关的自我约束性。由于立法机关采取合议制原则，议员众多，各种观点纷呈，各国立法机关为能够有效发挥其应有的功能，均需要借助一套全体议员所能够共同遵守的议事规则。

二、外国立法机关简介

西方国家的立法机构有两种：一院制（unicameral system）和两院制（bicameral system）。

一院制是指国家的议会只设一个议院的制度。一院制立法机关，是指国家只设立一个民选机关作为立法机关。在一院制之下，国家立法议案的通过比较简便。丹麦、希腊、芬兰、新加坡、新西兰等国家均采用这种制度。一院制起源于13世纪的英国。一院制立法机关的优点是，立法机关单一，责任明确，减少立法本身的纠纷与冲突，立法和通过议案程序较为简便。但一院制立法也会出现立法草率和立法机关武断专横的缺陷。

两院制的立法机关，是指国家设立两个民选机关作为立法机关。两院制，即国家设两个议会（多数名称为参议院、众议院，或者上议院、下议院），也有其他名称，如俄罗斯联邦会议和国家杜马。两院制立法机关，大致又有三种情况：下院占有明显优势的立法机关，如英国；两院基本平权，上院略占优势的立法机关，如美国；两院基本平权，下院略占优势的立法机关，如法国。

对于国家应当实行一院制，还是应当实行两院制，理论界有不同的观点，概括起来主要有三种。①

第一种观点支持一院制。认为：首先，一院制表明法律代表国家意志，即民意。如实行两院制可能导致对立法的意见不统一，从而形成两院之间的矛盾，有时会给行政机关委任立法提供机会。其次，一院制能够保障立法程序的顺利推进。再次，一院制能够节约人力和财政支出。

第二种观点支持两院制。认为：首先，两院制有利于协调不同矛盾，特别是联邦制国家，两院制意味着上议院主要代表各联邦成员的利益，下议院主要代表全联邦的利益。即使是在单一制国家，虽然没有联邦和联邦成员之间的矛盾，但仍然会有不同社会集团、不同地区之间的矛盾。其次，两院制意味着一项立法议案需要两院一致同意，因此能够提高立法质量，有效地防止立法的草率或失误。再次，两院之间能够相互制约，能够

① 沈宗灵：《比较宪法——对八国宪法的比较研究》，北京大学出版社2002年版，第183—184页。

防止一院制可能产生的专横。最后，两院制下，当一个议院与行政机关之间发生矛盾时，另一个议院能够缓冲这种矛盾，进而减少立法机关与行政机关之间的矛盾。

第三种观点认为：对联邦制国家来说，实行两院制是必要的；对于单一制国家来说，是否实行两院制，应当视本国的具体条件而定，不能一刀切。

三、我国的立法机关

根据《宪法》、《立法法》和《组织法》的规定，我国的立法机关如下。

（一）全国人民代表大会

1. 全国人民代表大会的性质和地位

全国人民代表大会是最高的国家权力机关，也是最高的国家立法机关和民意的最高代表机关。全国人民代表大会统一行使全国人民赋予的最高权力，最高国家行政机关、审判机关、检察机关都由它产生，对它负责，受它监督。全国人民代表大会制定的法律、通过的决议和决定，一切国家机关和武装力量、各政党和各社会团体、各企事业组织以及所有公民都必须遵守。

2. 全国人民代表大会的组成和任期

根据《宪法》第五十九条规定，全国人民代表大会由省、自治区、直辖市、特别行政区和军队选出的代表组成。各少数民族都应当有适当名额的代表。全国人民代表大会代表的选举由全国人民代表大会常务委员会主持。全国人民代表大会代表名额和代表产生办法由法律规定。《中华人民共和国全国人民代表大会和地方各级人民代表大会选举法》规定，① 全国人民代表大会的代表，省、自治区、直辖市、设区的市、自治州的人民代表大会的代表，由下一级人民代表大会选举。不设区的市、市辖区、

---

① 1979 年 7 月 1 日第五届全国人民代表大会第二次会议通过。之后分别于 1982 年 12 月 10 日第五届全国人民代表大会第五次会议、1986 年 12 月 2 日第六届全国人民代表大会常务委员会第十八次会议、1995 年 2 月 28 日第八届全国人民代表大会常务委员会第十二次会议、2004 年 10 月 27 日第十届全国人民代表大会常务委员会第十二次会议和 2010 年 3 月 14 日第十一届全国人民代表大会第三次会议的决定进行了五次修正。

县、自治县、乡、民族乡、镇的人民代表大会的代表，由选民直接选举。香港特别行政区、澳门特别行政区应选全国人民代表大会代表的名额和代表产生办法，由全国人民代表大会另行规定。中国人民解放军出席全国人民代表大会的代表，按照全国人民代表大会常务委员会分配的名额，由军人代表大会产生。①

全国人民代表大会代表的名额不超过 3000 人。全国人民代表大会代表名额，由全国人民代表大会常务委员会根据各省、自治区、直辖市的人口数，按照每一代表所代表的城乡人口数相同的原则，以及保证各地区、各民族、各方面都有适当数量代表的要求进行分配。省、自治区、直辖市应选全国人民代表大会代表名额，由根据人口数计算确定的名额数、相同的地区基本名额数和其他应选名额数构成。全国人民代表大会代表名额的具体分配，由全国人民代表大会常务委员会决定。全国少数民族应选全国人民代表大会代表，由全国人民代表大会常务委员会参照各少数民族的人口数和分布等情况，分配给各省、自治区、直辖市的人民代表大会选出。人口特少的民族，至少应有代表一人。此外，根据《选举法》的规定，全国人民代表大会和地方各级人民代表大会的代表应当具有广泛的代表性，应当有适当数量的基层代表，特别是工人、农民和知识分子代表；应当有适当数量的妇女代表，并逐步提高妇女代表的比例。全国人民代表大会和归侨人数较多地区的地方人民代表大会，应当有适当名额的归侨代表。旅居国外的中华人民共和国公民在县级以下人民代表大会代表选举期间在国内的，可以参加原籍地或者出国前居住地的选举。

全国人民代表大会每届任期为五年，在全国人民代表大会任期届满的两个月前，全国人民代表大会常务委员会必须完成下届全国人民代表大会代表的选举。如果遇到不能选举的非常情况，由全国人民代表大会常务委员会以全体组成人员的三分之二以上多数通过，可以推迟选举，延长本届全国人民代表大会的任期。但在非常情况结束后一年内，全国人民代表大会常务委员会必须完成全国人民代表大会代表的选举。

3. 全国人民代表大会的职权

《宪法》第六十二条规定了全国人民代表大会行使 15 项职权，即：

---

① 根据《选举法》第五条规定，人民解放军单独进行选举，选举办法另订。

①修改宪法；②监督宪法的实施；③制定和修改刑事、民事、国家机构的和其他的基本法律；④选举中华人民共和国主席、副主席；⑤根据中华人民共和国主席的提名，决定国务院总理的人选；根据国务院总理的提名，决定国务院副总理、国务委员、各部部长、各委员会主任、审计长、秘书长的人选；⑥选举中央军事委员会主席；根据中央军事委员会主席的提名，决定中央军事委员会其他组成人员的人选；⑦选举最高人民法院院长；⑧选举最高人民检察院检察长；⑨审查和批准国民经济和社会发展计划和计划执行情况的报告；⑩审查和批准国家的预算和预算执行情况的报告；⑪改变或者撤销全国人民代表大会常务委员会不适当的决定；⑫批准省、自治区和直辖市的建置；⑬决定特别行政区的设立及其制度；⑭决定战争和和平的问题；⑮应当由最高国家权力机关行使的其他职权。这些权力可以归结为六大类。

（1）修改《宪法》和监督《宪法》实施

现行《宪法》规定，宪法的修改由全国人民代表大会常务委员会或者五分之一以上的全国人民代表大会代表提议，并由全国人民代表大会以全体代表的三分之二以上的多数通过。全国人民代表大会还有权监督宪法的实施。

（2）制定和修改国家基本法律

全国人民代表大会有权制定刑事、民事、国家机构的和其他的基本法律。

（3）对国家机构组成人员的选举、决定和罢免

全国人民代表大会常务委员会组成人员的人选、国家主席和副主席的人选、中央军事委员会主席的人选、最高人民法院院长和最高人民检察院检察长的人选，由大会主席团提名，由大会投票表决。

（4）决定国家的重大事项

审查和批准国民经济和社会发展计划和计划执行情况的报告；审查和批准国家的预算和预算执行情况的报告；批准省、自治区和直辖市的建置；决定特别行政区的设立及其制度；决定战争和和平的问题。

（5）对其他国家机关予以监督

由全国人民代表大会选举产生的机关都由全国人民代表大会来监督。听取和审议全国人民代表大会常务委员会、国务院、最高人民法院、最高

人民检察院的工作报告，是目前全国人民代表大会对这些机关实行监督的基本形式。

（6）其他应由它行使的职权

现行宪法规定全国人民代表大会有权行使"应当由最高国家权力机关行使的其他职权"，以概括的方式为全国人民代表大会处理这些新问题提供了宪法依据。

可见，宪法规定的全国人大的立法权主要是两个方面，即修改宪法、制定和修改国家基本法律。

4. 全国人民代表大会的工作程序

（1）会议的举行

全国人民代表大会的工作方式就是开会。会议每年举行一次，一般是在第一季度，由全国人民代表大会常务委员会召集。会议的法定人数为全体代表的三分之二以上。

①代表团

全国人民代表大会代表按选举单位组成代表团，代表团推选出本团的团长、副团长，召集并主持代表团会议。代表团提出的议案、质询案、罢免案，均由代表团全体代表的过半数通过。

②预备会议

在全国人民代表大会会议举行之前，由全国人民代表大会常务委员会主持预备会议，选举主席团和秘书长，通过全国人民代表大会会议议程和关于会议其他准备事项的决定。

③主席团

全国人民代表大会在举行会议时设立主席团，主席团是全国人民代表大会会议的主持者，是临时性的集体决策机构，负责主持每次的全国人民代表大会会议。主席团在每届全国人民代表大会的第一次会议的预备会议上选举产生。主席团推选主席团常务主席若干人，召集主持主席团会议，并可以召开代表团团长会议，听取各代表团的意见；推选主席团成员若干人分别担任每次大会会议的执行主席。

主席团的主要任务有：

第一，主持本次会议；

第二，提出最高国家机关领导人的人选和确定正式代表候选人的名单；

第三，组织代表团审议的议案；

第四，处理代表团和代表在会议期间提出的议案、罢免案、质询案；

第五，将法律草案表决稿提请大会全体会议表决；

第六，草拟大会审议通过的决议草案。

④全国人民代表大会代表

全国人民代表大会代表，是由省、自治区、直辖市和人民解放军及香港、澳门特别行政区选举产生的，是最高国家权力机关组成人员。全国人民代表大会代表每届任期五年，自每届全国人民代表大会举行第一次会议开始，至下届全国人民代表大会举行第一次会议为止。代表未经批准两次不出席会议的，其代表资格终止。

全国人民代表大会代表的权利主要有：

第一，30名以上的代表，可以向全国人民代表大会提出属于全国人民代表大会职权范围内的议案；

第二，代表有出席全国人民代表大会会议，依法行使代表职权的权利；

第三，在全国人民代表大会审议议案的时候，代表可以向有关国家机关提出询问，由有关机关派人在代表小组或者代表团会议上进行说明；

第四，全国人民代表大会代表在全国人民代表大会各种会议上的发言和表决，不受法律追究。

⑤全国人民代表大会代表团

全国人民代表大会代表团，是由一个选举单位选举产生的人民代表组成的团体。

代表团在每次全国人民代表大会会议举行前，讨论全国人民代表大会常务委员会提出的关于会议的准备事项；在会议期间，可以向全国人民代表大会提出属于全国人民代表大会职权范围内的议案，对全国人民代表大会的各项议案进行审议，并可以由代表团团长或者由代表团推举代表在主席团会议上或者大会全体会议上，代表代表团对审议的议案发表意见。

⑥秘书处

全国人民代表大会设秘书处，在秘书长领导下办理主席团交付的事项和处理会议日常事务。

（2）议案的审议

①提出议案

大会主席团、全国人民代表大会常务委员会、国务院、中央军委、最高人民法院、最高人民检察院、一个代表团或者30名以上的代表联名，可以向全国人民代表大会提出属于全国人民代表大会职权范围内的议案，由主席团决定是否列入会议议程。

②审议和表决

列入大会议程的议案由各代表团审议或各专门委员会审议，由主席团审议决定提请大会全体会议表决。

③代表建议

全国人民代表大会代表向会议提出的各方面工作的建议、批评和意见，由全国人民代表大会常务委员会办事机构交由有关机关、组织研究处理，并负责答复。

（3）询问和质询

询问是指人大代表在审议有关报告时向有关部门提出问题，以便进一步了解情况。有关部门应派负责人到会，听取意见，回答询问。

质询是人大代表向有关部门就政策性的重大问题提出质问或监督性意见。质询应按法定程序进行。

5. 全国人民代表大会各专门委员会

（1）全国人民代表大会各专门委员会的性质和组成

各专门委员会是由全国人民代表大会产生，受全国人民代表大会领导，闭会期间受全国人民代表大会常务委员会领导的常设性工作机构。它没有独立的法定职权，其主要职责是在全国人民代表大会及其常务委员会的领导下，研究、审议和拟定有关议案。全国人民代表大会各专门委员会由主任委员一人、副主任委员若干人、委员若干人组成。它们都是全国人民代表大会主席团从代表中提名，由大会通过。

（2）全国人民代表大会专门委员会的工作职责

第一，审议全国人民代表大会或全国人民代表大会常务委员会交付的议案；

第二，提出议案；

第三，审议违宪的规范性文件；

第四，审议质询案；

第五，对与本委员会有关的问题进行调查研究，提出建议。

（3）专门委员会的分类

专门委员会分常设性委员会和临时委员会两种。

常设性委员会共有九个：民族委员会、法律委员会、财政经济委员会、教育科学文化卫生委员会、外事委员会、华侨委员会、内务司法委员会、环境保护委员会、农业与农村委员会。

临时委员会是根据临时需要设立的，如特定问题调查委员会。这类委员会在全国人民代表大会和全国人民代表大会常务委员会认为必要时可以设立，待任务完成后即解散。

（4）法律委员会

1983 年 6 月，第六届全国人民代表大会第一次会议决定设立全国人民代表大会法律委员会。全国人民代表大会法律委员会是全国人民代表大会的法律工作机构，不是最后决定问题的权力机关，没有独立的法定职权。全国人民代表大会法律委员会在全国人民代表大会及其常务委员会的领导下，研究、审议和拟订有关议案。

全国人民代表大会法律委员会受全国人民代表大会的领导；在全国人民代表大会闭会期间，受全国人民代表大会常务委员会领导。全国人民代表大会法律委员会由主任委员一人、副主任委员若干人和委员若干人组成。具体职责有：

第一，审议全国人民代表大会主席团或者全国人民代表大会常务委员会交付的议案；

第二，向全国人民代表大会主席团或者全国人民代表大会常务委员会提出属于全国人民代表大会或者全国人民代表大会常务委员会职权范围内同本委员会有关的议案；

第三，审议全国人民代表大会常务委员会交付的被认为同宪法、法律相抵触的国务院的行政法规、决定和命令，国务院各部、各委员会的命令、指示和规章，省、自治区、直辖市的人民政府的决定、命令和规章，提出报告；

第四，审议全国人民代表大会主席团或者全国人民代表大会常务委员会交付的质询案，听取受质询机关对质询案的答复，必要的时候向全国人民代表大会主席团或者全国人民代表大会常务委员会提出报告；

第五，对属于全国人民代表大会或者全国人民代表大会常务委员会职权范围内同本委员会有关的问题，进行调查研究，提出建议。协助全国人民代表大会常务委员会行使监督权，对法律和有关法律问题的决议、决定贯彻实施的情况，开展执法检查，进行监督；

第六，统一审议向全国人民代表大会或者全国人民代表大会常务委员会提出的法律案，向全国人民代表大会主席团或全国人民代表大会常务委员会提出审议结果报告。

（二）全国人民代表大会常务委员会

1. 全国人民代表大会常务委员会的性质和地位

全国人民代表大会常务委员会是全国人民代表大会的常设机关，是最高国家权力机关的组成部分，是在全国人民代表大会闭会期间经常行使最高国家权力的机关，也是国家立法机关。

2. 全国人民代表大会常务委员会的组成

全国人民代表大会常务委员会由委员长、副委员长若干人、秘书长、委员若干人组成。常务委员会委员由每届全国人民代表大会第一次会议主席团从代表中提出人选，经各代表团酝酿协商后，再由主席团根据多数代表的意见确定正式候选人名单，最后由大会全体会议选举产生。

（1）委员长、副委员长

全国人民代表大会常务委员会委员长，是全国人民代表大会常务委员会的领导人，其职责是主持常务委员会的工作、召集并主持常务委员会会议。副委员长协助委员长工作。副委员长受委员长的委托，代行委员长的部分职权。委员长因健康原因不能工作或者缺位时，由常务委员会在副委员长中推选一人代理委员长的职务，直到委员长恢复健康或者全国人民代表大会选出新的委员长为止。委员长、副委员长的连续任期不得超过两届。

（2）秘书长

秘书长是协助委员长工作、具体联系常务委员会和主持常务委员会工作机构和办事机构的最高领导。

（3）全国人民代表大会常务委员会委员

全国人民代表大会常务委员会委员是全国人民代表大会的组成人员之一，法律没有对其人数作出明确规定。委员的立法权有：常务委员会组成人员十人以上可以向常务委员会提出属于常务委员会职权范围内的议案；有权出席常务委员会，有权审议和表决立法议案。

常务委员会的组成成员不得担任国家行政机关、审判机关和检察机关的职务；如果担任上述职务，必须向常务委员会辞去常务委员的职务。全国人民代表大会常务委员会的任期同全国人民代表大会每届任期相同，都是五年。全国人民代表大会常务委员会的任期与全国人民代表大会任期的起止时间有所不同，即下届人民代表大会第一次会议开始时，上届人民代表的任期即告结束；但常务委员会的任期时间是从每届全国人民代表大会宣布选出新全国人民代表大会常务委员会组成人员开始，到下届全国人民代表大会宣布选出新的全国人民代表大会常务委员会组成人员为止。

3. 全国人民代表大会常务委员会的职权

（1）立法权

全国人民代表大会常务委员会有权制定和修改基本法律以外的其他法律，对基本法律可以进行补充和修改，但不得同该法律的基本原则相抵触。

（2）宪法和法律解释权

全国人民代表大会常务委员会有权解释宪法和法律，对各地区、各部门提出属于法律条文本身需要进一步明确界限或作补充规定的，由秘书长交由全国人民代表大会法律委员会会同有关的专门委员会研究，提出解释方案，经全国人民代表大会常务委员会审议，作出法律解释。

（3）监督权

全国人民代表大会常务委员会是经常性监督国务院、中央军事委员会、最高人民法院和最高人民检察院的最高机关，其监督的主要方式有：听取工作报告、开展执法检查、组织特定问题调查委员会、质询等等。

（4）重大事项的决定权

全国人民代表大会常务委员会是全国人民代表大会闭会期间决定重大事项的机关，如对国家预算方案进行重大调整，决定全国总动员或局部总动员，决定战争状态的宣布等。

（5）人事任免权

全国人民代表大会常务委员会的任免权是指对部分国家机关领导人的任职与免职。在全国人民代表大会闭会期间，根据国务院总理的提名，决定部长、委员会主任、审计长、秘书长的人选；根据中央军事委员会主席的提名，决定中央军事委员会其他组成人员的人选；根据最高人民法院院长的提请，任免最高人民法院副院长、审判员、审判委员会委员和军事法院院长；根据最高人民检察院检察长的提请，任免最高人民检察院副检察长、检察员、检察委员会委员和军事检察院检察长，并且批准省、自治区、直辖市人民检察院检察长的任免；决定驻外全权代表的任免。

（6）全国人民代表大会授予的其他职权

全国人民代表大会常务委员会是全国人民代表大会闭会期间的常设机关，全国人民代表大会可以授权其行使的其他职权。如《立法法》第二十三条规定的，法律案在审议中有重大问题需要进一步研究的，经主席团提出，由大会全体会议决定，可以授权常务委员会根据代表的意见进一步审议，作出决定，并将决定情况向全国人民代表大会下次会议报告；也可以授权常务委员会根据代表的意见进一步审议，提出修改方案，提请全国人民大会下次会议审议决定。

4. 全国人民代表大会常务委员会的会议制度

（1）委员长会议

委员长会议是处理全国人民代表大会常务委员会重要日常工作的基本方式，虽然不是一个权力机构，无权对实体问题作出决定，但可以决定常务委员会的程序问题。委员长会议由委员长召集和主持，也可以由委员长委托副委员长主持。委员长会议不定期召开。委员长会议的主题由秘书长提出，委员长确定。委员长会议举行的前两天，由全国人民代表大会常务委员会办公厅将开会时间、地点和会议讨论的主要事项通知委员长会议成员。

委员长会议由委员长、副委员长和秘书长组成。其工作职责是：

第一，决定常务委员会每次会议的会期，拟定会议议程草案；

第二，对向常务委员会提出的议案和质询案，决定交由有关专门委员会审议或者提请常务委员会全体会议审议；

第三，指导和协调各专门委员会的日常工作；

第四，处理常务委员会其他重要日常工作。

（2）常务委员会会议

全国人民代表大会常务委员会是合议制机关，其行使职权的基本方式是通过举行会议和作出会议决定。全国人民代表大会常务委员会一般是两个月举行一次，通常是在偶数月的下旬举行，每次会议会期约十天，由委员长召集和主持。

全国人民代表大会常务委员会举行会议必须有常务委员会全体人员过半数出席才能举行。除因病或其他特殊原因请假外，常务委员会组成人员都应当出席会议。全国人民代表大会常务委员会召开会议时，应当在会议举行七日前，将开会日期和建议讨论的主要事项通知常务委员会组成人员。对于临时召开的会议可以临时通知。

全国人民代表大会常务委员会会议采用全体会议、分组会议和联组会议三种形式。

列席常务委员会会议的有三类人员：国务院、中央军委、最高人民法院、最高人民检察院的负责人；全国人民代表大会各专门委员会的有关委员；各省、自治区、直辖市的人民代表大会常务委员会主任或副主任。必要时也可以邀请有关的全国人民代表大会代表列席。

（3）议案的提出和审议

①议案的提出

委员长会议、国务院、中央军委、最高人民法院、最高人民检察院、全国人民代表大会各专门委员会、常务委员会组成人员十人以上联名，可以提出属于常务委员会会议审议的议案。

②议案的审议

常务委员会全体会议听取关于议案的说明，随后进行分组会议审议，并由有关的专门委员会审议，在下次会议上提出审议结果的报告。

③议案的表决

议案由常务委员会全体组成人员的过半数通过，交付表决的议案中有修正案的，要先表决修正案。

（4）质询

在常务委员会会议期间，常务委员会组成人员十人以上联名，可以提出对一府两院的质询案。质询案由委员长会议决定，由受质询机关的负责人在常务委员会会议上或在有关的专门委员会会议上口头答复，或者由其书面答复。

5. 全国人民代表大会常务委员会从事立法工作的工作机构

全国人民代表大会常务委员会的工作机构是常务委员会的附属机构，负责为全国人民代表大会、常务委员会和专门委员会提供服务。全国人民代表大会常务委员会的工作机构包括秘书处、办公厅、工作委员会（包括法制工作委员会、预算工作委员会、基本法委员会）和各专门委员会的机构。其中直接主要从事立法工作的是全国人民代表大会常务委员会法制工作委员会、全国人民代表大会常务委员会香港特别行政区基本法委员会和澳门特别行政区基本法委员会。

（1）全国人民代表大会常务委员会法制工作委员会

1983 年 9 月 2 日第六届全国人民代表大会常务委员会第二次会议决定，将全国人民代表大会常务委员会法制委员会改为全国人民代表大会常务委员会法制工作委员会。全国人民代表大会常务委员会法制工作委员会是全国人民代表大会常务委员会的法制工作机构。法制工作委员会设主任一人、副主任若干人，由委员长会议提请常务委员会会议任免。主要职责是：

第一，受委员长会议委托，拟订法律方面的议案草案；

第二，为全国人民代表大会和全国人民代表大会常务委员会审议法律草案服务；

第三，对各省、自治区、直辖市人民代表大会常务委员会及中央和国家机关有关部门提出的有关法律方面问题的询问进行研究予以答复，并报常务委员会备案；

第四，研究处理并答复全国人大代表提出的有关法制工作的建议、批评和意见以及全国政协委员的有关提案；

第五，进行与人大代表工作有关的法学理论、法制史和比较法的研究，开展法制宣传工作；

第六，负责汇编、译审法律文献的有关工作；

第七，负责法规备案审查工作；

第八，办理全国人民代表大会常务委员会领导交办的其他事项。

（2）全国人民代表大会常务委员会香港特别行政区基本法委员会和澳门特别行政区基本法委员会

全国人民代表大会常务委员会香港特别行政区基本法委员会，简称

"香港基本法委员会"，是全国人民代表大会常务委员会下设的工作委员会。1997 年 7 月，第八届全国人民代表大会常务委员会第二十六次会议决定成立香港基本法委员会。全国人民代表大会常务委员会香港特别行政区基本法委员会就有关《香港特别行政区基本法》第十七条、① 第十八条、② 第一百五十八条、③ 第一百五十九条实施中的问题进行研究，并向全国人民代表大会常务委员会提供意见。香港基本法委员会由十二名委员组成，内地和香港委员各六人，任期五年。所有委员均由全国人民代表大会常务委员会任命。其中，香港委员由香港特别行政区行政长官、立法会主席和终审法院首席法官联合提名，报全国人民代表大会常务委员会任命。

　　全国人民代表大会常务委员会澳门特别行政区基本法委员会，简称"澳门基本法委员会"，是全国人民代表大会常务委员会下设的工作委员

---

　　① 《香港特别行政区基本法》第十七条规定："香港特别行政区享有立法权。""香港特别行政区的立法机关制定的法律须报全国人民代表大会常务委员会备案。备案不影响该法律的生效。全国人民代表大会常务委员会在征询其所属的香港特别行政区基本法委员会后，如认为香港特别行政区立法机关制定的任何法律不符合本法关于中央管理的事务及中央和香港特别行政区的关系的条款，可将有关法律发回，但不作修改。经全国人民代表大会常务委员会发回的法律立即失效。该法律的失效，除香港特别行政区的法律另有规定外，无溯及力。"

　　② 《香港特别行政区基本法》第十八条规定："在香港特别行政区实行的法律为本法以及本法第八条规定的香港原有法律和香港特别行政区立法机关制定的法律。""全国性法律除列于本法附件三者外，不在香港特别行政区实施。凡列于本法附件三之法律，由香港特别行政区在当地公布或立法实施。""全国人民代表大会常务委员会在征询其所属的香港特别行政区基本法委员会和香港特别行政区政府的意见后，可对列于本法附件三的法律作出增减，任何列入附件三的法律，限于有关国防、外交和其他按本法规定不属于香港特别行政区自治范围的法律。""全国人民代表大会常务委员会决定宣布战争状态或因香港特别行政区内发生香港特别行政区政府不能控制的危及国家统一或安全的动乱而决定香港特别行政区进入紧急状态，中央人民政府可发布命令将有关全国性法律在香港特别行政区实施。"

　　③ 《香港特别行政区基本法》第一百五十八条规定："本法的解释权属于全国人民代表大会常务委员会。""全国人民代表大会常务委员会授权香港特别行政区法院在审理案件时对本法关于香港特别行政区自治范围内的条款自行解释。香港特别行政区法院在审理案件时对本法的其他条款也可解释。但如香港特别行政区法院在审理案件时需要对本法关于中央人民政府管理的事务或中央和香港特别行政区关系的条款进行解释，而该条款的解释又影响到案件的判决，在对该案件作出不可上诉的终局判决前，应由香港特别行政区终审法院请全国人民代表大会常务委员会对有关条款作出解释。如全国人民代表大会常务委员会作出解释，香港特别行政区法院在引用该条款时，应以全国人民代表大会常务委员会的解释为准。但在此以前作出的判决不受影响。全国人民代表大会常务委员会在对本法进行解释前，征询其所属的香港特别行政区基本法委员会的意见。"

会。1999 年 12 月，第九届全国人民代表大会常务委员会第十三次会议决定成立澳门基本法委员会。澳门特别行政区基本法委员会的主要任务是就《澳门特别行政区基本法》第十七条、① 第十八条、② 第一百四十三条、③ 第一百四十四条④实施中的问题进行研究，并向全国人民代表大会常务委员会提供意见。澳门基本法委员会由十名委员组成，内地和澳门人士各五人，均由全国人民代表大会常务委员会任命，任期五年。其中，澳门委员

---

① 《澳门特别行政区基本法》第十七条规定："澳门特别行政区享有立法权。""澳门特别行政区的立法机关制定的法律须报全国人民代表大会常务委员会备案。备案不影响该法律的生效。""全国人民代表大会常务委员会在征询其所属的澳门特别行政区基本法委员会的意见后，如认为澳门特别行政区立法机关制定的任何法律不符合本法关于中央管理的事务及中央和澳门特别行政区关系的条款，可将有关法律发回，但不作修改。经全国人民代表大会常务委员会发回的法律立即失效。该法律的失效，除澳门特别行政区的法律另有规定外，无溯及力。"

② 《澳门特别行政区基本法》第十八条规定："在澳门特别行政区实行的法律为本法以及本法第八条规定的澳门原有法律和澳门特别行政区立法机关制定的法律。""全国性法律除列于本法附件三者外，不在澳门特别行政区实施。凡列于本法附件三的法律，由澳门特别行政区在当地公布或立法实施。""全国人民代表大会常务委员会在征询其所属的澳门特别行政区基本法委员会和澳门特别行政区政府的意见后，可对列于本法附件三的法律作出增减。列入附件三的法律应限于有关国防、外交和其他依照本法规定不属于澳门特别行政区自治范围的法律。""在全国人民代表大会常务委员会决定宣布战争状态或因澳门特别行政区内发生澳门特别行政区政府不能控制的危及国家统一或安全的动乱而决定澳门特别行政区进入紧急状态时，中央人民政府可发布命令将有关全国性法律在澳门特别行政区实施。"

③ 《澳门特别行政区基本法》第一百四十三条规定："本法的解释权属于全国人民代表大会常务委员会。""全国人民代表大会常务委员会授权澳门特别行政区法院在审理案件时对本法关于澳门特别行政区自治范围内的条款自行解释。""澳门特别行政区法院在审理案件时对本法的其他条款也可解释。但如澳门特别行政区法院在审理案件时需要对本法关于中央人民政府管理的事务或中央和澳门特别行政区关系的条款进行解释，而该条款的解释又影响到案件的判决，在对该案件作出不可上诉的终局判决前，应由澳门特别行政区终审法院提请全国人民代表大会常务委员会对有关条款作出解释。如全国人民代表大会常务委员会作出解释，澳门特别行政区法院在引用该条款时，应以全国人民代表大会常务委员会的解释为准。但在此以前作出的判决不受影响。""全国人民代表大会常务委员会在对本法进行解释前，征询其所属的澳门特别行政区基本法委员会的意见。"

④ 《澳门特别行政区基本法》第一百四十四条规定："本法的修改权属于全国人民代表大会。""本法的修改提案权属于全国人民代表大会常务委员会、国务院和澳门特别行政区。澳门特别行政区的修改议案，须经澳门特别行政区的全国人民代表大会代表三分之二多数、澳门特别行政区立法会全体议员三分之二多数和澳门特别行政区行政长官同意后，交由澳门特别行政区出席全国人民代表大会的代表团向全国人民代表大会提出。""本法的修改议案在列入全国人民代表大会的议程前，先由澳门特别行政区基本法委员会研究并提出意见。""本法的任何修改，均不得同中华人民共和国对澳门既定的基本方针政策相抵触。"

由澳门特别行政区行政长官、立法会主席和终审法院院长联合提名，报全国人民代表大会常务委员会任命。

（三）中华人民共和国主席

1. 国家主席的性质和地位

国家元首是国家的首脑，是国家对内对外的最高代表，是国家的象征，履行宪法赋予的权力和职责。

中华人民共和国主席是中央国家机构的重要组成部分，是一个独立的国家机关。国家主席根据全国人民代表大会和全国人民代表大会常务委员会的决定行使各项国家元首的权力。国家主席是我国国家机构的重要组成部分，对外代表中华人民共和国，享有最高代表权。从国家主席活动程序性、礼仪性、象征性意义看，国家主席具有最高地位；但是从国家主席活动的实质意义看，国家主席本身并不独立决定任何国家事务，而是根据全国人民代表大会及其常务委员会的决定行使职权，处于全国人民代表大会的从属地位。

2. 国家主席的产生和任期

中华人民共和国主席、副主席由全国人民代表大会选举产生。具体程序是：首先由全国人民代表大会会议主席团提出国家主席和副主席的候选人名单，然后经各代表团酝酿协商，再由会议主席团根据多数代表的意见确定候选人名单，交付大会表决，由大会选举产生国家主席和副主席。在我国，有选举权和被选举权的年满四十五周岁的中华人民共和国公民可以被选为中华人民共和国主席、副主席。国家主席、副主席的任期与全国人民代表大会每届任期相同，都是五年，而且连续任职不得超过两届。

3. 国家主席的职权

国家主席一般根据全国人民代表大会常务委员会的决定行使以下职权：

第一，公布法律，发布命令；

第二，任免国务院的组成人员和驻外全权代表；

第二，外交权；

第四，荣典权。

4. 国家主席职位的补缺

国家主席缺位时，由副主席继任。副主席缺位时，由全国人民代表大会补选。主席、副主席都缺位时，由全国人民代表大会补选；在补选以前，暂由全国人民代表大会常务委员会委员长代理主席职位。

（四）国务院

1. 国务院的性质和地位

《宪法》第八十五条规定："中华人民共和国国务院，即中央人民政府，是最高国家权力机关的执行机关，是最高国家行政机关。"该条对国务院的性质及其在国家机构体系中的地位作了明确的规定。

第一，中央人民政府对外而言，就是中华人民共和国政府；对内而言，它统一领导地方各级人民政府的工作。

第二，最高国家权力机关的执行机关——全国人民代表大会及其常务委员会行使立法权，在法律制定和颁布后，需要组织其他机关去执行法律、适用法律。国务院便是最高权力机关的执行机关。除法律外，最高权力机关就国家重大事务所作出的决定，也由国务院执行。

第三，最高国家行政机关——国务院是行使行政权的机关，在国家行政机关系统中，地位最高，统一领导各部、各委员会的工作，统一领导全国地方各级国家行政机关的工作。

2. 国务院的组成和任期

（1）国务院的组成

国务院由总理、副总理若干人、国务委员若干人、各部部长、各委员会主任、审计长、秘书长组成。国务院总理由国家主席提名，全国人民代表大会决定；其他组成人员由总理提名，全国人民代表大会决定，闭会期间由全国人民代表大会常务委员会决定。

（2）国务院的任期

与全国人民代表大会每届任期相同，均为五年，总理、副总理、国务委员连续任职不得超过两届。

3. 国务院的领导体制

（1）国务院实行总理负责制

总理负责制是指国务院总理对他所主管的工作负全部责任，与负全部责任相联系的是他对自己主管的工作有完全的决定权。国务院实行总理负责制，这种个人负责制形式是由国务院的性质和任务决定的。行政机关在执行权力机关的决定时，需要高度的集中指挥才能提高工作效率，及时地处理各种繁杂的事务。如果行政机关也采取少数服从多数的原则，势必会因开会、画圈而耽误时日，影响效能。

（2）总理负责制的表现

第一，由总理提名组织国务院。总理有向最高国家权力机关提出任免国务院组成人员议案的权利。

第二，总理领导国务院的工作，副总理、国务委员协助总理的工作，国务院其他组成人员都是在总理领导下工作，向总理负责。

第三，总理主持召开常务会议和全体会议，总理拥有最后决定权，并对决定的后果承担全部责任。

第四，国务院发布的决定、命令、行政法规，提出的议案，任免国务院组成人员的决定，都得由总理签署。

（3）会议制度

国务院工作中的重大问题，必须经国务院常务会议或者国务院全体会议讨论决定。国务院全体会议由国务院全体成员组成，国务院常务会议由总理、副总理、国务委员、秘书长组成。

4. 国务院的职权

第一，国务院有权根据宪法和法律，规定行政措施，制定行政法规，发布决定和命令。

第二，对国防、外交、侨务、民政、民族事务、公安、司法行政、监察、教育、科学、文化、卫生、体育、经济等各项工作的领导和管理权。

第三，对所属部、委和地方各级行政机关的领导权及行政监督权。

第四，提出议案权。

第五，行政人员的任免、培训、考核和奖惩权。

第六，全国人民代表大会及其常务委员会授予的其他职权。

5. 享有立法权的国务院部门

《立法法》第八十条规定："国务院各部、委员会、中国人民银行、审计署和具有行政管理职能的直属机构，可以根据法律和国务院的行政法规、决定、命令，在本部门的权限范围内，制定规章。"

国务院由各部、各委员会、中国人民银行和审计署组成。国务院部门的首长是组成人员，其人选经国务院总理提名，由全国人民代表大会决定，在全国人民代表大会闭会期间，根据国务院总理提名，由全国人民代表大会常务委员会决定。

国务院有二十个部，即外交部、国家安全部、科学技术部、民政部、财政部、国土资源部、住房和城乡建设部、水利部、商务部、国防部、教育部、① 工业和信息化部、② 公安部、监察部、③ 司法部、人力资源和社会保障部、环境保护部、④ 交通运输部、农业部、文化部；三个委员会，即国家发展和改革委员会、国家民族事务委员会、国家卫生和计划生育委员会；一行一署，即中国人民银行、审计署。

国务院特设直属机构包括：国务院国有资产监督管理委员会。

国务院直属机构：中华人民共和国海关总署、国家工商行政管理总局、国家新闻出版广电总局、⑤ 国家安全生产监督管理总局、国家统计局、国家知识产权局、国家宗教事务局、国家机关事务管理局、国家税务总局、国家质量监督检验检疫总局、国家体育总局、国家食品药品监督管理总局、国家林业局、国家旅游局、国务院参事室。⑥

就立法而言，《立法法》规定，国务院可以根据法律和国务院的行政法规、决定、命令，在本部门的权限范围内，制定规章。部门规章规定的事项限于有关执行法律和国务院的行政法规、决定、命令的事项。如果相关事项涉及两个以上国务院部门的职权范围，应当提请国务院制定行政法

---

① 教育部对外保留国家语言文字工作委员会牌子。

② 工业和信息化部对外保留国家航天局、国家原子能机构牌子。

③ 监察部与中共中央纪律检查委员会机关合署办公，机构列人国务院序列，编制列入中共中央直属机构。国家预防腐败局列人国务院直属机构序列，在监察部加挂牌子。

④ 环境保护部对外保留国家核安全局牌子。

⑤ 国家新闻出版广电总局加挂国家版权局牌子。

⑥ 国务院参事室，因不具有行政管理职能，没有规章制定权。此外，还设有事业单位和国务院部委管理的国家局。国务院所属事业单位：新华通讯社、中国社会科学院、国务院发展研究中心、中国地震局、中国银行业监督管理委员会、中国保险业监督管理委员会、中国证券监督管理委员会、国家自然科学基金委员会、中国科学院、中国工程院、国家行政学院、中国气象局、全国社会保障基金理事会。国务院部委管理的国家局：国家信访局、国家能源局、国家烟草专卖局、国家公务员局、国家测绘地理信息局、中国民用航空局、国家文物局、国家外汇管理局、国家粮食局、国家国防科技工业局、国家外国专家局、国家海洋局、国家铁路局、国家邮政局、国家中医药管理局、国家煤矿安全监察局。这些部门根据《立法法》的规定不具有规章制定权。

规或由国务院有关部门联合制定规章。

（五）中央军事委员会

1. 中央军事委员会的性质和地位

中央军委是国家的最高军事领导机关，领导全国的武装力量，是国家机构的重要组成部分。中国共产党的中央军事委员会组成人员经过党和各民主党派的协商，由全国人民代表大会通过，成为国家的中央军事委员会的组成人员，这就把党的中央军委同国家军委统一起来了。

2. 中央军事委员会的组成和任期

中央军委由主席、副主席若干人、委员若干人组成。中央军委主席由全国人民代表大会产生并向它负责，根据军委主席的提名，全国人民代表大会决定其他组成人员的人选。全国人民代表大会有权罢免中央军委主席和中央军委其他组成人员。

中央军委的每届任期与全国人民代表大会相同，为五年，但宪法没有对军委主席连续任职问题作出规定。

3. 中央军事委员会的职责

中央军委实行主席负责制。军委主席有权对中央军委职权范围内的事务作出最后决策。中央军委是国家最高的军事决策机关，它行使的职权有：统一指挥全国武装力量；决定军事战略和武装力量的作战方针；领导和管理中国人民解放军的建设，制订规划、计划并组织实施；制定军事法规，发布决定和命令等等。

4. 中央军事委员会的立法权

根据《立法法》第一百零三条的规定，中央军事委员会根据宪法和法律，制定军事法规。

中央军事委员会各总部、军兵种、军区、中国人民武装警察部队，可以根据法律和中央军事委员会的军事法规、决定、命令，在其权限范围内，制定军事规章。

军事法规、军事规章在武装力量内部实施。

军事法规、军事规章的制定、修改和废止办法，由中央军事委员会依照立法法规定的原则规定。

（六）享有立法权的地方各级人民代表大会

1. 地方各级人民代表大会的性质和地位

地方各级人民代表大会是地方国家权力机关，本级的地方国家行政机关、审判机关和检察机关都由本级人民代表大会选举产生，在本行政区域内要对它负责，受它监督。地方各级人民代表大会在本级国家机构中处于首要的地位。在我国享有立法权的地方各级人民代表大会有：省、自治区、直辖市人民代表大会及其常务委员会；设区的市人民代表大会及其常务委员会；自治州、自治县的人民代表大会及自治州的人大常委会。

2. 地方各级人民代表大会组成和任期

省、自治区、直辖市、自治州、设区的市的人民代表大会代表由下一级的人民代表大会选举；县、自治县、不设区的市、市辖区、乡、民族乡、镇的人民代表大会由选民直接选举产生。地方各级人民代表大会每届任期都为五年。

3. 地方各级人民代表大会的职权

第一，在本行政区域内，保证宪法、法律、行政法规和上级人民代表大会及其常务委员会决议的遵守和执行，保证国家计划和国家预算的执行。

第二，选举和罢免本级地方国家机关组成人员或领导人员等。

第三，决定重大的地方性事务。

第四，监督其他地方国家机关（包括本级人民代表大会常务委员会、人民政府、人民法院和人民检察院）的工作。

第五，保护各种权利，即保护社会主义公有财产，保护公民私人所有的合法财产，维护秩序，保障公民的人身权利、民主权利和其他权利，保障宪法和法律赋予妇女的男女平等、同工同酬和婚姻自由等各项权利。

第六，除以上五个方面的职权以外，省、自治区、直辖市的人民代表大会根据本行政区域的具体情况和实际需要，在不同宪法、法律、行政法规相抵触的前提下，可以制定和颁布地方性法规，报全国人民代表大会常务委员会和国务院备案。

4. 地方各级人民代表大会的会议制度和工作程序

（1）会议的召集程序

地方各级人民代表大会由本级人民代表大会常务委员会召集，每年至少举行一次，在预备会议上，选举本次大会的主席团和秘书长；经五分之一以上代表提议，可以临时召集本级人民代表大会。

（2）议案的提出程序

在地方人民代表举行会议时，主席团、常务委员会、各专门委员会、本级人民政府、县级以上的地方各级人民代表十人以上联名，可以提出属于本级人民代表职权范围内的议案，由主席团决定是否列入大会议程。

（3）选举和罢免程序

地方人民代表按照选举程序选举产生本级地方一府两院的领导人，主席团、常务委员会或者十分之一以上代表联名，可以提出对本级人民代表大会常务委员会组成人员、人民政府组成人员、人民法院院长、人民检察院检察长的罢免案，由主席团提请大会审议。

（4）质询和询问程序

地方各级人民代表举行会议时，代表十人以上联名可以书面提出对本级人民政府及其各工作部门以及人民法院、人民检察院的质询案。质询案由主席团交受质询机关在主席团、大会全体会议或者有关的专门委员会会议上口头答复，或者由受质询机关书面答复。在地方各级人民代表审议议案时，代表可以向有关地方国家机关提出询问，由有关机关派人说明。

5. 地方人民代表大会的立法职权

省、自治区、直辖市人民代表大会及其常务委员会、设区的市人民代表大会及其常务委员会，有权制定地方性法规；民族区域自治地方的人民代表大会，即自治区、自治州、自治县人民代表大会有权制定自治条例和单行条例，自治州人人民代表大会及其常委会有权制定地方性法规。

（七）享有立法权的地方各级人民政府

1. 地方各级人民政府的性质和地位

地方各级人民政府是地方各级国家权力机关的执行机关，是地方各级国家行政机关。由本级人民代表大会选举产生，对人民代表大会负责并报告工作，人民代表大会闭会期间，对本级人民代表大会常务委员会负责并报告工作。

2. 享有立法权的地方各级人民政府组成、任期和领导体制

根据《宪法》《立法法》的规定，我国享有地方立法权的政府是：省、自治区、直辖市和设区的市人民政府以及自治州人民政府。

3. 地方人民政府的立法职权

享有立法权的地方人民政府的立法职权是制定规章。

第 四 章

立法目的、指导思想和基本原则

第一节　立法目的

一、立法目的的含义

立法目的，亦称立法宗旨，是指立法机关制定法律时所希望实现的特定目标和追求的效果。从形式上看，立法的目的是立法为社会的行为提供规范和标准，使人们清楚自己的行为规则，明确应该怎么做、不应该怎么做、违反了法律将会受到什么样的惩处。从实质上看，立法的目的反映一个国家立法机关的价值观，是对一个国家政治、经济、社会和文化发展基本走向的指引。因此，立法目的对法律的制定和实施都具有引领和指导作用。

二、《立法法》的目的

《立法法》第一条规定："为了规范立法活动，健全国家立法制度，提高立法质量，完善中国特色社会主义法律体系，发挥立法的引领和推动作用，保障和发展社会主义民主，全面推进依法治国，建设社会主义法治国家，根据宪法，制定本法。"根据该条的规定，我国立法法的基本目的包括如下几个方面：

（一）规范立法活动，健全国家立法制度，提高立法质量

立法是为社会提供行为规范的活动，立法活动是国家政治生活中的重大活动，因此必须规范化地运作。立法法是调整立法过程中发生的各种社会关系，建立国家立法体制的基本法律。《立法法》第二条规定："法律、行政法规、地方性法规、自治条例和单行条例的制定、修改和废止，适用

本法。""国务院部门规章和地方政府规章的制定、修改和废止，依照本法的有关规定执行。"可见，我国的《立法法》是广义的立法法，明确将国家全部立法活动都纳入《立法法》的调整范围，目的就是要通过《立法法》规范全部立法活动，健全国家立法制度，提高立法质量。根据本条的规定，全国人大及其常务委员会制定、修改和废止法律的活动，国务院制定、修改和废止行政法规的活动，以及享有地方立法权的地方人大及其常务委员会的制定、修改和废止地方性法规的活动，民族区域自治地方的人大制定、修改和废止自治条例和单行条例的活动都适用《立法法》的规定。但是需要注意以下几点。第一，宪法的修改程序由宪法自行规定，不能适用《立法法》。第二，虽然《立法法》已经将规章纳入立法法的调整范围，规章的制定、修改和废止程序与法律、行政法规、地方性法规和自治条例、单行条例的规定是有差别的。第三，我国参加和缔结国际条约和协定也不属于《立法法》规定的调整范围。

《立法法》是关于国家立法制度的基本法律，首要目的就是将国家的立法活动规范化，防止违法立法、乱立法的情况发生。但从客观实际来看，我国的立法活动存在一些不规范的问题，诸如越权立法、立法冲突、立法程序紊乱、立法调整对象不清晰、制定设计不合理等问题不时发生。具体表现在有些法规、规章规定的内容超出了权限范围；有些法规、规章的规定同法律相抵触，在法规之间、规章之间、法规与规章之间存在着相互矛盾、冲突或不衔接的现象；有的以法谋私，将一些部门利益、地方利益法定化；有的立法质量不高，法律规范的行为模式与法律后果之间不衔接，令行禁止规定不明确，法律漏洞过多，行为规则不可行、不合理。这些问题在一定程度上损害了国家法制的统一和尊严，也给执法造成了某些困难。为了解决这些问题，在中国特色社会主义法制体系已经形成的基础上，党的十八大和十八届三中、四中全会提出了完善法律体系、提高立法质量的要求。为实现这一目标，必须规范立法活动，健全国家立法制度，进而全面提高立法质量。

提高立法质量，是我国《立法法》新确定的目标之一。"立法质量直接关系法治的质量和民众的认同，民众对立法的简单判断就是法律能否解决实践问题。立法质量包括'量'和'质'两个方面的内容。""从量上看，提高立法质量的前提是有一定数量和规模的法律，这些法律足够形成一定的体系；从质上看，保证立法质量要求提高立法的科学性、民主性，使立法原则与内容符合社会发展的客观规律，符合人民的根本利益，使法律体系内部协调统一，具有逻辑性。"① 如何提高立法质量呢？一是开展科学立法；二是开展民主立法。只有将科学立法与民主立法有机结合起来，才能保证立法既满足民主要求，又能满足立法内在规律性的要求；既能保证所立之法为社会公众所认可、遵循，又能保证立法公正地规范社会行为、合理分配资源。

（二）完善中国特色社会主义法律体系

中国特色社会主义法律体系，是以宪法为统帅，以法律为主干，以行政法规、地方性法规为重要组成部分，由宪法相关法、民法商法、行政法、经济法、社会法、刑法、诉讼与非诉讼程序法等多个法律部门组成的有机统一整体。其中，宪法相关法是与宪法相配套、直接保障宪法实施和国家政权运作等方面的法律规范，调整国家政治关系，主要包括国家机构的产生、组织、职权和基本工作原则方面的法律，民族区域自治制度、特别行政区制度、基层群众自治制度方面的法律，维护国家主权、领土完整、国家安全、国家标志象征方面的法律，保障公民基本政治权利方面的法律。民法是调整平等主体的公民之间、法人之间、公民和法人之间的财产关系和人身关系的法律规范，遵循民事主体地位平等、意思自治、公平、诚实信用等基本原则。商法调整商事主体之间的商事关系，遵循民法的基本原则，同时秉承保障商事交易自由、等价有偿、便捷安全等原则。行政法是关于行政权的授予、行政权的行使以及对行政权的监督的法律规范，调整的是行政机关与行政管理相对人之间因行政管理活动发生的关系，遵循职权法定、程序法定、公正公开、有效监督等原则，既保障行政机关依法行使职权，又注重保障公民、法人和其他组织的权利。经济法是调整国家从社会整体利益出发，对经济活动实行干预、管理或者调控所产生的社会经济关系的法律规范。社会法是调整劳动关系、社会保障、社会福利和特殊群体权益保障等方面的法律规范，遵循公平和谐和国家适度干预原则，通过国家和社会积极履行责任，对劳动者、失业者、丧失劳动能力的人以及其他需要扶助的特殊人群的权益提供必要的保障，维护社会公

---

① 冯玉军：《新〈立法法〉条文精释与选用指引》，中国法制出版社 2015 年版，第 4 页。

平，促进社会和谐。刑法是规定犯罪与刑罚的法律规范。它通过规范国家的刑罚权，惩罚犯罪，保护人民，维护社会秩序和公共安全，保障国家安全。诉讼与非诉讼程序法是规范解决社会纠纷的诉讼活动与非诉讼活动的法律规范。诉讼法律制度是规范国家司法活动解决社会纠纷的法律规范，非诉讼程序法律制度是规范仲裁机构或者人民调解组织解决社会纠纷的法律规范。[1] 从形式来看，七个法律部门已经具备，但应当看到，这些部门法的内容有的还不完善，有的应当法典化的还没有法典化，有的内容已经不能适应当前经济社会发展的需要，必须通过立法不断地进行补充完善。

（三）发挥立法的引领和推动作用

发挥立法的引领和推动作用，是修改后的《立法法》新增加的内容。立法的引领和推动作用，是指经济社会生活和国家治理过程中要强调运用法律手段调整各种利益关系，改革和发展过程中带有根本性、全局性和长期性的问题要注意从制度上、法律上进行规范，通过立法做好顶层设计工作，以凝聚社会共识、推动制度创新、引领社会的发展和改革的深入。发挥立法的引领和推动作用，要处理好法与政策的关系、法与实践的关系、先行先试与法制统一的关系。凡属重大改革都要于法有据。2014 年 10 月，党的十八届四中全会作出了《中共中央关于全面推进依法治国若干重大问题的决定》（以下简称《决定》）指出："法律是治国之重器，良法是善治之前提。建设中国特色社会主义法治体系，必须坚持立法先行，发挥立法的引领和推动作用，抓住提高立法质量这个关键。要恪守以民为本、立法为民理念，贯彻社会主义核心价值观，使每一项立法都符合宪法精神、反映人民意志、得到人民拥护。要把公正、公平、公开原则贯穿于立法全过程，完善立法体制机制，坚持立改废释并举，增强法律法规的及时性、系统性、针对性、有效性。"在整个改革过程中，都要高度重视运用法治思维和法治方式，发挥法治的引领和推动作用，加强对相关立法工作的协调，确保在法制轨道上推进改革。

立法是国家法治建设的首要环节，由于法律规范对人的行为具有指引功能，立法是国家调节社会关系的重要方式，能够为社会有序良性发展提供有效的行为准则，能够为改革的深化和有效推进，有效化解改革过程中

---

[1]　中华人民共和国国务院新闻办公室：《中国特色社会主义法律体系》（白皮书）。

出现的各种风险提供方式和路径。

发挥立法的引领和推动作用，要求立法工作要完善中国特色社会主义法律体系，加强立法工作，坚持科学立法、民主立法，提高立法质量，依据改革举措，结合立法规划和立法工作计划，需要修改的法律按照程序及时修改，使重大改革于法有据、有序进行，需要得到法律授权的重要改革举措，要按法律程序进行。

（四）保障和发展社会主义民主

社会主义民主是社会主义国家不可动摇的政治原则。人民当家做主是社会主义民主政治的本质和核心。

立法要保障和发展社会主义民主，要求立法工作要做到：一是立法要保障人民的主人公地位。人民是国家的主人，一切权力属于人民。广大人民群众有权管理国家事务，有权对无产阶级政党和社会主义国家各级干部实行监督。二是立法要充分保障人民的各项权利。在政治、经济、文化各方面，各族人民都平等地享有广泛的民主自由权利，并享有法律的、物质的保证。三是遵守社会主义法制的民主。人民既享受着广泛的民主和自由，同时又必须遵守社会主义的纪律和法制。四是立法要集中人民的意志。社会主义民主是绝大多数人的民主，同少数人压迫多数人的资产阶级民主有本质区别。要坚持和完善人民代表大会制度，推进人民代表大会制度理论和实践创新，健全人大监督制度和讨论、决定重大事项制度，密切联系代表、建立健全代表联络机构，推动人民代表大会制度与时俱进。《立法法》第五条也特别强调，立法应当体现人民的意志，发扬社会主义民主，坚持立法公开，保障人民通过多种途径参与立法活动。

（五）全面推进依法治国，建设社会主义法治国家

我国法治建设的总目标是建设中国特色社会主义法治体系，建设社会主义法治国家，并且把建设中国特色社会主义法治体系作为了全面推进依法治国的总抓手。立法法的最根本的目标是"全面推进依法治国，建设社会主义法治国家"。习近平总书记要求，"全面推进依法治国也是解决我们在发展中面临的一系列重大问题，解放和增强社会活力、促进社会公平正义、维护社会和谐稳定、确保国家长治久安的根本要求"。全面推进依法治国是一项艰巨的系统工程，是国家治理领域的一场广泛而深刻的革命。社会主义法治体系包含形成完备的法律规范体系、高效的法治实施体

系、严密的法治监督体系、有力的法治保障体系、完善的党内法规体系。其中，要形成完备的法律规范体系，就必须加强立法。

第二节 立法指导思想

一、立法指导思想的含义

简单而言，立法的指导思想，是指立法机关在决定制定法律规范时所遵循的主导思想。立法指导思想是，在"立法中体现主权者（通常即一国的统治阶级、统治集团或者全体人民）的根本意志与利益，形成一定的治国基本路线与总方针总政策，并取得比较系统的理论形态的世界观和方法论。"[1] 详言之，"立法指导思想，是指立法者进行立法活动所遵循的思想理论及在此基础上形成的立法服务于国家发展战略目标的总体构想，它深刻体现统治阶级意志和维护统治阶级利益，并表现出较完整的理论形态。"[2] 立法的指导思想是一个国家的政治目标、经济社会发展目标的直接体现，对立法活动和立法内容具有根本的指导作用。

在认识我国立法的指导思想时，有的学者严格按照《立法法》第三条规定，即"立法应当遵循宪法的基本原则，以经济建设为中心，坚持社会主义道路、坚持人民民主专政、坚持中国共产党的领导、坚持马克思列宁主义毛泽东思想邓小平理论，坚持改革开放"。有的学者则在该条的指导下提出立法的指导思想是实事求是、与时俱进、以人为本、统筹兼顾；[3] 还有学者认为《立法法》第三条中明确规定的是中国立法的总体指导思想，我国的立法指导思想通常被概括为"实事求是，一切从实际出发"。立法指导思想不仅表现为一个总体性的思想，还可以根据不同情况或所起的不同作用，划分为价值理念性的立法指导思想和策略性的立法指导思想、具体阶段的立法指导思想和具体某一部法律的立法指导思想。[4]

---

[1] 李步云、汪永清：《中国立法的基本理论和制度》，中国法制出版社 1998 年版，第 34 页。

[2] 李培传：《论立法（第三版）》，中国法制出版社 2013 年版，第 38 页。

[3] 黄文艺：《立法学》，高等教育出版社 2008 年版，第 25—27 页。

[4] 侯淑雯：《新编立法学》，中国社会科学出版社 2010 年版，第 350 页。

笔者认为，立法的指导思想，还是应当以《立法法》的明确规定为依据，不宜做过于宽泛的理解和认识。根据《立法法》第三条的规定，立法的指导思想包括遵守宪法的基本原则、以经济建设为中心、坚持四项基本原则和坚持改革开放四项基本内容。

二、我国立法的指导思想

根据《立法法》第三条的规定，我国的立法指导思想包括以下四个方面。

（一）遵守宪法的基本原则

宪法是通过科学民主程序制定的国家的根本大法，是党和人民意志的集中体现，具有最高的法律效力，是国家治国安邦的总章程，其规定的都是一个国家中具有根本性、全局性、长期性和稳定性的问题。《决定》明确指出："坚定不移走中国特色社会主义道路，坚决维护宪法法律权威，依法维护人民权益、维护社会公平正义、维护国家安全稳定。""任何组织和个人都必须尊重宪法权威，都必须在宪法法律范围内活动，都必须依照宪法法律行使权力或权利、履行职责或义务，都不得超越宪法法律的特权。必须维护国家法律统一、尊严、权威，切实保证宪法法律有效实施。"要"使每一项立法都符合宪法精神、反映人民意志、得到人民拥护"。可见，立法也必须以宪法为基础、为依据、为核心。所有拥有立法权的国家机关在开展立法活动时，都必须贯彻宪法的基本原则，坚决维护国家法律的统一。立法要遵守宪法的基本原则，就是要遵守一切国家权力属于人民的原则、保障公民权利和义务的原则、民主集中制原则和社会主义法制原则。

（二）以经济建设为中心

立法以经济建设为中心，是指立法要能够促进国家经济建设事业的全面发展，规范与经济建设相关的行为和社会关系。有的学者认为："我国立法很重要的一项工作就是要加强经济法制建设，将经济立法作为法治建设的最重要的组成部分，用法律手段调整经济关系，使经济活动有章可循，有序进行。"① 笔者认为，这种理解可能过于狭隘。因为"经济建设"

---

① 朱力宇、叶传星：《立法学（第四版）》，中国人民大学出版社2015年版，第54页。

与"经济法制建设"、"经济建设立法"与"经济立法"并非同一概念，不能说"经济建设"只需要"经济法制建设""经济立法"，其实"经济建设"和"经济建设立法"并不仅限于"经济立法"或"经济法制建设"，还需要法律体系中其他法律部门协调发展。因此，立法坚持"以经济建设为中心"并不只是搞经济法制建设，更不只是搞经济立法，同时还需要加强其他法律部门的立法工作。

（三）坚持四项基本原则

坚持四项基本原则，即坚持中国共产党的领导，坚持马克思列宁主义、毛泽东思想和邓小平理论，坚持人民民主专政，坚持社会主义道路。四项基本原则是全国各族人民团结前进的共同政治基础，是社会主义现代化建设顺利进行的根本保证，是我国的立国之本。四项基本原则是我国立法工作和其他所有工作的基本指导原则。在立法工作中坚持四项基本原则，就是要通过宪法和其他法律，体现四项基本原则精神，确立中国共产党作为全国各族人民、全国各项事业中核心的地位，巩固人民民主专政的国家政权，保障国家沿着社会主义道路前进。

1. 坚持中国共产党的领导

我国《宪法》确立了中国共产党的领导地位，立法工作要坚持中国共产党的领导，是因为："坚持党的领导，是社会主义法治的根本要求，是党和国家的根本所在、命脉所在，是全国各族人民的利益所系、幸福所系，是全面推进依法治国的题中应有之义。""党的领导是中国特色社会主义最本质的特征，是社会主义法治最根本的保证。把党的领导贯彻到依法治国全过程和各方面，是我国社会主义法治建设的一条基本经验。""党的领导和社会主义法治是一致的，社会主义法治必须坚持党的领导，党的领导必须依靠社会主义法治。"① 立法工作中坚持党的领导，并不是要求党的机关包办立法机关的工作。而是要求：

首先，立法机关在形成中国特色社会主义法律体系各部门之间、同一法律部门的不同法律之间，在内容上必须体现和符合党的路线、方针、政策。

其次，有些重要的法律、法规的制定、修改或废止，在党中央提出建

---

① 《中共中央关于全面推进依法治国若干重大问题的决定》。

议时，立法机关要通过正式的立法程序加以贯彻执行；有些则需要征求党中央的意见，甚至要经过中共中央政治局的讨论。《决定》要求"加强党对立法工作的领导，完善党对立法工作中重大问题决策的程序。凡立法涉及重大体制和重大政策调整的，必须报党中央讨论决定。党中央向全国人大提出宪法修改建议，依照宪法规定的程序进行宪法修改。法律制定和修改的重大问题由全国人大常委会党组向党中央报告。"

2. 坚持人民民主专政

人民民主专政，简单而言，就是对人民实行民主和对敌人实行专政有机结合的国家制度。中国共产党领导的人民民主政权在人民内部实行民主，逐步扩大社会主义民主，发展社会主义民主政治；对境内外敌对势力和犯罪分子实行专政。《宪法》第一条第一款规定："中华人民共和国是工人阶级领导的、以工农联盟为基础的人民民主专政的社会主义国家。"人民民主专政是无产阶级专政的具体体现，两者在精神实质和内容上是一致的。人民在数量上占了我国人口的绝大多数，在我国现阶段，人民的范围包括工人、农民和知识分子为主体的全体社会主义劳动者、社会主义事业的建设者、拥护社会主义的爱国者和拥护祖国统一的爱国者。而人民的敌人只包括极少数敌视和破坏社会主义制度的敌对势力和敌对分子。民主和专政是一个问题的两个方面，人民民主专政的民主方面和专政方面是辩证统一的，对人民实行民主是对敌人实行专政的基础，对敌人实行专政是对人民实行民主的保障，为实现最广大人民的根本利益，可以使用专政的方法来对待敌对势力以维持人民民主政权。

立法坚持人民民主专政，首先，通过立法保障人民当家做主的主人公地位，享有管理国家事务的最高权力，享有管理一切社会事务的权力以及人民在政治、经济、文化和社会生活各个领域的权利；其次，通过立法保障对敌对分子实行专政；再次，通过立法创制和完善各级人民代表大会的各项制度，如立法工作制度、法律监督和工作监督制度、选举制度，等等。

3. 坚持社会主义道路

《宪法》第一条第二款规定："社会主义制度是中华人民共和国的根本制度。禁止任何组织或者个人破坏社会主义制度。"社会主义社会，是指以公有制为基本的经济基础，以人民代表大会制度为根本政治制度，实行民主集中制原则的社会形态。它是共产主义的一个初级阶段。立法坚持社会主义道路的要求是：首先，通过立法维护以社会主义公有制为主体、多种经济成分并存的所有制结构；其次，通过立法积极发展社会主义市场经济，确认和保障实现以按劳分配为主体、其他分配方式为补充的分配制度，以利于全体人民和各个地区逐步实现共同富裕；再次，通过加强立法建设社会主义的精神文明，以提高整个中华民族的道德素质和科学文化素质，充分体现社会主义核心价值体系的要求。

4. 坚持马克思列宁主义、毛泽东思想和邓小平理论

"全面推进依法治国，必须贯彻落实党的十八大和十八届三中全会精神，高举中国特色社会主义伟大旗帜，以马克思列宁主义、毛泽东思想、邓小平理论、'三个代表'重要思想、科学发展观为指导，深入贯彻习近平总书记系列重要讲话精神，坚持党的领导、人民当家做主、依法治国有机统一，坚定不移走中国特色社会主义法治道路，坚决维护宪法法律权威，依法维护人民权益、维护社会公平正义、维护国家安全稳定，为实现'两个一百年'奋斗目标、实现中华民族伟大复兴的中国梦提供有力法治保障。"① 在立法工作中坚持马列主义、毛泽东思想和邓小平理论，既包括在规范性文件中通过文字明确地加以表述，还包括在立法过程的各个环节上、完整的立法体系上以及法律规范性文件的全部条文中，都要体现马列主义、毛泽东思想和邓小平理论的立场、观点和方法。

这里还需要注意，邓小平理论是当代中国的马克思主义，是马克思主义在中国发展的新阶段。邓小平理论坚持解放思想、实事求是，在新的实践基础上继承前人又突破陈规，开拓了马克思主义的新境界；邓小平理论坚持科学社会主义理论和实践的基本成果，抓住"什么是社会主义，怎样建设社会主义"这个根本问题，深刻地揭示了社会主义的本质，把对社会主义的认识提高到新的科学水平；邓小平理论坚持用马克思主义的宽广眼界观察世界，对当今时代特征和总体国际形势，对世界上其他社会主义国家的成败，发展中国家谋求发展的得失，发达国家发展的态势和矛盾，进行正确分析，做出了新的科学判断。总体来看，邓小平理论形成了新的建设有中国特色社会主义理论的科学体系。毫不动摇地坚持邓小平理

---

① 《中共中央关于全面推进依法治国若干重大问题的决定》。

论为指导的党的基本路线，这是我们事业能够经受风雨考验，顺利达到目标的最可靠的保证，也是我国社会主义立法的根本指导思想。"三个代表"重要思想是指代表中国先进生产力的发展要求、代表中国先进文化的前进方向和代表中国最广大人民的根本利益。我们党要始终代表中国先进生产力的发展要求，就是党的理论、路线、纲领、方针、政策和各项工作，必须努力符合生产力发展的规律，体现不断推动社会生产力的解放和发展的要求，尤其是体现推动先进生产力发展的要求，通过发展生产力不断提高人民群众的生活水平；我们党要始终代表中国先进文化的前进方向，就是党的理论、路线、纲领、方针、政策和各项工作，必须努力体现发展面向现代化、面向世界、面向未来的，民族的科学的大众的社会主义文化的要求，促进全民族思想道德素质和科学文化素质的不断提高，为我国经济发展和社会进步提供精神动力和智力支持；我们党要始终代表中国最广大人民的根本利益，就是党的理论、路线、纲领、方针、政策和各项工作，必须坚持把人民的根本利益作为出发点和归宿，充分发挥人民群众的积极性和主动性创造性，在社会不断发展进步的基础上，使人民群众不断获得切实的经济、政治、文化利益。科学发展观是中国共产党党章规定的党的指导思想，是胡锦涛为总书记的党的第四代领导集体对马克思主义、毛泽东思想的发展，是中国特色社会主义理论体系的重要组成部分。科学发展观，第一要义是发展，核心是以人为本，基本要求是全面协调可持续，根本方法是统筹兼顾。立法中坚持"三个代表"重要思想和贯彻落实科学发展观，能够保持我国立法工作的人民性、先进性和科学性，能够通过立法保障我国社会的和谐发展和长治久安。

（四）坚持改革开放

改革开放是邓小平理论的重要组成部分，中国社会主义建设的一项根本方针。改革，包括经济体制改革和政治体制改革。经济体制改革，即把高度集中的计划经济体制改革成为社会主义市场经济体制；政治体制改革，包括发展民主，加强法制，实现政企分开、精简机构，完善民主监督制度，维护安定团结。开放，主要指对外开放，在广泛意义上还包括对内开放。改革开放是中国共产党在社会主义初级阶段基本路线的基本点之一，是我国走向富强的必经之路。改革开放的实质是：解放和发展社会生产力，进一步解放人民思想，建设中国特色的社会主义。对中国的经济发展有着巨大影响。在立法中坚持党的基本路线，必须坚持改革开放的总方针。

在立法工作中坚持改革开放的总方针，首先，通过立法贯彻改革开放的总方针，及时把有关改革开放的方针、政策法律化，指引改革开放的顺利进行；其次，要求适时地废止或修改已经制定了的法律，并创制新的法律以确认、适应和巩固改革开放的成果；再次，需要加强立法，为保障公民的合法权益、调整人民内部纠纷和打击各种违法犯罪行为提供法律依据，为建立一个良好稳定的法制社会创造前提，保障改革开放顺利进行。

第三节　立法的基本原则

立法的基本原则，或称法的制定的基本原则，是立法机关在整个立法活动中必须遵循的行为准则，它是立法指导思想在立法实际工作中的具体体现。"立法的原则是指导立法的总的精神，它所表明的一般是立法的性质、宗旨、根本任务和价值追求；它同国体、政体和国家活动、国家职能紧密相连，是整个国家在一定历史时期的重大理论、路线、方针和政策的体现，因而在制宪时，都有或略或详的表述。"① "立法基本原则实质上是立法所遵循和追求目的、价值、理念、精神，它们是法律的灵魂，是立法工作的指南。"② "立法基本原则是法律的灵魂，是立法活动的指南针。立法基本原则实质上是立法所遵循和追求的目的、价值、理念、精神，它构成立法工作的指南和基础。原则表达了详细的法律规则和具体的法律制度的基本目的，因为人们把原则看作是这些基本目的始终如一、紧密一致、深入人心从而使其完全理性化的东西。因此，法律原则正是规则与价值的交汇点。确立立法的基本原则，就是使立法者明确自己要遵循哪些标准来制定法律、要制定什么样的法律，这些法律的目的、目标何在，结构、功能、作用如何。确立了这些具有普遍意义性的东西，就为将要进行具体的立法活动确立了方向，规范了目标、目的，使之循着这个基本的方向和前

① 李步云：《法理学》，经济科学出版社 2001 年版，第 525—526 页。
② 李步云、汪永清：《中国立法的基本理论和制度》，中国法制出版社 1998 年版，第 38 页。

提来进行规范化的活动，从而使立法活动的形式和结果不致偏离立法者所希望的目标和结果，达到预期的立法目的。"① 有学者将立法的基本原则分为思想性原则和方略性原则两大类。思想性原则属于立法的理念、精神的范畴，包括人民利益至上原则、以权利为核心原则、对权力的制约原则等内容；方略性原则是立法工作应当遵循的基本方针与方法，包括立法过程民主原则、从实际出发原则、立法效率与效益最大化原则等内容。②

《立法法》在总则第三、四、五、六条中明确规定了我国立法的四项基本原则，即：一是合宪性原则，二是法治原则，三是民主原则，四是科学性原则。

一、合宪性原则

所谓立法的合宪性原则，是指立法机关在创制法律规范时，坚持宪法的至上性，必须以宪法为依据，必须符合宪法规定的基本原则和内容，不得违背宪法的规定。立法要"坚决维护宪法法律权威"，"坚持依法治国首先坚持依宪治国，坚持依法执政首先要坚持依宪执政"③。立法的合宪原则体现在《立法法》第三条，即"立法应当遵循宪法的基本原则，以经济建设为中心，坚持社会主义道路、坚持人民民主专政、坚持中国共产党的领导、坚持马克思列宁主义毛泽东思想邓小平理论，坚持改革开放"之中。立法的合宪性原则，是指宪法是国家的根本大法，在国家生活中具有极其重要的作用，是具有最大权威和最高法律效力的法，是全国人民的根本活动准则，当然也是我国社会主义立法活动的根本准则，所有立法都必须以宪法为依据，贯彻宪法的原则和内容，否则，将被确定为违宪。这就决定了合宪性原则是我国立法的重要基本原则。为什么呢？

第一，立法的合宪性原则，具有政治基础。因为："宪法是党和人民意志的集中体现，是通过科学民主程序形成的根本法。坚持依法治国首先要坚持依宪治国，坚持依法执政首先要坚持依宪执政。全国各族人民、一

---

① 李翔：《立法的几个法理问题——兼论立法实践的破产管理人制度》，四川大学出版社2015年版，第116页。

② 李步云、汪永清：《中国立法的基本理论和制度》，中国法制出版社1998年版，第38—85页。

③ 《中共中央关于全面推进依法治国若干重大问题的决定》。

切国家机关和武装力量、各政党和各社会团体、各企业事业组织，都必须以宪法为根本的活动准则，并且负有维护宪法尊严、保证宪法实施的职责。一切违反宪法的行为都必须予以追究和纠正。""任何组织和个人都必须尊重宪法法律权威，都必须在宪法法律范围内活动，都必须依照宪法法律行使权力或权利、履行职责或义务，都不得有超越宪法法律的特权。"①

第二，立法的合宪性原则具有宪法基础。《宪法》在序言中明确规定："中国各族人民将继续在中国共产党领导下，在马克思列宁主义、毛泽东思想、邓小平理论和'三个代表'重要思想指引下，坚持人民民主专政，坚持社会主义道路，坚持改革开放，不断完善社会主义的各项制度，发展社会主义市场经济，发展社会主义民主，健全社会主义法制，自力更生，艰苦奋斗，逐步实现工业、农业、国防和科学技术的现代化，推动物质文明、政治文明和精神文明协调发展，把我国建设成为富强、民主、文明的社会主义国家。"《宪法》在第五条第三、四、五款中分别规定："一切法律、行政法规和地方性法规都不得同宪法相抵触。""一切国家机关和武装力量、各政党和各社会团体、各企业事业组织都必须遵守宪法和法律。一切违反宪法和法律的行为，必须予以追究。""任何组织或者个人都不得有超越宪法和法律的特权。"宪法的基本原则是一国基本的国家制度和社会制度在宪法中的集中体现。各国宪法，其共通性的原则主要有这样几项：人民主权原则；权力制约原则；基本人权原则；法治原则。中国立法应当遵循宪法的基本原则，无疑也是要遵循这些原则的。研读中国宪法，人们不难看到，这些原则在不少条文中得以体现或贯彻。立法的合宪性原则首先表现在立法活动所创制的法律规范性文件要合乎宪法的规定。一切法律、法规和其他规范性文件不得与宪法相抵触，包括修宪在内的立法行为都必须同宪法的基本精神、基本原则相一致，否则都是无效的。

第三，立法的合宪性原则，具有《立法法》基础。《立法法》除了在第三条中规定了立法的合宪性内容外，在第八十七条中也专门规定："宪法具有最高的法律效力，一切法律、行政法规、地方性法规、自治条例和

---

① 《中共中央关于全面推进依法治国若干重大问题的决定》。

单行条例、规章都不得同宪法相抵触。"

立法的合宪性原则要求任何立法的目的都在于保证宪法在社会生活中真正地、完全地得到执行。宪法是国家的总章程，宪法所规定的是国家制度、社会制度的基本原则。这些原则在社会生活中实现，光靠宪法是不够的，还须通过法律、行政法规或地方性法规将宪法的基本原则具体化。换言之，宪法既不是穷尽立法，也不是替代立法，而只是为立法设定前提和基础。正是基于此，宪法的许多条文中，都出现了带有"依照法律规定"或"依法规定"等的规定，而我国立法中多数法律都明确规定"根据宪法制定本法"，这一方面提供立法的合法性，另一方面以充分表明宪法的地位高于其他的法律。

二、法治原则

立法的法治原则，也有人称合法性原则。我国《立法法》第四条规定："立法应当依照法定的权限和程序，从国家整体利益出发，维护社会主义法制的统一和尊严。"依法治国、建设社会主义法治国家，要求实现国家生活法治化，要求国家生活有法可依。

（一）立法应当遵守法定的权限和程序

合法性原则的主要内容包括：立法权的存在和运行都应有法的根据，立法活动都应依法进行；规范立法运行的法，在促进立法发展的同时，应该反映和代表广大人民的根本利益，有利于社会的进步和全面发展；有关立法的法在立法权的运行和立法活动的开展中具有权威性，任何组织和个人如有违反都应受到追究。为此，要切实维护宪法的权威，维护社会主义法制的统一，健全和完善相关的立法制度，特别是有关立法权限划分、立法运作程序、中央立法与地方立法、上位立法与下位立法、权力机关立法与行政机关立法、立法技术等方面的制度。要维护法制的统一，要求做到：

第一，只有法定的立法机关才能进行立法活动，非法定的机关不得从事立法活动。

第二，法律、法规的制定都必须以宪法为根据，不得违背宪法。《立法法》对立法权限作了明确的划分。①专属立法权限。《立法法》第八条规定全国人大及其常务委员会的专属立法权，只能由全国人大及其常务委员会行使。②行政法规立法权限。国务院可以就《宪法》第八十九条规定的国务院行政管理职权和为执行法律的规定需要制定行政法规的事项制定行政法规。③地方立法权限。地方性法规可以就执行法律、行政法规的规定，需要根据本行政区域的实际情况作出具体规定的事项，属于地方性事务需要制定地方性法规的事项作出规定。④自治立法权限。民族区域自治地方的人民代表大会有权根据当地民族的政治、经济和文化的特点，制定自治条例和单行条例，进行变通立法。⑤规章的立法权限。部门规章规定事项应当属于执行法律或者国务院的行政法规、决定、命令的事项。地方政府规章可以就执行法律、行政法规、地方性法规的规定需要制定规章的事项，属于本行政区域的具体行政管理事项，作出规定。

第三，立法机关从事立法必须在自己的权限范围内依照法定的程序进行，不得违法立法。我国《立法法》对人民代表大会及其常务委员会的立法活动、行政机关制定行政法规规章的活动，都作了详细全面的规定；根据中国共产党十八届三中、四中全会提出的健全立法起草、论证、协调、审议机制、扩大公民有序参与立法途径等要求，总结实践经验，对立法程序也作了全面的严谨的规定，各级、各类拥有立法的国家机关都必须遵守。

第四，法律部门之间相互补充和相互配合，同时减少和避免不必要的重复。

第五，避免不同类别的规范性法律文件之间的矛盾（如行政法规不能与法律相抵触；地方性法规不能与法律、行政法规相抵触等）；避免同一类别的规范性法律文件之间的矛盾或同一法律文件内部法律规范之间的矛盾，等等。

（二）立法应当从国家整体利益出发

立法应当从国家整体利益出发，从立法自身而言，是为了维护社会主义法制的统一；从政治而言，是从人民的长远利益、根本利益出发，防止通过立法谋取部门利益、地方利益，将一些不正当利益和权力"合法化"。

由于我国立法实践中，普遍存在执法部门起草法律法规的情况，因此立法中的部门利益倾向比较明显，争权诿责，权力寻租，损害相对人正当利益的情况并不鲜见。为了有效解决这一问题，确保立法应当从国家整体利益出发，《立法法》针对性地规定了一些具体措施：

第一，在立法思路方面，注重发挥人大在立法中的主导作用。明确规定全国人大及其常务委员会通过立法规划、年度立法计划等形式，加强对立法工作的统筹安排；全国人大有关专门委员会、常务委员会工作机构可以提前参与有关方面的法律草案的起草工作；对于涉及综合性、全局性、基础性等事项的法律草案，可以由有关的专门委员会或者常务委员会工作机构组织起草；更多发挥人大代表在立法中的作用。

第二，在立法程序方面，完善了行政法规的制定程序。明确规定国务院年度立法计划中的法律项目应当与全国人大常务委员会的立法规划和年度立法计划相衔接；重要行政管理的法律、行政法规草案由国务院法制机构组织起草；行政法规在起草过程中，应当采取多种形式广泛听取机关、组织、人大代表和社会公众的意见。

第三，在立法权限方面，对地方性法规和规章的权限范围作了适当限定。明确规定在依法扩大地方立法权的同时，又相应地明确和限定立法范围，以避免重复立法，维护国家法制统一。明确规定了部门规章和地方政府规章的权限，有效地遏制了规章"打架"现象的发生。

三、民主原则

"民主立法就是立法要反映民意，体现人民意志。立法要通过各种途径和形式，扩大公众对立法活动的有序参与度和增强立法工作的决策透明度。"[①] "立法的民主化是在立法时，以民主意识、民主观念、民主作风、民主原则和民主程序，保证广泛地倾听民意、反映民意，使法律符合民意，体现民意，真正成为人民自己的法律。"[②] 我国是人民主权的国家，人民是国家主人，国家活动的根本目的就是确认和保障人民的民主权利特别是人民当家做主的权利。

《立法法》第五条规定："立法应当体现人民的意志，发扬社会主义民主，坚持立法公开，保障人民通过多种途径参与立法活动。"这一规定表明，立法的内容应当体现和反映民意，在立法过程中应当充分发扬民

---

① 李培传：《论立法（第三版）》，中国法制出版社 2013 年版，第 11 页。
② 李步云：《法理学》，经济科学出版社 2001 年版，第 535 页。

主，保障人民通过多种途径参与并监督国家的立法活动。《宪法》第二条第三款规定："人民依照法律规定，通过各种途径和形式，管理国家事务，管理经济和文化事业，管理社会事务。"立法的民主原则，包含立法主体的民主性、立法内容的民主性和立法程序的民主性三个方面的内容。

（一）立法主体的民主性

人民是立法的主体，立法权从根本上来说属于人民，由人民行使。立法主体的民主性具有丰富的内涵：

第一，立法机关及其组成人员须经民主程序产生，人民有权对自己选出的公职人员进行监督和罢免；

第二，立法主体在进行立法活动时的民主性，即能使立法主体组成人员在立法过程的各个阶段中，个人意愿能够真实地表达；

第三，立法过程的公开化，使广大人民群众都能参与立法，以集中民智、维护民利、符合民意、反映民情，也有利于广大人民群众对立法过程的切实有效的监督。

（二）立法内容的民主性

立法内容的民主性，是指通过立法所创制出来的法律规范中应保留记载人民享有的民主权利的内容、范围及行使途径。

立法内容的民主性具体表现在以下几个方面。

第一，要依法确认人民对立法的参与原则。如《立法法》规定，列入常务委员会会议议程的法律案，法律委员会、有关的专门委员会和常务委员会工作机构应当听取各方面的意见。听取意见可以采取座谈会、论证会、听证会等多种形式。法律有关问题专业性强，需要进行可行性评价的，应当召开论证会，听取有关专家、部门和全国人民代表大会代表等方面的意见。论证情况应当向常务委员会报告。常务委员会工作机构应当将法律草案发送相关领域的全国人民代表大会代表、地方人民代表大会常务委员会以及有关部门、组织和专家征求意见。

第二，法律对于公民权利义务的规定，要具体明确，对行使权利、履行义务的程序规定也要明确具体，使国家机关工作人员同公民都处于法律约束中，尽可能排除官僚主义和特权行为的干扰，有效地保护人民的权利和国家的利益。

第三，要依法确立国家机关工作人员权利与责任相当的原则。

第四，必须在立法中体现保障人权的原则。

（三）立法程序的民主性

立法程序的民主性，在立法过程中注重贯彻群众路线，使人民能够通过必要的途径（如公开征集民众的立法意见、开展立法听证、吸收相关领域的专家参与立法等），有效地参与立法，有效地在立法过程中表达自己的意愿。

现阶段，要坚持好立法的民主性原则，必须做好国家机关在其立法活动中，拓宽公民有序参与立法的途径，采用多种渠道听取人民群众关于立法的意见和建议。为此《立法法》规定了一些相应的措施，如明确规定除经委员长会议决定不公布的外，列入常务委员会会议议程的法律案，应当在常务委员会会议后将法律草案及其起草、修改说明等向社会公布，征求意见，法律草案向社会公开征求意见的时间为三十日，征求意见的情况应当向社会通报；对立法论证、听证、法律草案公开征求意见、书面征求意见的制度，健全了向下级人大征询意见机制；规定对于专业性较强的法律草案，可以吸收相关领域的专家参与起草工作，或者委托有关专家、教学科研单位、社会组织起草；补充规定全国人大常委会审议法律案应当通过多种形式征求全国人大代表的意见；全国人大专门委员会和常委会工作机构进行立法调研可以邀请有关代表参加；全国人大常委会会议审议法律案，应当邀请有关的全国人大代表列席；补充规定法律草案的论证、听证情况应当向常委会进行汇报；公开征求意见的情况应当向社会通报；向代表反馈征求代表对法律案的意见的情况。

总之，"民主立法，就是要求法律真正反映最广大人民的共同意愿、充分实现最广大人民的民主权利、切实维护最广大人民的根本利益。民主立法的核心，在于立法要为了人民、依靠人民。实现民主立法，必须坚持人民主体地位，贯彻群众路线，充分发扬民主，保证人民通过多种途径有序参与立法，使立法更好地体现民情、汇聚民意、集中民智"[1]。民主立法必须要注意避免"有的法律法规未能全面反映客观规律和人民意愿，针对性、可操作性不强，立法工作中部门化倾向、争权诿责现象较为突出"[2]等不良现象的出现。

---

① 武增：《中华人民共和国立法法解读》，中国法制出版社 2015 年版，第 20 页。
② 《中共中央关于全面推进依法治国若干重大问题的决定》。

四、科学性原则

（一）科学立法的含义

科学是指："运用范畴、定理、定律等思维形式反映现实世界各种现象的本质和规律的知识体系。""科学来源于社会实践，服务于社会实践。""科学的发展和作用受社会条件的制约。"① 科学性原则，也有人称其为"从实际出发，实事求是"的原则。立法的科学性原则问题，也就是立法的科学化、现代化问题。马克思指出："立法者应该把自己看作一个自然科学家。他不是在制造法律，不是在发明法律，而仅仅是在表述法律，他把精神关系的内在规律表现在有意识的现行法律之中。如果一个立法者想用自己的臆想来代替事物的本质，那么我们应该责备他极端的任性。"② 坚持立法的科学性原则，有助于产生建设现代法治国家所需要的高质量的良法，有益于尊重立法规律、克服立法中的主观随意性和盲目性，也有利于避免或减少错误和失误，降低成本，提高立法效益。"科学立法就是立法要尊重实际、反映规律。立法应当坚持权力与责任、权利与义务、合法与合理、效能与便民相一致的原则。"③

《立法法》第六条规定："立法应当从实际出发，适应经济社会发展和全面深化改革的要求，科学合理地规定公民、法人和其他组织的权利与义务、国家机关的权力与责任。""法律规范应当明确、具体，具有针对性和可执行性。"可见，科学立法，就是指法律应当准确反映和体现所调整社会关系的客观规律，同时遵循法律体系的内在规律，符合经济社会发展规律。"科学立法的核心，在于立法要尊重和体现规律。实现科学立法，必须坚持以科学的理论为指导，从国情和实际出发，科学合理地规范公民、法人和其他组织的权利与义务，科学合理地规范国家机关的权力与责任，使法律符合经济社会发展要求，真正经得起实践和历史的检验。"④

---

① 《辞海》（缩印本），上海辞书出版社 2002 年版，第 919 页。

② 《马克思恩格斯全集》（第一卷），第 183 页。

③ 李培传：《论立法（第三版）》，中国法制出版社 2013 年版，第 11 页。

④ 乔晓阳：《〈中华人民共和国立法法〉导读与释义》，中国民主法制出版社 2015 年版，第 61 页。

（二）科学立法的要求

1. 科学立法对法的内容要求

第一，坚持立法的科学性原则，要求在立法中必须做到：立法要从本国的具体国情出发，与时俱进地反映市场经济的发展，立符合国情之法。国情，是指特定国家特定时期的基本情况，包括一个国家的文化历史传统、自然地理环境、经济社会发展状况以及国际关系等各个方面的总和。正如周旺生教授所指出："国情决定立法，立法必须符合国情。""国情对立法的作用首先在于立法对国家具有依赖性。"① 这种依赖主要表现为立法制度对国情的依赖和立法技术对国情的依赖两个方面。立法如果不符合国情，则所立之法也必将没有实际意义。因此，立法应当适应经济社会发展和全面深化改革的客观要求，即十八届三中全会对全面深入改革作出了布局；十八届四中全会对全面推进依法治国作出了全面布局。当前，党中央已经提出并形成了全面建成小康社会、全面深化改革、全面依法治国、全面从严治党的战略布局。立法要适应经济社会发展和全面深化改革的要求，要求立法工作必须做到立新法、改旧法、废死法。即：①加强和改进立法工作，充分发挥立法在引领、推动和保障改革方面的重要作用，把改革决策与立法决策结合起来，做到重大改革于法有据、立法主动适应改革，改革和法治同步推进。②适时制定新法律；实践条件还不成熟、需要先行先试的，要按照法定程序作出授权；对不适应改革要求的法律法规，要及时修改和废止，切实使党的主张通过法定程序转化为国家意志，在法制轨道上不断推进改革开放伟大事业。

第二，立法要注意总结立法经验和规律，妥善处理立法的超前、同步与滞后的关系，注意立法的原则性、稳定性、连续性与及时变动的结合，防止所立之法违反规律而受到规律的惩罚。

第三，立法配置各种资源和权力（权利）时，要掌握好原则性规定和具体规定的尺度，防止因资源配置和权力（权利）配置不科学而导致所立之法无法实施或所立之法沦为"恶法"。首先，科学立法要科学合理地配置公民、法人和其他组织的权利与义务。立法要特别注意把握好公民权利义务的广泛性、统一性、平等性和现实性，重点要防止只课以公民、

---

① 周旺生：《立法学》，北京大学出版社 1988 年版，第 193、194 页。

法人和其他组织只有义务而无权利，或者只片面追求权利而忽略应当履行的义务。其次，要科学合理地配置国家机关的职权和职责。国家机关的职权和职责都具有法定性，而且职权和职责之间具有对应性和相伴性，有权必有责，用权受监督，滥权必担责。立法中要防止有权无责、权大于责或有责无权、责大于权的不匹配现象的发生，做到"既要确权又要立责；既要赋予行政机关必要的权力和手段，又要加大监督力度、明晰法定责任，避免逐利避险、争权推责、揽功诿过。同时，要最大限度维护人民的权柄利益，要让人民充分享受到立法带来的红利、法治红利"①。

第四，立法要随着形势发展的需要而循序渐进、逐步完善，要立社会现实需要之法，避免立法大跃进，为立法而立法，或者立法过度超前或严重滞后。

第五，要树立科学立法观念使所立之法能够与时俱进地发展，注重选择最佳的立法形式、立法内容及最佳的法案起草者。

第六，要开展立法科学的研究，培养先进的立法观念和理念，更新过时落后的立法观念和理念，重视立法的方法和技术性问题。

第七，建立和完善科学的立法体制，顾及立法的全局和局部、长期与短期、中央与地方、地方与地方之间的关系。

2. 科学立法对立法程序的要求

根据《决定》的要求和《立法法》的规定，要实现科学立法必须做到：

第一，加强人大对立法工作的组织协调，健全立法起草、论证、协调、审议机制，健全向下级人大征询立法意见机制，建立基层立法联系点制度，推进立法精细化。

第二，健全法律法规规章起草征求人大代表意见制度，增加人大代表列席人大常委会会议人数，更多发挥人大代表参与起草和修改法律的作用；完善立法项目征集和论证制度。

第三，健全立法机关主导、社会各方有序参与立法的途径和方式。探索委托第三方起草法律法规草案。

---

①　乔晓阳：《〈中华人民共和国立法法〉导读与释义》，中国民主法制出版社 2015 年版，第 63 页。

第四，健全立法机关和社会公众沟通机制，开展立法协商，充分发挥政协委员、民主党派、工商联、无党派人士、人民团体、社会组织在立法协商中的作用，探索建立有关国家机关、社会团体、专家学者等对立法中涉及的重大利益调整论证咨询机制。

第五，拓宽公民有序参与立法的途径，健全法律法规规章草案公开征求意见和公众意见采纳情况反馈机制，广泛凝聚社会共识。

第六，完善法律草案表决程序，对重要条款可以单独表决。

3. 科学立法对法律内容的要求

《立法法》第六条第二款规定："法律规范应当明确、具体，具有针对性和可执行性。"这一规定既是科学立法对法律内容的基本要求，也是落实"提高立法质量"的立法目的的基本要求。法律内容是否明确、具体，是否具有针对性和可行性，是判断立法质量高低的一项重要标准。

设计法律规范要明确、具体，具有针对性和可执行性，杜绝在法律中出现空洞无物，含义不清、界定不明的法律条文。为此，立法机关应当抓好立法各个环节应当完成的工作，在搞好立法预测、立法评估、立法听证、立法论证、立法调研、立法协商等多个方面的工作的基础上，运用法治思维，科学预测经济社会的发展趋势和方向，制定"立得住、行得通、易理解、真管用、无歧义"的法律规范。

总之，立法的科学性，要求"法律不仅必须适应各该国家或地区的总的经济状况，不能脱离现实的基础，而且要科学地、恰当地体现国家意志，并具有一定的前瞻性，以免落后于实际而缺乏相对的稳定性；不仅要形式完整统一，内容和谐一致，而且要具有现实的可操作性，以免徒有其表而无多大的实用价值；不仅其表述要符合法律规范的要求、符合各该国家或地区语言文字规范的要求，而且要使公民明白易晓，以免在理解和掌握适用上多生歧义。"① 此外，还应当注意将适时立法与适度超前立法结合起来，将立法的原则性与灵活性结合起来，将立法的稳定性与应变性结合起来，确保立法与经济社会发展同步。

---

① 李步云：《法理学》，经济科学出版社 2001 年版，第 508 页。

第 五 章

立法程序

第一节 立法程序的基本原理

一、立法程序的概念

通常意义上，"程序"一词是指："①按时间先后或依次安排的工作步骤。如：工作程序；医疗程序。②为使电子计算机执行一个或多个操作，或执行某一任务，按序设计的计算机指令的集合。"① 由此可见，程序是一个包含有过程、时间、步骤、顺序的概念；一个是计算机的专业术语。作为法律意义上的程序，通常是指法律行为从起始到终结必须遵循的长短不等的过程。

由于"法治有其形式的一面，法律之强调适当的程序乃至在凸显法治的形式理性或程序理性，不具此一理性，则不足以应付广泛多变的情景与问题，无程序理性或形式理性，则不能有一普遍客观的行为架构，从而此一是非，彼一是非，而行为之合法性将无以肯定"②。因此，立法程序对于立法活动的顺利开展具有十分重要的意义。立法机关在进行立法活动，作出立法决策时为了保证立法活动的有效运作，必须有一套关于权力运作应当遵守的规则，这套规则就是立法程序。

立法程序是立法主体在制定、认可、补充、修改及废止法律规范时所必须遵循的行为步骤、顺序、方式和期限的总称。根据这一定义，立法程

---

① 《辞海》（缩印本），上海辞书出版社 2002 年版，第 210 页。《现代汉语词典》对此亦有类似的解释，认为程序是指"事情进行的先后次序。"［《现代汉语词典（第五版）》，商务印书馆 2005 年版，第 177 页］

② 罗传贤：《立法程序与技术》，台湾五南图书出版公司 2009 年版，第 348 页。

序包括如下内容。

第一，立法程序是立法主体进行立法活动时必须遵守的程序，而不是立法机关从事所有活动的程序。

第二，立法程序在实践中表现为立法主体从事立法活动时必须遵守的步骤、顺序、方式和期限的统一体，而不仅是指某一个方面的内容。

第三，立法程序运行的目标是要制定、认可、补充、修改或废止一定的法律规范。

第四，要保证立法的科学性，必须有科学正当的立法程序。正当的立法程序是确保立法质量的基础。立法程序的正当性主要指立法程序设计的合理性。有学者认为，立法程序的正当性包括立法程序的公平性、立法程序的民主性和立法程序的秩序合理性。其中，立法程序的公平性，是指同类人应当受到相同的对待。在立法中则表现为每个人都有表达自己意见的机会，每个人都有参与立法的权利，以及选择法律的权利。实现立法的机会平等取决于两个环节，即每个公民的立法权的行使并非是直接的，其权利的行使是由议员来代行；代议制立法机关中的议员地位相同且有平等议事参与权。立法程序的民主性，是指民主立法是现代化立法的潮流，也是现代立法程序应当予以确立的重要原则，在当今民主式立法的过程中，公开征求意见是民主立法的重要环节，民主化除了公开征求意见外，立法听证已经成为现代立法程序的要求，经过立法听证所拟定的法案既能吸纳各个方面的意见和建议，又能得到有关社会团体和利害关系方的合作，有助于提高立法的民主性和科学性。立法程序的秩序合理性，是指立法程序是有序的活动，须重视立法活动的阶段性，针对各阶段的立法任务、特点和客观要求，做好立法工作。[①]

立法程序的正当性，除具有上述三个方面的含义外，还应当具有立法程序的可行性，即立法程序的设计必须在一个国家现有民主生活中能够运行，符合本国的实际情况，如果立法程序不符合本国实际情况，无法在本国推进，则将无利于推进本国的立法工作，不能为本国的经济社会发展提供行为规范，其设计再精妙都只能是纸上谈兵。

---

① 罗传贤：《立法程序与技术》，台湾五南图书出版公司 2009 年版，第 348 页。

二、立法程序的分类

根据立法的内容不同，可以对立法程序进行不同的分类。

（一）宪法的立法程序和普通法律的立法程序

根据立法程序的复杂程度不同，将立法程序分为宪法的立法程序和普通法律的立法程序。

宪法的立法程序，是指一个国家的制宪机关制定、修改、补充、废止本国宪法时所遵守的步骤、顺序、方式和时限的总称。由于宪法事关国家的重大政治问题、经济问题和社会问题，所以程序比普通立法要复杂和严格得多，其程序一般也都是由宪法直接规定。如有的国家要在制宪机关通过后，还要举行全民公决；规定了宪法修改议案的提出主体、通过议案时的赞成人数等都要求较高。普通立法程序，通常都是立法法进行规定，控制没有制定宪法程序严格。

（二）自主立法程序和授权立法程序

根据立法程序启动的原因不同，将立法程序区分为自主立法程序和授权立法程序。

自主立法程序，是指立法主体是依据宪法或者法律所赋予的职权而进行的立法程序；授权立法程序，是指立法主体必须在特别授权的情况下才能进行的立法程序。

（三）立法机关的立法程序与行政机关的立法程序

根据立法主体的不同，可以将立法程序区分为立法机关的立法程序和行政机关的立法程序。

立法机关的立法程序是指享有立法权的代议机关，在行使立法权时应当遵循的立法程序。其下又可以进一步分为中央立法机关的立法程序和地方立法机关的立法程序。行政机关的立法程序是指享有行政立法权的行政主体，在行使行政立法权时应当遵循的立法程序。其下又可以分为中央行政机关的立法程序和地方行政机关的立法程序，行政法规的立法程序和行政规章的立法程序。

（四）法定立法程序与非法定立法程序

根据法律对程序的认可度不同，将立法程序分为法定立法程序和非法定立法程序两种。

法定程序是指法律明确规定了立法程序，非法定程序是指立法过程中必不可少，但法律没有明确规定的立法程序，如起草程序。这里需要特别注意，法律的起草，虽然我国《立法法》没有将其作为法定程序加以规定，但立法中是必不可少的，对立法工作具有基础性作用。要起草好法律，需要做好如下工作：①应当组建优良的起草小组；②起草小组应当明确立法者的立法意图、拟调整的社会关系的范围；③起草小组应当根据拟调整的社会关系深入开展调查研究，搞清社会关系的现状、存在的问题、产生问题的原因，寻找解决问题的方法；④根据立法技术规范的要求，拟定法律草案文本；⑤在法律草案拟定后，通过多种方式征求相关部门和社会公众的意见；⑥研究相关部门和社会公众反馈回来的意见，对原有法律草案文本进行修改、补充、完善。⑦向有关方面提交法律草案及起草说明，必要时还应附有相关的参考资料。

三、立法程序的基本制度

（一）西方国家立法程序的基本制度

西方国家立法程序的基本制度，繁简不一，根据其繁简程度不同，可以分为一读程序制度、二读程序制度和三读程序制度。这里所谓的"读"，即"读会"（reading），是指议会讨论法案时所使用的程序，源于盎格鲁·撒克逊人或日耳曼人的理念，意为连续的讨论。在两院制的国家表示在法案通过前后为取得两院一致同意而在两院之间进行连续讨论。狭义的读会仅指三读程序而言，广义的包括"一读"、"二读"和"三读"。①

1. 一读程序制度

一读程序制度，是指法案只经过一次审议即可交付表决的法案审议方式。在实行一读程序制度的国家（如日本、法国、西班牙、挪威、瑞典、塞内加尔等），法案首先交议会有关委员会审议，然后提出审议报告，议员就提交大会的审议报告进行质问、辩论、提出修改完善的意见。此过程需要持续进行，中途不得中止。质问、辩论、提出修改完善的程序一旦结束，紧接着就将法案交付表决。

---

① 王广辉：《比较宪法学》，北京大学出版社 2007 年版，第 358 页。

2. 二读程序制度

二读程序制度，是指法案必须经过两次审议才能交付表决的审议方式。在实行二读程序制度的国家（如荷兰、希腊、波兰、保加利亚、墨西哥、埃及、叙利亚、喀麦隆等），其中，第一次审议，即一读是在法案提交委员会之前进行，就法案一般原则进行讨论或辩论，以决定该项法案能否提交议会委员会审查。二读是在议会委员会审查之后进行的，由议员对法案的条文及议会委员会审查后提出的修改意见进行详细审查，最后交付表决的制度。

3. 三读程序制度

三读程序制度，是指法案必须经过三次审议才能交付表决的审议方式。在西方国家，多数国家都采用"三读"程序审议法案。"三读"程序是资本主义国家议会审议和通过法案的一种基本程序，最早起源于中世纪的英国，后被美国、德国、加拿大、丹麦、芬兰、爱尔兰、印度、澳大利亚、新西兰、马来西亚、泰国、印度、以色列等许多国家效仿，逐渐普及。

"三读"一般都是在议会（或两院制中的某一院）全体会议上进行的。在实行"三读"制的国家中，"一读"（first reading）一般只宣读法案题目和要点，而后进行议案登记，交某委员会审查。"一读"的主要目的是解决立法的主要意图，也就是要制定一种什么内容的法律。通常只要立法机构负责人宣读完毕法案的名称，程序就告结束。"二读"（second reading）是指宣读法案全文及有关委员会审查结果的说明，解决法律规则的表述问题。在这一阶段议员之间会进行大会辩论，逐条审议并提出修改意见，因此又被称为"留给议员们的时间"。"三读"（third reading）原则上只做文字上的修正，而不再进行实质内容的修改，并由议会进行正式表决。

当然，由于各国的国情不同，各国议会实行的"三读"程序也存在一些细小的差异。如在美国第一读会只宣读议案题目，宣读之后，就将法案交付专门委员会审查。法案能否成立，完全以专门委员会的意见为标准，所以法案的决定权取决于专门委员会。第二读会须宣读法案全文，以专门委员会的报告为基础，详细进行讨论，讨论完毕后，再决定是否将法案提交三读会。此时，如果议院反对再召开三读会，则意味着法案被否决。在第三读会，除议员要求宣读法案全文外，只宣读法案的题目。宣读完毕后，就对法案能否成立进行议决。在英国，第一读会只是由议院秘书宣读法案题目。第二读会则首先由提案人动议举行二读会。如果该项动议未获得通过，法案即被否决；如果能够通过，法案须交付专门委员会审查。专门委员会审查之后，须将结果报告议会，议会在报告的基础上，讨论法案的内容，并且可以进行修改。第三读会也是由提案人动议举行，如果该项动议未获得通过，意味着法案被否决；如果该项动议获得通过，法案便告成立。此时，除了对法案进行个别字句修正外，不许再行修正。在法国，议院审议法案，只经过一读会或者二读会即可通过。凡法案在议院提出时，先由议院决定其可否交付专门委员会审查，否决时，法案便归消灭；议决之时，就按照法案的性质，交付专门委员会审查。专门委员会须将审查的结果，报告议院。议院以报告为基础进行讨论。最初先讨论法案的原则，而决定其可否付议；之后则进行逐条讨论，进行修正；最后再对法案的全部内容进行议决。在德国，议院议决法案，第一读会讨论法案的原则，而议决其可否交付专门委员会审查。否决之时，法案即行消灭，可决之时，法案就可交付专门委员会审查。第二读会则以专门委员会的报告为基础，逐条进行讨论，并议决其是否再开第三读会。如果被否决，法案即归消灭；同意时，则择日召开三读会，再讨论法案的原则，并逐条讨论，以议决该法案能否成为法律。

（二）我国的"三审"制

我国立法的"三审"制，是我国国家权力机关在实践中逐渐完善起来的立法审议程序。第五届全国人民代表大会以前，对法律案的审议只有一次；① 从第六届全国人民代表大会起改为两审，之后第七届、第八届全国人民代表大会常务委员会对法律案的审议一般要经过两次会议审议才能

---

① 1983 年 3 月，第五届全国人民代表大会常务委员会第二十六次会议审议了国务院提请的《中华人民共和国海上交通安全法（草案）》，由于对草案有的重大问题有不同意见，委员长会议决定该法律案不交付本次常务委员会会议表决，交有关的专门委员会进一步研究修改后，再交付以后的常务委员会审议表决，该法后来于 1983 年 9 月在第六届全国人民代表大会常务委员会第二次会议上通过。

交付表决；① 第九届全国人民代表大会常务委员会为了提高常务委员会组成人员的审议水平，保证立法质量，将二审制改为三审制。② 《立法法》通过后，全国人大常委会审议法律案一般实行三审制，在原来二审的基础上，增加了对关键问题和有较大争论问题的协调环节，由法律委员会在统一审议的基础上向常委会报告审议结果，再进行三审。③ 列入常务委员会会议议程的法律案，各方面意见比较一致的，可以经两次常务委员会会议审议后交付表决；调整事项较为单一或者部分修改的法律案，各方面的意见比较一致的，也可以经一次常务委员会会议审议即交付表决。④ 当然，

_____

① 1983 年 3 月 5 日全国人民代表大会常务委员会会议讨论了全国人民代表大会常务委员会审议法律草案的程序问题，并以委员长会议纪要的形式确定："鉴于现在干部和群众很注意法律的稳定性和能不能严格执行，全国人大常委会审议法律草案需要有一定的时间，为避免仓促审议，考虑不周，影响法律的稳定性。会议商定，今后全国人大常委会审议法律草案一般采取以下程序：凡向全国人大常委会提出的法律草案，由委员长会议提出是否列入常委会会议议程的意见，经常委会同意列入议程后，先在常委会会议上听取法律草案的说明，然后将法律草案交法律委员会和有关的专门委员会进行审议修改；同时，委员会组成人员将法律草案和有关资料带回，进行研究，在下次或者以后的常委会会议再对该法律草案进行审议。"［乔晓阳：《中华人民共和国立法法讲话（修订版）》，中国民主法制出版社 2008 年版，第 136—137 页］

② 1998 年 4 月 29 日时任全国人民代表大会常务委员会委员长的李鹏同志在第九届全国人民代表大会常委会第二次会议上对为什么要实行三审制作了解释："常委会还需要进一步改进审议法律草案的程序。一些委员反映，审议法律草案缺乏充裕的时间。有些法律案第一次听取说明，还来不及消化，就开始审议，第二次会议就要通过，显得有些仓促，影响立法质量。委员长会议讨论了大家的意见，决定今后审议法律草案一般要实行三审制。一审，吸取提案人对法律草案的说明，进行初步审议；二审，在经过两个月或者更长的时间，委员们对法律草案进行充分的调查研究后，围绕法律草案的重点、难点和分歧意见，进行深入审议；三审，在专门委员会根据委员会审议的意见对法律草案进行修改并提出审议结果报告的基础上再作出审议，如果意见不大，即付表决。实行三审制可以使审议工作做得更充分一些，有利于提高立法质量和效率。按照常委会议事规则的规定，有关法律问题的决定和议案和修改法律的议案，有的一审就可以通过。对一些内容比较单一、分歧又不大的法律案，也可以二审通过，不必强求一致。"［乔晓阳：《中华人民共和国立法法讲话（修订版）》，中国民主法制出版社 2008 年版，第 137 页。］

③ 《立法法》第二十九条规定："列入常务委员会会议议程的法律案，一般应当经三次常务委员会会议审议后再交付表决。""常务委员会会议第一次审议法律案，在全体会议上听取提案人的说明，由分组会议进行初步审议。""常务委员会会议第二次审议法律案，在全体会议上听取法律委员会关于法律草案修改情况和主要问题的汇报，由分组会议进一步审议。""常务委员会会议第三次审议法律案，在全体会议上听取法律委员会关于法律草案审议结果的报告，由分组会议对法律草案修改稿进行审议。""常务委员会审议法律案时，根据需要，可以召开联组会议或者全体会议，对法律草案中的主要问题进行讨论。"

④ 《立法法》第三十条。

我国三审制，并非三审就必须通过，在实践中也有五审才通过的。如《行政强制法》分别经过 2005 年 12 月、2007 年 10 月、2009 年 8 月、2011 年 4 月和 2011 年 6 月五次审议才表决通过。其中 2011 年 4 月的审议，可以说对该法具有起死回生之功效，被人们称为"激活"法律案。因为根据《立法法》第四十二条规定："列入常务委员会会议审议的法律案，因各方面对制定该法律的必要性、可行性等重大问题存在较大意见分歧搁置审议满两年的，或者因暂不付表决经过两年没有再次列入常务委员会会议议程审议的，由委员长会议向常务委员会报告，该法律案终止审议。"

这里，需要注意，不仅制定法律需要经过三审程序，法律的修改也需要遵守三审程序。如《行政诉讼法》的修改，分别经过 2013 年 12 月第十二届全国人大常委会第六次会议第一次审议、2014 年 8 月第十二届全国人大常委会第十次会议第二次审议和 2014 年 10 月第十一次会议第三次审议，最后于 2014 年 11 月 1 日最终审议通过的。

第二节　立法程序的基本内容

当今世界各国，虽然不同国家的立法程序存在许多差别，但存在一些基本程序。我国学术界关于权力机关立法的基本程序在划分上存在一定的分歧，有四阶段说、五阶段说、六阶段说之分。四阶段说认为权力机关立法的基本程序有提出法律案、审议法律案、表决通过法律案和公布法律。[①] 五阶段说认为权力机关立法的基本程序有起草、提案、审议、表决和通过、公布等五个阶段。[②] 其中起草与规划是立法程序的源头、提出法案使立法开始进入议会阶段、审议和表决是立法程序的本体、公布法律是立法程序的终结。六阶段说认为权力机关立法的基本程序有制定立法规

---

　　① 朱力宇、叶传星：《立法学（第四版）》，中国人民大学出版社 2015 年版，第 123—133 页；侯淑雯：《新编立法学》，中国社会科学出版社 2010 年版，第 167—170 页；李培传：《论立法（第三版）》，中国法制出版社 2013 年版，第 193—206 页。

　　② 苗连营：《立法程序论》，中国检察出版社 2001 年版，第 162 页。黄文艺主编的《立法学》一书认为，立法程序包括起草法案、提出法案、审议法案、表决法案和公布法律文本等五个阶段。（黄文艺：《立法学》，高等教育出版社 2008 年版，第 120—143 页）

划、起草法律、提出立法议案、审议法律草案、表决和通过法律草案、公布法律。① 根据我国《立法法》的规定，我国立法的基本程序包括提出立法案、审议法律草案、表决和通过法律案、公布法律四个基本程序。

一、提出法律案

立法机关在审议和通过法律之前，首先要由有权的机关和人员提出制定特定法律的动议，通过一定的法定程序才能使某一种法案进入立法机关的立法议程。因此，立法提案是法案进入立法议程的起始阶段，也是一个很重要的立法环节，对法案的制定有着重要的意义。

（一）法律案

法律案，又称法律议案、立法议案、法案，是指具有立法提案权的国家机关和人员依法向立法主体提出的关于法律的创制、补充、修改、认可或者废止的书面提议或者建议的总称。法律案一经依法提出，立法主体必须进行审议并决定是否列入议程。

法定主体依照法定程序提出的立法议案，就是人们所说的提案。提案与一般的人民群众提出的立法建议不同。提案即提出议案，指享有提案权的主体向有关国家机关提出的动议，具有法律效力，而一般的人民群众提出的立法建议不具有法律效力。

立法议案与法律草案也不相同。通常而言，立法议案一般只是提出立法的题目和理由，其内容比较原则。立法草案则是指有关的立法提案已经被列入立法议程后，由相关起草部门提出法律的初步规定，相对比较具体、系统、完整。提出法律案，应当同时提出法律草案及说明、参阅资料等内容。如果提出的法律案是关于法律的修改的，还应当提交修改前后的对照文本。法律草案的说明，通常包括制定或者修改法律的必要性、可行性和主要内容，在起草过程中有重大分歧的意见的协调处理情况等内容。

这里值得注意的是《宪法》中是将立法议案与其他议案置于同等位置，统称议案。如《宪法》第七十二条规定："全国人民代表大会代表和全国人民代表大会常务委员会组成人员，有权依照法律规定的程序分别提

---

① 李步云、汪永清：《中国立法的基本理论和制度》，中国法制出版社1998年版，第144页。

出属于全国人民代表大会和全国人民代表大会常务委员会职权范围内的议案。"《全国人大组织法》、《全国人民代表大会议事规则》、《全国人民代表大会常委会议事规则》中同样没有"立法议案"的表述，也是将立法议案置于"议案"之中，如：《全国人民代表大会组织法》第十条规定："一个代表团或者三十名以上的代表，可以向全国人民代表大会提出属于全国人民代表大会职权范围内的议案，由主席团决定是否列入大会议程，或者先交有关的专门委员会审议、提出是否列入大会议程的意见，再决定是否列入大会议程。"该法中其他相关条文用法相同。两个议事规则中亦是如此，如：《全国人民代表大会议事规则》第二十一条规定："主席团，全国人民代表大会常务委员会，全国人民代表大会各专门委员会，国务院，中央军事委员会，最高人民法院，最高人民检察院，可以向全国人民代表大会提出属于全国人民代表大会职权范围内的议案，由主席团决定列入会议议程。""一个代表团或者三十名以上的代表联名，可以向全国人民代表大会提出属于全国人民代表大会职权范围内的议案，由主席团决定是否列入会议议程，或者先交有关的专门委员会审议、提出是否列入会议议程的意见，再决定是否列入会议议程，并将主席团通过的关于议案处理意见的报告印发会议。专门委员会审议的时候，可以邀请提案人列席会议、发表意见。""代表联名或者代表团提出的议案，可以在全国人民代表大会会议举行前提出。"第二十四条中将议案中的法律案单独说明其处理方式，明确规定："列入会议议程的法律案，大会全体会议听取关于该法律案的说明后，由各代表团审议，并由法律委员会和有关的专门委员会审议。""法律委员会根据各代表团和有关的专门委员会的审议意见，对法律案进行统一审议，向主席团提出审议结果报告和草案修改稿，对重要的不同意见应当在审议结果报告中予以说明，主席团审议通过后，印发会议，并将修改后的法律案提请大会全体会议表决。""有关的专门委员会的审议意见应当及时印发会议。""全国人民代表大会决定成立的特定的法律起草委员会拟订并提出的法律案的审议程序和表决办法，另行规定。"可见议事规则已经将法律案作为一种专门的议案形式进行规定。《全国人民代表大会常务委员会议事规则》也是将立法议案的用法包含在议案中，不同的是，该议事规则第十五条规定："列入会议议程的法律草案，常务委员会听取说明并初步审议后，交有关专门委员会审议和法律委员会统一审议，由法律委员会向下次或者以后的常务委员会会议提出审议结果的报告，并将其他有关专门委员会的审议意见印发常务委员会会议。""有关法律问题的决定的议案和修改法律的议案，法律委员会审议后，可以向本次常务委员会会议提出审议结果的报告，也可以向下次或者以后的常务委员会会议提出审议结果的报告。"之后，又在第十六条①中规定了提请批准决算和预算调整方案的议案、提请批准条约和协定的议案的处理，将法律议案与其他议案分离开来。而《立法法》将"法律案"从其上一级概念"议案"中剥离出来单独表述，从第十四条开始，共 55 次使用"法律案"一词和 19 次使用"法律草案"一词。可见，《立法法》将有关立法的议案统称为"法律案"。"法律案"应当是法定用语，"法律议案""法案"都属于学术用语；法律案与法律草案也是两个含义不同的概念。

（二）提出法律案的主体

提出法律案的主体，又称立法提案主体，即立法提案权人，是指提出立法动议的人或机关。立法提案权，是指法定的机关或人员向国家立法机关提出法律动议或法律草案的权力。

根据《宪法》《立法法》第十四条②和第十五条③的规定，我国的立法提案权属于特定的国家机关和人员有：①全国人民代表大会主席团；④②全国人民代表大会常务委员会；③全国人民代表大会各专门委员会；④国务院；⑤中央军事委员会；⑥最高人民法院；⑦最高人民检察院；

---

① 《全国人民代表大会常务委员会议事规则》第十六条规定："提请批准决算和预算调整方案的议案，交财政经济委员会审议，也可以同时交其他有关专门委员会审议，由财政经济委员会向常务委员会会议提出审查结果的报告。""提请批准条约和协定的议案，交外事委员会审议，也可以同时交其他有关专门委员会审议，由外事委员会向常务委员会会议提出审核结果的报告。"

② 《立法法》第十四条规定："全国人民代表大会主席团可以向全国人民代表大会提出法律案，由全国人民代表大会会议审议。""全国人民代表大会常务委员会、国务院、中央军事委员会、最高人民法院、最高人民检察院、全国人民代表大会各专门委员会，可以向全国人民代表大会提出法律案，由主席团决定列入会议议程。"

③ 《立法法》第十五条规定："一个代表团或者三十名以上的代表联名，可以向全国人民代表大会提出法律案，由主席团决定是否列入会议议程，或者先交有关的专门委员会审议、提出是否列入会议议程的意见，再决定是否列入会议议程。""专门委员会审议的时候，可以邀请提案人列席会议，发表意见。"

④ 全国人民代表大会主席团是全国人民代表大会的主持者，主席团成员通常由常委会提出名单草案，由代表大会预备会议决定。主席团的主要职责是决定大会副秘书长的人选、会议日程、方案表决办法，向会议提出议案的截止日期以及其他相关事项。

⑧一个代表团或者三十名以上的代表联名；⑨五分之一以上的全国人民代表大会的代表有要提出修改宪法的议案。①

根据《立法法》第二十六条、② 第二十七条③的规定，有权向全国人民代表大会常务委员会提出法律案的主体包括：①委员长会议；②全国人民代表大会各专门委员会；③国务院；④中央军事委员会；⑤最高人民法院；⑥最高人民检察院；⑦全国人民代表大会常务委员会组成人员十人以上联名。

（三）法律案列入立法会议议程

法律案是立法形成阶段的起点，即正式立法程序启动的导引，然而有立法提案并不必然就进入正式的立法程序，一种立法提案是否进入立法议程，由立法主体根据一定程序和标准，决定其是否提上立法议程。我国法律规定了立法提案进入会议议程的法律程序，而没有规定什么样的立法提案才能进入会议议程的具体规定。

1. 法律案列入全国人民代表大会立法程序议程的程序

第一，由全国人民代表大会主席团向全国人民代表大会提出的法律案，可以直接进入议程，不存在由其他机构决定其是否列入议程的问题。

第二，由全国人民代表大会常务委员会、国务院、中央军事委员会、最高人民法院、最高人民检察院、全国人民代表大会各专门委员会向全国人民代表大会提出的法律案，由全国人民代表大会主席团决定是否列入议程。

---

① 《宪法》第六十四条规定："宪法的修改，由全国人民代表大会常务委员会或者五分之一以上的全国人民代表大会代表提议，并由全国人民代表大会以全体代表的三分之二以上的多数通过。法律和其他议案由全国人民代表大会以全体代表的过半数通过。"

② 《立法法》第二十六条规定："委员长会议可以向常务委员会提出法律案，由常务委员会会议审议。""国务院、中央军事委员会、最高人民法院、最高人民检察院、全国人民代表大会各专门委员会，可以向常务委员会提出法律案，由委员长会议决定列入常务委员会会议议程，或者先交有关的专门委员会审议、提出报告，再决定列入常务委员会会议议程。如果委员长会议认为法律案有重大问题需要进一步研究，可以建议提案人修改完善后再向常务委员会提出。"

③ 《立法法》第二十七条规定："常务委员会组成人员十人以上联名，可以向常务委员会提出法律案，由委员长会议决定是否列入常务委员会会议议程，或者先交有关的专门委员会审议、提出是否列入会议议程的意见，再决定是否列入常务委员会会议议程。不列入常务委员会会议议程的，应当向常务委员会会议报告或者向提案人说明。""专门委员会审议的时候，可以邀请提案人列席会议，发表意见。"

　　第三，由全国人民代表大会一个代表团或三十名以上全国人民代表大会代表联名向全国人民代表大会提出的法律案，是否列入会议议程，有三种处理方式：①由全国人民代表大会主席团决定是否列入会议议程，对决定列入议程的，则在本次会议审议；对决定不列入议程的，则本次会议不予审议。②全国人民代表大会主席团对代表团或代表联名所提出的法律案是否列入本次会议议程不作决定，而是先交有关专门委员会审议，由专门委员会提出是否列入会议议程的意见，然后再由主席团决定是否列入会议议程。这里需要注意，专门委员会审议的时候，可以邀请提案人列席会议，发表意见。③在全国人民代表大会闭会期间，先向全国人民代表大会常务委员会提出，经常务委员会审议后，再由常务委员会向大会提出的法律案，对这种情况则由全国人民代表大会常务委员会决定是否将其提请大会审议。决定提请大会审议的，由主席团列入会议议程。在此情形下，由常务委员会向大会全体会议作说明，或者由提案人向大会全体会议作说明。这里值得注意，常务委员会审议法律案，应当通过多种形式征求全国人民代表大会代表的意见，并将有关情况予以反馈；专门委员会和常务委员会工作机构进行立法调研，可以邀请有关全国人民代表大会代表参加。

　　2. 法律案列入全国人民代表大会常务委员会立法议程的程序

　　第一，由委员长会议提出的法律案，交由常务委员会审议，即直接列入会议议程，不存在由其他机构决定其是否列入会议议程问题。

　　第二，由国务院、中央军事委员会、最高人民法院、最高人民检察院、全国人民代表大会各专门委员会向全国人民代表大会常务委员会提出的法律案，由委员长会议决定列入常务委员会会议议程，或者首先交有关专门委员会审议、提出报告，之后再决定列入常务委员会会议议程；如果委员长会议认为法律案有重大问题需要进一步研究，可以建议提案人修改完善后再向常务委员会提出。

　　第三，对全国人民代表大会常务委员会组成人员十人以上联名向全国人民代表大会常务委员会提出的法律案，由委员会长会议决定是否列入常务委员会会议议程，或者首先交有关专门委员会审议、提出是否列入会议议程的意见，再决定是否列入常务委员会会议议程。对不列入常务委员会会议议程的，应当向常务委员会会议报告或者向提案人说明。在专门委员会审议的时候，可以邀请提案人列席会议，发表意见。

3. 立法提案的撤回

根据《立法法》第二十二条、① 第四十条,② 《全国人民代表大会议事规则》第二十七条和《全国人民代表大会常务委员会议事规则》第十四条的规定,全国人民代表大会及其常务委员会根据三种不同情形,规定了法律案的撤回程序。

第一,提案人虽已提请审议,但全国人民代表大会或全国人民代表大会常务委员会尚未列入大会议程,如提案人提出撤回请求,则该法律案的撤回即刻生效。

第二,法律案已交付表决,则提案人提出的法律案的撤回请求无效。

第三,对于提请审议的法律案已列入全国人民代表大会或全国人民代表大会常务委员会的会议议程,而在交付表决前提案人提出撤回请求的,《立法法》规定,在全国人民代表大会举行会议期间,提案人应当说明理由,经主席团同意,并向大会报告后,多数代表不持异议,则允许提案人撤回法律案;在全国人民代表大会常务委员会举行会议期间,提案人应当说明撤回理由,经委员长会议同意,并向常务委员会议报告后,若多数常务委员会组成人员不持异议,则提案人撤回法律案。

二、审议法律草案

(一) 法律案审议的概念

法律草案的审议,也称立法审议,是指立法主体对列入议程的法律案进行审查、讨论与辩论的行为。法律案的审议是立法工作民主化的重要环节,也是立法主体组成人员能否充分行使审议权、立法是否民主的重要标志。

法案审议的内容也就是对所提出的法案是否符合社会的立法需求、立法条件与时机是否成熟、法案本身的形式与内容是否符合一定的要求等一

---

① 《立法法》第二十二条规定:"列入全国人民代表大会会议议程的法律案,在交付表决前,提案人要求撤回的,应当说明理由,经主席团同意,并向大会报告,对该法律案的审议即行终止。"

② 《立法法》第四十条规定:"列入常务委员会会议议程的法律案,在交付表决前,提案人要求撤回的,应当说明理由,经委员长会议同意,并向常务委员会报告,对该法律案的审议即行终止。"

系列合法性、政策性与技术性问题，由立法机关根据一定的程序对法案发表意见，进行最后阶段的可行性论证、修复、补充和完善的过程。

这里需要注意，全国人民代表大会有关的专门委员会、常务委员会工作机构应当提前参与有关方面的法律草案起草工作；综合性、全局性、基础性的重要法律草案，可以由有关专门委员会或者常务委员会工作机构组织起草。专业性较强的法律草案，可以吸收相关领域的专家参与起草工作，或者委托有关专家、教学科研单位、社会组织起草。

（二）审议法律草案的主体

根据《立法法》的规定，全国人民代表大会立法中，法律草案的审议主体有全国人民代表大会的代表、主席团成员、专门委员会和法律委员会、代表团代表和小组代表。

在全国人民代表大会常务委员会的立法中，法律草案的审议主体有小组委员、专门委员会和法律委员会委员、常务委员会全体会议成员等。

这里需要注意两点：

第一，为了让审议者能够全面了解法律案的情况，提出法律案，应当同时提出法律案文本及其说明，并提供必要的参阅资料。修改法律的，还应当提交修改前后的对照文本。法律草案的说明应当包括制定或者修改法律的必要性、可行性和主要内容，以及起草过程中对重大分歧意见的协调处理情况。

第二，为了防止"法律打架"情况的出现，法律草案与其他法律相关规定不一致的，提案人应当予以说明并提出处理意见，必要时应当同时提出修改或者废止其他法律相关规定的议案。法律委员会和其他有关专门委员会审议法律案时，认为需要修改或者废止其他法律相关规定的，应当提出处理意见。

（三）审议法律草案的法律依据

《全国人民代表大会组织法》、《全国人民代表大会常务委员会组织法》、《全国人民代表大会议事规则》、《地方各级人民代表大会组织法》和《国务院组织法》、《立法法》以及其他法律法规对我国的法案审议程序都有相关的规定。

（四）审议法律草案的对象

法律草案的主体审议的对象就是法律草案的文本。

（五）审议法律议案的基本程序

1. 审议前的准备

不管是全国人民代表大会立法，还是全国人民代表大会常务委员会立法，一旦法案被列入其会议议程，在进入正式审议之前，都必须做好一切审议前的准备工作。这些准备工作一般有：提案主体应当向会议提供法案的有关资料，包括背景材料、调研情况、各方面的意见等；在举行会议的一定时期之前，立法机关应当将法案，包括法律草案、关于法律草案的说明，及其他有关资料印发代表或委员。让代表掌握充分的立法信息资料，了解与立法有关的各方面的基本情况，这不仅是人大代表基本的权利，也是代表履行其权利的必要前提。

根据《全国人民代表大会组织法》及《全国人民代表大会议事规则》的规定，在会议举行的一个月前，将准备提请会议审议的法律草案发给代表。① 《全国人民代表大会常务委员会议事规则》规定，在会议举行七日以前，将开会日期、建议会议讨论的主要事项，通知常务委员会组成人员，但未明确规定将法律草案发给委员。② 《立法法》第十七条规定，常务委员会决定提请全国人民代表大会会议审议的法律案，应当在会议举行的一个月前将法律草案发给代表。第二十八条规定，列入常务委员会会议议程的法律案，除特殊情况外，应当在会议举行的七日前将法律草案发给常务委员会组成人员。常务委员会会议审议法律案时，应当邀请有关的全国人民代表大会代表列席会议。

2. 审议方式

（1）全国人民代表大会审议法律案的方式

根据我国法律法规的规定，全国人民代表大会及其常务委员会审议法律案的方式主要有以下几种。

第一，各代表团审议。一般以一个省级单位组织成一个代表团对被列

---

① 《全国人民代表大会议事规则》第六条："全国人民代表大会常务委员会在全国人民代表大会会议举行的一个月前，将开会日期和建议会议讨论的主要事项通知代表，并将准备提请会议审议的法律草案发给代表。""全国人民代表大会临时会议不适用前款规定。"

② 《全国人民代表大会常务委员会议事规则》第六条："常务委员会举行会议，应当在会议举行七日以前，将开会日期、建议会议讨论的主要事项，通知常务委员会组成人员和列席会议的人员；临时召集的会议，可以临时通知。"

入全国人民代表大会议程的法律案进行审议。《立法法》第十八条规定，列入全国人民代表大会会议议程的法律案，大会全体会议听取提案人的说明后，由各代表团进行审议。各代表团审议法律案时，提案人应当派人听取意见，回答询问。各代表团审议法律案时，根据代表团的要求，有关机关、组织应当派人介绍情况。

第二，专门委员会审议。由各专门委员会接受全国人民代表大会主席团的委托对被列入全国人民代表大会议程的法律案进行审议。《立法法》第十九条规定，列入全国人民代表大会会议议程的法律案，由有关的专门委员会进行审议，向主席团提出审议意见，并印发会议。

第三，法律委员会审议。对被列入全国人民代表大会会议议程的法律案，由法律委员会根据各代表团和有关的专门委员会的审议意见，对法律案进行统一审议。《立法法》第二十条规定，列入全国人民代表大会会议议程的法律案，由法律委员会根据各代表团和有关专门委员会的审议意见，对法律案进行统一审议，向主席提出审议结果报告和法律草案修改稿，对重要的不同意见应当在审议结果报告中予以说明，经主席团会议审议通过后，印发会议。

第四，主席团审议。由全国人民代表大会主席团对由法律委员会审议后的法律案进行综合审议。《立法法》第二十一条规定，列入全国人民代表大会会议议程的法律案，必要时，主席团常务主席可以召开各代表团团长会议，就法律案中的重大问题听取各代表团的审议意见，进行讨论，并将讨论的情况和意见向主席团报告。主席团常务主席也可以就法律案中重大的专门性问题，召集代表团推选的有关代表进行讨论，并将讨论的情况和意见向主席团报告。

第五，全国人民代表大会常务委员会审议。受全国人民代表大会的委托，由常务委员会对被列入大会议程的法律案进行审议。《立法法》第二十三条规定，法律案在审议中有重大问题需要进一步研究的，经主席团提出，由大会全体会议决定，可以授权常务委员会根据代表的意见进一步审议，作出决定，并将决定情况向全国人民代表大会下次会议报告；也可以授权常务委员会根据代表的意见进一步审议，提出修改方案，提请全国人民代表大会下次会议审议决定。

第六，代表大会全体会议审议。法律案在审议中有重大问题需要进一步研究的，经主席团提出，由全国人民代表大会全体会议审议。

（2）全国人民代表大会常委会审议法律案的方式

根据《立法法》第二十九条和有关法律、法规的规定，全国人民代表大会常务委员会审议法律案的方式主要有以下三种：

第一，常务委员会分组会议。由常务委员会分组会议对被列入人民代表大会常务委员会的法律案进行初步审议。

第二，专门委员会和法律委员会审议。由专门委员会和法律委员会对被列入人民代表大会常务委员会议程的法律案进行审议，提出审议意见。

第三，常务委员会会议审议。由全国人民代表大会常务委员会对被列入大会议程的法律案进行审议。

3. 审议步骤

（1）全国人民代表大会审议法律案的步骤

全国人民代表大会对于被列入大会议程的法律案的审议步骤有以下几个方面。

第一，在全体会议上，由提案机关或人员或者指派有关人员向大会作法律草案的说明。说明的内容一般包括：立法理由、法律草案的起草经过、法案的基本精神及主要问题等。

第二，各代表团和有关的专门委员会进行审议，向大会主席提出审议意见，并印发会议。

第三，法律委员会各代表团和有关专门委员会的审议意见，对法律草案进行统一审议，并向大会主席团提出审议结果的报告和法律草案修改稿，对重要的不同意见，应当在审议结果报告中予以说明。

第四，大会主席团审议通过上述报告和修改稿后，印发会议，并将修改后的法律草案提请大会全体会议表决。对法律案在审议中有重大问题需要进一步研究的，经主席团提出，由大会全体会议决定，可以授权常务委员会根据代表的意见进一步审议，作出决定，并将决定情况向全国人民代表大会下次会议报告；也可以授权常务委员会根据代表的意见进一步审议，提出修改方案，提请全国人民代表大会下次会议审议决定。

（2）全国人民代表大会常务委员会审议法律案的步骤

全国人民代表大会常务委员会审议法律案的步骤有：

第一，在全体会议上听取提案人的说明，由人民代表大会常务委员会分组会议进行初步审议。

第二，由专门委员会和法律委员会进行审议，提出法律草案修改情况和主要问题。

第三，在全体会议上听取法律委员会关于法律草案修改情况和主要问题的汇报，由分组会议进一步审议。

第四，由法律委员会对法律案进行统一审议，提出关于法律草案审议结果的报告。

第五，在全体会议上，听取法律委员会关于法律草案审议结果的报告，由分组会议对法律草案修改稿进行审议。

第六，常务委员会审议法律案时，根据需要，可以召开联组会议或者全体会议，对法律草案中的主要问题进行讨论。

4. 审议时间的限制

世界上很多国家考虑到立法审议的具体情况，一般都以法律确定立法草案的讨论时间，对审议过程的法案的讨论与辩论进行时间限制。

《全国人民代表大会常务委员会议事规则》第三十条规定："常务委员会组成人员在全体会议、联组会议和分组会议上发言，应当围绕会议确定的议题进行。""常务委员会全体会议或者联组会议安排对有关议题进行审议的时候，常务委员会组成人员要求发言的，应当在会前由本人向常务委员会办事机构提出，由会议主持人安排，按顺序发言。在全体会议和联组会议上临时要求发言的，经会议主持人同意，始得发言。在分组会议上要求发言的，经会议主持人同意，即可发言。""列席会议的人员的发言，适用本章有关规定。"

根据现行规定，我国全国人民代表大会全体会议上的发言，每人可以发言两次，第一次不超过十分钟，第二次不超过五分钟。① 主席团成员和代表团团长或者代表团推选的代表在全体会议上发言的，每人可以就同一议题发言两次，第一次不超过十五分钟，第二次不超过十分钟。经会议主

---

① 《全国人民代表大会议事规则》第五十条："代表在大会全体会议上发言的，每人可以发言两次，第一次不超过十分钟，第二次不超过五分钟。""要求在大会全体会议上发言的，应当在会前向秘书处报名，由大会执行主席安排发言顺序；在大会全体会议上临时要求发言的，经大会执行主席许可，始得发言。"

持人许可，发言时间可以适当延长。①

常务委员会组成人员和列席会议的人员在全体会议上的发言，不超过十分钟；在联组会议上，第一次发言不超过十五分钟，第二次对同一问题发言不超过十分钟。事先提出要求，经会议主持人同意的，可以延长发言时间。

三、法律案的表决和通过

（一）法律案的表决和通过概述

法律案经过法定的审议程序后，在没有根本性分歧意见的情况下，就能够形成表决稿，立法程序就进入了下一个环节——表决程序，以决定法律案能否获得通过。

采用一院制议会的国家，法案的通过比较简单，即只要达到议会有效的要求和符合法律规定的通过条件，某项法案即可成为正式的法律。

但在实行两院制议会的国家，法案的审议一般由两院按基本相同的程序进行，其法案的通过也比较复杂。一般而言，分为如下几种类型。②

第一，法案的通过以两院一制为原则。不管法案先由哪一个议院审议，都应当得到另一个议院的通过后才能成为法律。如果两个议院中某一法案的审议发生分歧，通过协商又不能达成一致，可以由两院组织调解或协调委员会给予通过。如美国。

第二，通过法案的权力在下议院，上议院只能对下议院通过的法案表示反对或通过拖延的办法推迟其生效。如英国。英国议会在下议院通过法案后，上议院可以将下议院通过的财政法案拖延一个月，其他法案拖延一年生效。

第三，议会两院在三个月内对需要通过的法案不能消除分歧，达成协议，可以解散议会由新选举产生的议会重新通过。如果新产生的议会两院仍然不能达成一致，就举行两院联席会议，由联席会议成员的绝对多数来

---

① 《全国人民代表大会议事规则》第五十一条规定："主席团成员和代表团团长或者代表团推选的代表在主席团每次会议上发言的，每人可以就同一议题发言两次，第一次不超过十五分钟，第二次不超过十分钟。经会议主持人许可，发言时间可以适当延长。"

② 王广辉：《比较宪法学》，北京大学出版社 2007 年版，第 360 页。

通过法案。如澳大利亚。

（二）法律案表决

1. 法律案表决的概念

法律案的表决，是指由有权主体通过法定方式要求有表决权的成员对法律案作出赞成或者反对态度的最终表示。表决的结果直接关系到一个法律案能否成为法律。经过表决，如果赞成者达到法定的数额，法律案即被通过，成为法律；反之，如果赞成者未能获得法定的数额，则法律案未能获得通过，不能成为法律。

2. 表决方式

（1）公开表决与秘密表决

公开表决，是指在表决法案时，表决者对法案的态度可以被外界知悉的表决方式。秘密表决，是指在表决法案时，表决者对法案的态度不能被外界知悉的表决方式。

从当今世界各国的立法实践看，法律案的表决方式是多种多样的，主要有九种方式，即：①呼喊表决，在开始时，赞成者高喊"赞成"，反对者高喊"反对"，会议主持人根据赞成与反对双方声音的大小决定并宣布法案是否通过；②举手表决，即赞成者和反对者分别举手表示最终的态度，然后以二者数额多者作法律案是否通过的决定；③起立表决，即一般先由赞成的议员起立清点人数，再由反对的议员起立清点人数，然后根据二者数额多者作出法律案是否通过的决定；④分组表决，即赞成者和反对者分组列队，分别从两个门或者两个通道通过，由专门人员清点人数并根据人数多的一方作出法律案是否通过的决定；⑤点名表决，即以议员名册为准，依次点名，当点到名时，议员表示赞成或者反对，不作回答者表示弃权，最终以人数多的一方作为法律案是否获得通过的依据；⑥投票表决，又可以分为记名投票和无记名投票两种；⑦掷球或记号表决，即先作标记，再计算多少，从而决定法律案是否通过；⑧鼓掌欢呼表决，于开始表决时，双方鼓掌欢呼，能压倒对方者获胜，或者一致鼓掌欢呼表示无异议通过法律案；⑨使用表决器表决，即表决者按动自己的表决器上赞成、反对或者弃权的按钮进行表决。①

---

① 张永和：《立法学》，法律出版社 2009 年版，第 107—108 页。

我国立法采用的是秘密表决的方式，即表决时，参加投票的代表不需要在表决票上署名。

（2）整体表决与部分表决

整体表决，是指表决者必须对整个法案统一作出赞成、反对或者弃权的明确表示。部分表决，是指表决对法案逐条、逐节、逐章分别表明赞成、反对或者弃权的态度，最后再对整个法案进行统一的表决。

我国立法和实践所采用的一般都是整体表决的方式。但《立法法》第四十一条规定："法律草案修改稿经常务委员会会议审议，由法律委员会根据常务委员会组成人员的审议意见进行修改，提出法律草案表决稿，由委员长会议提请常务委员会全体会议表决，由常务委员会全体组成人员的过半数通过。""法律草案表决稿交付常务委员会会议表决前，委员长会议根据常务委员会会议审议的情况，可以决定将个别意见分歧较大的重要条款提请常务委员会会议单独表决。""单独表决的条款经常务委员会会议表决后，委员长会议根据单独表决的情况，可以决定将法律草案表决稿交付表决，也可以决定暂不付表决，交法律委员会和有关的专门委员会进一步审议。"第四十三条规定："对多部法律中涉及同类事项的个别条款进行修改，一并提出法律案的，经委员长会议决定，可以合并表决，也可以分别表决。"可见，以后在我国的立法实践中，将会出现分别表决的情况。

（三）表决结果

法律案的表决通常会出现三种结果：一是赞成者达到法定的数额，法律案被通过，成为法律；二是赞成者没有达到法定的数额，法律案未被通过；三是赞成者与反对者的数额相同，对于这种情况各国的处理方式不尽相同。有的国家规定为被否决，如比利时；有的国家规定由议长投决定性的一票，如英国、美国；有的国家则规定通过押签的方式决定，如瑞典。我国目前对此未作明确规定。但根据《宪法》第六十四条的规定："宪法的修改，由全国人民代表大会常务委员会或者五分之一以上的全国人民代表大会代表提议，并由全国人民代表大会以全体代表的三分之二以上的多数通过。法律和其他议案由全国人民代表大会以全体代表的过半数通过。"这里要求的是"三分之二以上"和"过半数"，如果赞成者与反对者相同，说明未过半数，因此笔者认为应当属于法律案未获通过。

此外，还需要特别注意，对于一些特别重大的立法活动，有的国家还规定了全民公决的方式。全民公决，是指法案的表决；不是由立法机关的成员决定通过与否，而是在立法机关通过之后，再将法案交付该国或者该地区的全体有选举权的公民直接投票决定法案是否通过与否。目前，采用全民公决方式表决法案的仅限于一个国家的宪法。如瑞士、奥地利、丹麦、哈萨克斯坦、吉尔吉斯、缅甸等国都以全民公决的方式通过或者修改宪法。

根据我国法律和目前的实践，全国人民代表大会和全国人民代表大会常务委员会表决法律时一般采用无记名投票的方式，近年来，随着科学技术的发展，科技成果被应用于立法表决领域，开始采用按电子表决器的方式进行表决。《全国人民代表大会议事规则》规定表决议案采用投票方式、举手方式或者其他方式，由主席团决定。宪法的修改，采用投票方式表决。

（四）通过法案的多数决原则

通过法案，是指立法机关对经过审议的法律草案采用一定的方式使其成为正式法律而表示的同意。通过法案，各国都采用多数决原则。多数决原则（Majority rule），又称"多数统治"，是指通过法律草案必须采用以少数服从多数为原则的表决制度，即法案只有获得超过半数的表决者的赞成才能获得通过。简言之，是指群体处理事务时，依多数派意见为之。多数决有相对多数决和绝对多数决两种。相对多数决只要求赞成者过半数即可，而绝对多决则要求赞成者超过三分之二、四分之三或者五分之四。

为什么要实行多数决原则？卢梭以公意说明多数决的理由。一个意见提交人民表决，目的不在于探寻各人是否赞成这一意见，而是在于探寻这个意见是否与各人所认为的公意是否相一致。各人运用投票的方法，表示自己的意见，由票数的计算，可以决定什么是公意。边沁则从功利主义的角度进行说明。认为功利主义所提示的是"最大多数的最大幸福"。而所谓最大幸福，并没有一个方法决定，因此只能用多数决来决定多数幸福。因为一项政策多数人认为是妥当的，必然有利于多数人，既然有利于多数人，则其实行之后，当然可以达到多数的目的。① 在使用多数决原则时应当注意：①多数决定虽然比一个人决定或少数人决定更为公平，比抽签决定更为合理，也比全体一致决定更为可行，但多数决定的结果，并不一定就正确；②在多数决定的原则下，少数虽然应当服从多数，但多数也应当容忍少数，因为少数人的意见可能更正确，而且经过一段时间之后，这少数人的意见，也许反而变成多数；③多数决定只用于公共事务方面的价值判断，并非样样事情都可以应用，因为事实的认知，必须凭借知识，不能依据多数的好恶；④多数决定虽然有助于解决事情，却容易导致反正不和谐及紧张对立，甚至于形成议事杯葛及抗争。②

多数决中多数有不同的计算基准。一是以全体成员为计算基准。要求表决以后计算议决结果时，投赞成票的必须达到立法机关全体成员的法定比例，不参加投票、投白票、弃权票同投反对票者作同样看待。二是以全体出席人数为计算基准。即将未出席议员（代表、委员）排除在外，表决结果的计算以出席会议议员（代表、委员）所投赞成票数量作为是否达到法定多数的标准，出席议员（代表、委员）未投票及所投弃权票、白票实际上同反对票作同样对待。三是以出席并且参加表决的议员（代表、委员）数作为计算基准。即出席会议，但未参加表决、或投弃权票、白票的均不计算在内。表决结果只统计参加会议的议员（代表、委员）所投的赞成票和反对票，只要赞成票超过反对票即可构成法律案通过的多数，弃权票、白票、未参加的投票不作为反对票看待，只是作为未出席处理。另外，还要注意，所谓过半数是指二分之一加一。

在我国，全国人民代表大会举行会议的法定人数是全体代表的三分之二以上；全国人民代表大会常务委员会举行会议的法定人数是全体组成人员的过半数。具体规定是：

第一，宪法的修改，由全国人民代表大会常务委员会或者五分之一以上的全国人民代表大会代表提议，并由全国人民代表大会以全体代表的三

---

① 许剑英：《立法审查——理论与实务》，台湾五南图书出版有限公司2006年版，第123—124页。

② 同上，第124—125页。

分之二以上的多数通过。法律和其他议案由全国人民代表大会以全体代表的过半数通过。①

第二，大会全体会议表决议案，由全体代表的过半数通过。宪法的修改，由全体代表的三分之二以上的多数通过。表决结果由会议主持人当场宣布。②

第三，法律草案修改稿经各代表团审议，由法律委员会根据各代表团的审议意见进行修改，提出法律草案表决稿，由主席团提请大会全体会议表决，由全体代表的过半数通过。③

第四，法律草案修改稿经常务委员会会议审议，由法律委员会根据常务委员会组成人员的审议意见进行修改，提出法律草案表决稿，由委员长会议提请常务委员会全体会议表决，由常务委员会全体组成人员的过半数通过。④

总之，全国人民代表大会及其常务委员会都是以立法主体的全体组成人员作为计算基数，其中宪法修改以全体代表三分之二的多数（即绝对多数）赞成通过，法律草案以全体代表或者常务委员会全体组成人员的过半数（相对多数）赞成通过。

（五）宣布表决结果

在西方，按照多数决原则计算出法案的表决结果后，由议长或主持人将按照表决中持赞成态度的人数是否超过表决通过法律草案的法定人数要求，宣布法律草案通过或否决。在我国立法机关对法律草案的表决只能赞成通过和反对未被通过两种结果，并且法律草案一经通过即成为法律。

（六）表决未获通过的法律案的处理

根据《立法法》第五十六条的规定，交付全国人民代表大会及其常务委员会全体会议表决未获得通过的法律案，如果提案人认为必须制定该法律，可以按照法律规定的程序重新提出，由主席团、委员长会议决定是否列入会议议程；其中，未获得全国人民代表大会通过的法律案，应当提

---

① 《宪法》第六十四条。
② 《全国人民代表大会议事规则》第五十二条。
③ 《立法法》第二十四条规定。
④ 《立法法》第四十一条第一款。

请全国人民代表大会审议决定。

四、公布法律

（一）法律的公布的概念

法律的公布，是指由法定的主体依照一定的程序，将立法机关通过的法律文件向社会予以公开发布的专门活动。

法律只有向社会公布才能发生法律效力，未经公布的法律不能生效，这是现代法治理念的基本要求。

（二）法律公布权的归属

对于狭义的法律的公布，世界上多数国家都将其公布权归属于国家元首。

我国《宪法》规定，国家主席公布法律，[①]《立法法》规定，全国人民代表大会和全国人民代表大会常务委员会通过的法律都由国家主席签署主席令的方式予以公布。主席令上必须载明该法律的制定机关、通过和施行日期。[②]

对于其他享有立法权的机关制定的法律规范，我国《立法法》也分别作了规定。

第一，国务院制定的行政法规，由总理签署国务院令予以公布。[③]

第二，省、自治区、直辖市的人民代表大会制定的地方性法规由大会主席团发布公告予以公布。

第三，省、自治区、直辖市的人民代表大会常务委员会制定的地方性法规由常务委员会发布公告予以公布。

第四，设区的市、自治州的人民代表大会及其常务委员会制定的地方性法规报经批准后，由设区的市、自治州的人民代表大会常务委员会发布

---

① 《宪法》第八十条规定："中华人民共和国主席根据全国人民代表大会的决定和全国人民代表大会常务委员会的决定，公布法律，任免国务院总理、副总理、国务委员、各部部长、各委员会主任、审计长、秘书长，授予国家的勋章和荣誉称号，发布特赦令，宣布进入紧急状态，宣布战争状态，发布动员令。"

② 《立法法》第二十五条规定："全国人民代表大会通过的法律由国家主席签署主席令予以公布。"第四十四条："常务委员会通过的法律由国家主席签署主席令予以公布。"

③ 《立法法》第七十条规定："行政法规由总理签署国务院令公布。"

公告予以公布。

第五，自治条例和单行条例报经批准后，分别由自治区、自治州、自治县的人民代表大会常务委员会发布公告予以公布。①

第六，部门规章由部门首长签署命令予以公布。

第七，地方政府规章由省长、自治区主席、市长或者自治州州长签署政府令予以公布。②

第八，法律解释草案的表决稿在经过常务委员会组成人员过半数通过后，由常务委员会发布公告予以公布。

（三）主席令的内容

根据《立法法》第五十八条的规定，签署公布法律的主席令载明该法律的制定机关、通过和施行日期。

（四）法律的公布方式

法律公布各国一般都规定在立法机关自己的官方刊物或者其指定的其他刊物与相关媒体上公布。

根据我国《立法法》的规定，法律签署公布后，及时在全国人民代表大会常务委员会公报和在全国范围内发行的报纸上刊登。在常务委员会公报上刊登的法律文本为标准文本。

行政法规签署公布后，及时在国务院公报和在全国范围内发行的报纸上刊登。在国务院公报上刊登的行政法规文本为标准文本。

地方性法规、自治区的自治条例和单行条例公布后，及时在本级人民代表大会常务委员会公报和在本行政区域范围内发行的报纸上刊登。在常务委员会公报上刊登的地方性法规、自治条例和单行条例文本为标准文本。

部门规章签署公布后，及时在国务院公报或者部门公报和在全国范围

---

① 《立法法》第七十八条规定："省、自治区、直辖市的人民代表大会制定的地方性法规由大会主席团发布公告予以公布。""省、自治区、直辖市的人民代表大会常务委员会制定的地方性法规由常务委员会发布公告予以公布。""设区的市、自治州的人民代表大会及其常务委员会制定的地方性法规经批准后，由设区的市、自治州的人民代表大会常务委员会发布公告予以公布。""自治条例和单行条例报经批准后，分别由自治区、自治州、自治县的人民代表大会常务委员会发布公告予以公布。"

② 《立法法》第八十五条规定："部门规章由部门首长签署命令予以公布。""地方政府规章由省长、自治区主席、市长或者自治州州长签署命令予以公布。"

内发行的报纸上刊登。地方政府规章签署公布后，及时在本级人民政府公报和在本行政区域范围内发行的报纸上刊登。

在国务院公报或者部门公报和地方人民政府公报上刊登的规章文本为标准文本。

第二编

立法制度

第 六 章

最高国家权力机关立法①

第一节　最高国家权力机关立法的基本原理

一、制定法律的含义

由于法律有广义和狭义之分，因此，制定法律也有广义和狭义之分。

在广义上，制定法律就是指全部的立法活动（包括制定宪法、法律、行政法规、地方性法规、规章）；狭义上，制定法律仅指全国人民代表大会及其常务委员会制定法律的活动。本章所研究的"法律"、"制定法律"，仅限于全国人民代表大会及其常务委员会制定法律的活动，即狭义的法律和狭义的立法活动。《立法法》第七条规定："全国人民代表大会和全国人民代表大会常务委员会行使国家立法权。""全国人民代表大会制定和修改刑事、民事、国家机构的和其他的基本法律。""全国人民代表大会常务委员会制定和修改除应当由全国人民代表大会制定的法律以外的其他法律；在全国人民代表大会闭会期间，对全国人民代表大会制定的法律进行部分补充和修改，但是不得同该法律的基本原则相抵触。"这一规定是《宪法》第五十八条、②第

① 本书的写作主要是以全国人民代表大会及其常务委员会的立法为基础展开的，本章的有关"制定法律"的基本原理也适用于其他立法形式。

② 《宪法》第五十八条规定："全国人民代表大会和全国人民代表大会常务委员会行使国家立法权。"

六十二条①和第六十七条②关于国家立法权的重申。

国家立法权是立法机关以国家名义制定法律规范的权力，国家立法权集中体现人民的共同意志和整体利益，是维护国家法制统一的保障。在单一制制度下，国家立法权具有统一性、最高性、主权性和独立性的特征。在我国，1954年《宪法》明确规定，"全国人民代表大会是行使国家立法权的唯一机关"，全国人民代表大会只能"解释法律""制定法令"。由于国家立法权只能由全国人民代表大会行使，不能满足法制建设的需要，全国人民代表大会于1955年和1959年两次授权全国人民代表大会常务委员

---

① 《宪法》第六十二条规定："全国人民代表大会行使下列职权：（一）修改宪法；（二）监督宪法的实施；（三）制定和修改刑事、民事、国家机构的和其他的基本法律；（四）选举中华人民共和国主席、副主席；（五）根据中华人民共和国主席的提名，决定国务院总理的人选；根据国务院总理的提名，决定国务院副总理、国务委员、各部部长、各委员会主任、审计长、秘书长的人选；（六）选举中央军事委员会主席；根据中央军事委员会主席的提名，决定中央军事委员会其他组成人员的人选；（七）选举最高人民法院院长；（八）选举最高人民检察院检察长；（九）审查和批准国民经济和社会发展计划和计划执行情况的报告；（十）审查和批准国家的预算和预算执行情况的报告；（十一）改变或者撤销全国人民代表大会常务委员会不适当的决定；（十二）批准省、自治区和直辖市的建置；（十三）决定特别行政区的设立及其制度；（十四）决定战争和和平的问题；（十五）应当由最高国家权力机关行使的其他职权。"

② 《宪法》第六十七条规定："全国人民代表大会常务委员会行使下列职权：（一）解释宪法，监督宪法的实施；（二）制定和修改除应当由全国人民代表大会制定的法律以外的其他法律；（三）在全国人民代表大会闭会期间，对全国人民代表大会制定的法律进行部分补充和修改，但是不得同该法律的基本原则相抵触；（四）解释法律；（五）在全国人民代表大会闭会期间，审查和批准国民经济和社会发展计划、国家预算在执行过程中所必须作的部分调整方案；（六）监督国务院、中央军事委员会、最高人民法院和最高人民检察院的工作；（七）撤销国务院制定的同宪法、法律相抵触的行政法规、决定和命令；（八）撤销省、自治区、直辖市国家权力机关制定的同宪法、法律和行政法规相抵触的地方性法规和决议；（九）在全国人民代表大会闭会期间，根据国务院总理的提名，决定部长、委员会主任、审计长、秘书长的人选；（十）在全国人民代表大会闭会期间，根据中央军事委员会主席的提名，决定中央军事委员会其他组成人员的人选；（十一）根据最高人民法院院长的提请，任免最高人民法院副院长、审判员、审判委员会委员和军事法院院长；（十二）根据最高人民检察院检察长的提请，任免最高人民检察院副检察长、检察员、检察委员会委员和军事检察院检察长，并且批准省、自治区、直辖市的人民检察院检察长的任免；（十三）决定驻外全权代表的任免；（十四）决定同外国缔结的条约和重要协定的批准和废除；（十五）规定军人和外交人员的衔级制度和其他专门衔级制度；（十六）规定和决定授予国家的勋章和荣誉称号；（十七）决定特赦；（十八）在全国人民代表大会闭会期间，如果遇到国家遭受武装侵犯或者必须履行国际间共同防止侵略的条约的情况，决定战争状态的宣布；（十九）决定全国总动员或者局部动员；（二十）决定全国或者个别省、自治区、直辖市进入紧急状态；（二十一）全国人民代表大会授予的其他职权。"

会制定单行法律和修改法律的权力。1982 年宪法规定，国家立法权由全国人民代表大会和它的常务委员会共同行使。其理由是："我国国大人多，全国人大代表人数不宜太少，但是人数多了，又不便于进行经常的工作。全国人大常委会是人大的常设机关，它的组成人员是人大的常务代表，人数少可以经常开会，进行繁重的立法工作和其他经常工作。所以适当扩大常务委员会的职权是加强人民代表大会制度的有效方法。"①

二、全国人民代表大会及其常务委员会制定法律的特征

全国人民代表大会和全国人民代表大会常务委员会行使国家立法权，即以国家名义制定法律的权力，是全体人民共同意志和整体利益的集中体现。全国人民代表大会及其常务委员会是我国的立法机关，其从事的立法活动属于中央立法活动。全国人民代表大会制定和修改刑事、民事、国家机构的和其他的基本法律。全国人民代表大会常务委员会制定和修改除应当由全国人民代表大会制定的法律以外的其他法律；在全国人民代表大会闭会期间，对全国人民代表大会制定的法律进行部分补充和修改，但是不得同该法律的基本原则相抵触。与其他国家机关的立法相比，制定法律具有如下几个特征。

第一，制定法律的主体是中央国家立法机关，即《宪法》、《立法法》规定的享有立法权的国家权力机关。

第二，所制定法律的效力及于全国。这里需要注意，虽然有的法律只调整部分区域的事务，但其法律效力仍然是及于全国的。如《香港特别行政区基本法》和《澳门特别行政区基本法》所调整的范围涉及香港和澳门特别行政区的事务，但其法律地位是基本法，对全国都具有约束力，不仅香港和澳门特别行政区需要遵守，而且中央国家机关和我国的非特别行政区的国家机关、全国的公民、法人和其他组织也要遵守。又如《民族区域自治法》所调整的也只是民族区域自治地方的事务，但其也是基本法，对全国也具有普遍约束力，不仅民族区域自治地方需要遵守，而且中央国家机关和非民族区域自治地方的国家机关、全国的公民、法人或其他组织也要遵守。

---

① 转引自乔晓阳《〈中华人民共和国立法法〉导读与释义》，中国民主法制出版社 2015 年版，第 68 页。

第三，制定法律具有法源性。这里的法源性是指全国人民代表大会及其常务委员会制定的法律，是其他国家机关立法的依据和基础，其他国家机关有权根据法律制定作相应的配套规定。

第四，制定法律是我国法制建设的基本框架，是中国特色社会主义法律体系的基本框架。我国法律体系大体划分为七个法律部门，即宪法、民法商法、行政法、经济法、社会法、刑法、诉讼与非诉讼程序法。正如吴邦国同志所指出："1982 年通过了现行宪法，此后又根据客观形势的发展需要，先后四次对宪法部分内容作了修改。到 2010 年底，我国已制定现行有效法律 236 件、行政法规 690 多件、地方性法规 8600 多件，并全面完成了对现行法律和行政法规、地方性法规的集中清理工作。目前，涵盖社会关系各个方面的法律部门已经齐全，各法律部门中基本的、主要的法律已经制定，相应的行政法规和地方性法规比较完备，法律体系内部总体做到科学和谐统一。一个立足中国国情和实际、适应改革开放和社会主义现代化建设需要、集中体现党和人民意志的，以宪法为统帅，以宪法相关法、民法商法等多个法律部门的法律为主干，由法律、行政法规、地方性法规等多个层次的法律规范构成的中国特色社会主义法律体系已经形成，国家经济建设、政治建设、文化建设、社会建设以及生态文明建设的各个方面实现有法可依。这是我国社会主义民主法制建设史上的重要里程碑，具有重大的现实意义和深远的历史意义。"① 而这些主干性的法律都是全国人民代表大会及其常务委员会制定的。据统计："从 1978 年五届全国人大一次会议到 2015 年十二届全国人大三次会议，全国人大共审议通过 58件法律案（包括宪法和宪法修正案，不包括有关法律问题的决定和法律解释）。其中，制定 44 件，修改 15 件，现行有效的法律 38 部，占全部现行有效 243 部法律的 15.6%。"②

三、全国人民代表大会及其常务委员会的立法权

（一）全国人民代表大会的立法权限

全国人民代表大会的立法权包括制定基本法律和其他法律的权力。基

---

① 全国人大常委会法制工作委员会：《中国特色社会主义法律体系学习读本》，新华出版社 2011 年版，第 1—2 页。

② 武增：《中华人民共和国立法法解读》，中国法制出版社 2015 年版，第 34 页。

本法律是由全国人民代表大会制定的调整国家和社会生活中带有普遍性的社会关系的规范性法律文件的统称。基本法律是指对某一类社会关系进行调整和规范，涉及的事项有的是公民的基本权利和义务关系，有的是国家经济和社会生活中某一方面的基本关系，有的是国家政治生活的基本制度，有的是关系到国家主权，在国家和社会生活中具有全局性、长远性、普遍性和根本性的规范意义。根据《立法法》第七条的规定，全国人民代表大会和全国人民代表大会常务委员会行使国家立法权。全国人民代表大会的立法权是制定和修改刑事、民事、国家机构和其他的基本法律。

当然，全国人大是我国的最高国家权力机关，其立法权是十分广泛的，除制定基本法律外，还可以制定其他的法律。

（二）全国人民代表大会常务委员会的立法权限

全国人民代表大会常务委员会是全国人民代表大会的常设机关，是最高国家权力机关的组成部分，在全国人民代表大会闭会期间行使部分最高国家权力。全国人民代表大会常务委员会的立法权力包括两个部分，即：

第一，制定和修改除应当由全国人民代表大会制定的法律以外的其他法律，即除基本法律以及全国人民代表大会权限和工作程序的非基本法律外，凡应当由法律规定的事项，全国人大常委会都有立法权。

第二，对全国人民代表大会制定的法律进行补充和修改。在我国，授权全国人民代表大会常委会对法律进行补充和修改具有客观必然性。具体表现如下。①从宪法规定来看，全国人大常委会是全国人民代表大会的常设机关，是最高国家立法机关的组成部分，自然应当在全国人民代表大会闭会期间行使国家立法权。②从可行性上看，全国人民代表大会人数多，每年只开一次会，会期较短，而会议议程多而重要，没有时间对每一项法律进行修改和补充；而由全国人大常委会进行修改和补充，能够在时间上补充全国人大会期短的缺陷。③从经济社会发展看，由于经济社会生活的发展变化快，新的社会问题不断涌现，社会关系不断变化，全国人大常委会行使一定的立法权，可以适应经济社会发展的需要。④从纠错机制看，全国人大常委会对全国人民代表大会制定的法律进行修改和补充，不会影响全国人民代表大会行使立法权，因为《宪法》第六十二条已经明确规定，全国人民代表大会有权"改变或者撤销全国人民代表大会常务委员会不适当的决定"，而且全国人大常委会修改和补充法律，不得同被修改和补充的法律的基本原则相抵触。

（三）全国人民代表大会及其常务委员会的专属立法权

1. 专属立法权的含义

所谓专属立法权，亦即大陆法系国家所称的法律保留事项，是指特定领域内规范社会关系的事项，只能由特定的国家机关制定法律的权力。换言之，专属立法权，是指法律将调整某些领域的法律规范的制定权专门确定给特定的机关，其他国家机关不得就这些事项进行立法。按照专门立法权的理论原则，属于特定国家立法机关专属立法权限的事项，其他任何机关非经授权，不得进行立法；如果其他机关未经授权又认为必须立法的，也只能够向专属立法权机关提出立法建议或者按照规定的权限和程序提出立法议案。

"全国人大及其常委会的立法权，其性质是国家立法权。国家立法权是立法机关以国家名义制定法律的权力，是独立、完整和最高的立法权力。"[1] 作为国家立法权，在法律上具有最高性、主权性、独立性和整体性的特征。[2] 其中，最高性，一是指全国人大及其常委会的立法权，是为国家和全社会创制各项制度和行为规范的权力，其他任何国家权力都必须无条件地服从；二是指在我国多层次的立法体制中，全国人大及其常委会的立法权处于最高和核心地位，其他机关享有的立法权，都必须服从。主权性，是指全国人民代表大会及其常委会作为国家最高立法机关，是反映全体人民意志和利益的代表机关，由它通过法定程序制定法律，是人民主权和国家主权的体现。独立性，是指与其他国家权力相比，立法权是相对独立的，不受其他权力的干涉。整体性，是指国家立法权是一项整体性权力。它一方面包括实体性的立法权力，也包括程序性的立法权力；另一方面，国家立法权是立法的源权力，能够派生出其他的立法权力。从理论上来看，这种立法权可以就任何事项立法，而且只要其对某一特定的事项进行立法就具有排除或者废除其他国家机关在这一领域进行立法的效力，其

---

① 乔晓阳：《中华人民共和国立法法讲话（修订版）》，中国民主法制出版社 2008 年版，第 47 页。

② 同上书，第 47—51 页。

他国家机关对该事项的立法都不得有违反的规定。为了保证全国人民代表大会及其常务委员会立法权的最高性，《立法法》特别规定了他们的专属立法权。

《立法法》规定全国人大及其常委会的专属立法权，具有十分重要的意义。具体如下。

第一，从人民在国家中的地位看，规定全国人大及其常委会的专属立法权能够保证国家立法真正体现人民自己的意志和利益，维护国家法律的统一，彰显人民在国家中的主人公地位。

第二，从权力机关立法与行政机关立法的角度看，规定全国人大及其常委会的专属立法权能够清晰地划分权力机关立法与行政机关立法边界，防止立法冲突或越权立法现象的产生。

第三，从中央立法与地方立法的角度看，规定全国人大及其常委会的专属立法权，能够清晰地划分中央立法机关与地方立法机关之间的立法边界，防止下位法违反上位法情况的发生。

第四，从国际立法的实际看，规定全国人大及其常委会的专属立法权符合多数国家的做法。

2. 专属立法权的内容

根据《立法法》第八条的规定，我国的专属立法权有十一项，即："下列事项只能制定法律：（一）国家主权的事项；（二）各级人民代表大会、人民政府、人民法院和人民检察院的产生、组织和职权；（三）民族区域自治制度、特别行政区制度、基层群众自治制度；（四）犯罪和刑罚；（五）对公民政治权利的剥夺、限制人身自由的强制措施和处罚；（六）税种的设立、税率的确定和税收征收管理等税收基本制度；（七）对非国有财产的征收、征用；（八）民事基本制度；（九）基本经济制度以及财政、海关、金融和外贸的基本制度；（十）诉讼和仲裁制度；（十一）必须由全国人民代表大会及其常务委员会制定法律的其他事项。"但需要注意的是，对于专属立法事项尚未制定法律的，全国人民代表大会及其常务委员会有权作出决定，授权国务院可以根据实际需要，对其中的部分事项先制定行政法规，但是有关犯罪和刑罚、对公民政治权利的剥夺、限制人身自由的强制措施和处罚、司法制度等事项除外。

（1）国家主权的事项

主权，是指国家具有的独立自主地处理自己对内对外事务的最高权力，是一个国家对其管辖区域所拥有的至高无上的、排他性的政治权力。主权对内具有最高性，对外具有独立性的特征。主权的法律形式对内常规定于宪法中，对外则是国际的相互承认。因此它也是国家最基本的特征之一。国家主权的丧失往往意味着国家的解体或灭亡。因此，有关国家主权的事项，只能由最高国家权力机关来行使。国家主权包括政治主权、经济主权、领土主权、对外主权和属人主权等几个方面。具体到法律之中，国家主权事项包括国家领土事项、国防事项、外交事项、国籍、出境入境管理事项及国家标志和象征（国旗、国徽、国歌）事项等内容。

这里需要注意，"由法律规定的有关国家主要事项，是指国防、外交等事务中涉及国家主权的事项，必须制定法律。其中有些外交事务虽然涉及主权问题，但属于政府职权范围的事项，可以由国务院以行政法规规定，不一定必须制定法律。"[1]

（2）各级人民代表大会、人民政府、人民法院和人民检察院的产生、组织和职权

根据《宪法》规定，国家的各级权力机关、行政机关、审判机关和检察机关都是国家权力机关的重要组成部分，是行使国家权力、实现国家职能的核心力量，同时是维护国家发展、保障人民幸福生活的核心力量。这些机关的产生方式、组织原则、职权范围和行使职权的具体程序都只能由全国人民代表大会及其常委会通过制定法律进行规定。

（3）民族区域自治制度、特别行政区制度、基层群众自治制度

民族区域自治制度是解决我国民族问题的基本政治制度，特别行政区制度是体现我国"一国两制"基本方针的重要政治制度，基层群众自治制度是我国社会主义民主政治的重要组成部分，这三项制度涉及如何处理好我国的民族问题、"一国两制"问题和基层群众自治问题，涉及国家稳定与繁荣，必须特别慎重对待，不可草率行事，因此应当由全国人民代表大会及其常委会通过制定法律进行规定。

---

[1] 乔晓阳：《〈中华人民共和国立法法〉导读与释义》，中国民主法制出版社 2015 年版，第78 页。

民族区域自治，是指在中华人民共和国境内，在国家统一领导下，各少数民族聚居的地方实行区域自治，设立自治机关，行使自治权。民族区域自治是中国共产党运用马克思主义民族理论解决我国民族问题的基本政策，是国家的一项重要政治制度。

特别行政区，简称"行政特区"，是指在我国版图内，根据我国宪法和基本法的规定而设立的，具有特殊的法律地位，实行特别的政治、经济制度的行政区域。特别行政区政府对所辖区域社会的政治、经济、财政、金融、贸易、工商业、土地、教育、文化等方面享有高度自治权的制度，是"一国两制"的具体实践。《宪法》第三十一条规定："国家在必要时得设立特别行政区。在特别行政区内实行的制度按照具体情况由全国人民代表大会以法律规定。"

基层群众自治制度，是指在城市和农村设立居民委员会和村民委员会，由群众自我管理、自我服务、自我教育，实行直接民主的制度。《宪法》第一百一十一条规定："城市和农村按居民居住地区设立的居民委员会或者村民委员会是基层群众性自治组织"，"办理本居住地区的公共事务和公益事业，调解民间纠纷，协助维护社会治安，并且向人民政府反映群众的意见、要求和提出建议"，"居民委员会、村民委员会同基层政权的相互关系由法律规定"。

（4）犯罪和刑罚

认定犯罪，并对犯罪者给予相应的刑罚，是追究罪犯的法律责任的最严重的形式。"判断社会成员的行为是否构成犯罪，涉及两方面的重大问题。一方面涉及对国家政治、经济、文化制度和社会秩序保持最低限度的稳定和安全的标准的认定；另一方面，涉及对每个社会成员的行为最大限度自由的标准认定。"[①] 科学适当地认定犯罪并给予相应的适当的刑罚，直接关系着国家和社会的稳定与安全，关系着社会成员的切身利益能否得到保障。因此，有关犯罪和刑罚的事项，只能由全国人民代表大会及其常委会通过制定法律进行规定。

我国全国人民代表大会于 1979 年制定了《刑法》，1997 年全国人民

---

① 乔晓阳：《中华人民共和国立法法讲话（修订版）》，中国民主法制出版社 2008 年版，第66 页。

代表大会对《刑法》进行了修订，之后多次通过修正案的方式对《刑法》的部分内容进行了修订和补充。

（5）对公民政治权利的剥夺、限制人身自由的强制措施和处罚

公民的政治权利，是指公民根据宪法和法律的规定，参与国家政治生活的行为的可能性或资格。政治自由的核心是公民依照宪法和法律参与国家管理、进行政治活动和表达个人意见，范围包括：有选举权和被选举权，有言论、出版、集会、结社、游行、示威的自由，有宗教信仰自由。

人身自由，是指公民的人身不受非法侵犯的自由。人身自由是公民宪法地位的重要标志，是人类自身生存所必需的关系社会稳定和发展的权利。在我国，人身自由的范围包括公民人身自由不受侵犯、人格尊严不受侵犯、住宅不受侵犯、公民的通信自由和通信秘密受法律保护等四项内容。

由于公民的政治权利和人身自由是公民行使其他各项权利的基础和前提，都是由宪法进行直接保护的，因此，不得被任意限制或剥夺，如需要限制或剥夺，只能由全国人民代表大会及其常委会通过制定法律进行规定。

（6）税种的设立、税率的确定和税收征收管理等税收基本制度

税（又称税收、税赋、税负、税捐、租税等）指国家为了提供公共服务及公共财政，依照法律规定，对个人或民间企业（法人）无偿征收货币或实物的总称。税收法定原则，是起源于英国的一项税收基本原则，又称税收法定主义原则，是指如果没有相应法律作前提，国家则不能征税，公民也没有纳税的义务。换言之，税收法定原则，是指征税主体征税必须依且仅依法律的规定；纳税主体只能依法律的规定纳税。税收法定，包括税种法定、税收要素（征税主体，纳税主体，征税对象，税率，纳税环节、期限和地点，减免税，税务争议和税收法律责任等）法定、征税程序法定。《宪法》第五十六条规定："中华人民共和国公民有依照法律纳税的义务。"由此可见，对征收机关而言，无法律规定，无权征税；对公民而言，无法律规定，无纳税义务。因此，关于税种的设立、税率的确定和税收征收管理等税收基本制度，只能由全国人民代表大会及其常委会通过制定法律进行规定。此外，《税收征收管理法》第三条也明确规定："税收的开征、停征以及减税、免税、退税、补税，依照法律的规定

执行；法律授权国务院规定的，依照国务院制定的行政法规的规定执行。""任何机关、单位和个人不得违反法律、行政法规的规定，擅自作出税收开征、停征以及减税、免税、退税、补税和其他同税收法律、行政法规相抵触的决定。"

为落实税收法定原则，党中央审议通过《贯彻落实税收法定原则的实施意见》。根据党的十八大和十八届三中全会、四中全会精神，为"落实税收法定原则"，《实施意见》根据相关改革任务的进展情况，对2020年前完成相关立法工作作出了相应的安排：①不再出台新的税收条例；拟新开征的税种，将根据相关工作的进展情况，同步起草相关法律草案，并适时提请全国人大常委会审议。②与税制改革相关的税种，将配合税制改革进程，适时将相关税收条例上升为法律，并相应废止有关税收条例。在具体工作中，有一些税种的改革涉及面广、情况复杂，需要进行试点，可以在总结试点经验的基础上先对相关税收条例进行修改，再将条例上升为法律。③其他不涉及税制改革的税种，可根据相关工作进展情况和实际需要，按照积极、稳妥、有序、先易后难的原则，将相关税收条例逐步上升为法律。④待全部税收条例上升为法律或废止后，提请全国人民代表大会废止《全国人民代表大会关于授权国务院在经济体制改革和对外开放方面可以制定暂行的规定或者条例的决定》。⑤全国人大常委会将根据上述安排，在每年的立法工作计划中安排相应的税收立法项目。①

（7）对非国有财产的征收、征用

对非国有财产的征收和征用是两种不同的法律制度。对非国有财产的征收，是指国家为了公共利益需要，将私人所有的财产强制收归国家所有的行为。对非国家财产的征用，是指国家为了公共利益的需要而强制使用公民的私有财产的行为。在我国，《宪法》对保护公民的合法财产作了明确的规定。如《宪法》第十条规定："城市的土地属于国家所有。""农村和城市郊区的土地，除由法律规定属于国家所有的以外，属于集体所有；宅基地和自留地、自留山，也属于集体所有。""国家为了公共利益的需

---

① 《全国人大常委会法工委负责人就〈贯彻落实税收法定原则的实施意见〉答问》，http：//www.gov.cn/xinwen/2015—03/25/content_2838356.htm，最后访问时间：2015年8月10日。

要，可以依照法律规定对土地实行征收或者征用并给予补偿。""任何组织或者个人不得侵占、买卖或者以其他形式非法转让土地。土地的使用权可以依照法律的规定转让。""一切使用土地的组织和个人必须合理地利用土地。"第十二条规定："社会主义的公共财产神圣不可侵犯。""国家保护社会主义的公共财产。禁止任何组织或者个人用任何手段侵占或者破坏国家的和集体的财产。"第十三条规定："公民的合法的私有财产不受侵犯。""国家依照法律规定保护公民的私有财产权和继承权。""国家为了公共利益的需要，可以依照法律规定对公民的私有财产实行征收或者征用并给予补偿。"《物权法》第四十四条也规定："因抢险、救灾等紧急需要，依照法律规定的权限和程序可以征用单位、个人的不动产或者动产。被征用的不动产或者动产使用后，应当返还被征用人。单位、个人的不动产或者动产被征用或者征用后毁损、灭失的，应当给予补偿。"《土地管理法》第二条第四款也规定："国家为了公共利益的需要，可以依法对土地实行征收或者征用并给予补偿。"可见，对非国有财产无论是征收，还是征用，都会对公民的合法财产权带来损害或者限制，因此必须由全国人民代表大会及其常委会通过制定法律进行规定。

（8）民事基本制度

民事基本制度，是指民事活动中最主要的民事行为准则。包括民事主体资格制度、婚姻家庭制度（含收养、继承等制度）、物权制度、知识产权制度、债权债务制度等内容，是国家经济和社会生活的基础，应当是统一的。为了保证国家经济和社会生活的和谐、有序，维护和促进市场的公平统一，对民事基本制度应当由全国人民代表大会及其常委会通过制定法律进行规定。

（9）基本经济制度以及财政、海关、金融和外贸的基本制度

基本经济制度，是指一个国家的经济制度中占统治地位、对经济基础的性质起决定作用的生产关系。其内容包括生活资料的所有制形式和分配形式。《宪法》第六条规定："中华人民共和国的社会主义经济制度的基础是生产资料的社会主义公有制，即全民所有制和劳动群众集体所有制。社会主义公有制消灭人剥削人的制度，实行各尽所能、按劳分配的原则。""国家在社会主义初级阶段，坚持公有制为主体、多种所有制经济共同发展的基本经济制度，坚持按劳分配为主体、多种分配方式并存的分

配制度。"第七条规定："国有经济，即社会主义全民所有制经济，是国民经济中的主导力量。国家保障国有经济的巩固和发展。"第十一条规定："在法律规定范围内的个体经济、私营经济等非公有制经济，是社会主义市场经济的重要组成部分。""国家保护个体经济、私营经济等非公有制经济的合法的权利和利益。国家鼓励、支持和引导非公有制经济的发展，并对非公有制经济依法实行监督和管理。"

基本经济制度，具体由财政基本制度、海关基本制度、金融基本制度、外贸基本制度、税收基本制度组成，这些制度直接影响和决定着国家的政治制度，影响和决定着国家和社会的性质，因此，应当由全国人民代表大会及其常委会通过制定法律进行规定。

（10）诉讼和仲裁制度

诉讼制度是指司法机关在当事人和其他诉讼参与人参加下，按照法定的程序，为解决当事人的权利和义务争议而进行的活动。仲裁是指专门的仲裁机构对平等的公民、法人和其他组织之间发生的经济纠纷以及其他纠纷进行公正裁决的活动。诉讼和仲裁制度，是国家解决当事人之间的权利义务纠纷的合法有效的途径，在一个国家必须统一、公正，如果允许各地各行其是，必然会产生混乱，因此，必须由全国人民代表大会及其常委会通过制定法律进行规定。

（11）必须由全国人民代表大会及其常务委员会制定法律的其他事项

必须由全国人民代表大会及其常务委员会制定法律的其他事项，是《立法法》采取的兜底性规定。具体包括两个方面的内容，一是《宪法》中关于应当由法律规定的事项中，共有 45 个地方规定应当由法律规定的事项；二是宪法虽然没有规定某一事项应当由法律规定，但有关法律规定该事项应当由法律规定的事项。如《枪支管理法》规定，国家严格控制枪支。禁止任何单位或者个人违反法律规定持有、制造（包括变造、装配）、买卖、运输、出租、出借枪支。

第二节　全国人民代表大会立法的基本规定

一、全国人民代表大会的立法权

《宪法》第五十七条规定："中华人民共和国全国人民代表大会是最

高国家权力机关。它的常设机关是全国人民代表大会常务委员会。"第五十八条规定："全国人民代表大会和全国人民代表大会常务委员会行使国家立法权。"《立法法》第七条第一款在重申规定了《宪法》第五十八条的规定后，在第二款规定："全国人民代表大会制定和修改刑事、民事、国家机构的和其他的基本法律。"

（一）制定和修改宪法

全国人民代表大会制定和修改宪法的权力主要是三种形式。一是制定宪法。通常而言，宪法的制定只能在一个国家建立之初或者一个国家的经济社会发生重大变化时才会制定宪法。1954 年第一届全国人民代表大会第一次会议制定了《宪法》。二是对宪法进行重大修改后重新公布。我国先后于 1975 年、1978 年、1982 年三次对宪法进行修改后重新公布。正是基于作重大修改后重新公布，至今为止还有不少人将 1982 年《宪法》称为新宪法。三是以修正案的方式对宪法进行修改。我国全国人民代表大会分别于 1988 年、1993 年、1999 年和 2004 年以修正的方式对宪法进行了修改，形成三十一条修正案。

（二）制定和修改基本法律

所谓基本法律，是指涉及国家、社会、公民生活中带有根本性、全局性、普遍性的关系和问题的法律。根据《宪法》和《立法法》的规定，全国人民代表大会制定和修改刑事、民事、国家机构的和其他的基本法律。

（三）开展立法监督

全国人民代表大会的立法监督权主要有：一是全国人民代表大会有权改变或撤销全国人民代表大会常务委员会制定的不适当的法律；二是全国人民代表大会有权撤销全国人民代表大会常务委员会批准的违背宪法、违背法律或者行政法规、对宪法和民族区域自治法的规定以及其他有关法律、行政法规专门就民族自治地方所作的规定作出变通规定的自治条例和单行条例。

二、全国人民代表大会的立法程序

（一）提出法律案

提出法律案，是法律制定程序的开始。法律案是依法享有提案权的主体向立法机关提出的关于制定、修改或者废止某项法律的方案。《立法法》第十四条规定："全国人民代表大会主席团可以向全国人民代表大会提出法律案，由全国人民代表大会会议审议。""全国人民代表大会常务委员会、国务院、中央军事委员会、最高人民法院、最高人民检察院、全国人民代表大会各专门委员会，可以向全国人民代表大会提出法律案，由主席团决定列入会议议程。"第十五条规定："一个代表团或者三十名以上的代表联名，可以向全国人民代表大会提出法律案，由主席团决定是否列入会议程序，或者先交有关专门委员会审议，提出是否列入会议议程的意见，再决定是否列入会议程序。""专门委员会审议的时候，可以邀请提案人列席会议，发表意见。"根据这两条法律的规定，相关主体提出的法律案，分为必须列入议程审议的法律案和可以列入议程审议的法律案。

1. 必须列入议程审议的法律案

第一，全国人民代表大会主席团提出的法律案。全国人民代表大会主席团是全国人民代表大会的主持者，主席团成员由常务委员会提出名单草案，由代表大会的预备会议决定。主要职责是决定大会副秘书长的人选、会议日程、议案表决办法，向大会提出议案的截止日期以及其他相关事项。全国人民代表大会主席团向全国人民代表大会提出法律案，当然应当由全国人民代表大会审议。

第二，全国人民代表大会常务委员会、国务院、中央军事委员会、最高人民法院、最高人民检察院、全国人民代表大会各专门委员会，可以向全国人民代表大会提出法律案，由主席团决定列入会议议程。

2. 可以列入议程审议的法律案

一个代表团或者三十名以上的代表联名，可以向全国人民代表大会提出法律案，由主席团决定是否列入会议议程，或者先交有关的专门委员会审议、提出是否列入会议议程的意见，再决定是否列入会议议程。专门委员会审议的时候，可以邀请提案人列席会议，并发表意见。

这里需要注意，向全国人民代表大会提出的法律案，可以先向常务委员会提出并进行审议。根据《立法法》第十六条的规定，向全国人民代表大会提出的法律案，在全国人民代表大会闭会期间，可以先向常务委员会提出，经常务委员会审议后，决定提请全国人民代表大会审议，由常务委员会向大会全体会议作说明，或者同提案人向大会全体会议作说明。

常务委员会审议向全国人民代表大会提出的法律案，或者在全国人民代表大会闭会期间，先行向常务委员会提出的法律案，应当通过多种形式征求全国人民代表大会代表的意见，并将有关情况予以反馈；专门委员会和常务委员会工作机构进行立法调研，可以邀请有关的全国人民代表大会代表参加。

（二）法律案的审议

1. 常务委员会审议

常务委员会决定提请全国人民代表大会会议审议的法律案，应当在会议举行的一个月前将法律案发给代表。

2. 各代表团审议

全国人民代表大会会议议程的法律案，大会全体会议吸取提案人的说明后，由各代表团进行审议。各代表团审议法律案时，提案人应当派人听取意见，回答询问。各代表团审议法律案时，根据代表的要求，有权机关、组织应当派人介绍情况。

3. 专门委员会审议

列入全国人民代表大会会议议程的法律案，由有关的专门委员会进行审议，向主席团提出审议意见，并印发会议。专门委员会审议法律案是世界各国的惯常方式。全国人民代表大会专门委员会是全国人大的专门机构。我国全国人民代表大会现设有九个专门委员会，除法律委员会外，其他八个专门委员会只对与该委员会有关的法律案进行审议。

4. 法律委员会统一审议

列入全国人民代表大会会议议程的法律案，由法律委员会根据各代表团和有关的专门委员会的审议意见，对法律案进行统一审议，向大会主席团提出审议结果报告和法律草案修改稿，对重要的不同意见应当在审议结果报告中予以说明，经主席团会议审议通过后，印发会议。

法律委员会审议法律案的具体程序是：①汇总并研究各代表团和专门委员会的审议意见；②召开全体会议，对法律案进行逐条审议；③对法律案进行审议后，要向主席团提出审议结果报告和法律草案修改稿；④法律草案修改稿经各代表团审议后，由法律委员会根据各代表团的审议意见，对法律草案修改稿二次进行修改研究，提出法律草案建议表决稿。再经各代表团审议后，经主席团审议提出法律草案表决稿后，由主席团提请大会全体会议表决，由全体代表的过半数通过。①

5. 主席团审议

列入全国人民代表大会会议议程的法律案，必要时，主席团常务主席可以召开各代表团团长会议，就法律案中的重大问题听取各代表团的审议意见，进行讨论，并将讨论的情况和意见向主席团报告。主席团常务主席也可以就法律案中的重大的专门性问题，召集代表团推选的有关代表进行讨论，并将讨论的情况和意见向主席团报告。

6. 提案人撤回法律案的处理

列入全国人民代表大会会议议程的法律案，在交付表决前，提案人要求撤回的，应当说明理由，经主席团同意，并向大会报告后，对法律案的审议即行终止。

7. 全国人民代表大会授权审议的法律案

法律在审议中有重大问题需要进一步确定的，经主席团提出，由大会全体会议决定，可以授权常务委员会根据代表的意见进一步审议，作出决定，并将决定情况向全国人民代表大会下次会议报告；也可以授权常务委员会根据代表的意见进一步审议，提出修改方案后，提请全国人民代表大会下次会议审议决定。

8. 主席团作出表决决定

法律草案修改稿经各代表团审议，由法律委员会根据各代表团的审议意见进行修改，提出法律草案表决稿，由主席团提请大会全体会议表决，由全体代表的过半数通过。

9. 国家主席签署主席令公布法律

全国人民代表大会通过的法律由国家主席签署主席令予以公布。

第三节　全国人民代表大会常务委员会立法的基本规定

根据《宪法》和《立法法》的规定，全国人大常委会法定立法权主

---

① 全国人大常委会法制工作委员会国家法室：《中华人民共和国立法法释义》，法律出版社2015 年版，第 94 页。

要包括四项：一是解释宪法和法律；二是制定和修改法律；三是立法监督；四是其他立法权。全国人大常委会的立法活动，就是运用这四方面立法权，在它们所能调整的范围内进行立法的活动。

一、解释宪法和法律

解释宪法和法律，目的是为了准确地理解宪法和法律，保证宪法和法律的有效实施。但解释宪法和法律在性质上属于立法范畴，因解释宪法和法律产生的文件，分别为宪法性文件和法律性文件，是宪法和法律的组成部分，与宪法和法律具有同等的效力。

1955 年全国人民代表大会常委会《关于法律解释问题的决议》，1981 年全国人民代表大会常委会《关于加强法律解释工作的决议》，对全国人大常委会解释法律的权限范围予以规定。1975 年《宪法》和 1978 年《宪法》尽管条文不多，内容不完善，但仍然保留了全国人大常委会行使法律解释权的规定。1982 年《宪法》所确定的全国人大常委会职权有 24 项，其中第四项便是解释法律的职权。《立法法》，更是专门在第四十五条中规定了全国人民代表大会常务委员会的解释法律的制度。根据《宪法》第六十七条第一项规定："全国人民代表大会常务委员会行使下列职权：（一）解释宪法，监督宪法的实施……（四）解释法律"，除此之外，《宪法》没有任何有关宪法解释的规定，可见，解释宪法的职权是专门由全国人民代表大会常务委员会行使的，而且是全国人民代表大会常务委员会的第一项权力，其重要性十分明显。《立法法》第四十五条规定："法律解释权属于全国人民代表大会常务委员会。""法律有以下情况之一的，由全国人民代表大会常务委员会解释：（一）法律的规定需要进一步明确具体含义的；（二）法律制定后出现新的情况，需要明确适用法律依据的。"则进一步明确全国人民代表大会常务委员会解释法律的权力及解释法律的条件。

二、制定和修改法律

全国人民代表大会常务委员会在 1982 年《宪法》规定国家立法权由全国人民代表大会及其常委会共同行使之前，无权制定和修改法律，全国人大是唯一行使国家立法权的机关。《宪法》第六十七条第二项规定：

"全国人民代表大会常务委员会行使下列职权：……（二）制定和修改除应当由全国人民代表大会制定的法律以外的其他法律……"由此规定可知，全国人民代表大会常务委员会有权制定和修改非基本法律。

全国人民代表大会常务委员会这方面的权力主要包括以下两个方面。

第一，制定和修改除应当由全国人民代表大会制定的法律以外的其他法律。这里所谓"全国人民代表大会制定的法律"指全国人民代表大会有权制定的刑事、民事、国家机构等基本法律和其他应当由全国人民代表大会制定的法律。

第二，对全国人民代表大会制定的法律进行补充和修改。这是一项非常重大的立法权，但它只能在全国人民代表大会闭会期间行使，只能进行部分补充和修改而不能进行全面的补充和修改，不得同被补充和修改的法律的基本原则相抵触。这些年来，全国人民代表大会常务委员会较为充分地行使了这方面的权力，制定和修改了相当数量的法律，为完备中国法律体系和建设中国法制作出了显著的贡献。

这里需要注意，基本法律与非基本法律的区别。基本法律，是指由全国人民代表大会制定的调整国家和社会生活中带有普遍性、基础性的社会关系的规范性法律文件的统称。如刑法、民法、诉讼法以及有关国家机构的组织法等法律。非基本法律，又称一般法律，是指由全国人民代表大会常务委员会制定的调整国家和社会生活中某种特定领域的具体社会关系或其中某一方面内容的规范性文件的统称。其调整范围较基本法律小，内容较具体，如专利法、森林法等。

就立法本身而言，区别基本法与非基本法对于全国人民代表大会而言，没有实质性意义，因为它是最高国家权力机关和最高国家立法机关，其立法权不受限制，既可以制定基本法，也可以制定非基本法。但对于全国人民代表大会常务委员会而言，则意义就十分重大。因为全国人民代表大会常务委员会只能制定非基本法律，不能制定基本法律。例如《侵权责任法》，属于基本法律的范围，按理应当由全国人民代表大会制定，但由第十一届全国人民代表大会常务委员会第十二次会议于2009年12月26日通过，理论界有不少的人对此是有不同看法的，认为这种做法降低了该法的法律地位。由于《立法法》没有对基本法律和非基本法律进行明确的界定，类似这样的混乱还不少。如《银行法》是全国人民代表大会常务委员会制定的，而《商业银行法》则又是全国人民代表大会制定的；《国家赔偿法》是全国人民代表大会常务委员会制定的，而《行政处罚法》则又是全国人民代表大会制定的。按理，《银行法》和《国家赔偿法》的地位应当是基本法律，应当由全国人民代表大会制定，《商业银行法》和《行政处罚法》的地位属于非基本法律，可以由全国人民代表大会常务委员会制定，但实践中却相反。当然，全国人民代表大会制定非基本法律，没有任何可非议的地方，但全国人民代表大会常务委员会制定基本法律，则十分不妥。

《立法法》没有对基本法与非基本法进行划分的理由是："现在正处于改革开放的关键时期，许多社会关系还没有完全定型，将'基本法律'的事项进行一一列举存在许多实际困难。因此，本法仍然沿用宪法的有关规定，对'基本法律'的事项不作一一列举。"①

三、对基本法律进行部分补充和修改

《宪法》第六十七条第三项规定："全国人民代表大会常务委员会行使下列职权：……（三）在全国人民代表大会闭会期间，对全国人民代表大会制定的法律进行部分补充和修改，但是不得同该法律的基本原则相抵触"，这就赋予全国人民代表大会常务委员会对全国人民代表大会制定的法律进行补充和修改的权力。这样规定的理由是：

第一，全国人民代表大会常务委员会作为全国人民代表大会的常设机关，是最高国家权力机关的组成部分，在全国人民代表大会闭会期间行使国家立法权。

第二，全国人民代表大会会期短，任务繁多，全国人民代表大会的代表人数众多，又都是非职化的代表，在有限的会期内无力对自己制定的法律进行一一修改，由其常务委员会进行部分补充和修改能够有效地弥补这一不足。

从立法本意来看，全国人民代表大会常务委员会补充和修改基本法律是有严格限制的。这种限制主要是：

---

① 乔晓阳：《中华人民共和国立法法讲话（修订版）》，中国民主法制出版社2008年版，第88页。

第一，只有在全国人民代表大会闭会期间，全国人民代表大会常务委员会才能行使该项权力。

第二，全国人民代表大会行使该项权力时，只能对全国人民代表大会制定的法律进行部分补充和修改。

第三，全国人民代表大会常务委员会对全国人民代表大会制定的法律进行部分补充和修改，不得同该法律的基本原则相抵触。

当然，这项权力的行使，最难把握的是什么是"部分补充和修改"，"部分"是一个不确定法律概念，理解起来差别很大。如全国人民代表大会常务委员会对1975年宪法作了23处重大的补充和修改；至今全国人民代表大会常务委员会已经对1997年制定的《刑法》作了九次修改，形成了九个修正案。又如1980年第五届全国人民代表大会第三次会议通过的《个人所得税法》共15条，而1993年10月第八届全国人民代表大会常务委员会第四次会议对其作了重大修改和补充。对其中的13个条文进行修改，增加了3个条文。之后，1999年、2005年、2007年、2011年又分别对其进行了修改。如此高的幅度和频度，实在不合常理。再如，2014年11月1日第十二届全国人民代表大会常务委员会第十一次会议通过的《全国人民代表大会常务委员会关于修改〈中华人民共和国行政诉讼法〉的决定》，对1989年4月4日第七届全国人民代表大会第二次会议通过的《行政诉讼法》修改45条，增加33条，删除5条，大大超出了原法75条的数量。

四、立法监督权

根据《宪法》第六十七条、第一百条、① 第一百一十六条②和《立法

---

① 《宪法》第一百条规定："省、直辖市的人民代表大会和它们的常务委员会，在不同宪法、法律、行政法规相抵触的前提下，可以制定地方性法规，报全国人民代表大会常务委员会备案。"

② 《宪法》第一百一十六条规定："民族自治地方的人民代表大会有权依照当地民族的政治、经济和文化的特点，制定自治条例和单行条例。自治区的自治条例和单行条例，报全国人民代表大会常务委员会批准后生效。自治州、自治县的自治条例和单行条例，报省或者自治区的人民代表大会常务委员会批准后生效，并报全国人民代表大会常务委员会备案。"

法》第九十四条、^① 第九十五条、^② 第九十六条^③和第九十七条^④的有关规定，全国人民代表大会常务委员会可以行使以下立法监督权。

第一，全国人民代表大会常务委员会有权监督《宪法》的实施。

第二，全国人民代表大会常务委员会有权撤销同宪法、法律相抵触的行政法规、决定和命令，撤销同宪法、法律和行政法规相抵触的地方性法规和决议，撤销省级人大常委会批准的违背宪法和立法法的自治条例和单行条例。

第三，裁决法律之间的冲突。法律之间对同一事项的新的一般规定与旧的特别规定不一致，不能确定如何适用时，由全国人民代表大会常务委员会裁决。地方性法规与部门规章之间对同一事项的规定不一致，不能确定如何适用时，由国务院提出意见，国务院认为应当适用地方性法规的，

---

① 《立法法》第九十四条规定："法律之间对同一事项的新的一般规定与旧的特别规定不一致，不能确定如何适用时，由全国人民代表大会常务委员会裁决。""行政法规之间对同一事项的新的一般规定与旧的特别规定不一致，不能确定如何适用时，由国务院裁决。"

② 《立法法》第九十五条规定："地方性法规、规章之间不一致时，由有关机关依照下列规定的权限作出裁决：（一）同一机关制定的新的一般规定与旧的特别规定不一致时，由制定机关裁决；（二）地方性法规与部门规章之间对同一事项的规定不一致，不能确定如何适用时，由国务院提出意见，国务院认为应当适用地方性法规的，应当决定在该地方适用地方性法规的规定；认为应当适用部门规章的，应当提请全国人民代表大会常务委员会裁决；（三）部门规章之间、部门规章与地方政府规章之间对同一事项的规定不一致时，由国务院裁决。""根据授权制定的法规与法律规定不一致，不能确定如何适用时，由全国人民代表大会常务委员会裁决。"

③ 《立法法》第九十六条规定："法律、行政法规、地方性法规、自治条例和单行条例、规章有下列情形之一的，由有关机关依照本法第九十七条规定的权限予以改变或者撤销：（一）超越权限的；（二）下位法违反上位法规定的；（三）规章之间对同一事项的规定不一致，经裁决应当改变或者撤销一方的规定的；（四）规章的规定被认为不适当，应当予以改变或者撤销的；（五）违背法定程序的。"

④ 《立法法》第九十七条规定："改变或者撤销法律、行政法规、地方性法规、自治条例和单行条例、规章的权限是：（一）全国人民代表大会有权改变或者撤销它的常务委员会制定的不适当的法律，有权撤销全国人民代表大会常务委员会批准的违背宪法和本法第七十五条第二款规定的自治条例和单行条例；（二）全国人民代表大会常务委员会有权撤销同宪法和法律相抵触的行政法规，有权撤销同宪法、法律和行政法规相抵触的地方性法规，有权撤销省、自治区、直辖市的人民代表大会常务委员会批准的违背宪法和本法第七十五条第二款规定的自治条例和单行条例；（三）国务院有权改变或者撤销不适当的部门规章和地方政府规章；（四）省、自治区、直辖市的人民代表大会有权改变或者撤销它的常务委员会制定的和批准的不适当的地方性法规；（五）地方人民代表大会常务委员会有权撤销本级人民政府制定的不适当的规章；（六）省、自治区的人民政府有权改变或者撤销下一级人民政府制定的不适当的规章；（七）授权机关有权撤销被授权机关制定的超越授权范围或者违背授权目的的法规，必要时可以撤销授权。"

应当决定在该地方适用地方性法规的规定；认为应当适用部门规章的，应当提请全国人大常委会裁决。根据授权制定的法规与法律规定不一致，不能确定如何适用时，由全国人民代表大会常务委员会裁决。

第四，接受有关立法主体的立法备案权和批准有关规范性法律文件权。根据《宪法》和有关宪法性法律规定，省级人大及其常委会制定的地方性法规，报全国人民代表大会常务委员会备案；自治区的自治条例和单行条例，报全国人民代表大会常务委员会批准；自治州、自治县的自治条例和单行条例，报全国人民代表大会常务委员会备案。《立法法》进一步补充规定：行政法规、地方性法规、自治条例和单行条例均须报全国人大常委会备案；根据全国人民代表大会常务委员会授权制定的规范性法律文件，如果全国人民代表大会常务委员会的授权决定提出备案要求，也应当报全国人民代表大会常务委员会备案。即有权接受备案，就可以进行监督；有权批准，更可以监督。

五、其他立法权

全国人民代表大会常务委员会的其他立法主要是两项：

第一，全国人民代表大会常务委员会还可以行使全国人民代表大会授予的立法权；

第二，全国人民代表大会常务委员会有权决定同外国缔结的条约和重要协定的批准和废除。

六、全国人民代表大会常委会的立法程序①

（一）有权向全国人大常委会提出法律案的机关

根据《立法法》规定，有权向全国人民代表大会常委会提出法律案的机关如下。

第一，委员长会议可以向常务委员会提出法律案，由常务委员会会议审议。

第二，国务院、中央军事委员会、最高人民法院、最高人民检察院、

---

① 我国立法程序的基本问题，已经在《立法程序》一章中作了比较全面的介绍，在此只重点介绍全国人大常委会立法程序中的一些特殊问题。

全国人民代表大会各专门委员会，可以向常务委员会提出法律案，由委员长会议决定列入常务委员会会议议程，或者先交有关的专门委员会审议、提出报告，再决定列入常务委员会会议议程。如果委员长会议认为法律案有重大问题需要进一步研究，可以建议提案人修改完善后再向常务委员会提出。

第三，常务委员会组成人员十人以上联名，可以向常务委员会提出法律案，由委员长会议决定是否列入常务委员会会议议程，或者先交有关的专门委员会审议，提出是否列入会议议程的意见，再决定是否列入常务委员会会议议程。不列入常务委员会会议议程的，应当向常务委员会会议报告或者向提案人说明。专门委员会审议的时候，可以邀请提案人列席会议，并发表意见。

列入常务委员会会议议程的法律案，除特殊情况外，应当在会议举行的七日前将法律草案发给常务委员会组成人员。常务委员会会议审议法律案时，应当邀请有关的全国人民代表大会代表列席会议。

（二）全国人大常委会审议法律案

1. 全国人大常委会审议法律案的会议形式

全国人大常委会审议法律案的会议形式有全体会议、分组会议和联组会议三种基本形式。

全体会议是由常务委员会全体成员组成的会议。其主要工作是听取关于法律案的说明、关于法律案审议结果的报告和有关工作报告，并对各项方案进行表决。

分组会议是将常务委员会组成人员分成若干个小组进行开会。常务委员会分组会议审议法律案时，提案人应当派人听取意见，回答询问；常务委员会分组会议审议法律时，根据小组的要求，有关机关、组织应当派人介绍情况。

联组会议是在分组会议基础上召开的若干个小组的联席会议。联组会议审议是在分组会议基础上对方案进行进一步审议，是在更大范围内让法律案有不同意见的常委会组成人员有一个直接的讨论机会。

2. 全国人大常委会审议法律案的程序

根据《立法法》第二十九条规定，全国人民代表大会常务委员会审议法律案的程序一般是三审制，即一个法律案经过常务委员会三次会议审议才交付表决。

常务委员会会议第一次审议法律案，在全体会议上听取提案人的说明，由分组会议进行初步审议。

常务委员会会议第二次审议法律案，在全体会议上听取法律委员会关于法律草案修改情况和主要问题的汇报，由分组会议进一步审议。第二次审议通常围绕法律草案二次审议稿的重点、难点和争议的问题展开。

常务委员会第三次审议法律案，在全体会议上听取法律委员会关于法律草案审议结果的报告，由分组会议对法律草案修改稿进行审议。在第三次审议时，常委会组成人员召开分组会议对法律草案三次审议稿再进行审议，在当次会议上提出修改完善的意见。法律委员会根据委员们提出的意见，进一步对草案三次审议稿进行必要的修改，提出建议表决稿。如果对建议表决稿没有大的意见，由委员长会议决定提请常务委员会全体会议表决，以常务委员会全体组成人员的过半数通过。

为了保证常务委员会审议法律案的有效性和提高立法质量，常务委员会分组会议审议法律案时，提案人应当派人听取意见，回答询问。常务委员会分组审议法律案时，根据小组的要求，有关机关、组织应当派人介绍情况。

当然，三审制不是绝对的，也有例外。《立法法》规定，常务委员会会议在审议列入常务委员会会议议程的法律案时，如果各方面的意见比较一致，也可以经过两次常务委员会会议审议后就交付表决；如果调整事项较为单一或者部分修改的法律案，各方面的意见比较一致的，也可以经过一次常务委员会会议审议后即交付表决。可见，我国全国人民代表大会常务委员会审议法律案实行的是以三审制为基础，以二审制和一审制为补充的制度。

3. 专门委员会对法律案的审议

根据《立法法》的规定，列入常务委员会会议议程的法律案，由法律委员会根据常务委员会组成人员、有关的专门委员会的审议意见和各方面提出的意见，对法律案进行统一审议，提出修改情况的汇报或者审议结果报告和法律草案修改稿，对重要的不同意见应当在汇报审议结果报告中予以说明。对有关专门委员会的审议意见没有采纳的，应当向有关的专门委员会反馈。

列入常务委员会会议议程的法律案，由有关的专门委员会进行审议，提出审议意见，印发常务委员会会议。有关的专门委员会审议法律案时，可以邀请其他专门委员会的成员列席会议，发表意见。

专门委员会审议法律案时，应当召开全体会议审议，根据需要可以要求有关机关、组织派有关负责人说明情况。虽然委员长会议不具有行政领导职能，也不能替代常务委员会行使职权，只负责处理常务委员会的日常工作，为常务委员会行使职权服务，但它是常务委员会的核心机构，因此，专门委员会之间对法律草案的重要问题意见不一致时，应当向委员长会议报告。

4. 法律委员会统一对法律案的审议

法律委员会统一对法律案进行审议的制度始于 1982 年第五届全国人大第五次会议通过的《全国人民代表大会组织法》的规定。根据《立法法》的规定，法律委员会审议法律案时需要注意：

第一，列入常务委员会会议议程的法律案，由法律委员会听取常务委员会组成人员、有关的专门委员会的审议意见和各方面提出的意见（座谈会、论证会、听证会等形式）。

第二，法律案有关问题专业性强，需要进行可行性评价的，应当召开论证会，吸取专家、部门和全国人民代表大会代表等方面意见。论证情况应当向常务委员会报告。

第三，法律案有关问题存在重大意见分歧或者涉及利益关系的重大调整，需要进行听证的，应当召开听证会，听取有关基层和群众代表、部门、人民团体、专家、全国人民代表大会代表和社会有关方面的意见。听证情况应当向常务委员会报告。

第四，常务委员会工作机构应当将法律草案发送相关领域的全国人民代表大会代表、地方人民代表大会常务委员会以及有关部门、组织和专家征求意见。

第五，对有关的专门委员会的审议意见没有采纳的，应当向有关专门委员会反馈。法律委员会审议法律案时，应当邀请有关专门委员会的成员列席会议发表意见。

第六，对法律案进行统一审议，提出修改情况的汇报或者审议结果报告和法律草案修改稿，对重要的不同意见应当在汇报或者审议结果报告中予以说明。

第七，除经委员长会议决定不公布的以外，列入常务委员会会议议程的法律草案，应当在常务委员会会议后将法律草案及其起草、修改的说明向社会公布，征求意见。向社会公布征求意见的时间一般不少于三十日。征求意见的情况应当向社会通报。

第八，列入常务委员会议程的法律案，常务委员会工作机构应当收集整理分组审议的意见、各方提出的意见以及其他有关资料，分送法律委员会和有关的专门委员会，并根据需要，印发常务委员会会议。

第九，拟提请常务委员会会议审议通过的法律案，在法律委员会提出审议结果报告前，常务委员会工作机构可以对法律草案中主要制度规范的可行性、法律出台时机、法律实施的社会效果和可能出现的问题等进行评估。评估的情况由法律委员会在审议结果报告中予以说明。

（三）列入常务委员会会议议程的法律案的撤回和终止审议

1. 列入常务委员会会议议程的法律案的撤回

根据《立法法》的规定，列入常务委员会会议议程的法律案，在交付表决前，提案人要求撤回的，应当说明理由，经委员长会议同意，并向常务委员会报告，对该法律案的审议即行终止。

2. 列入常务委员会会议议程的法律案的终止审议

列入常务委员会会议审议的法律案，因各方面对制定该法律的必要性、可行性等重大问题存在较大意见分歧搁置审议满两年的，或者因暂时不付表决经过两年没有再次列入常务委员会会议议程的，由委员长会议向常务委员会报告，该法律案终止审议。

（四）全国人大常委会对法律议案的表决

根据《立法法》第四十一条和第四十三条的规定，全国人大常委会关于表决的规定：

第一，法律草案修改稿经常务委员会会议审议，由法律委员会根据常务委员会组成人员的审议意见进行修改，提出法律草案表决稿，由委员长会议提请常务委员会全体会议表决，由常务委员会全体组成人员过半数通过。

第二，法律草案表决稿交付常务委员会会议表决前，委员长会议根据常务委员会会议审议的情况，可以决定将个别意见分歧较大的重要条款提请常务委员会会议单独表决。

第三，单独表决的条款经常务委员会会议表决后，委员长会议根据单独表决的情况，可以决定将法律草案表决稿交付表决，也可以决定暂不付表决，交法律委员会和有关专门委员会进一步审议。

第四，对多部法律中涉及同类事项的个别条款进行修改，一并提出法律提案的，经委员长会议决定，可以合并表决，即人们通常所说的打包修改，也可以分别表决。

（五）全国人大常委会通过法律的公布

根据《立法法》第四十四条的规定，全国人大常委会通过的法律由国家主席签署主席令予以公布。

第 七 章

授权立法

第一节　授权立法的基本理论

一、授权立法的含义

（一）对西方委任立法的认识

授权立法，在西方称为委任立法，起源于西方议会授权行政机关立法。"委任立法又称次级立法，是指行政机关根据议会授权制定的各种行政管理法规而言。"① 早在英国都铎王朝时期，于 1539 年议会通过公告法，授权国王为了治理国家和维持秩序所发布的公告，效力和议会所制定的法律相等，首开委托立法之先河。"伴随着社会生活复杂化、政府职能的扩张，20 世纪在世界各国得到广泛发展的一种立法形式。发展到今天，授权立法已成为国家立法制度的重要组成部分。授权立法权不仅在理论上获得了普遍的认可，而且业已发展成为一项重要的法律制度。"② 根据英国学者总结，授权立法产生的理由是：③ 一是议会的讨论时间不足；二是议会的立法速度不济；三是立法事项的技术性强；四是需要地方知识；五是具有灵活性；六是适应未来需要；七是弥补议会制定法无法预见法律的实施所引发的问题。

（二）立法学界对授权立法的认识

关于授权立法，学术界亦存在不同的观点。

---

① 王名扬：《英国行政法》，北京大学出版社 2007 年版，第 84 页。
② 黄文艺：《立法学》，高等教育出版社 2008 年版，第 76 页。
③ 张越：《英国行政法》，中国政法大学出版社 2004 年版，第 558 页。

第一，授权立法是指"法律非由议会制定，而由议会将特定事项授予无立法权的团体或个人制定，这些被授权者可包括政府、公共事务行政机构和委员会、地方当局、司法机关、法院、大学和其他机构等"①。

第二，授权立法一般是指立法机关通过法定形式将某些立法授予行政机关，行政机关得依据授权法（含宪法）创制法规的行为。②

第三，授权立法是指一个立法主体依法将其一部分立法权限授予另一个国家机关或组织行使，另一个国家机关或组织根据所授予的立法权限进行的立法活动。③

第四，有学者认为，授权立法既可以作为动词使用，亦可以作为名词使用。作为动词使用时，授权立法"是指一个立法主体将部分立法权授予另一个能够承担立法责任的机关，该主体根据授权要求所进行的立法活动"。作为名词使用时，"授权立法就是指被授权机关根据授权制定的具有规范效力的法文件"④。

第五，"授权立法，就是立法机关授权有关国家机关依据所授予的立法权进行立法的活动"⑤。

第六，"授权立法，又称委任立法或委托立法，从狭义上讲，它是指有权立法的国家机关通过一定形式，将属于自己立法权限范围内的立法事项授予其他有关国家机关进行立法，被授权机关在授权范围内进行立法的活动"⑥。

第七，"授权立法是指行使立法权的法定主体将其立法权限内的某立法事项通过特定或者法条等形式授予其他主体，令该主体在授予时限内对授予的立法事项进行规范性法律文件的制定活动"⑦。

在上述观点中，第一种观点的被授权主体十分广泛，比较适合西方国家的情况，但与我国的实践状况不符；第二种观点仅将授权主体和被授权

① ［英］戴维·M.沃克：《牛津法律大词典》，法律出版社2003年版，第315页。
② 李林：《立法机关比较研究》，人民日报出版社1991年版，第276页。
③ 张根大、方德明、祁九如：《立法学总论》，法律出版社1991年版，第212页。
④ 陈伯礼：《授权立法研究》，法律出版社2000年版，第13页。
⑤ 周旺生：《立法学》，法律出版社2004年版，第242页。
⑥ 朱力宇、叶传星：《立法学（第四版）》，中国人民大学出版社2015年版，第109页。
⑦ 徐向华：《立法学教程》，上海交通大学出版社2011年版，第152页。

主体严格限于立法机关对行政机关的授权；第三、第四种观点没有明确授权主体与被授权主体的范围，显然过于宽泛；第五种观点，虽然比较简洁，但没有明确授权的方式；第六种观点只指出狭义的授权立法含义，但没有指出广义的授权立法含义，重点在于被授权主体的立法活动；第七种观点全面概括和反映了授权立法的各个方面的基本要素和内容，因此，笔者认同第七种观点。

（三）行政法学界关于授权立法的认识

由于授权立法多为权力机关授权行政机关立法。因此，行政法学界也将授权立法问题纳入自己的研究领域和学术体系。

如有学者认为，"授权立法是指行政机关根据单行法律和法规或授权决议所授予的立法权而进行的立法。授权立法的根据有两类，即《宪法》和组织法以外的单行法律、法规和最高权力机关专门的授权决议。根据单行法律、法规所进行授权立法一般称为普通授权立法，根据最高国家权力机关专门的授权决议所进行的授权立法称为特别授权立法。行政机关通过授权立法所制定的行政法规和规章可以变通、补充法律或法规的规定。"[①]

但是还需要注意，《立法法》中所规定的授权立法具有专门的指向。即授权立法，是指全国人大及其常委会对专属立法权范围内的事项作出决定，授权国务院制定行政法规的活动。据此定义，《立法法》所规定的授权立法，只包括专门作出授权决定的授权立法，不包括法条授权的授权立法。因为法律规定要求有关机关作出规定的，性质不尽一样。有些本来应当由法律规定的事项，但因制定该法律时，由于法律作统一规定的条件还不太成熟，所以授权有关机关作出规定。也有一些本来就不是法律作出规定，而是为保证法律的贯彻执行，要求有关机关相应的规定，这种情况并不是一种授权，而是一种义务性规定，所以，如何区分法律中哪些规定属于授权，哪些不属于授权，比较难。根据法律授权制定的有关规定，将其归于执行法律，不作为授权立法看待，有利于加强专门决定的授权

---

① 姜明安：《行政法与行政诉讼法（第四版）》，北京大学出版社、高等教育出版社2011年版，第163—164页。

规范。[①]

二、授权立法的特点

授权立法与一般立法相比，具有如下特点。

第一，授权立法是一种派生性立法。授权立法的被授权主体的立法权来源于授权主体的授权，因此是从授权主体立法中派生出来的而非被授权主体的原生性权力。

第二，被授权主体的立法受已有法律和授权主体的双重制约。被授权主体只能在授权主体的授权范围内立法，授权主体以这个范围为界限对受权主体予以监督，而被授权主体则应当接受监督。

第三，被授权的主体不得作出再授权的决定。

三、授权立法的主体

授权立法的主体包括授权主体和被授权主体两类。

授权主体，即将自己所享有的立法权授予其他国家机关行使的国家机关。可见，作为授权立法主体应当具备三个基本条件：一是授权主体必须是依法享有立法的国家机关，没有立法权的国家机关，不能授权；二是授权主体给被授权主体授权，实质是立法权的转让，因此授权主体向被授权主体授予的权力应当是属于自己法定职权范围内的立法事项，且无需由授权主体亲自行使的立法权；三是授权立法主体的地位比被授权主体的地位高，可以是权力机关向行政机关授权，上级机关向下级机关授权，而不能是相反。

被授权主体，亦称受权主体，是指接受授权主体的授权进行立法活动的国家机关。通常而言，被授权主体应当符合两个基本条件，即：一是被授权主体必须是具备完成授权立法工作能力的国家机关；二是被授权主体必须与授权立法的事项具有相关性，在授权立法完成后，被授权主体一般都是负责组织实施的国家机关。

授权立法主体合法，被授权主体有能力立法。就授权立法主体而言，

---

① 乔晓阳：《〈中华人民共和国立法法〉导读与释义》，中国民主法制出版社 2015 年版，第 94—95 页。

只有宪法与宪法相关法确认的行使一定立法权的法定立法主体才能将自己的立法权授予被授权机关；而被授权主体必须有从事所授权立法的条件和能力。

四、授权立法的范围

授权立法必须有明确的范围。授权立法的范围包括授权事项范围和授权时限范围，即被授权主体在授权法规定的何种权限范围内和何种时限内行使授权立法权。如 1985 年 4 月 10 日，第六届全国人民代表大会第三次会议决定："授权国务院对于有关经济体制改革和对外开放方面的问题，必要时可以根据宪法、在同有关法律和全国人民代表大会及其常务委员会的有关决定的基本原则不相抵触的前提下，制定暂行的规定或者条例，颁布实施，并报全国人民代表大会常务委员会备案。经过实践检验，条件成熟时由全国人民代表大会或者全国人民代表大会常务委员会制定法律。"就很好地明确了授权的事项。《立法法》第十条规定："授权决定应当明确授权的目的、事项、范围、期限以及被授权机关实施授权决定应当遵循的原则等。""授权期限不得超过五年，但是授权决定另有规定的除外。""被授权机关应当在授权期限届满的六个月以前，向授权机关报告授权决定实施的情况，并提出是否需要制定有关法律的意见；需要继续授权的，可以提出相关意见，由全国人民代表大会及其常务委员会决定。"

这里需要特别注意，对于不属于自己的立法职权，授权主体不能授予其他机关行使，对于法律明确规定专属于自己的立法权，授权主体亦不能授权其他机关行使。《立法法》第九条规定："本法第八条规定的事项尚未制定法律的，全国人民代表大会及其常务委员会有权作出决定，授权国务院可以根据实际需要，对其中的部分事项先制定行政法规，但是有关犯罪和刑罚、对公民政治权利的剥夺和限制人身自由的强制措施和处罚、司法制度等事项除外。"

五、授权立法的分类

根据不同的标准，可以对授权立法进行不同的分类。我国理论界通常以授权立法的方式不同为标准，将授权立法分为普通授权立法和特别授权立法。

（一）普通授权立法

普通授权立法，又称一般授权立法、法条授权立法，是指享有立法权的国家机关在自己制定的规范性文件中，授权其他国家机关制定执行性的规范性文件。这种授权立法的特点有：一是授权散见于法律法规的法律条文中，其数量远远大于特定授权立法的数量；二是被授权主体所得到的授权，通常是为授权法律法规制定配套性法规、规章；三是法条的授权是被授权主体依法为法律法规制定配套法规的法律依据。

（二）特别授权立法

特别授权立法，又称专门授权立法，是指享有立法权的国家机关通过专门的决定，授权其他国家机关对本属于自己的有关立法事项先行立法。这种授权的特点有：一是授权主体经过法定程序，以专门的决定或者决议的形式向被授权主体进行授权；二是这种授权立法通常具有实验性质，目的是通过授权立法为国家立法进行探索和积累有关经验。

根据《立法法》的规定，国务院的授权立法应当属于特别授权立法，且根据《宪法》的规定，全国人民代表大会及其常务委员会行使国家立法权，因此只有全国人民代表大会及其常务委员会才能成为授权主体。

六、授权立法与职权立法的区别

授权立法是相对于职权立法而言的，因此，授权立法与职权立法之间存在明显的区别。二者的区别如下表。

	授权立法	职权立法
权力来源	来源于立法机关的法条授权或者特别决议授权	来源于《宪法》和《组织法》的规定
规范事项	只有在授权之下的事项，被授权主体才能进行立法，越权无效	以宪法、组织法为依据，只要不超出此范围即可立法
程 序	相对宽松	十分严格
权力性质	派生权力	固有权力
监督强度	监督力度大	监督力度相对较弱

第二节 授权立法的基本规定

我国的授权立法，依被授权机关的不同，可以分成以下三类。

一、全国人民代表大会对其常务委员会的授权

关于全国人民代表大会把立法权授予它的常务委员会行使的情况，可分为如下两个阶段。

第一阶段为 1955 年至 1982 年《宪法》颁行之前。在这期间的三部宪法都只是规定全国人民代表大会常务委员会有权"制定法令"。而为了适应当时的社会需要，全国人民代表大会对其常务委员会共有三次授权。

第一，我国 1954 年《宪法》规定："全国人民代表大会是行使国家立法权的唯一机关。"行使修改宪法、制定法律和监督宪法实施等项权力；全国人民代表大会常务委员会行使解释法律、制定法令等职权。随着社会主义建设和社会主义三大改造的进展，国家急需制定各项法律，以适应国家建设和国家工作的要求。在全国人民代表大会闭会期间，有些部分性质的法律，不可避免地亟须常务委员会通过施行。第一次是 1955 年 7 月 30 日，第一届全国人民代表大会第二次会议根据法案委员会的建议和 1954 年《宪法》第三十一条第十九项关于"全国人民代表大会授予的其他职权"的规定，通过了《关于授权常务委员会制定单行法规的决议》，明确规定："在全国人民代表大会闭会期间，有些部分性质的法律，不可避免地急需常务通过施行。为此，特依据中华人民共和国宪法第三十一条第十九项的规定，授权常务委员会依照宪法的精神、根据实际的需要，适时地制定部分性质的法律，即单行法规。"这是新中国历史上第一次作出授权立法的决定。

第二，第二次授权立法的决定是 1959 年 4 月 28 日第二届全国人民代表大会第一次会议通过《关于全国人民代表大会常务委员会工作报告的决议》中作出决定："为了适应社会主义改造和社会主义建设事业发展的需要，大会授权常务委员会，在全国人民代表大会闭会期间，根据情况的发展和工作的需要，对现行法律中一些已经不适用的条文，适时地加以修改，作出新的规定。"

从全国人民代表大会的上述两次授权来看，都是综合授权，没有明确规定具体的授权立法事项。

第三，第三次授权则是单项授权。1981 年 12 月 7 日杨尚昆副委员长在常务委员会工作报告中建议："由于法的内容涉及面广，而且我国正处于经济调整期，有些问题还一时定不下来。鉴于民事诉讼法涉及的问题比较复杂，我们的经验还不足，建议大会原则批准《中华人民共和国民事诉讼法草案》，并授权常务委员会根据代表和其他方面所提的意见，在修改后公布试行。"1981 年 12 月 13 日，第五届全国人民代表大会第四次会议在《关于全国人民代表大会常务委员会工作报告的决议》中作出决定："原则批准《中华人民共和国民事诉讼法草案》，并授权常务委员会根据代表和其他方面提出的意见，在修改后公布试行。在试行中总结经验，再作必要的修订，提交全国人民代表大会审议通过公布施行。"1982 年 3 月 8 日，第五届全国人民代表大会常务委员会第二十二次会议通过了《民事诉讼法（试行）》，自 1982 年 10 月 1 日起试行。①

第二阶段：从 1982 年《宪法》颁布之后到现在，共有两次授权。

第一次是从 1987 年 4 月 11 日，第六届全国人民代表大会第五次会议原则通过《村民委员会组织法（草案）》，并授权全国人民代表大会常务委员会根据宪法规定的原则，参照大会审议中代表提出的意见，进一步调查研究，总结经验，审议修改后颁布试行。这是沿袭了民事诉讼法草案的先例。1987 年 11 月 24 日，第六届全国人民代表大会常务委员会第二十三次会议根据授权，审议通过了《村民委员会组织法（试行）》。

第二次是 1989 年 4 月 4 日，第七届全国人民代表大会第二次会议决定：授权全国人民代表大会常务委员会在深圳市依法选举产生市人民代表大会及其常务委员会后，再授权深圳市人民代表大会制定深圳经济特区法规和规章。1992 年 7 月 1 日第七届全国人民代表大会常务委员会第二十六次会议作出决定：授权深圳市人民代表大会及其常务委员会根据具体情况和实际需要，遵循《宪法》的规定以及法律和行政法规的基本原则，

---

① 在试行基础上，第七届全国人民代表大会常务委员会第十八次会议决定，把修改后的《民事诉讼法（试行）》提交第七届全国人民代表大会第四次会议审议。1991 年 4 月 9 日，第七届全国人民代表大会第四次会议正式通过《民事诉讼法》，并公布施行。

制定法规，在深圳经济特区实施，并报全国人民代表大会常务委员会、国务院和广东省人民代表大会常务委员会备案；授权深圳市人民政府制定规章并在深圳经济特区组织实施。

二、全国人民代表大会及其常务委员会对国务院的授权

1982 年《宪法》第八十九条第（一）项规定，国务院有权"根据宪法和法律，规定行政措施，制定行政法规，发布决定和命令"。从此，国务院有了行政立法权。1982 年宪法颁布之后，在这一段时间里，全国人民代表大会及其常务委员会授权国务院立法共有三次。

第一次授予国务院的是立法权中的修改权和补充权。1983 年 9 月 2 日，第六届全国人民代表大会常务委员会第二次会议决定："授权国务院对 1978 年 5 月 24 日第五届全国人民代表大会常务委员会第二次会议原则批准的《国务院关于安置老弱病残干部的暂行办法》和《国务院关于工人退休、退职的暂行办法》的部分规定作一些必要的修改和补充。"

第二次是授予国务院立法权中的税收领域立法权。1984 年 9 月 18 日，第六届全国人民代表大会常务委员会第七次会议根据国务院的建议作出决定："授权国务院在实施国营企业利改税和改革工商税制的过程中，拟定有关税收条例，以草案形式发布试行，再根据试行的经验加以修订，提请全国人民代表大会常务委员会审议。"同时还规定"国务院发布试行的以上税收条例草案，不适用于中外合资经营企业和外资企业。"

第三次是授予国务院改革领域立法权。1985 年 4 月 10 日，第六届全国人民代表大会第三次会议决定：授权国务院对于有关经济体制改革和对外开放方面的问题，必要时可以根据宪法，在同有关法律和全国人民代表大会及其常务委员会的有关决定的基本原则不相抵触的前提下，制定暂行的规定或条例，颁布实施，并报全国人民代表大会常务委员会备案。经过实践检验，条件成熟时由全国人民代表大会或者全国人民代表大会常务委员会制定法律。

三、全国人民代表大会及其常务委员会对地方人民代表大会及其常务委员会的授权

全国人民代表大会及其常务委员会授权给地方立法共有五次，有七个地区获得授权。现分述如下。

第一次是 1981 年 11 月 26 日，第五届全国人民代表大会常务委员会第二十一次会议作出决定："授权广东省、福建省人民代表大会及其常务委员会，根据有关的法律、法令、政策规定的原则，按照各该省经济特区的具体情况和实际需要，制定经济特区的各项单行经济法规，并报全国人民代表大会常务委员会备案。"

第二次是 1988 年 4 月 13 日，第七届全国人民代表大会第一次会议在《关于建立海南经济特区的决议》中规定："授权海南省人民代表大会及其常务委员会，根据海南经济特区的具体情况和实际需要，遵循国家有关法律、全国人民代表大会及其常务委员会有关决定和国务院有关行政法规的原则制定法规，在海南经济特区实施，并报全国人民代表大会常务委员会和国务院备案。"

第三次是 1992 年 7 月 1 日，第七届全国人民代表大会常务委员会第二十六次会议依第七届全国人民代表大会第二次会议的授权作出决定，授权深圳市人民代表大会及其常务委员会根据具体情况和实际需要，遵循宪法的规定以及法律和行政法规的基本原则，制定法规，在深圳经济特区实施，并报全国人民代表大会常务委员会、国务院和广东省人民代表大会常务委员会备案；授权深圳市人民政府制定规章并在深圳经济特区组织实施。

第四次是 1994 年 3 月 22 日，第八届全国人民代表大会第二次会议决定：授权厦门市人民代表大会及其常务委员会根据经济特区的具体情况和实际需要，遵循宪法的规定以及法律和行政法规的基本原则，制定法规，在厦门经济特区实施，并报全国人民代表大会常务委员会、国务院和福建省人民代表大会常务委员会备案；授权厦门市人民政府制定规章并在厦门经济特区组织实施。①

---

① 《关于提请全国人民代表大会授权厦门市人民代表大会及其常务委员会和厦门市人民政府分别制定法规和规章在厦门经济特区实施的议案》，是由福建省袁启彤等 36 名全国人民代表大会代表分别在 1989 年和 1993 年先后联名提出的，全国人民代表大会法律委员会认为："厦门经济特区是我国最早建立的经济特区之一，也是国务院批准可以实施自由港某些政策和进行城市经济体制综合改革的经济特区。随着对外开放的扩大特别是海峡两岸交往的增加，厦门经济特区已成为发展对台、对外经贸关系的重要窗口"，因此需要授权。

第五次是 1996 年 3 月 17 日，第八届全国人民代表大会第四次会议决定：授权汕头市和珠海市人民代表大会及其常务委员会根据其经济特区的具体情况和实际需要，遵循宪法的规定以及法律和行政法规的基本原则，制定法规，分别在汕头和珠海经济特区实施，并报全国人民代表大会常务委员会、国务院和广东省人民代表大会常务委员会备案；授权汕头市和珠海市人民政府制定规章并分别在汕头和珠海经济特区组织实施。①

四、被授权立法的主体

被授权主体，是指被授予立法的国家机关。根据《立法法》第九条的规定，对于全国人民代表大会及其常务委员会的专属立法事项，尚未制定法律的，全国人民代表大会及其常务委员会有权作出决定，授权国务院可以根据实际需要，对其中的部分事项先制定行政法规，但是有关犯罪和刑罚、对公民政治权利的剥夺和限制人身自由的强制措施和处罚、司法制度等事项除外。因此，全国人民代表大会及其常务委员会的专属立法事项，被授权的主体仅限于国务院，不能将权力下放给下级国家权力机关。

五、授权立法的范围与规则

（一）授权范围

《立法法》第九条规定："本法第八条规定的事项尚未制定法律的，全国人民代表大会及其常务委员会有权作出决定，授权国务院可以根据实际需要，对其中的部分事项先制定行政法规，但是有关犯罪和刑罚、对公民政治权利的剥夺和限制人身自由的强制措施和处罚、司法制度等事项除外。"根据该条的规定，授权立法的范围包括：

第一，授权立法的事项是全国人民代表大会及其常务委员会专属立法权范围内的事项。

第二，授权立法的事项是全国人民代表大会及其常务委员会尚未制定法律进行规范的事项。

第三，授权立法的事项必须是由全国人民代表大会及其常务委员会制

---

① 这次授权是全国人民代表大会常务委员会委员长会议根据广东省人民代表大会常务委员会的要求，向全国人民代表大会常务委员会第十八次会议提出的。

定法律的条件还不成熟的事项。

第四，授权立法的事项必须是经济社会生活中必需的事项。

第五，授权立法的事项必须是法律允许授权的事项，对法律禁止授权的事项，如有关犯罪和刑罚、对公民政治权利的剥夺和限制人身自由的强制措施和处罚、司法制度等事项不得进行授权。

在确定授权国务院立法范围时还应当注意有关犯罪和刑罚的事项、对公民政治权利的剥夺和限制公民人身自由的行政强制措施和行政处罚的事项；有关司法制度的事项等不得授权国务院立法。

（二）授权立法的规则

《立法法》第十条规定："授权决定应当明确授权的目的、事项、范围、期限以及被授权机关实施授权决定应当遵循的原则等。""授权期限不得超过五年，但是授权决定另有规定的除外。""被授权机关应当在授权期限届满的六个月以前，向授权机关报告授权决定实施的情况，并提出是否需要制定有关法律的意见；需要继续授权的，可以提出相关意见，由全国人民代表大会及其常务委员会决定。"据此规定，全国人民代表大会及其常委会在授权国务院进行立法时要遵守下列规则：

1. 授权立法的目的规则

授权立法目的是指授权机关对其他机关作出立法授权的目标。授权立法的目的是授权立法的前提，只有授权立法明确，被授权机关才能制定出符合立法机关意志的法律规范。授权立法的目的规则要求授权立法机关根据授权目的作出授权决定，被授权机关根据授权目的进行立法。

2. 授权立法的事项和范围规则

授权立法的事项和范围是指授权立法机关进行立法的具有内容和界限。授权立法的事项和范围决定于授权立法的目的。超越授权立法事项和范围的立法是无效的。授权立法事项，经过实践检验，制定法律的条件成熟时，由全国人民代表大会及其常务委员会及时制定法律。法律制定后，相应立法事项的授权终止。这里，"制定法律的条件成熟"的判断标准主要是看授权立法调整的社会关系已经定型和已经累积足够的调整规范（调整社会关系的经验已经丰富）。

授权立法的事项和范围，不仅包括制定法律的权力，而且还包括调整和暂停实施法律的权力。全国人民代表大会及其常务委员会可以根据改革发展的需要，决定就行政管理等领域的特定事项授权在一定期限内在部分地方暂时调整或者暂时停止适用法律的部分规定。如 2012 年 12 月《全国人民代表大会常务委员会关于授权国务院在广东省暂时调整部门法律规定的行政审批的决定》规定试点期限为三年、2013 年 8 月《全国人民代表大会常务委员会关于授权国务院在中国（上海）自由贸易试验区暂时调整有关法律规定的行政审批的决定》规定试点期限为三年、2014 年 6 月《全国人民代表大会常务委员会关于授权最高人民法院、最高人民检察院在部分地区开展刑事案件速裁程序试点工作的决定》规定试点期限为二年、2014 年 12 月《全国人大常委会关于授权国务院在中国（广东）、中国（天津）、中国（福建）自由贸易试验区以及中国（上海）自由贸易试验区扩展区域暂时调整有关法律规定的行政审批的决定》规定试点期限为三年、2015 年 2 月《全国人民代表大会常务委员会关于授权国务院在北京市大兴区等三十三个试点县（市、区）行政区域暂时调整实施有关法律规定的决定》规定在 2017 年 12 月 31 日前试行。这里需要特别注意，暂时或者暂时停止适用法律的部分规定只是试点性的改革措施，是为改革积累经验而采取的试验性方法，因此，在试点期限结束后，应当及时对试点工作进行全面系统的总结并作出处理。

3. 授权立法的期限规则

授权立法的期限是指授权立法合法存在的有效时间。超过授权立法的期限，授权决定即失效，被授权机关不得再进行相应的授权立法。《立法法》规定，授权的期限不得超过五年，但是授权决定另有规定的除外。被授权机关应当在授权期限届满的六个月以前，向授权机关报告授权决定实施的情况，并提出是否需要制定有关法律的意见；需要继续授权的，可以提出相关意见，由全国人民代表大会及其常务委员会决定。

4. 禁止转授权规则

被授权机关应当严格按照授权决定行使被授予的权力。被授权机关不得将被授予的权力转授给其他机关。

六、授权立法的效力

授权立法的效力，是指被授权主体根据授权制定的规定性法律文件在一国法律体系中的位阶。《立法法》关于授权立法共有五个法律条文，没有明确授权立法所产生的法律的位阶问题。所以有学者认为："规范性法律文件的效力等级主要取决于制定主体在法律体系中的地位。无论立法权的性质究竟是'法定'还是'授权'，同一主体所立之法的效力等级应当相同；反之，不同主体所立之法的效力等级不相同。因此，被授权主体依据授权所立之法与依其自身法定立法权所立之法的效力等级相同。"①

　　这里应当注意，根据《立法法》第十一条规定："授权立法事项，经过实践检验，制定法律的条件成熟时，由全国人民代表大会及其常务委员会及时制定法律。法律制定后，相应立法事项的授权终止。"

---

① 徐向华：《立法学教程》，上海交通大学出版社 2011 年版，第 154 页。

第八章

国务院立法

第一节　国务院立法的基本原理

一、国务院立法的概念

国务院立法，是中国最高国家行政机关即中央人民政府，依法制定和变动行政法规并参与国家立法活动以及从事其他立法活动的总称。

在严格的分权理论之下，立法权应当属于立法机关，行政机关本不应当享有立法的权力。但自 19 世纪中期以来，西方国家的分权制度发生了许多变化，严格的分权理论已经被突破。在英国，1834 年的《修正济贫法》规定，执行济贫法的官员，可以制定和发布其认为适当的规程、规则和命令，从此首开行政立法（委任立法）之先河。之后，行政立法不仅在英国发展迅速，在其他国家也不断发展。到 19 世纪末 20 世纪初，英国行政立法的数量每年达 1000 多件，至 20 世纪中期，行政立法数量每年达 2000 多件，相当于议会立法数量的 30 倍以上。①

我国的国务院立法起源于《中国人民政治协商会议共同纲领》和《中央人民政府委员会组织法》。按照当时的规定，中央人民政府委员会有权制定并解释国家法律，颁布法令，监督其执行。中央人民政府成立后，制定和颁布了当时急需的许多法律。在中央人民政府委员会下设政务院，政务院有权颁布决议和命令，并审查执行。政务院先后颁布了大行政区委员会组织通则、全国年节及纪念日放假办法等一些法令，拉开了我国

---

① 乔晓阳：《中华人民共和国立法法讲话（修订版）》，中国民主法制出版社 2008 年版，第 214 页。

行政立法的序幕。1954 年 9 月 21 日，第一届全国人民代表大会第一次会议通过了《宪法》（即五四《宪法》），规定设立国务院，作为中央人民政府，是最高国家权力机关的执行机关，最高国家行政机关。国务院有权根据宪法、法律和法令，规定行政措施，发布决议和命令，并审查这些决议和命令的实施情况。虽然五四《宪法》没有明确赋予国务院享有行政立法权，但在实践中国务院根据实际需要，颁布了许多的规范性文件。1975 年《宪法》、1978 年《宪法》都没有明确规定国务院的行政立法权。1982 年《宪法》明确规定国务院有权根据宪法和法律，规定行政措施，制定行政法规，发布决定和命令。国务院各部、各委员会根据法律和国务院的行政法规、决定、命令，在本部门的范围内，发布命令、指示和规章。正式确立了行政立法的地位，开辟了我国行政立法的新历程。

二、国务院立法的特征

《立法法》第六十五条规定："国务院根据宪法和法律，制定行政法规。""行政法规可以就下列事项作出规定：（一）为执行法律的规定需要制定行政法规的事项；（二）宪法第八十九条规定的国务院行政管理职权的事项。""应当由全国人民代表大会及其常务委员会制定法律的事项，国务院根据全国人民代表大会及其常务委员会的授权决定先制定的行政法规，经过实践检验，制定法律的条件成熟时，国务院应当及时提请全国人民代表大会及其常务委员会制定法律。"根据该条的规定，国务院立法主要有以下特征：

第一，国务院立法兼具从属性和主导性。从属性表现在国务院是中央人民政府，是最高国家权力机关的执行机关，是最高国家行政机关。在宪法体制中，国务院作为最高国家权力机关的执行机关，决定了国务院立法从属于全国人民代表大会及其常务委员会的立法。要求国务院立法要以贯彻全国人民代表大会及其常务委员会的宪法、法律和其他规范性法律文件为基本任务或职能，国务院立法要以宪法和法律为依据而不得与它们相抵触。主导性表现在国务院作为中央人民政府和最高国家行政机关，依法享有统一领导和管理国家行政工作的职权，能够积极主动地管理全国的行政工作。这又决定了，国务院立法相对地方立法，特别是对制定地方性法规和地方政府规章的立法活动，具有主导性。要求地方性法规和地方政府规章不能与国务院行政法规相悖。

第二，国务院立法范围广泛、专业性强。根据《宪法》第八十九条的规定，国务院的行政管理范围十分广泛，涉及经济社会生活的各个方面。根据依法治国和依法行政的要求，各个方面都应当建立相应的法律制度，相应的，国务院立法的范围也就十分广泛。同时，由于行政管理专业化分工日益精细，各个领域和部门之间的专业化水平日益提升，规范这些活动的立法的专业性要求也日渐凸显出来。

第三，国务院立法具有完整性与准备性。国务院立法负有使宪法和法律得以贯彻实施的使命，负有向全国人民代表大会及其常务委员会提出法律案的使命，负有随时接受全国人民代表大会及其常务委员会授予的立法职权以完成特定立法任务的使命，还负有为地方立法提供立法依据的使命，所有这些，使得国务院立法在中国立法体制中任务最为繁重。① 当国务院根据《宪法》第八十九条的规定，在自己的职权范围内行使立法权和根据全国人民代表大会及其常务委员会的授权进行立法时，其立法权是完整的，而当国务院向全国人民代表大会或全国人民代表大会常务委员会提出立法议案时，其立法只是为全国人民代表大会立法或全国人民代表大会常务委员会立法作准备，因此国务院立法有时具有完整性，有时则只具有准备性的特点。

第四，国务院立法具有多样性、先行性和受制性。其多样性表现为，国务院既有权制定和变动行政法规，还有权向国家立法机关提出法律案，完成国家立法机关的授权立法任务，监督行政规章。其先行性表现为，国务院制定行政法规，在一定程度上是为全国人民代表大会及其常务委员会未来制定相关法律积累经验、准备条件。"在走向法治的过程中，有些事项究竟应当由行政法规调整还是应当由法律调整，往往既难分清也不是非分清不可，在这些事项方面，行政法规往往成为法律的先导或前身，通过行政法规的先行问世而为以后就这些事项制定法律奠定基础。将来全国人民代表大会及其常务委员会与国务院在立法范围上的界限进一步明确后，有些事项也还是法律和行政法规都可以调整的，为使针对这些事项制定的法律较为成熟可靠，在制定法律前先制定行政法规，也未尝不是有益措

---

① 周旺生：《立法学教程》，北京大学出版社 2006 年版，第 289 页。

施。而且国务院根据全国人民代表大会及其常务委员会授权制定规范性法律文件，既可以代为全国人民代表大会及其常务委员会解决一些权宜问题或特定问题，也可以为此后授权者就解决这些问题制定法律而积累经验、准备条件。"① 其受制性表现为，国务院作为最高国家权力机关的执行机关，要对最高国家权力机关负责，接受最高国家权力机关的监督，受国家权力机关的制约。因此，国务院制定行政法规要根据宪法和法律制定，没有后者就没有前者。此外，国务院虽然有权向全国人民代表大会及其常务委员会提出法律案，但该法律案能否通过，取决于全国人民代表大会及其常务委员会；国务院根据全国人民代表大会及其常务委员会授权进行的立法活动，由于权力来源于全国人民代表大会及其常务委员会，也自然受到授权者制约。

三、正确理解"根据宪法和法律"原则

我国《宪法》在配置立法权时，采用了不同的配置规则。即规定全国人大及其常委会行使国家立法权；国务院根据《宪法》和法律，制定行政法规，用"根据"原则对国务院的立法权限进行配置；省、自治区、直辖市人大及其常委会在不同宪法、法律和行政法规相抵触的前提下，可以制定地方性法规，用"不抵触"原则对地方人大及其常委会的立法进行配置。《宪法》第八十九条第（一）项规定，国务院"根据宪法和法律，规定行政措施，制定行政法规，发布决定和命令"，《立法法》第六十五条亦规定："国务院根据宪法和法律，制定行政法规。""行政法规可以就下列事项作出规定：（一）为执行法律的规定需要制定行政法规的事项；（二）宪法第八十九条规定的国务院行政管理职权的事项。""应当由全国人民代表大会及其常务委员会制定法律的事项，国务院根据全国人民代表大会及其常务委员会的授权决定先制定的行政法规，经过实践检验，制定法律的条件成熟时，国务院应当及时提请全国人民代表大会及其常务委员会制定法律。"

如何理解《宪法》和《立法法》规定的国务院"根据宪法和法律，制定行政法规"呢？学术界和立法实际部门对这一限制性规定的理解有

---

① 周旺生：《立法学教程》，北京大学出版社 2006 年版，第 289 页。

多种观点。

有学者主张"职权说"，认为"根据宪法和法律"，是指法定的行政机关除了根据宪法和法律制定行政法规外，在不同宪法和法律相抵触的前提下，在法律赋予的职权范围内，根据实际需要，也可以制定行政法规。因为行政法规是行政机关行使行政管理职权的形式之一，行政机关在其职权范围内，凡法律未曾禁止的，或者不属于法律明确列举的调整事项，可以通过制定行政法规来履行职权，制定行政法规的"根据"除了宪法和法律的具体授权外，还应包括赋予行政机关的职权。在职权范围内，没有具体授权也可以制定行政法规。反对"职权说"的学者还认为，"职权说"有许多的矛盾和问题，即：一是与行政机关的性质不相符，行政机关是执行机关，不是立法机关；二是与职权性质不相符，行政机关的职权是指在哪些事项上享有管理权，而不是指享有创制规范的权力；三是与国家体制不相符，行政机关依职权立法，必然影响甚至取代国家权力机关立法，同时也会形成多头立法、立法无序的状况，不利于各国家机关按照各司其职、分工合作的原则开展工作，不利于保证法制的统一。[1] 有的学者主张"依据说"，认为国务院制定行政法规，应当遵守宪法和法律的要求，即应有直接的"根据"，具体的授权。制定行政法规不是国务院的固有权力，也不是国务院行使职权的形式。[2] 此外，还有的学者认为根据宪法和法律是指制定行政法规应当根据宪法或法律的具体规定，即只能就宪法或法律的具体规定制定行政法规，行政法规就是这些具体规定的进一步具体化。有的认为根据宪法和法律是指制定行政法规应当以宪法和法律规定的国务院的职权范围为根据，即国务院可以针对自己的职权范围所及事项制定行政法规，不能超出这种职权范围制定行政法规。[3]

还有学者从多角度理解"根据宪法和法律"的含义。如周旺生教授认为"根据宪法和法律"至少包括三层含义：①"根据宪法和法律"，首先是指要根据《立法法》规定的调整事项范围制定行政法规；②在已有

---

① 武增：《中华人民共和国立法法解读》，中国法制出版社 2015 年版，第 234 页。

② 乔晓阳：《中华人民共和国立法法讲话（修订版）》，中国民主法制出版社 2008 年版，第220—221 页。

③ 周旺生：《立法学教程》，北京大学出版社 2006 年版，第 293 页。

法律对某社会关系作了调整的情况下，要制定就同一事项实行调整的行政法规，应当根据法律的规定或要求制定，以贯彻执行法律，不得与法律相抵触；③在以上两种情况以外，国务院还可以在《宪法》和宪法性法律规定的国务院职权范围以内，制定行政法规。刘莘教授主编的《立法法》一书则认为"根据宪法和法律"包含两个方面的含义，即：①在法律保留的范围内，国务院根据授权制定行政法规；②在法律保留的范围外，国务院根据宪法和法律制定行政法规。[①]

第二节　国务院立法的基本规定

一、制定行政法规

（一）行政法规的概念

制定行政法规是国务院主要的、经常行使的立法权，是国务院根据《宪法》和《立法法》的直接规定就有关行政事项制定或变动法规的权力。《宪法》第八十九条所规定的国务院行使的十八项职权中，第一项职权便是根据宪法和法律，制定行政法规。《立法法》第六十五条同样规定了这一职权。

行政法规，是国务院根据宪法和法律，以及全国人民代表大会或者全国人民代表大会常务委员会的授权决定，依照法定权限和程序，制定发布的有关行政管理的规范性文件的总称。

行政法规立法权同行政立法权是两个不同的概念。关于行政立法权，理论界有多种解释。有学者认为"行政立法"中的"行政"是指行政机关；"法"是指行政法规和规章。有学者认为行政立法是相对于刑事立法和民事立法而言的，是指国家立法机关制定和颁布国家行政管理法律规范的活动，仅指制定法律。有学者认为，行政立法是指国家立法机关和行政机关制定和颁布一切有关国家行政管理的法律规范的活动，包括法律、行政法规和规章的制定。有学者认为，行政立法只包括制定法律和行政法规的活动，不包括制定规章的活动。因为规章不是法，所以制定规章的活动

---

① 刘莘：《立法法》，北京大学出版社2008年版，第405页。

不能称为立法。① 此外，与此相关联，还有学者认为，行政法规立法权同行政立法权也是两个不同的概念。行政立法权不仅是有权的行政机关，也是有关国家权力机关，都可以行使的。行政法规立法权只是行政立法权的一个部分。行政法规同行政法也是不同的概念。行政法规是行政法的一种形式，行政法则是包括行使各种行政立法权所产生的行政法律、法规、规章的总称。然而，在所有行政立法权中，行政法规立法权是最经常行使的；在所有行政法中，行政法规是相当多的。②

（二）行政法规的立法范围

截至 2009 年 8 月底，全国人民代表大会及其常务委员会共制定了现行有效的法律 229 件，国务院共制定了现行有效的行政法规 682 件。③ 2011 年 1 月 8 日，国务院发布中华人民共和国国务院令（第 588 号），公布了《国务院关于废止和修改部分行政法规的决定》，指出："为进一步深入贯彻依法治国基本方略，维护社会主义法制统一，全面推进依法行政，国务院在 1983 年以来已对行政法规进行过四次全面清理的基础上，根据经济社会发展和改革深化的新情况、新要求，再次对截至 2009 年底现行的行政法规共 691 件进行了全面清理。"经过清理，国务院决定：一是对 7 件行政法规予以废止。二是对 107 件行政法规的部分条款予以修改。

根据《立法法》第六十五条的规定，分析现行有效的行政法规，内容涉及了行政管理的各个方面，包括了国防、外交、公安、司法行政、民政、财政税务、金融保险、审计监察、人力资源和社会保障、教育科学文化卫生、交通运输、邮电通信、住房与城乡建设、农业林业、环境保护、人口与计划生育、海关、工商、新闻出版、广播电影电视等各个领域。从

---

① 乔晓阳：《中华人民共和国立法法讲话（修订版）》，中国民主法制出版社 2008 年版，第 210—211 页。

② 周旺生：《立法学教程》，北京大学出版社 2006 年版，第 290 页。

③ 据有关方面发布的信息，截至 2009 年 8 月底，全国人民代表大会及其常务委员会共制定了现行有效的法律 229 件，涵盖宪法及宪法相关法、民商法、行政法、经济法、社会法、刑法、诉讼及非诉讼程序法等七个法律部门；国务院共制定了现行有效的行政法规 682 件；地方人民代表大会及其常务委员会共制定了现行有效的地方性法规 7000 余件；民族自治地方人民代表大会共制定了现行有效的自治条例和单行条例 600 余件；五个经济特区共制定了现行有效的法规 200 余件；国务院部门和有立法权的地方政府共制定规章 2 万余件。

行政法规的内容看，涉及行政主体、行政许可、行政处罚、行政确认、行政征收、行政征用、行政强制、行政处罚、行政处分、行政奖励、行政程序、行政复议、国家赔偿等诸多方面的内容。

总体而言，行政法规的涉及领域广泛、数量众多、规范详细、内容具体、方式多样。但其可以大体分为三类。①

第一类是为了实施全国人民代表大会和全国人民代表大会常务委员会制定的法律而制定的行政法规。由于国务院是我国的最高国家行政机关，最高国家权力机关的执行机关，承担贯彻实施国家权力机关制定的法律的职责。为了保证国家法律得到全面、充分的实施，《立法法》规定国务院有权对此制定行政法规。这类行政法规具有三个基本特征，即：一是具有明确的实施性，通常名称上就包含有实施（条例、细则、办法）等字样，内容比较综合。二是专门就相关法律的某一项规定或制度作出规定。如2010 年 12 月 29 日国务院第 138 次常务会议通过 2011 年 1 月 17 日起施行的《国家赔偿费用管理条例》，就只是针对国家赔偿费用问题所作的专门规定。三是衔接性或过渡性，即新的制度建立起来后，对原制度应当如何处理所作的规定。如《执业医师法》第四十五条规定："在乡村医疗卫生机构中向村民提供预防、保健和一般医疗服务的乡村医生，符合本法有关规定的，可以依法取得执业医师资格或者执业助理医师资格；不具备本法

---

① 1982 年《宪法》颁布以来，全国人民代表大会及其常务委员会先后两次通过决定，授权国务院制定条例或暂行规定。1984 年 9 月，第六届全国人民代表大会常务委员会通过决定，授权国务院在实施国营企业利改税和改革工商税制的过程中，拟定有关税收条例，以草案形式发布试行，再根据试行的经验加以修订，提请全国人民代表大会常务委员会审议。国务院发布试行的以上税收条例草案，不适用于中外合资经营企业和外资企业。为了保障经济体制改革和对外开放的顺利进行，1985 年 4 月，第六届全国人民代表大会第三次会议通过决定，授权国务院对于有关经济体制改革和对外开放方面的问题，必要时可以根据宪法，在同有关法律和全国人民代表大会及其常务委员会的有关决定的基本原则不相抵触的前提下，制定暂行的规定或者条例，颁布实施并报全国人民代表大会常务委员会备案。经过实践检验，条件成熟时由全国人民代表大会或者全国人民代表大会常务委员会制定法律。根据这两个授权决定，国务院制定了一些关于税制改革方面的行政法规，如《增值税暂行条例》《消费税暂行条例》《营业税暂行条例》《企业所得税暂行条例》《土地增值税暂行条例》《契税暂行条例》《筵席税暂行条例》。这些行政法规的施行为我国经济社会的发展奠定了坚实的基础，有的已经为全国人民代表大会立法提供成功的经验，全国人民代表大会在此基础上制定的法律，如在《企业所得税暂行条例》的基础上，第十届全国人民代表大会第五次会议于 2007 年 3 月 16 日通过《中华人民共和国企业所得税法》，自 2008 年 1 月 1 日起施行。

规定的执业医师资格或者执业助理医师资格的乡村医生，由国务院另行制定管理办法。"

第二类是国务院根据《宪法》第八十九条规定的职权制定的行政法规。《宪法》第八十九条规定了国务院具有十八个方面的行政管理权。概括起来包括全国性行政工作的领导权、部门性行政工作的领导和管理权、行政机关的编制审定权和行政人员的任免权、奖惩权。只要在此范围内，国务院即有权制定行政法规。

第三类是根据全国人民代表大会和全国人民代表大会常务委员会授权制定的行政法规。此类规定是根据《立法法》第十条的规定进行的。

（三）国务院制定行政法规的程序

1. 编制行政法规立法计划与立项

由于长期以来国务院只编制行政法规制定的年度计划，没有编制过五年立法规划。为了与国家权力机关的立法规划相对应，《立法法》第六十六条规定："国务院法制机构应当根据国家总体工作部署拟订国务院年度立法计划，报国务院审批。国务院年度立法计划中的法律项目应当与全国人民代表大会常务委员会的立法规划和年度立法计划相衔接。国务院法制机构应当及时跟踪了解国务院各部门落实立法计划的情况，加强组织协调和督促指导。""国务院有关部门认为需要制定行政法规的，应当向国务院报请立项。"据此规定，《行政法规制定程序条例》第六条规定："国务院于每年年初编制本年度的立法工作计划。"行政法规立项，就是将制定行政法规的项目纳入立法规划或计划，或者由国务院批准或者决定某一事项开展制定行政法规的工作。行政法规由国务院组织起草。国务院有关部门认为需要制定行政法规的，应当向国务院报请立项。

编制国务院行政立法规划，对于提高立法效率和质量都具有十分重要的意义：一是有利于明确立法工作的重点、难点、目标和任务，加强国务院对行政立法工作的统一领导；二是有利于明确相关部门的立法职责，相互配合，积极稳妥地推动立法工作；三是能够将立法工作与政府的中心工作有机结合，能够将不同的立法相配套，一些具有普遍性意义的问题可以避免重复立法或者发生立法冲突的情况。

在制定行政法规时，立项工作主要有以下几项。

第一，报送立项申请。国务院有关部门认为需要制定行政法规的，应当于每年年初编制国务院年度立法工作计划前，向国务院报请立项。

第二，拟定行政立法工作计划。国务院的立法计划一般由国务院的法制工作机构负责编制。国务院有关部门报送的行政法规立项申请，应当说明立法项目所要解决的主要问题、依据的方针政策和拟确立的主要制度。国务院的立法计划的主要内容包括：①编制立法计划的指导思想、立法重点和预期目标；②向全国人民代表大会及其常务委员会提出法律草案的项目；③拟制定行政法规的项目；④立法计划的组织落实。

第三，审批立法工作计划。国务院法制机构应当根据国家总体工作部署对部门报送的行政法规立项申请汇总研究，突出重点，统筹兼顾，拟订国务院年度立法工作计划，报国务院审批。对于列入国务院年度立法工作计划的行政法规项目应当符合下列要求：①适应改革、发展、稳定的需要；②有关的改革实践经验基本成熟；③所要解决的问题属于国务院职权范围并需要国务院制定行政法规的事项。

第四，立项的基本标准。列入国务院年度立法工作计划的行政法规项目，应当符合三个基本条件，即：①适应改革、发展、稳定的需要；②有关的改革实践经验基本成熟；③所要解决的问题属于国务院职权范围并需要国务院制定行政法规的事项。

第五，立法工作计划的调整。对列入国务院年度立法工作计划的行政法规项目，承担起草任务的部门应当抓紧工作，按照要求上报国务院。国务院年度立法工作计划在执行中可以根据实际情况予以调整。

根据实践经验，国务院的立法工作计划一般包括三个部分，即：一是明确立法的指导思想和立法重点；二是立法项目，是法律项目，还是行政法规项目；三是计划归级，实践中通常将立法项目分为三个档次：一档项目是力争年内完成的项目；二档项目是需要抓紧研究，适时提出的项目；三档项目是需要积极研究的项目。工作中一般要求力争完成一档项目，努力抓好二档项目，尽力研究三档项目。

2. 起草

《立法法》第六十七条规定："行政法规由国务院有关部门或者国务院法制机构具体负责起草，重要行政管理的法律、行政法规草案由国务院法制机构组织起草。行政法规在起草过程中，应当广泛听取有关机关、组织、人民代表大会代表和社会公众的意见。听取意见可以采取座谈会、论证会、听证会等多种形式。""行政法规草案应当向社会公布，征求意见，但是经国务院决定不公布的除外。"本条的规定明确了如下几个方面的问题：

（1）行政法规的起草主体

修改前的《立法法》规定，行政法规由国务院组织起草，国务院年度立法工作计划确定行政法规由国务院的一个部门或者几个部门具体负责起草工作，也可以确定由国务院法制机构起草或者组织起草。但修改后《立法法》作了较大修改，明确规定行政法规由国务院有关部门或者国务院法制机构具体负责起草，重要行政管理的法律、行政法规草案由国务院法制机构组织起草。可见，行政法规的起草主体包括两种情况；

第一，行政法规由国务院有关部门或者国务院法制机构具体负责起草。在实践中，部门性行政法规通常由业务主管部门负责；涉及几个部门的事项，由主要的行政主管部门牵头，其他有关部门参加，共同起草。

第二，重要行政管理的法律、行政法规草案由国务院法制机构组织起草。这是对《决定》关于重要行政管理法律法规由政府法制机构组织起草的具体落实。

（2）起草行政法规的原则和规则

起草行政法规，除应当遵循《立法法》确定的立法原则，并符合《宪法》和法律的规定外，还应当符合下列要求：

第一，体现改革精神，科学规范行政行为，促进政府职能向宏观调控、市场监管、公共服务、社会管理、保护环境转变。

第二，符合精简、统一、效能的原则，相同或者相近的职能规定由一个行政机关承担，简化行政管理手续。

第三，切实保障公民、法人和其他组织的合法权益，在规定其应当履行的义务的同时，应当规定其相应的权利和保障权利实现的途径。

第四，体现行政机关的职权与责任相统一的原则，在赋予有关行政机关必要的职权的同时，应当规定其行使职权的条件、程序和应承担的责任。

（3）起草过程中听取意见

行政法规在起草过程中，应当深入调查研究，总结实践经验，应当广泛听取有关机关、组织、人民代表大会代表和社会公众的意见。

听取意见可以采取座谈会、论证会、听证会等多种形式。

行政法规草案应当向社会公布，征求意见，但是经国务院决定不公布的除外。

（4）签署

行政法规起草工作完成后，起草单位应当将草案及其说明、各方面对草案主要问题的不同意见和其他有关资料送国务院法制机构进行审查。

国务院法制机构应当向国务院提出审查报告和草案修改稿，审查报告应当对草案主要问题作出说明。

起草部门向国务院报送的行政法规送审稿，应当由起草部门主要负责人签署。几个部门共同起草的行政法规送审稿，应当由这些部门主要负责人共同签署。

（5）送审

行政法规起草部门应当就涉及其他部门的职责或者与其他部门关系紧密的规定，与有关部门协商一致；经过充分协商不能取得一致意见的，应当在上报行政法规草案送审稿（以下简称行政法规送审稿）时说明情况和理由。

起草部门将行政法规送审稿报送国务院审查时，应当一并报送行政法规送审稿的说明和有关材料。

行政法规送审稿的说明应当对立法的必要性，确立的主要制度，各方面对送审稿主要问题的不同意见，征求有关机关、组织和公民意见的情况等作出说明。有关材料主要包括国内外的有关立法资料、调研报告、考察报告等。

3. 审查

起草机关在完成行政法规的起草任务之后，应当依法定程序报送相关部门审查。《立法法》第六十八条规定，行政法规起草工作完成后，起草单位应当将草案及其说明、各方面对草案主要不同意见和其他有关资料送国务院法制机构进行审查。国务院法制机构应当向国务院提出审查报告和草案修改稿，审查报告应当对草案主要问题作出说明。根据《行政法规制定程序条例》的规定，报送国务院的行政法规送审稿，由国务院法制工作机构负责审查。起草机关在报送时，应当同时报送下列材料：①草案及说明；②各方面对草案的主要问题的不同意见；③其他相关材料。

国务院法制工作机构在审查时，一是全面了解行政法规的起草情况；二是充分征求各方面对行政法规草案的意见（听取不同意见的方式可以采用书面征求意见、向社会公开征求意见、① 召开座谈会或论证会、听证会②等基本方式）；三是针对各方面存在的分歧意见，进行充分协调、协商（国务院有关职能部门对行政法规送审稿涉及的主要制度、重大方针政策、主要管理体制、权限分工等有不同意见的，国务院法制工作机构应当进行协调，力求达成一致意见，经过协调仍然不能达成一致意见的，应当将争议的主要问题，有关部门的意见以及国务院法制工作机构的意见报请国务院决定③）；四是根据审查结果，对行政法规草案进行适当的修改。

国务院法制机构审查行政法规草案时通常应当经过熟悉情况—征求意见—协调分歧—修改完善等几个环节。

国务院法制机构审查行政法规草案的重点包括以下几个方面。

第一，审查合法性。即对行政法规草案是否符合宪法、法律的规定和国家的方针政策。

第二，审查科学性。即审查行政法规草案，是否体现改革精神，科学规范行政行为，促进政府职能转变；审查行政法规草案，是否符合精简、统一、效能的原则，职责是否清晰，程序是否简便；审查行政法规草案对相对人合法权益的保障是否到位，对相对人义务的课处是否适当，行政主体的权力与责任是否匹配。

---

① 《行政法规制定程序条例》第十九条规定："国务院法制机构应当将行政法规送审稿或者行政法规送审稿涉及的主要问题发送国务院有关部门、地方人民政府、有关组织和专家征求意见。国务院有关部门、地方人民政府反馈的书面意见，应当加盖本单位或者本单位办公厅（室）印章。""重要的行政法规送审稿，经报国务院同意，向社会公布，征求意见。"

② 《行政法规制定程序条例》第二十条规定："国务院法制机构应当就行政法规送审稿涉及的主要问题，深入基层进行实地调查研究，听取基层有关机关、组织和公民的意见。"第二十一条："行政法规送审稿涉及重大、疑难问题的，国务院法制机构应当召开由有关单位、专家参加的座谈会、论证会，听取意见，研究论证。"第二十二条规定："行政法规送审稿直接涉及公民、法人或者其他组织的切身利益的，国务院法制机构可以举行听证会，听取有关机关、组织和公民的意见。"

③ 《行政法规制定程序条例》第二十三条规定："国务院有关部门对行政法规送审稿涉及的主要制度、方针政策、管理体制、权限分工等有不同意见的，国务院法制机构应当进行协调，力求达成一致意见；不能达成一致意见的，应当将争议的主要问题、有关部门的意见以及国务院法制机构的意见报国务院决定。"

第三，审查民主性。即审查征求人民群众、人大及其他机关、团体、企事业单位的意见的采纳情况。

第四，审查协调性。即审查行政法规草案与上位法、其他有关行政法规之间是否协调、衔接。

第五，审查可行性。即审查行政法规草案内有关行为模式、法律后果的设计是否可行。

第六，审查其他需要审查的事项。

根据《行政法规制定程序条例》第十八条的规定，行政法规送审稿有下列情形之一的，国务院法制工作机构可以缓办或者退回起草部门：①制定行政法规的基本条件尚不成熟的；②有关部门对送审稿规定的主要制度存在较大争议，起草部门未与有关部门协商的；③上报送审稿不符合本条例第十五条、第十六条①规定的。

4. 审议

国务院法制机构修改形成的行政法规草案需要经过国务院常务会议审议的，在审议时，国务院法制工作机构或者起草部门应当向会议作说明。②《立法法》对行政法规的审议没有严格的次数要求，既可以一次会议讨论即原则通过，也可以经过两次或者两次以上会议讨论通过。对于调整范围单一、各方面意见比较一致或者依据法律制定的配套性行政法规草案，可以由国务院法制工作机构直接提请国务院审批，即国务院可以不需开会讨论，而直接批准。③

行政法规草案在提请国务院常务会议审议批准后，如果国务院有意

---

① 《行政法规制定程序条例》第十五条规定："起草部门向国务院报送的行政法规送审稿，应当由起草部门主要负责人签署。几个部门共同起草的行政法规送审稿，应当由该几个部门主要负责人共同签署。"第十六条规定："起草部门将行政法规送审稿报送国务院审查时，应当一并报送行政法规送审稿的说明和有关材料。""行政法规送审稿的说明应当对立法的必要性、确立的主要制度，各方面对送审稿主要问题的不同意见，征求有关机关、组织和公民意见的情况等作出说明。有关材料主要包括国内外的有关立法资料、调研报告、考察报告等。"

② 《行政法规制定程序条例》第二十六条规定："行政法规草案由国务院常务会议审议，或者由国务院审批。""国务院常务会议审议行政法规草案时，由国务院法制机构或者起草部门作说明。"

③ 《行政法规制定程序条例》第二十五条规定："行政法规草案由国务院法制机构主要负责人提出提请国务院常务会议审议的建议；对调整范围单一、各方面意见一致或者依据法律制定的配套行政法规草案，可以采取传批方式，由国务院法制机构直接提请国务院审批。"

见，则国务院法制机构还应当对草案进行修改，形成草案修改稿。在形成行政法规草案修改稿之后，国务院法制机构需要报请总理公布。

5. 决定或审批

《立法法》第六十九条规定，行政法规的决定程序依照《国务院组织法》的有关规定执行。

根据《宪法》、《国务院组织法》的规定，国务院实行总理负责制。总理领导国务院的工作。副总理、国务委员协助总理工作。国务院会议分为国务院全体会议和国务院常务会议。国务院全体会议由总理、副总理、国务委员、各部部长、各委员会主任、审计长和秘书长组成。国务院常务会议由总理、副总理、国务委员和秘书长组成，总理召集和主持国务院全体会议和国务院常务会议。国务院工作中的重大问题，必须经国务院常务会议或者国务院全体会议决定。此外，《行政法规制定程序条例》也规定，行政法规草案由国务院常务会议审议，或者由国务院审批。根据这些法律、法规规定的精神，制定行政法规都应当经过国务院常务会议或者国务院全体会议讨论决定，但也有个别的行政法规草案，因各方面的意见比较一致，实践经验比较成熟，调整对象比较简单，或者只对原有行政法规作较少修改的草案，由国务院领导书面审批。

由于国务院实行总理负责制，因此，不采用少数服从多数的表决制。国务院常务会议或者全体会议讨论通过行政法规没有严格的次数规定，既可一次会议原则通过，也可多次会议讨论通过。

6. 公布

公布是行政法规制定工作中的最后一道程序。行政法规在其通过之后，并不自然产生法律效力。因为此时的法规尚不为公众知晓，不能发挥调整社会关系、规范人们行为的作用。

我国国务院实行总理负责制，国务院总理是国务院的代表，行政法规的公布权属于总理，其他任何人无权公布行政法规。根据《立法法》第七十条的规定，行政法规由总理签署国务院令公布。有关国防建设的行政法规，可以由国务院总理、中央军事委员会主席共同签署国务院令、中央军事委员会令公布。国务院令的内容通常包括该行政法规的制定机关、通过日期和施行时间。

《立法法》第七十一条规定："行政法规签署公布后，及时在国务院公报和中国政府法制信息网以及在全国范围内发行的报纸上刊载。"由此可见，行政法规的公布载体有三种：一是国务院公报，它是正式刊登国务院颁布的行政法规、各种决定、命令、行政措施、提出的议案、签订的条约和协定、人事任命以及其他国务院文件的法定刊物，具有权威性。二是中国政府法制信息网（http：//www. chinalaw. gov. cn/）；三是全国范围内发行的报纸，主要是人民日报。在国务院公报上刊登的行政法规文本为标准文本，文本之间发生不一致时，应当以公报上刊登的文本为准。

7. 行政法规的生效时间

行政法规应当自公布之日起三十日后施行，但是涉及国家安全、外汇汇率、货币政策的确定以及公布后不立即执行将有碍行政法规施行的，可以自公布之日起施行。①

行政法规在公布后三十日内由国务院办公厅报全国人民代表大会常务委员会备案。②

现阶段，全国人民代表大会常务委员会的法规备案工作由办公厅秘书局负责，主要任务是对备案的法规、自治条例、单行条例进行登记、存档，并按各专门委员会的职责分工，分送各专门委员会进行审查。

二、向全国人民代表大会及其常务委员会提出法律案

国务院有权向全国人民代表大会及其常务委员会提出法律案。法律提

---

① 《行政法规制定程序条例》第二十九条规定："行政法规应当自公布之日起三十日后施行；但是，涉及国家安全、外汇汇率、货币政策的确定以及公布后不立即施行将有碍行政法规施行的，可以自公布之日起施行。"

② 《立法法》第九十八条规定："行政法规、地方性法规、自治条例和单行条例、规章应当在公布后的三十日内依照下列规定报有关机关备案：（一）行政法规报全国人民代表大会常务委员会备案；（二）省、自治区、直辖市的人民代表大会及其常务委员会制定的地方性法规，报全国人民代表大会常务委员会和国务院备案；设区的市、自治州的人民代表大会及其常务委员会制定的地方性法规，由省、自治区的人民代表大会常务委员会报全国人民代表大会常务委员会和国务院备案；（三）自治州、自治县的人民代表大会制定的自治条例和单行条例，由省、自治区、直辖市的人民代表大会常务委员会报全国人民代表大会常务委员会和国务院备案；自治条例、单行条例报送备案时，应当说明对法律、行政法规、地方性法规作出变通的情况；（四）部门规章和地方政府规章报国务院备案；地方政府规章应当同时报本级人民代表大会常务委员会备案；设区的市、自治州的人民政府制定的规章应当同时报省、自治区的人民代表大会常务委员会和人民政府备案；（五）根据授权制定的法规应当报授权决定规定的机关备案；经济特区法规报送备案时，应当说明对法律、行政法规、地方性法规作出变通的情况。"

案权是整个立法权力体系不可或缺的组成部分，也是国务院立法权的重要组成部分。

在中国，国务院在法律提案活动中的作用也特别重要。现行《宪法》《组织法》和《立法法》虽然规定了多方面的机关和人员可以向全国人民代表大会及其常务委员会提出法律案，但实践中，法律案主要是或绝大多数是由全国人民代表大会常务委员会和国务院这两个系统提出的。《立法法》第十四条第二款规定，全国人民代表大会常务委员会、国务院、中央军事委员会、最高人民法院、最高人民检察院、全国人民代表大会各专门委员会，可以向全国人民代表大会提出法律案，由主席团决定列入会议议程。

三、根据授权立法

国务院可以行使全国人民代表大会及其常务委员会授予其行使的立法权。除刑事法律制度、公民基本政治权利和人身自由权利、司法制度等方面的事项外，全国人民代表大会及其常务委员会根据实际需要，可以作出决定将应当由法律规定的事项授权国务院制定行政法规。国务院授权立法权与国务院其他立法权相比具有特殊性，后者可以称之为国务院一般立法权或普通立法权。两者的区别如下表：

	权力来源	限制程度	效力层次
一般行政立法	立法权通常直接根据宪法的有关规定产生，性质上属于国家行政权范畴	根据宪法产生的权力，在宪法有效期限内一直存在并有相对独立性	授权立法权是国家立法机关授权代行的一种立法权，在效力等级上高于国务院一般立法权
授权行政立法	授权立法权来源于国家立法机关的授权，是国家立法权的派生物	授权立法权在时间、事项和其他有关方面通常有严格限制	直接根据宪法产生，但效力等级毕竟低于立法机关的立法权

四、一定范围的立法监督

由于国务院是中央人民政府，是最高国家行政机关，因此，国务院也有一定范围的立法监督权。

根据《宪法》和《立法法》的规定，国务院有权改变或撤销其所属各部门发布的不适当的命令和指示；有权改变或撤销地方各级国家行政机关的不适当的决定和命令；有权改变或撤销不适当的部门规章和地方政府规章；制定地方性法规要以不同宪法、法律、行政法规相抵触为前提；部门规章规定的事项应当属于执行法律或国务院的行政法规、决定、命令的事项；地方政府规章规定的主要事项之一应当属于为执行法律、行政法规、地方性法规的事项；部门规章之间、部门规章与地方政府规章之间对同一事项的规定不一致时，由国务院裁决；地方性法规、自治条例和单行条例、部门规章和地方政府规章，均应当报国务院备案。

第 九 章

地方性法规立法

第一节 地方性法规立法的基本原理

一、地方性法规的概念

地方性法规，是指享有地方立法权的地方国家权力机关依照法定权限，在不同宪法、法律和行政法规相抵触的前提下，制定和颁布的在本行政区域范围内实施的规范性法律文件。地方性法规是地方立法的重要形式，是国家法律体系的组成部分。

二、地方性法规的基本特征

根据《立法法》的规定，地方性法规具有如下基本特征。

第一，从属性。地方立法的从属性，即地方立法从属于中央立法，不得与中央立法相抵触。具体表现在，地方性法规的位阶低于全国人民代表大会及其常务委员会的立法和国务院立法。从位阶上看，法律、行政法规是上位法，地方性法规是下位法，制定地方性法规不得与宪法、法律和行政法规相抵触，否则即是无效的。从立法权上看，地方性法规可以作出规定的事项是为执行法律、行政法规的事项，地方性事务以及全国人民代表大会及其常务委员会专属立法权外尚未立法的事项。地方性法规可以作出规定的事项不能涉及全国人民代表大会及其常务委员会的专属立法权。对于专属立法权以外，尚未立法的事项，地方性法规先行制定的，根据《立法法》的规定，在国家制定的法律或者行政法规生效后，地方性法规中同法律或者行政法规相抵触的规定无效，制定机关应当及时予以修改或者废止。

第二，地方性。地方性法规的地方性，包括三层基本意思：一是指制定地方性法规的主体是地方国家权力机关，而不是中央国家权力机关；二是指地方性法规的内容是适应地方的实际情况，为解决地方的事务而制定的，而不是为解决全国的普遍性问题而制定的；三是指地方性法规的效力只限于制定主体的行政区域，超出本行政区域就没有约束力，即地方性法规必须严格遵守属地管辖的原则。例如"地方性法规的内容涉及水污染治理的事项，如果水域只限于本行政区域，本地方制定这样的法规无疑是可以的，但如果水域是跨不同的行政区域的，那么一个行政区域的地方性法规对全流域的污染问题作出规定，就是不适当的，即使制定出来，也无法得到执行。"①

第三，试验性与先行性。试验性和先行性，是指地方性法规通常都是在国家立法条件尚未成熟的情况下进行，由于社会关系尚未定型化，在全国进行统一立法难度过大，由地方立法"先行先试"，待条件成熟后再制定全国性法律。

我国目前正处于经济社会的转型时期，在这种特殊历史时期，由于改革的不断深入，社会关系尚未固化定型，经济社会生活中新型社会关系不断涌现，对于社会生活中出现的新型社会关系，国家层面上尚未制定相应的法律，因此社会生活中留有一定的法律"空白"。对此应当允许地方充分发挥自己的立法主动性，在立法方面先行探索，为国家统一立法积累经验。现行的国家的一些法律制度，就是先由地方立法进行规定，取得成功经验后，再上升为全国性的法律或者行政法规的。如1991年5月27日云南省第七届人民代表大会常务委员会第十八次会议通过的《云南省禁毒条例》，② 为2007年12月29日第十届全国人民代表大会常务委员会第三十一次会议通过《禁毒法》提供了有益的经验。

三、地方立法的历程

理论界普遍认为，地方立法经历了三个基本阶段。

第一阶段是从1949年新中国成立至1954年宪法颁布。根据《共同纲领》的规定，中央人民政府委员会是中央政府行使立法权力的唯一主体，

---

① 乔晓阳：《〈中华人民共和国立法法〉导读与释义》，中国民主法制出版社2015年版，第242页。

② 2005年3月25日云南省第十届人民代表大会常务委员会第十五次会议进行了修改。

有权制定并解释国家的法律、颁布法令、废除和修改政务院发布的与国家的法律、法令相抵触的决议和命令。《共同纲领》并未直接规定地方政府行使立法权，但其后的几个文件，却赋予了地方政府立法权。1949 年 12月 26 日，中央人民政府政务院制定的《大行政区人民政府委员会组织通则》规定：大行政区人民政府或军政委员会有权根据共同纲领和国家的法律、法令，以及中央人民政府规定的施政方针和政务院颁布的决议、命令，拟定与地方政务有关的暂行法令、条例，报政务院批准或备案。1950年 1 月 6 日中央人民政府政务院制定的《省、市、县人民政府组织通则》规定：省、市、县人民政府有权拟定与省政、市政、县政有关的暂行法令、条例或单行法规，报上级人民政府批准或备案。这一时期地方制定暂行法令、条例或者单行法规的活动，虽然还不能说是严格意义上的地方立法活动。但对于确立我国的地方立法制度，具有一定的意义。应当属于我国地方立法的萌芽时期。

　　第二阶段从 1954 年《宪法》的颁布至 1979 年《中华人民共和国地方各级人民代表大会和地方各级人民政府组织法》（以下简称《地方各级人民代表大会和地方各级人民政府组织法》）的颁布。1954 年《宪法》，确立了由中央统一行使国家立法权的制度。取消了一般地方享有的法令、条例拟定权，仅规定民族自治地方有权制定自治条例、单行条例。全国人民代表大会是行使国家立法权的唯一机关，全国人民代表大会常务委员会负责解释法律、制定法令。1975 年《宪法》和 1978 年《宪法》也作了类似的规定。这一阶段，我国实质上取消了地方立法权。

　　第三阶段是从 1979 年 7 月 1 日第五届全国人民代表大会第二次会议通过《地方各级人民代表大会和地方各级人民政府组织法》施行以来到现在。①《地方各级人民代表大会和地方各级人民政府组织法》规定省级

---

　　①　1982 年 12 月 10 日第五届全国人民代表大会第五次会议通过《关于修改〈中华人民共和国地方各级人民代表大会和地方各级人民政府组织法〉的若干规定的决议》第一次修正；1986年 12 月 2 日第六届全国人民代表大会常务委员会第十八次会议通过《关于修改〈中华人民共和国地方各级人民代表大会和地方各级人民政府组织法〉的决定》第二次修正；1995 年 2 月 28 日第八届全国人民代表大会常务委员会第十二次会议通过《关于修改〈中华人民共和国地方各级人民代表大会和地方各级人民政府组织法〉的决定》第三次修正；2004 年 10 月 27 日第十届全国人民代表大会常务委员会第十二次会议通过《关于修改〈中华人民共和国地方各级人民代表大会和地方各级人民政府组织法〉的决定》第四次修正。

人民代表大会及其常务委员会行使地方性法规制定权，第一次以法律的形式赋予地方的立法职权。1982 年第五届全国人民代表第五次会议确认了1979 年地方组织法确立的地方立法制度。1982 年《宪法》第一百条规定："省、直辖市的人民代表大会和它们的常务委员会，在不同宪法、法律、行政法规相抵触的前提下，可以制定地方性法规，报全国人民代表大会常务委员会备案。"这次会议还对《地方各级人民代表大会和地方各级人民政府组织法》进行了修改，规定了省会市和经国务院批准的较大的市的人民代表大会常务委员会有权拟订地方性法规草案，提请省级人民代表大会常务委员会审议制定。1986 年 12 月 2 日第六届全国人民代表大会常务委员会第十八次会议对《地方各级人民代表大会和地方各级人民政府组织法》作了再次修改，进一步规定省会市和较大的市的人民代表大会及其常务委员会有权制定地方性法规，报省级人民代表大会常务委员会批准后施行。2000 年制定的《立法法》在第六十三条规定，省、自治区、直辖市的人民代表大会及其常务委员会根据本行政区域的具体情况和实际需要，在不同宪法、法律、行政法规相抵触的前提下，可以制定地方性法规。较大的市的人民代表大会及其常务委员会根据本市的具体情况和实际需要，在不同宪法、法律、行政法规和本省、自治区的地方性法规相抵触的前提下，可以制定地方性法规，报省、自治区的人民代表大会常务委员会批准后施行。经济特区所在地的市人民代表大会及其常务委员会也有权制定地方性法规。省、自治区的人民代表大会常务委员会对报请批准的地方性法规，应当对其合法性进行审查，同宪法、法律、行政法规和本省、自治区的地方性法规不抵触的，应当在四个月内予以批准。省、自治区的人民代表大会常务委员会在对报请批准的较大的市的地方性法规进行审查时，发现其同本省、自治区的人民政府的规章相抵触的，应当作出处理决定。并且明确规定，较大的市是指省、自治区的人民政府所在地的市，经济特区所在地的市和经国务院批准的较大的市。至此，我国地方立法体制相对完备。

根据《决定》关于"明确地方立法权限和范围，依法赋予设区的市地方立法权"的要求，2015 年 3 月 15 日，第十二届全国人民代表大会第三次会议通过了《关于修改〈中华人民共和国立法法〉的决定》对地方立法作了较大的修改。修改后的《立法法》第七十二条规定："省、自治区、直辖市的人民代表大会及其常务委员会根据本行政区域的具体情况和实际需要，在不同宪法、法律、行政法规相抵触的前提下，可以制定地方性法规。""设区的市的人民代表大会及其常务委员会根据本市的具体情况和实际需要，在不同宪法、法律、行政法规和本省、自治区的地方性法规相抵触的前提下，可以对城乡建设与管理、环境保护、历史文化保护等方面的事项制定地方性法规，法律对设区的市制定地方性法规的事项另有规定的，从其规定。设区的市的地方性法规须报省、自治区的人民代表大会常务委员会批准后施行。省、自治区的人民代表大会常务委员会对报请批准的地方性法规，应当对其合法性进行审查，同宪法、法律、行政法规和本省、自治区的地方性法规不抵触的，应当在四个月内予以批准。""省、自治区的人民代表大会常务委员会在对报请批准的设区的市的地方性法规进行审查时，发现其同本省、自治区的人民政府的规章相抵触的，应当作出处理决定。""除省、自治区的人民政府所在地的市，经济特区所在地的市和国务院已经批准的较大的市以外，其他设区的市开始制定地方性法规的具体步骤和时间，由省、自治区的人民代表大会常务委员会综合考虑本省、自治区所辖的设区的市的人口数量、地域面积、经济社会发展情况以及立法需求、立法能力等因素确定，并报全国人民代表大会常务委员会和国务院备案。""自治州的人民代表大会及其常务委员会可以依照本条第二款规定行使设区的市制定地方性法规的职权。自治州开始制定地方性法规的具体步骤和时间，依照前款规定确定。""省、自治区的人民政府所在地的市，经济特区所在地的市和国务院已经批准的较大的市已经制定的地方性法规，涉及本条第二款规定事项范围以外的，继续有效。"修改后，地方立法的主体有了较大的扩充，同时对地方立法的规定也更加明确具体。

第二节　地方性法规立法的基本规定

一、地方性法规的制定主体

根据《宪法》《地方各级人民代表大会和地方各级人民政府组织法》《立法法》的规定，我国地方立法的主体可以分为三大类，即：第一类是省、自治区、直辖市人民代表大会及其常务委员会（31 个）；第二类是设区的市的人民代表大会及其常务委员会（284 个）。① 第三类是自治州的人民代表大会及其常务委员会（30 个）。此外，还要注意，《全国人民代表大会关于修改〈中华人民共和国立法法〉的决定》还专门规定："广东省东莞市和中山市、甘肃省嘉峪关市、海南省三沙市，比照适用本决定有关赋予设区的市地方立法权的规定。"

这里需要特别注意，除省、自治区的人民政府所在地的市，经济特区所在地的市和国务院已经批准的较大的市以外，其他设区的市开始制定地方性法规的具体步骤和时间，自治州人民代表大会及其常务委员会开始行使设区的市制定地方性法规的职权，开始制定地方性法规的具体步骤和时间，由省、自治区的人民代表大会常务委员会综合考虑本省、自治区所辖的设区的市的人口数量、地域面积、经济社会发展情况以及立法需求、立法能力等因素确定，并且报全国人民代表大会常务委员会和国务院备案。

根据《立法法》第七十四条的规定，"经济特区所在地的省、市的人民代表大会及其常务委员会根据全国人民代表大会的授权决定，制定法规，在经济特区范围内实施。"这一规定实质上是赋予了经济特区法规具有变通上位法的权力，当然这种变通权也不能突破全国人民代表大会及其常务委员会的专属立法权的范围，并且"如果中央立法时已经考虑到经济特区的情况之后作出全国统一规定的，经济特区应当遵循中央立法的规定，制定或者修改经济特区法规时，不应再作出与中央立法不一致的规定。"②

二、制定地方性法规的原则

根据《立法法》第七十二条的规定，制定地方性法规应当遵循两项基本原则，即根据本行政区域的具体情况和实际需要的原则与不同宪法、

---

① 目前全国设区的市 284 个。根据修改前《立法法》第六十三条第四款的规定，较大的市包括三种：一是省、自治区人民政府所在地的市，即通常所说的省会市（27 个）；二是经国务院批准的市（18 个）；三是经济特区所在地的市（4 个）。享有地方立法权的有 49 个，尚没有地方立法权的有 235 个。《立法法》修改后，所有设区的市都享有了地方立法权。2015 年 4 月，国务院批复同意西藏自治区撤销林芝地区设立林芝市，新疆维吾尔自治区撤销吐鲁番地区设立吐鲁番市。

② 武增：《中华人民共和国立法法解读》，中国法制出版社 2015 年版，第 275 页。

法律、行政法规相抵触的原则。

（一）根据本行政区域的具体情况和实际需要的原则

地方性法规的特点在于地方性，因此制定地方性法规必须根据本行政区域的具体情况和实际需要进行，目的是突出地方特色，解决本行政区域内经济社会发展中的特殊问题，对于跨越本行政区域的问题或者涉及全国性的问题应当通过更高级别的地方立法或国家立法来解决。

（二）不同宪法、法律、行政法规相抵触的原则

宪法是具有最高法律效力的国家根本法，其他法律、法规是地方性法规的上位法，因此制定地方性法规不得同宪法、法律、行政法规抵触，否则，地方性法规无效。《宪法》第一百条规定："省、直辖市的人民代表大会和它们的常务委员会，在不同宪法、法律、行政法规相抵触的前提下，可以制定地方性法规，报全国人民代表大会常务委员会备案。"《地方各级人民代表大会和地方各级人民政府组织法》第七条规定："省、自治区、直辖市的人民代表大会根据本行政区域的具体情况和实际需要，在不同宪法、法律、行政法规相抵触的前提下，可以制定和颁布地方性法规，报全国人民代表大会常务委员会和国务院备案。""省、自治区的人民政府所在地的市和经国务院批准的较大的市的人民代表大会根据本市的具体情况和实际需要，在不同宪法、法律、行政法规和本省、自治区的地方性法规相抵触的前提下，可以制定地方性法规，报省、自治区的人民代表大会常务委员会批准后施行，并由省、自治区的人民代表大会常务委员会报全国人民代表大会常务委员会和国务院备案。"第四十三条进一步规定："省、自治区、直辖市的人民代表大会常务委员会在本级人民代表大会闭会期间，根据本行政区域的具体情况和实际需要，在不同宪法、法律、行政法规相抵触的前提下，可以制定和颁布地方性法规，报全国人民代表大会常务委员会和国务院备案。""省、自治区的人民政府所在地的市和经国务院批准的较大的市的人民代表大会常务委员会，在本级人民代表大会闭会期间，根据本市的具体情况和实际需要，在不同宪法、法律、行政法规和本省、自治区的地方性法规相抵触的前提下，可以制定地方性法规，报省、自治区的人民代表大会常务委员会批准后施行，并由省、自治区的人民代表大会常务委员会报全国人民代表大会常务委员会和国务院备案。"这些规定明确了地方性法规制定过程中必须遵守的"不抵触原

则"。"抵触"，通常是指矛盾、冲突。[①]

　　对于"不抵触原则"，理论界有不同的观点：第一种观点认为，不抵触是指在制定某一地方性法规时，必须以宪法、法律或行政法规对某一事项已有的相关规定为前提，以这种相关规定为依据。据此观点，凡是超出宪法、法律、行政法规的内容范围的，或是宪法、法律、行政法规没有规定某项内容而地方性法规却规定了的，就构成抵触。第二种观点认为，不抵触就是地方性法规除了不得作出与宪法、法律或行政法规的明文规定相抵触的规定外，还不得作出与宪法、法律或行政法规的基本精神、原则相抵触的规定。第三种观点认为，不抵触是指不得与宪法、法律、行政法规相冲突、相违背：一是不得与宪法、法律、行政法规的具体条文的内容相冲突、相违背（即直接抵触）；二是不得与宪法、法律、行政法规的精神实质、基本原则相冲突、相违背（即间接抵触）。只要遵从这样的要求，地方立法主体便可以在自己职权范围内，自主地制定自己想制定的地方性法规，无论这些地方性法规的内容是否在宪法、法律、行政法规中作出某种规定。[②] 第四种观点认为，地方性法规有以下情况就构成同上位法"抵触"。一是侵犯中央专属立法权限；二是同上位法的规定相反；三是同上位法规定的精神或者立法目的相违背；四是搞"上有政策，下有对策"。[③]第五种观点认为，在《立法法》制定后，"不抵触"的含义大致可以概括为：在法律保留的领域不能制定地方性法规；在法律保留的领域之外，可以制定地方性法规，但是不得同宪法、法律、行政法规（或者宪法、法律、行政法规和本省、自治区的地方性法规）相抵触。[④] 根据"不抵触"原则，制定地方性法规要有利于国家法制的统一，对只能由法律规定的事项，地方性法规不能涉及。如《行政处罚法》关于法律、行政法规设定行政处罚权的规定；《行政许可法》关于法律、行政法规设定行政许可权的规定，地方性法规不得突破。

---

① 《辞海》（缩印本），上海辞书出版社 2002 年版，第 319 页。
② 周旺生：《立法学》，法律出版社 2004 年版，第 222 页。
③ 李步云、汪永清：《中国立法的基本理论和制定》，中国法制出版社 1998 年版，第 231—234 页。
④ 刘莘：《立法法》，北京大学出版社 2008 年版，第 427 页。

三、地方性法规的立法事项

根据《立法法》第七十三条①的规定，地方性法规可以作出规定的事项，包括四类。

第一，为执行法律、行政法规的规定，需要根据本行政区域的实际情况作具体规定的事项。即在有上位立法的情况，为保证法律和行政法规的实施，地方性法规可以制定执行性规定。

第二，属于地方性事务需要制定地方性法规的事项。即上位法没有规定，或者在将来上位法也不可能进行规定时，为解决本行政区域内经济社会发展过程中的特色问题所进行的地方立法。

第三，除应当由法律规定的事项外，其他事项国家尚未制定法律或行政法规，根据本地方的具体情况和实际需要，可以制定地方性法规的事项。

第四，地方性法规一般不重复上位法的规定。即地方性法规在立法体例上没有必要追究大而全，盲目套用上位法的体例，也没有必要照抄照搬上位法的内容，要重点突出地方立法的地方性。

此外，还需要注意以下几点。

第一，对于全国人大及其常委会的专属立法事项，地方性法规不得进行立法。

第二，在国家制定的法律或者行政法规生效后，地方性法规同法律或者行政法规相抵触的规定无效，制定机关应当及时予以修改或者废止。

第三，设区的市、自治州制定的地方性法规，仅限于城乡建设与管理、环境保护、历史文化保护等方面的事项。

第四，省、自治区的人民政府所在地的市，经济特区所在地的市和国

---

① 《立法法》第七十三条规定："地方性法规可以就下列事项作出规定：（一）为执行法律、行政法规的规定，需要根据本行政区域的实际情况作具体规定的事项；（二）属于地方性事务需要制定地方性法规的事项。""除本法第八条规定的事项外，其他事项国家尚未制定法律或者行政法规的，省、自治区、直辖市和设区的市、自治州根据本地方的具体情况和实际需要，可以先制定地方性法规。在国家制定的法律或者行政法规生效后，地方性法规同法律或者行政法规相抵触的规定无效，制定机关应当及时予以修改或者废止。""设区的市、自治州根据本条第一款、第二款制定地方性法规，限于本法第七十二条第二款规定的事项。""制定地方性法规，对上位法已经明确规定的内容，一般不作重复性规定。"

务院已经批准的较大的市已经制定的地方性法规，涉及城乡建设与管理、环境保护、历史文化保护等方面事项范围以外的，继续有效。

第五，经济特区所在地的省、市的人民代表大会及其常务委员会根据全国人民代表大会的授权决定，制定地方性法规，在经济特区范围内实施。

第六，规定本行政区域特别重大事项的地方性法规，应当由人民代表大会通过。

四、有立法权的地方人民代表大会及其常务委员会制定地方性法规的权限划分

根据《宪法》和地方组织法的规定，制定地方性法规的主体包括有地方性法规制定权的人民代表大会及其常务委员会。但在地方立法实践中，除涉及人民代表大会职权的地方性法规外，地方人大常委会很少向人民代表大会提出地方性法规案。有的地方人大制定地方性法规的权力被虚置。出现这一问题的原因，一是由于《宪法》和地方组织法没有对地方人大及其常务委员会制定地方法规的权限范围作出划分。二是由于地方人大召开人民代表大会时，会期比较短，为节约时间，一般也就不将地方性法规列入会议议程。三是地方人大常务委员会对地方人民代表大会制定地方性法规的权力认识不到位。

为解决地方人民代表大会有立法权而不行使，或者本来应当由地方人民代表大会行使的立法权被地方人民代表大会常务委员会行使的不良情况，《立法法》第七十六条规定："规定本行政区域特别重大事项的地方性法规，应当由人民代表大会通过。"但什么是"本行政区域特别重大事项"则又成了一个不确定的法律概念。可见，地方人民代表大会及其常务委员会在制定地方性法规时的权限划分只是原则性的，没有具体规定。

应当特别注意的是，"立法法的这一规定，只是规定了特别重大事项应由地方人大通过，但地方人大制定地方性法规的权限，并不限于此，对于属于地方人大职权范围内的其他事项，地方人大可以制定地方性法规"①。

---

① 乔晓阳：《〈中华人民共和国立法法〉导读与释义》，中国民主法制出版社 2015 年版，第258 页。

五、制定地方性法规的程序

（一）地方性法规制定程序概述

地方性法规的制定程序，是指地方国家机关在制定、修改或废止地方性法规方面的程序。一般的立法程序大致可以分为四个阶段，即提出法律草案、审议法律草案、通过法律和公布法律。《立法法》对于地方性法规制定程序则规定得比较原则。根据《立法法》规定，地方性法规草案的提出、审议和表决程序，根据《地方各级人民代表大会和地方各级人民政府组织法》，参照《立法法》第二章第二节、第三节、第五节的规定，由本级人民代表大会规定。因此，地方性法规的立法程序，各享有地方性法规制定权的主体一般都作了专门的立法规定。

（二）地方性法规的起草

提请地方人民代表大会或其常务委员会审议的地方性法规草案主要是由人民代表大会常务委员会专门委员会和工作机构、政府法制机构和政府其他有关职能部门、人民法院和人民检察院起草的。

（三）地方性法规草案的提出

提出地方性法规案，是地方性法规制定程序的正式开始。

1. 向地方人民代表大会提出地方性法规案和列入议程程序

根据《地方各级人民代表大会和地方各级人民政府组织法》的规定，在地方人民代表大会会议期间，大会主席团、常务委员会、各专门委员会、本级政府以及代表十人以上联名，可以向本级人民代表大会提出属于本级人民代表大会职权范围内的议案。有的地方参照《全国人民代表大会组织法》的规定，还规定本级人民法院和人民检察院、一个代表团也可以向本级人民代表大会提出议案。"议案"包括地方性法规草案。

在大会期间，大会主席团、常务委员会、各专门委员会、本级人民政府提出的地方性法规草案，由主席团决定提交本级人民代表大会会议审议，或者交有关的专门委员会审议、提出报告，再由主席团审议决定提交大会表决。代表十人以上联名提出的地方性法规草案，由主席团决定是否列入大会议程，或者先交有关的专门委员会审议，提出是否列入大会议程的意见，再由主席团决定是否列入大会议程。

2. 向常务委员会提出地方性法规案和列入议程程序

在人民代表大会闭会期间，常务委员会主任会议、本级人民政府、人民代表大会各专门委员会以及常务委员会组成人员五人以上联名可以向本级人民代表大会常务委员会提出属于本级人民代表大会常务委员会职权范围内的议案。有的地方参照《全国人民代表大会组织法》的规定，还规定本级人民法院和人民检察院，也可以向本级人民代表大会常务委员会提出议案。

主任会议向本级人民代表大会常务委员会提出的地方性法规案，直接列入常务委员会议程，由常务委员会会议审议。本级人民政府、人民代表大会各专门委员会向常务委员会提出的地方性法规案，由主任会议决定提请常务委员会会议审议，或者先交有关的专门委员会审议、提出报告，再提请常务委员会会议审议。常务委员会组成人员五人以上联名向常务委员会提出的地方性法规案，由主任会议决定是否提请常务委员会会议审议，或者先交有关的专门委员会审议、提出报告，再决定是否提请常务委员会审议。

3. 提出地方性法规案的要求

《立法法》对提出地方性法规案的要求没有作规定，但对提出法律案的要求作了规定。《立法法》第五十四条规定，提出法律案，应当同时提出法律草案文本及其说明，并提供必要的参阅资料。修改法律的，还应当提交修改前后的对照文本。法律草案的说明应当包括制定或者修改法律的必要性、可行性和主要内容，以及起草过程中对重大分歧意见的协调处理情况。

（四）地方性法规的审议程序

《立法法》对地方性法规的审议程序主要从三个方面作了规定：一是根据《地方各级人民代表大会和地方各级人民政府组织法》；二是可以参照法律案的审议程序；三是应当统一审议。[①]

1. 根据《地方各级人民代表大会和地方各级人民政府组织法》审议

所谓根据《地方各级人民代表大会和地方各级人民政府组织法》，即地方组织法对地方人民代表大会及其常务委员会审议议案程序，都适用于对地方性法规草案的审议。

2. 参照法律案审议程序

参照法律案的审议程序主要是参照法律案审议程序中，有关保证立法

---

① 乔晓阳：《中华人民共和国立法法讲话》，中国民主法制出版社 2008 年版，第 253 页。

的民主性、公正性和科学性，保证立法质量等方面的规定。具体来讲，法律案的以下审议程序，可供地方人民代表大会及其常务委员会审议地方性法规案参照：一是三审制。为保证全国人大常委会对法律案进行深入的审议，《立法法》总结实践经验，明确规定法律案的审议一般实行三审制，即法律案一般需经常务委员会三次会议审议后，才能交付表决。地方人民代表大会常务委员会审议地方性法规案，不一定都要实行三审制，但三审制所包含的慎重原则，是适用于地方的。实践中，各地地方性法规的制定，人民代表大会的审议次数基本上是两次；人民代表大会常务委员会的审议次数一般是两次、意见比较一致的方案只需要一次审议，有的地区规定较复杂的议案需要三次审议。①

3. 统一审议

所有法律案都由法律委员会进行统一审议，是全国人民代表大会及其常务委员会立法实践的一条成功经验，对于保证国家法制的统一，保证立法质量，起到极其重要的作用。地方性法规案是否要统一审议程序，过去有关法律没有规定。实践中，各地有三种做法。第一种是参照全国人民代表大会的做法，由有关委员会对所有的地方性法规案进行统一审议。第二种是没有统一审议环节，自始至终由各委员会分别进行审议。第三种是先由有关委员会分别审议，但在交付表决前由负责法制的委员会进行统一审议。②《立法法》第七十七条第二款规定："地方性法规草案由负责统一审议的机构提出审议结果的报告和草案修改稿。"根据这一规定，地方性法规案必须要有统一审议的环节。

（五）地方性法规草案的表决

地方性法规草案修改稿经人民代表大会或常务委员会审议后，如果对重大问题没有大的分歧意见，大会主席团或者主任会议决定交付全体会议或常务委员会表决。《立法法》第七十六条规定："规定本行政区域特别重大事项的地方性法规，应当由人民代表大会通过。"地方各级人民代表

---

① 刘莘：《立法法》，北京大学出版社 2008 年版，第 434 页。
② 乔晓阳：《中华人民共和国立法讲话（修订版）》，中国民主法制出版社 2008 年版，第254 页。

大会表决地方性法规草案，以代表的过半数通过。① 常务委员会表决地方性法规草案，以常务委员会全体组成人员的过半数通过。②

（六）报批程序

在地方性法规的制定程序中，报批程序只适用于设区的市制定的地方性法规。设区的市人民代表大会及其常务委员会制定的地方性法规，需要报省、自治区人民代表大会常务委员会批准才能生效。省、自治区的人民代表大会常务委员会对报请批准的地方性法规，应当对其合法性进行审查，同宪法、法律、行政法规和本省、自治区的地方性法规不抵触的，应当在四个月内予以批准；对报请批准的设区的地方性法规进行审查时，发现其同本省、自治区的人民政府规章相抵触的，应当作出处理决定。

（七）地方性法规的公布

1. 地方性法规的公布机关与方式

我国的《宪法》和地方组织法对地方性法规的公布主体与公布形式没有明确规定。具体有如下形式。

第一，根据《立法法》第七十八条的规定，省、自治区、直辖市的人民代表大会制定的地方性法规由大会主席团发布公告予以公布。

第二，省、自治区、直辖市的人民代表大会常务委员会制定的地方性法规由常务委员会发布公告予以公布。

第三，设区的市、自治州的人民代表大会及其常务委员会制定的地方性法规报经批准后，由设区的市、自治州的人民代表大会常务委员会发布公告予以公布。

2. 地方性法规的标准文本

根据《立法法》规定，地方性法规公布后，首先应当及时在本级人民代表大会常务委员会公报和中国人大网、本地方人民代表大会网站以及在本行政区域范围内发行的报纸上刊载，并明确规定，刊登于常务委员会公报上的文本是标准文本。

---

① 《地方各级人民代表大会和地方各级人民政府组织法》第二十条："地方各级人民代表大会进行选举和通过决议，以全体代表的过半数通过。"

② 《地方各级人民代表大会和地方各级人民政府组织法》第五十四条第二款："常务委员会的决议，由常务委员会以全体组成人员的过半数通过。"

第 十 章

民族区域自治地方立法

第一节 民族区域自治地方立法的基本原理

《宪法》规定，各少数民族聚居的地方实行民族区域自治，设立自治机关，行使自治权。自治地方包括自治区、自治州和自治县。民族自治机关包括民族区域自治地方的人民代表大会和人民政府。自治区、自治州和自治县的人民代表大会有权依照宪法和法律规定的权限，按照民主集中制的原则，根据当地的民族特点和地区特点行使自治权。制定自治条例和单行条例是自治机关行使自治权的重要方式。1954 年《宪法》就对自治条例作过规定，1985 年，吉林省延边朝鲜族自治州在全国率先制定自治州的自治条例——《延边朝鲜族自治州自治条例》。①

一、自治条例和单行条例概述

《立法法》第七十五条规定："民族自治地方的人民代表大会有权依照当地民族的政治、经济和文化的特点，制定自治条例和单行条例。自治区的自治条例和单行条例，报全国人民代表大会常务委员会批准后生效。自治州、自治县的自治条例和单行条例，报省、自治区、直辖市的人民代表大会常务委员会批准后生效。""自治条例和单行条例可以依照当地民

---

① 1985 年 4 月 24 日延边朝鲜族自治州第八届人民代表大会第三次会议通过，1985 年 7 月 31 日吉林省第六届人民代表大会常务委员会第十四次会议批准，根据 2002 年 12 月 16 日延边朝鲜族自治州第十二届人民代表大会第一次会议《关于修改〈延边朝鲜族自治州自治条例〉的决定》和 2003 年 1 月 6 日吉林省第九届人民代表大会常务委员会第三十五次会议关于批准《延边朝鲜族自治州人民代表大会关于修改〈延边朝鲜族自治州自治条例〉的决定》的决定修正。

族的特点，对法律和行政法规的规定作出变通规定，但不得违背法律或者行政法规的基本原则，不得对宪法和民族区域自治法的规定以及其他有关法律、行政法规专门就民族自治地方所作的规定作出变通规定。"这一规定，是对《宪法》《民族区域自治法》相关规定的具体化和明确化。由于自治条例和单行条例本身也属于地方立法的组成部分，只是具有民族特色，因此本章只对其民族特色的内容进行研究，其他内容可查阅制定地方性法规的相关规定。

（一）自治条例的概念

自治条例，是指民族自治地方的人民代表大会，依照当地民族的政治、经济和文化的特点制定的全面调整本自治地方事务的综合性规范性法律文件。

自治条例集中体现了民族自治地方的自治权，是民族自治地方实施《民族区域自治法》，行使自治权的基本规范，具有民族自治地方总章程的性质和作用。正因为如此，人们将自治条例称为民族区域自治地方的"小宪法"。截至 2008 年年底，各民族自治地方现行有效自治条例为 137件；目前，全国五个自治区尚未颁布自治条例。①

（二）单行条例的概念

单行条例，是指民族自治地方的人民代表大会，依照当地民族的政治、经济、文化的特点制定的调整本自治地方某方面事务的单项规范性法律文件。

单行条例是民族自治地方行使某一方面自治权的具体规定。所以，单行条例应当遵循自治条例的规定。截至 2008 年底，各民族自治地方制定现行有效单行条例 510 件，内容涉及婚姻、继承、资源开发、计划生育、未成年人保护、社会治安、环境保护以及土地、森林、草原管理等。②

二、自治条例和单行条例的历史沿革

我国自治条例和单行条例的历史可以分为四个基本阶段，即：探索时

---

① 乔晓阳：《〈中华人民共和国立法法〉导读与释义》，中国民主法制出版社 2015 年版，第254 页。

② 同上书。

期、发展时期、停顿时期和繁荣时期。

探索时期（1949 年 9 月至 1954 年 9 月）。1949 年 9 月通过的《共同纲领》，确定了我国实行民族区域自治制度。1952 年 8 月中央人民政府委员会批准的《民族区域自治实施纲要》规定："各民族自治机关在中央人民政府和上级人民政府法令所规定的范围内，依其自治权限，得制定本自治区单行法规，层报上两级人民政府批准。""凡经各级地方人民政府批准的各民族自治区单行法规，均须层报中央人民政府政务院备案。"根据这些规定，民族自治地方开始了自治立法的探索。

发展时期（1954 年 9 月至 1966 年 6 月）。1954 年《宪法》确立了中央高度集中的立法体制，取消了一般地方制定法令、条例的权力，但仍然保留了自治机关的立法权限，规定自治区、自治州和自治县为民族自治地方，民族自治地方的自治机关可以根据当地民族的政治特点、经济特点和文化特点制定自治条例和单行条例，报全国人民代表大会常务委员会批准。这一时期，全国 96 个民族自治地方共制定 48 个单行条例，其中，属于自治机关组织条例的占绝大部分。①

停顿时期（1966 年 6 月至 1978 年 12 月）。"文化大革命"时期，出于众所周知的原因，民族法制建设受到严重影响。1975 年《宪法》取消了民族自治地方制定自治条例和单行条例的权力；1978 年《宪法》虽然恢复了民族自治地方制定自治条例和单行条例的权力，但实际上立法工作并没有真正恢复。

繁荣时期（1978 年 12 月后）。党的十一届三中全会后，民族自治地方立法得到恢复。1982 年《宪法》第一百一十六条规定："民族自治地方的人民代表大会有权依照当地民族的政治、经济和文化的特点，制定自治条例和单行条例。自治区的自治条例和单行条例，报全国人民代表大会常务委员会批准后生效。自治州、自治县的自治条例和单行条例，报省或者自治区的人民代表大会常务委员会批准后生效，并报全国人民代表大会常务委员会备案。"该条的规定为自治条例和单行条例的制定奠定了坚实的基础，我国的民族法制建设迎来了繁荣发展的时期。

---

① 乔晓阳：《中华人民共和国立法法讲话（修订版）》，中国民主法制出版社 2008 年版，第 264—265 页。

三、自治条例和单行条例的性质和特点

地方性法规和自治条例、单行条例，都是由地方国家权力机关制定的，在我国的法律体系中都属于地方立法的组成部分。自治条例和单行条例与一般地方立法既有共性，又有区别，显示出一些特性。

	地方性法规	自治条例、单行条例
制定机关①	省、自治区、直辖市、设区的市的人民代表大会及其常务委员会、自治州人民代表大会及其常务委员会	自治地方的人民代表大会
权限范围	法律规定的权限范围内，不能变通法律和行政法规	权限范围大于一般地方性法规的权限。可以根据当地民族的特点，对法律和行政法规的规定作出变通规定，即自治条例与单行条例的规定在一定的条件下可以同法律或行政法规的规定不一致
制定程序	省、自治区和直辖市制定的地方性法规由制定机关通过后，报全国人民代表大会常务委员会和国务院备案；设区的市、自治州人民代表大会及其常务委员会制定的地方性法规须报省、自治区人民代表大会常务委员会批准	自治区的自治条例和单行条例须报全国人民代表大会常务委员会批准，自治州、自治县的自治条例、单行条例须报省、自治区、直辖市人民代表大会常务委员会批准

---

① 自治条例和单行条例的制定机关则为自治地方的人民代表大会，即自治区、自治州和自治县三级人民代表大会，常务委员会不能制定自治条例和单行条例。自治区的人民代表大会或其常务委员会可以制定地方性法规，但自治区人民代表大会常务委员会不能制定自治条例和单行条例。

第二节　民族区域自治地方立法的基本规定

一、民族自治地方立法的范围

第一，根据《宪法》、《民族区域自治法》和《立法法》的规定，民族自治地方的人民代表大会有权制定自治条例和单行条例。

第二，根据《民族区域自治法》的规定，自治地方的人民代表大会有权制定有关变通执行或停止执行上级国家机关的决议、决定、命令和指示的条件、原则和程序等内容的自治条例或单行条例，有权制定有关变通法律、行政法规有关规定的条件、原则和程序等内容的自治条例或单行条例。

第三，根据《宪法》和《民族区域自治法》的规定，自治地方人民代表大会有权制定有关自治机关使用当地通用语言文字的条件、原则、方法等内容的自治条例。

第四，根据《民族区域自治法》的规定，自治地方人民代表大会有权就如何培养干部和各种专业人才以及如何招收企业事业单位人员制定自治条例或单行条例。

第五，根据《宪法》和《民族区域自治法》的规定，自治地方人民代表大会有权制定有关如何组织和使用本地维护社会治安的公安部队的自治条例。

第六，根据《宪法》和《民族区域自治法》的规定，自治地方人民代表大会有权制定有关如何行使经济建设、财政管理、教育、科学、文化和卫生事业的自治条例和单行条例。

第七，根据《民族区域自治法》规定，自治地方人民代表大会有权制定关于自治地方内的民族关系、宗教事务等自治条例和单行条例。

第八，根据《民族区域自治法》的规定，自治地方人民代表大会有权制定有关纪念日、节假日的自治条例和单行条例。

第九，根据《民族区域自治法》的规定，自治地方人民代表大会有权制定有关自治条例和单行条例的程序及有关解释权的自治条例和单行条例。

第十，规定自治地方的名称、辖区范围和首府等的自治条例和单行条例。

二、自治条例和单行条例的变通问题

（一）变通立法的含义

变通立法是民族自治地方立法权的一个重要方面，是在立法过程中自治机关根据法律规定或者国家权力机关授权，在本自治地方就特定事务对法律和法规进行的非原则性变动。根据《宪法》《民族区域自治法》《立法法》的规定，自治条例和单行条例可以依照当地民族的特点，对法律和行政法规作出变通规定。

民族自治地方立法中的变通，是基于自治地方内在需要的客观性所进行的，是依法有效、自主地行使自治权的体现；具有变通内容的自治地方法规，其内容反映和体现的是民族自治地方的民族利益和地方利益。民族自治地方立法变通的主要内容一般包括对法律适用主体的适当扩大或缩小，即主体范围的变通，以及对适用客体、适用范围、具体内容、适用程序和时间的变通等方面，其中最核心和最重要的是对法律法规具体内容的变通，这是自治地方立法变通的关键环节，在自治地方立法中具有十分重要的作用。

（二）变通立法的内容

民族自治地方立法中的变通可以分为"不能变通"和"能够变通"两个方面的基本内容。《立法法》第七十五条第二款规定："自治条例和单行条例可以依照当地民族的特点，对法律和行政法规的规定作出变通规定，但不得违背法律或者法规的基本原则，不得对《宪法》和《民族区域自治法》的规定以及其他有关法律、行政法规专门就民族自治地方所作的规定作出变通规定。"

1. 不能变通的内容

"不能变通"是指还是设有限制，不得突破。通常认为下列事项不能变通：

第一，不得对《宪法》和《民族区域自治法》进行变通。《宪法》是国家的根本大法，《民族区域自治法》是各民族自治地方立法的法律依据，对上述两部法律不能进行变通，是毋庸置疑的。

第二，不得对法律和行政法规的基本原则进行变通。法律法规的基本原则，是其最核心的内容和基本精神的体现。若变通中违背了法律法规的基本原则，即是从实质上对法律法规的否定，自然破坏了法制统一。

第三，不得对有关法律、行政法规专门就民族自治地方所作的规定进行变通。法律、行政法规中专门就民族自治地方所作的规定，在其立法过程中，是已经充分考虑到维护国家整体利益和照顾自治地方民族特点和实际情况的需要而制定的，对此，自治地方就不得再以特殊为由进行变通。例如：《全国人民代表大会和地方各级人民代表大会选举法》第十一条规定："地方各级人民代表大会的代表名额，按照下列规定确定：（一）省、自治区、直辖市的代表名额基数为三百五十名，省、自治区每十五万人可以增加一名代表，直辖市每二万五千人可以增加一名代表；但是，代表总名额不得超过一千名；（二）设区的市、自治州的代表名额基数为二百四十名，每二万五千人可以增加一名代表；人口超过一千万的，代表总名额不得超过六百五十名；（三）不设区的市、市辖区、县、自治县的代表名额基数为一百二十名，每五千人可以增加一名代表；人口超过一百六十五万的，代表总名额不得超过四百五十名；人口不足五万的，代表总名额可以少于一百二十名；（四）乡、民族乡、镇的代表名额基数为四十名，每一千五百人可以增加一名代表；但是，代表总名额不得超过一百六十名；人口不足二千的，代表总名额可以少于四十名。""按照前款规定的地方各级人民代表大会的代表名额基数与按人口数增加的代表数相加，即为地方各级人民代表大会的代表总名额。""自治区、聚居的少数民族多的省，经全国人民代表大会常务委员会决定，代表名额可以另加百分之五。聚居的少数民族多或者人口居住分散的县、自治县、乡、民族乡，经省、自治区、直辖市的人民代表大会常务委员会决定，代表名额可以另加百分之五。"其中第三款的规定就是专门针对民族区域自治地方所作的规定，对此不能进行变通。

2. 能够变通的内容

自治地方立法中"能够变通"的方面主要如下。

第一，国家法律明确授权可以变通的事项。如：《婚姻法》第五十条规定："民族自治地方的人民代表大会有权结合当地民族婚姻家庭的具体情况，制定变通规定。自治州、自治县制定的变通规定，报省、自治区、直辖市人民代表大会常务委员会批准后生效。自治区制定的变通规定，报全国人民代表大会常务委员会批准后生效。"《刑法》第九十条规定："民族自治地方不能全部适用本法规定的，可以由自治区或者省的人民代表大会根据当地民族的政治、经济、文化的特点和本法规定的基本原则，制定变通或者补充的规定，报请全国人民代表大会常务委员会批准施行。"《民事诉讼法》第十六条规定："民族自治地方的人民代表大会根据宪法和本法的原则，结合当地民族的具体情况，可以制定变通或者补充的规定。自治区的规定，报全国人民代表大会常务委员会批准。自治州、自治县的规定，报省或者自治区的人民代表大会常务委员会批准，并报全国人民代表大会常务委员会备案。"

第二，其他的法律法规虽未明确设定关于变通的条款，但是该法律法规不完全适合民族自治地方实际情况的规定，亦可以进行变通。这主要是基于我国幅员辽阔，地区间经济、文化发展差异大，特别是民族区域自治地方与沿海发达地区相比，差距十分明显，国家的立法更多地只能面向全国的普遍性问题进行规定，有的规定就可能存在不完全适合民族区域自治地方实际情况的问题，难以完全照顾到民族区域自治地方的特殊情况。通过变通规定，能够保证立法的针对性。

三、自治条例和单行条例的发布

（一）自治条例和单行条例的发布机关

省、自治区、直辖市的人民代表大会制定的地方性法规由大会主席团发布公告予以公布。

省、自治区、直辖市的人民代表大会常务委员会制定的地方性法规由常务委员会发布公告予以公布。

设区的市、自治州的人民代表大会及其常务委员会制定的地方性法规报经批准后，由设区的市、自治州的人民代表大会常务委员会发布公告予以公布。

自治条例和单行条例报经批准后，分别由自治区、自治州、自治县的人民代表大会常务委员会发布公告予以公布。

（二）自治条例和单行条例标准文本

地方性法规、自治区的自治条例和单行条例公布后，及时在本级人民代表大会常务委员会公报和中国人大网、本地方人民代表大会网站以及在本行政区域范围内发行的报纸上刊载。

在常务委员会公报上刊登的地方性法规、自治条例和单行条例文本为标准文本。

第十一章

规章立法

第一节　规章立法的基本原理

一、规章的概念

规章，亦称行政规章，是指国务院各部门和特定的地方人民政府在自己的职权范围内，依照法定程序制定的、具有强制力的普遍行政规则的总称。规章是行政机关管理社会事务的一种抽象行政行为，是针对某一类事件和某一类人所作出的规定，具有普遍性法律效力。

二、规章的历史

我国立法中"规章"的使用，最早起源于 1982 年《宪法》第九十条第二款的规定。在 1982 年《宪法》中，明确规定了"各部、各委员会根据法律和国务院的行政法规、决定、命令，在本部门的权限内，发布命令、指示和规章。"首次明确了部委规章。1982 年 12 月 10 日第五届全国人民代表大会第五次会议修改的《地方各级人民代表大会和地方各级人民政府组织法》① 中，第一次明确了地方政府制定规章的权力。之后，

---

① 《地方各级人民代表大会和地方各级人民政府组织法》第六十条第一款规定："省、自治区、直辖市的人民政府可以根据法律、行政法规和本省、自治区、直辖市的地方性法规，制定规章，报国务院和本级人民代表大会常务委员会备案。省、自治区的人民政府所在地的市和经国务院批准的较大的市的人民政府，可以根据法律、行政法规和本省、自治区的地方性法规，制定规章，报国务院和省、自治区的人民代表大会常务委员会、人民政府以及本级人民代表大会常务委员会备案。"

《国务院组织法》第十条第二款亦对规章作了规定。① 1986 年 12 月 2 日第六届全国人民代表大会常务委员会第十八次会议、1995 年 2 月 28 日第八届全国人民代表大会常务委员会第十二次会议、2004 年 10 月 27 日第十届全国人民代表大会常务委员会第十二次会议对《地方各级人民代表大会和地方各级人民政府组织法》作了修改。该法在修改后的第六十条第一款中明确规定了地方政府规章的制定权问题。1990 年 2 月 18 日国务院发布了《法规、规章备案规定》首次将国务院各部、各委员会制定的规章称为"部门规章"。2000 年通过的《立法法》对规章作了专门规定，并授权国务院参照《立法法》第三章制定国务院部门规章和地方政府规章的制定程序。据此，国务院于 2001 年 11 月 16 日发布了《规章制定程序条例》和 2001 年 12 月 14 日《法规规章备案条例》，对规章的制定主体、制定程序及相关的监督问题作了全面规定，我国规章制定制度全面建立。2014 年 10 月中共十八届四中全会通过的《决定》提出："行政机关不得法外设定权力，没有法律法规依据不得作出减损公民、法人和其他组织合法权益或者增加其义务的决定。"2015 年修改后的《立法法》在第四章第二节中对规章制定问题作了完善性规定。

三、规章的基本特点

与法律相比，规章具有如下特点。

	制定机关	调整的社会关系	立法功能	与民意的关系
法律	全国人民代表大会及其常务委员会	社会各个方面的基础性社会关系	具有创制性，可以为人们创设新的权利和义务	是民意的直接体现
规章	国务院各部门、特定的地方人民政府	行政机关与行政相对人在行政管理领域发生的行政关系	不能为人们创设新的权利义务，只能将法律规定的权利义务具体化	只能间接体现民意

---

① 《国务院组织法》第十条规定："各部、各委员会工作中的方针、政策、计划和重大行政措施，应向国务院请示报告，由国务院决定。根据法律和国务院的决定，主管部、委员会可以在本部门的权限内发布命令、指示和规章。"

与行政法规相比，规章具有如下特点：

	制定机关	依据	立法功能
行政法规	国务院	可以根据宪法和法律规定的原则	对相对人的权利义务进行规定，同时还可以设定除限制公民人身自由之外的其他行政处罚和行政许可
规章	国务院各部门、特定的地方人民政府	必须根据法律、行政法规及国务院的决定、命令制定，属于执行性规定	不能对相对人创设新的权利义务，只能创设警告和一定数额罚款的行政处罚，地方政府规章可以设定有效期为一年的临时性行政许可

四、规章的种类

理论界关于规章的分类很多，但根据相关立法，规章可以分为部门规章和地方政府规章两大类。

（一）部门规章

1. 部门规章的概念

部门规章，是指国务院各部、各委员会、中国人民银行、审计署和具有行政管理职能的直属机构（以下简称国务院部门）根据法律和国务院的行政法规、决定、命令，在本部门的职权范围内依照《规章制定程序条例》制定的规定、办法、规则等规范性文件的总称。

2. 部门规章的制定主体

《立法法》第八十条第一款规定："国务院各部、委员会、中国人民银行、审计署和具有行政管理职能的直属机构，可以根据法律和国务院的行政法规、决定、命令，在本部门的权限范围内，制定规章。"因此，部门规章的制定机关有两类：

第一，国务院各部、委员会，包括国务院各部、委员会、中国人民银行和审计署是国务院的组成部门。① 虽然中国人民银行、审计署制定规章的权力没有规定，中国人民银行在国务院中的地位，《宪法》也没有规定，但一直列入国务院的组成部门，中国人民银行行长也属于国务院的组成人员，且《中国人民银行法》②也规定中国人民银行有制定规章的权力；《审计法》没有规定审计署制定规章的权力，但审计署属于国务院组成部门，也具有制定规章的权力。

第二，具有行政管理职能的直属机构。③ 国务院直属机构是国务院根据工作需要设立的，由国务院直接领导的行政机关。国务院直属机构负责领导和管理全国某一方面的行政事务，其主管事务具有独立性和专门性。国务院直属机构的设立、撤销或者合并由国务院机构编制管理机关提出方案，报国务院决定。《国务院行政机构设置和编制管理条例》第六条第四款规定："国务院直属机构主管国务院的某项专门业务，具有独立的行政管理职能。"由于国务院直属机构能够独立行使行政管理职能，与国务院的组成部门十分相似，实践中直属机构也经常与部、委员会联合制定规范性文件，法律、法规也经常授权直属机构为实施法律而制定实施办法和实施细则。同时，也为了明确部门规定的制定主体，因此《立法法》确定规定具有行政管理职能的直属机构具有制定规章的权力。

---

① 《国务院行政机构设置和编制管理条例》第六条第三款规定："国务院组成部门依法分别履行国务院基本的行政管理职能。国务院组成部门包括各部、各委员会、中国人民银行和审计署。"

② 《中国人民银行法》第四条规定："中国人民银行履行下列职责：（一）发布与履行其职责有关的命令和规章；（二）依法制定和执行货币政策；（三）发行人民币，管理人民币流通；（四）监督管理银行间同业拆借市场和银行间债券市场；（五）实施外汇管理，监督管理银行间外汇市场；（六）监督管理黄金市场；（七）持有、管理、经营国家外汇储备、黄金储备；（八）经理国库；（九）维护支付、清算系统的正常运行；（十）指导、部署金融业反洗钱工作，负责反洗钱的资金监测；（十一）负责金融业的统计、调查、分析和预测；（十二）作为国家的中央银行，从事有关的国际金融活动；（十三）国务院规定的其他职责。""中国人民银行为执行货币政策，可以依照本法第四章的有关规定从事金融业务活动。"

③ 现阶段，国务院的直属机构有中华人民共和国海关总署、国家税务总局、国家工商行政管理总局、国家质量监督检验检疫总局、国家新闻出版广电总局（国家版权局）、国家体育总局、国家安全生产监督管理总局、国家统计局、国家林业局、国家知识产权局、国家旅游局、国家宗教事务局、国务院参事室、国务院机关事务管理局，国家预防腐败局列入国务院直属机构序列，在监察部加挂牌子。

3. 部门规章的权限

根据《立法法》的规定，国务院部门规章规定的事项是属于执行法律或者国务院的行政法规、决定、命令的事项。

第一，执行法律和行政法规的规章，即根据法律和行政法规制定规章。由于我国地域辽阔，地区之间的经济社会发展不平衡，因此法律、行政法规的规定一般比较原则、概括。这样做的优点是法律、行政法规的涵括性较好，但产生的不足是可操作性太差。为弥补法律和行政法规可操作性差的问题，将一些具体化、专业性的问题留给部门规章进行规定。"一般说来，法律规定由国务院制定行政法规的居多，直接规定由国务院有关主管部门制定规章的较少；而在行政法规中，则大多数都规定由有关主管部门制定规章，包括实施细则、实施办法等。"[1]

第二，执行国务院的决定或命令的规章，即根据国务院的决定或命令制定规章。国务院的决定和命令，通常有两种情形：一是国务院在行政管理过程中，针对行政管理事项发布的决定和命令；二是要求有关部门加强对某一方面或某些方面的社会事务进行管理而发布的决定和命令。这里需要注意，我国《宪法》中对决定和命令没有作严格的区分，但通常而言，决定适用于对重要事项或者重大行动作出安排，奖惩有关单位及人员，变更或者撤销下级机关不适当的决定事项；命令适用于依照有关法律公布行政法规和规章、宣布施行重大强制性行政措施、嘉奖有关单位及人员。命令的强制力比决定要强。

第三，对部门规定的限制。根据《立法法》的规定，没有法律或者国务院的行政法规、决定、命令的依据，部门规章不得设定或者减损公民、法人和其他组织权利或者增加其义务的规范，不得增加本部门的权力或者减少本部门的法定职权。

第四，涉及两个以上国务院部门职权范围的事项，应当提请国务院制定行政法规或者由国务院有关部门联合制定规章。

---

① 乔晓阳：《中华人民共和国立法法讲话（修订版）》，中国民主法制出版社 2008 年版，第 285 页。

（二）地方政府规章

1. 地方政府规章的概念

地方政府规章，是指省、自治区、直辖市和设区的市的人民政府根据法律、行政法规和本省、自治区、直辖市的地方性法规，依照《规章制定程序条例》制定的规章。

2. 地方政府规章的制定主体

《立法法》第八十二条第一款规定："省、自治区、直辖市和设区的市、自治州的人民政府，可以根据法律、行政法规和本省、自治区、直辖市的地方性法规，制定规章。"据此规定地方政府规章制定主体包括三类：

第一，省、自治区和直辖市人民政府，共 31 个（不包括香港、澳门特别行政区和台湾省）。

第二，设区的市人民政府，284 个。

第三，自治州人民政府，30 个。

此外，根据全国人民代表大会 2015 年《修改立法法的决定》，广东省的东莞市和中山市、甘肃省的嘉峪关市和海南省的三沙市也有权制定地方政府规章。

3. 地方政府规章的权限

根据《立法法》的规定，地方政府规章的权限包括：

第一，为执行法律、行政法规、地方性法规的规定需要制定的规章。

第二，属于本行政区域内的具体行政管理事项制定的规章。①

这里值得注意，根据《立法法》第八十二条第三、四、五、六款的规定，制定地方政府规章时还应注意如下问题：

第一，设区的市、自治州的人民政府行使上述规章制定权，制定地方政府规章，限于城乡建设与管理、环境保护、历史文化保护等方面的事项。已经制定的地方政府规章，涉及上述事项范围以外的，继续有效。

第二，除省、自治区的人民政府所在地的市，经济特区所在地的市和

---

① 《立法法》第八十二条第二款："地方政府规章可以就下列事项作出规定：（一）为执行法律、行政法规、地方性法规的规定需要制定规章的事项；（二）属于本行政区域的具体行政管理事项。"

国务院已经批准的较大的市以外，其他设区的市、自治州的人民政府开始制定规章的时间，与本省、自治区人民代表大会常务委员会确定的本市、自治州开始制定地方性法规的时间同步。

第三，应当制定地方性法规但条件尚不成熟的，因行政管理迫切需要，可以先制定地方政府规章。规章实施满两年需要继续实施规章所规定的行政措施的，应当提请本级人民代表大会或者其常务委员会制定地方性法规。

第四，没有法律、行政法规、地方性法规的依据，地方政府规章不得设定减损公民、法人和其他组织权利或者增加其义务的规范。

（三）部门规章与地方政府规章之间的区别

部门规章与地方政府规章的区别主要表现见下表。

	部门规章	地方政府规章
制定机关	国务院各部、各委员会、中国人民银行、审计署和具有行政管理职能的直属机构	省、自治区、直辖市、设区的市的人民政府和自治州人民政府
效力范围	一般适用于具有全国性行政事务	仅限于区域性的行政事务
调整对象	专业性强	区域性强
制定依据	法律和国务院的行政法规、决定、命令	不得与宪法、法律、行政法规和特定的地方性法规相抵触

五、规章的效力位阶

关于规章的效力，需要特别注意如下几点。

第一，宪法、法律和行政法规的效力高于部门规章和地方政府规章。部门规章和地方政府规章不得与宪法、法律和行政法规相抵触。

第二，地方性法规的效力高于本级和下级地方政府规章。

第三，部门规章之间、部门规章与地方政府规章之间具有同等法律效力，在各自的权限范围内施行。

第四，省、自治区的人民政府制定的规章的效力高于本行政区域内的设区的市的人民政府制定的规章。

六、规章的解释权限

规章解释权属于规章制定机关。

规章有下列情况之一的，由制定机关解释：①规章的规定需要进一步明确具体含义的；②规章制定后出现新的情况，需要明确适用规章依据的。规章解释由规章制定机关的法制机构参照规章送审稿审查程序提出意见，报请制定机关批准后公布。

规章的解释与规章具有同等效力。

国家机关、社会团体、企业事业组织、公民认为规章同法律、行政法规相抵触的，可以向国务院书面提出审查的建议，由国务院法制机构研究处理。

国家机关、社会团体、企业事业组织、公民认为设区的市的人民政府规章同法律、行政法规相抵触或者违反其他上位法的规定的，也可以向本省、自治区人民政府书面提出审查的建议，由省、自治区人民政府法制机构研究处理。

第二节　规章立法的基本规定

《立法法》第八十三条规定："国务院部门规章和地方政府规章的制定程序，参照本法第三章的规定，由国务院规定。"因此，国家有权据此授权规定规章的制定程序。根据《立法法》和《规章制定程序条例》的规定，我国规章制定程序可以分为立项、起草、审查、决定、公布、生效等几个环节。

一、立项

立项的内容涉及制定规章的提议人、规章的草拟和论证和规章年度制定计划等三项基本内容。

（一）部门规章立项

根据《规章制定程序条例》规定，国务院部门内设机构或者其他机构认为需要制定部门规章的，应当向该部门报请立项。在实践中，规章的主要内容如果与两个或者两个以上业务主管司（局）有联系的，应当由有关的业务主管司（局）会签后联合提出。属于全局性的规章草案，可以由部门内的法制工作机构提出。各司（局）起草的规章草案，经司（局）负责人签署后，应当连同规章草案说明和有关资料一并上报。国务院部门的法制工作机构负责对制定规章的立项申请进行汇总，拟定本部门的年度规章制定计划，报本部门批准后执行。

（二）地方政府规章立项

根据《规章制定程序条例》的规定，省、自治区、直辖市和设区的市的人民政府所属工作部门或者下级人民政府认为需要制定地方政府规章的，应当向该省、自治区、直辖市或者设区的市的人民政府报请立项。

这里需要注意，无论是部门规章的立项，还是地方政府规章的立项都应当遵守下列规定：

第一，报送制定规章的立项申请，应当对制定规章的必要性、所要解决的主要问题、拟确立的主要制度等作出说明。

第二，国务院部门法制机构，省、自治区、直辖市和设区的市的人民政府法制机构（以下简称法制机构），应当对制定规章的立项申请进行汇总研究，拟订本部门、本级人民政府年度规章制订工作计划，报本部门、本级人民政府批准后执行。

第三，年度规章制订工作计划应当明确规章的名称、起草单位、完成时间等。

对于涉及两个以上国务院部门职权范围的事项，应当提请国务院制定行政法规或者由国务院有关部门联合制定规章。

二、起草

（一）规章起草的主体

根据《规章制定程序条例》的规定，部门规章的起草主体是国务院部门。实践中国务院部门又根据工作实际将起草任务交给有关内设机构负责。

地方政府规章由省、自治区、直辖市或者设区市的人民政府确定由一个部门单独起草还是由几个部门共同负责起草，也可以由法制机构组织起草或者负责起草。

根据《规章制定条例》的规定，起草规章可以邀请有关专家、组织参与，也可以委托有关专家、组织起草。

（二）规章起草过程中应当注意的问题

为了提高规章起草的质量，《规章制定程序条例》规定在起草规章的过程中应当注意如下基本问题。

第一，听证。起草的规章直接涉及公民、法人或者其他组织切身利益，有关机关、组织或者公民对其有重大意见分歧的，应当向社会公布，征求社会各界的意见；起草单位也可以举行听证会。听证会依照下列程序组织：①听证会公开举行，起草单位应当在举行听证会的三十日前公布听证会的时间、地点和内容；②参加听证会的有关机关、组织和公民对起草的规章，有权提问和发表意见；③听证会应当制作笔录，如实记录发言人的主要观点和理由；④起草单位应当认真研究听证会反映的各种意见，起草的规章在报送审查时，应当说明对听证会意见的处理情况及其理由。

第二，深入开展调查研究，开展专家咨询和论证。起草规章，应当深入调查研究，总结实践经验，广泛听取有关机关、组织和公民的意见。听取意见可以采取书面征求意见、座谈会、论证会、听证会等多种形式。

第三，开展协调工作。起草部门规章，涉及国务院其他部门的职责或者与国务院其他部门关系紧密的，起草单位应当充分征求国务院其他部门的意见。起草地方政府规章，涉及本级人民政府其他部门的职责或者与其他部门关系紧密的，起草单位应当充分征求其他部门的意见。起草单位与其他部门有不同意见的，应当充分协商；经过充分协商不能取得一致意见的，起草单位应当在上报规章草案送审稿时说明情况和理由。

起草单位应当将规章送审稿及其说明、对规章送审稿主要问题的不同意见和其他有关材料按规定报送审查。报送审查的规章送审稿，应当由起草单位主要负责人签署；几个起草单位共同起草的规章送审稿，应当由该几个起草单位主要负责人共同签署。规章送审稿的说明应当对制定规章的必要性、规定的主要措施、有关方面的意见等情况作出说明。有关材料主要包括汇总的意见、听证会笔录、调研报告、国内外有关立法资料等。

三、规章的审查

（一）规章审查的主体

规章审查工作由国务院部门法制机构和地方政府法制机构负责。

（二）规章审查的内容

规章审查的对象是规章送审稿。具体审查内容包括以下几点。

第一，是否符合：①立法法确定的立法原则，符合宪法、法律、行政法规和其他上位法的规定；②切实保障公民、法人和其他组织的合法权益，在规定其应当履行的义务的同时，应当规定其相应的权利和保障权利实现的途径；③体现行政机关的职权与责任相统一的原则，在赋予有关行政机关必要的职权的同时，应当规定其行使职权的条件、程序和应承担的责任；④体现改革精神，科学规范行政行为，促进政府职能向宏观调控、市场监管、社会管理、公共服务和环境保护转变；⑤符合精简、统一、效能的原则，相同或者相近的职能应当规定由一个行政机关承担，简化行政管理手续。

第二，是否与有关规章协调、衔接。

第三，是否正确处理有关机关、组织和公民对规章送审稿主要问题的意见。

第四，是否符合立法技术要求。

第五，需要审查的其他内容。

（三）规章审查的方式

第一，调查研究。法制机构应当就规章送审稿涉及的主要问题，深入基层进行实地调查研究，听取基层有关机关、组织和公民的意见。

第二，征求意见。法制机构应当将规章送审稿或者规章送审稿涉及的主要问题发送有关机关、组织和专家征求意见。

第三，座谈会、论证会、听证会。规章送审稿涉及重大问题的，法制机构应当召开由有关单位、专家参加的座谈会、论证会，听取意见，研究论证；规章送审稿直接涉及公民、法人或者其他组织切身利益，有关机关、组织或者公民对其有重大意见分歧，起草单位在起草过程中未向社会公布，也未举行听证会的，法制机构经本部门或者本级人民政府批准，可以向社会公布，也可以举行听证会。

第四，协调各方意见。有关机构或者部门对规章送审稿涉及的主要措施、管理体制、权限分工等问题有不同意见的，法制机构应当进行协调，达成一致意见；不能达成一致意见的，应当将主要问题、有关机构或者部门的意见和法制机构的意见上报本部门或者本级人民政府决定。法制机构应当认真研究各方面的意见，与起草单位协商后，对规章送审稿进行修改，形成规章草案和对草案的说明。说明应当包括制定规章拟解决的主要问题、确立的主要措施以及与有关部门的协调情况等。

（四）审查后的处理

规章审查部门对规章送审稿进行审查时，可以根据实际情况分别作出如下处理：

1. 缓办或者退回起草单位

规章送审稿有下列情形之一的，法制机构可以缓办或者退回起草单位：①制定规章的基本条件尚不成熟的；②有关机构或者部门对规章送审稿规定的主要制度存在较大争议，起草单位未与有关机构或者部门协商的；③上报送审稿不符合《规章制定程序条例》第十七条①规定的。

2. 上报

法制机构应当认真研究各方面的意见，与起草单位协商后，对规章送审稿进行修改，形成规章草案和对草案的说明。说明应当包括制定规章拟解决的主要问题、确立的主要措施以及与有关部门的协调情况等。规章草案和说明由法制机构主要负责人签署，提出提请本部门或者本级人民政府有关会议审议的建议。

法制机构起草或者组织起草的规章草案，由法制机构主要负责人签署，提出提请本部门或者本级人民政府有关会议审议的建议。

---

① 《规章制定程序条例》第十七条规定："起草单位应当将规章送审稿及其说明、对规章送审稿主要问题的不同意见和其他有关材料按规定报送审查。""报送审查的规章送审稿，应当由起草单位主要负责人签署；几个起草单位共同起草的规章送审稿，应当由该几个起草单位主要负责人共同签署。""规章送审稿的说明应当对制定规章的必要性、规定的主要措施、有关方面的意见等情况作出说明。""有关材料主要包括汇总的意见、听证会笔录、调研报告、国内外有关立法资料等。"

四、决定和公布

(一) 规章的决定机关

根据《立法法》第八十四条规定："部门规章应当经部务会议或者委员会会议决定。""地方政府规章应当经政府常务会议或者全体会议决定。"

(二) 决定机关的审议

规章制定主体在审议规章草案时，由法制机构作说明，也可以由起草单位作说明。

(三) 规章的公布

根据《立法法》第八十五条规定，部门规章由部门首长签署命令予以公布；地方政府规章由省长、自治区主席、市长或者自治州州长签署命令予以公布。

公布规章的命令应当载明该规章的制定机关、序号、规章名称、通过日期、施行日期、部门首长或者省长、自治区主席、市长或者自治州州长署名以及公布日期。

部门联合规章由联合制定的部门首长共同署名公布，使用主办机关的命令序号。

(四) 规章的标准文本

根据《立法法》第八十六条规定，部门规章签署公布后，及时在国务院公报或者部门公报和中国政府法制信息网以及在全国范围内发行的报纸上刊载。

地方政府规章签署公布后，及时在本级人民政府公报和中国政府法制信息网以及在本行政区域范围内发行的报纸上刊载。

在国务院公报或者部门公报和地方人民政府公报上刊登的规章文本为标准文本。

(五) 规章的生效时间

规章应当自公布之日起三十日后施行；但是，涉及国家安全、外汇汇率、货币政策的确定以及公布后不立即施行将有碍规章施行的，可以自公布之日起施行。

此外，还应当注意规章应当自公布之日起三十日内，由法制机构依照《立法法》和《法规规章备案条例》的规定向有关机关备案。

第 十 二 章

法律的适用和备案审查

第一节　法律适用的基本原理

一、法律适用的概念

法律的适用，是指拥有司法权的国家机关及其司法人员，依据法定职权和法定程序，把法律规范应用于具体案件的专门活动。通常而言，法律适用具有被动性、权威性、强制性、程序性、合法性、规范性、独立性、专业性和创造性的特征，要满足公正、文明、廉洁和效率的要求。[①]

二、我国法律的适用规则

法律适用规则，是指法律规范之间发生冲突时选择适用法律规范的基本原则。根据法律位阶理论，在不同位阶之间的法律不一致时，上位法优于下位法，下位法服从上位法；在相同位阶之间的法律不一致时，特别法优于一般法，新法优于旧法。

（一）上位法优于下位法，下位法服从上位法

由于法律是由不同的国家机关制定的，而这些国家机关在国家机关体系中地位和作用不同，因此，其制定的法律规范的效力也就不相同，这使得不同国家机关所制定的法律规范形成了一个效力等级不同的体系，即所谓法律位阶体系。所谓法律位阶，是指不同效力级别的规范性法律文件之间所构成的效力等级体系。每一部规范性法律文本在法律体系中的纵向等级不同，其所处位阶也就不同。下位阶的法律必须服从上位阶的法律，所

---

① 李步云：《法理学》，经济科学出版社 2000 年版，第 607—622 页。

有的法律必须服从最高位阶的法。在我国，按照《宪法》和《立法法》规定的立法体制，法律位阶共分六级，它们从高到低依次是：根本法律、基本法律、普通法律、行政法规、地方性法规和规章。

根据《立法法》第五章的规定，我国的法律位阶具体包括：

第一，宪法具有最高法律效力。即宪法处于最高的法律位阶，具有最高的法律效力，一切法律、行政法规、地方性法规、自治条例和单行条例、规章都不得同宪法相抵触。

第二，法律的效力高于行政法规、地方性法规、规章。

第三，行政法规的效力高于地方性法规、规章。

第四，地方性法规的效力高于本级和下级地方政府规章。

第五，上级政府规章的效力高于下级政府规章。即省、自治区的人民政府制定的规章的效力高于本行政区域内的设区的市、自治州的人民政府制定的规章。

第六，自治条例和单行条例优先适用。即自治条例和单行条例依法对法律、行政法规、地方性法规作变通规定的，在本自治地方适用自治条例和单行条例的规定。

第七，经济特区法规优先适用。即经济特区法规根据授权对法律、行政法规、地方性法规作变通规定的，在本经济特区适用经济特区法规的规定。

（二）同位阶的法律规范在各自的领域内适用

同位阶的法律规范是指法律效力相同、没有高低之分的法律规范。通常而言，相同级别的立法主体制定的法律规范效力是相同的。在我国，根据《立法法》第九十一条的规定，部门规章之间、部门规章与地方政府规章之间具有同等效力，在各自的权限范围内施行。这意味着，部门规章之间的法律位阶相同，部门规章与地方政府规章之间的法律位阶相同。

（三）特别法优于一般法，后法（新法）优于前法（旧法）

所谓特别法，是指根据某种特殊情况和需要规定的调整某种特殊社会关系的法律规范的总称。所谓一般法，是指为调整某类社会关系而制定法律规范的总称。确定特别法优于一般法的适用原则，是由于特别法的规定所针对的是具体社会关系的特殊需要，更能够合理地调整社会关系，更符合社会现实的要求。

所谓后法（新法），是指制定时间在后面的法律规范的总称。所谓前法（旧法），是指制定时间在前面的法律规范的总称。确定后法（新法）优于前法（旧法），是由于任何法律都是根据制定时的社会关系的情况制定，但随着国家经济社会的发展变化，法律规范必然会出现不适应经济社会发展变化的情况，需要不断地修改和更新原有的法律规范。后法（新法）优于前法（旧法），正是法律应当适应经济社会发展变化的具体表现。

为了明确特别法优于一般法，后法（新法）优于前法（旧法）的原则，《立法法》第九十二条规定："同一机关制定的法律、行政法规、地方性法规、自治条例和单行条例、规章，特别规定与一般规定不一致的，适用特别规定；新的规定与旧的规定不一致的，适用新的规定。"

当然，特别法优于一般法，后法（新法）优于前法（旧法）的前提必须是两个法律规范同属于一个位阶，即由同一个立法机关所制定，如果两个法律规范属于不同的位阶，即由不同的机关所制定，则不能适用。换言之，特别法优于一般法，后法（新法）优于前法（旧法），必须以遵守上位法优于下位法为前提。

（四）法不溯及既往原则

法不溯及既往，即法对其生效前所发生的事件和行为不产生法律效力。在我国，法律一般不具有溯及既往的效力。这是因为，法作为调整社会关系的规范，是通过对违反者的惩戒来强制人们遵守的，人们之所以对自己的违法行为承担不利后果，接受惩戒，是因为其事先已经知晓或者应当知晓法律有关令行禁止的规定，法律对人们的行为具有引导和教育作用。人无先知先觉的能力，还没有制定出来的法律不能要求人们遵守，法律只能在其生效后，人们才有义务将其作为行为规范进行遵守。如果认可法具有溯及既往的效力，人们就会因不知晓自己的行为是否违法而时刻处于恐惧之中，担心自己随时可能丧失自由，无法感受到法律给自己带来的安全感。因此，《立法法》第九十三条规定："法律、行政法规、地方性法规、自治条例和单行条例、规章不溯及既往，但为了更好地保护公民、法人和其他组织的权利和利益而作的特别规定除外。"《刑法》第十二条也明确规定："中华人民共和国成立以后本法施行以前的行为，如果当时的法律不认为是犯罪的，适用当时的法律；如果当时的法律认为是犯罪的，依照本法总则第四章第八节的规定应当追诉的，按照当时的法律追究刑事责任，但是如果本法不认为是犯罪或者处刑较轻的，适用本法。""本法施行以前，依照当时的法律已经作出的生效判决，继续有效。"

（五）法律规范冲突的裁决

从理论上看，根据法律统一的原则，法律规范之间是不应当存在冲突的，特别是同一立法机关制定的法律规范。但由于各种原因，法律规范的冲突却客观存在，不得不防。当法律规范之间的冲突发生后，应当如何裁决呢？对此，《立法法》在第九十四条和第九十五条中作出规定，即：

第一，法律之间对同一事项的新的一般规定与旧的特别规定不一致，不能确定如何适用时，由全国人民代表大会常务委员会裁决。

第二，行政法规之间对同一事项的新的一般规定与旧的特别规定不一致，不能确定如何适用时，由国务院裁决。

第三，地方性法规、规章之间不一致时，同一机关制定的新的一般规定与旧的特别规定不一致时，由制定机关裁决。

第四，地方性法规与部门规章之间对同一事项的规定不一致，不能确定如何适用时，由国务院提出意见，国务院认为应当适用地方性法规的，应当决定在该地方适用地方性法规的规定；认为应当适用部门规章的，提请全国人民代表大会常务委员会裁决。

第五，部门规章之间、部门规章与地方政府规章之间对同一事项的规定不一致时，由国务院裁决。

第六，根据授权制定的法规与法律规定不一致，不能确定如何适用时，由全国人民代表大会常务委员会裁决。

第二节　立法监督、立法备案和立法审查

一、立法监督概述

（一）立法监督的概念与特征

立法监督，是指享有立法监督权的主体依照法定职权和程序，对立法活动的过程和结果进行的审查和监控。具体来说，立法监督具有下列基本性质和特征：

　　第一，准立法性。立法监督虽然是贯穿全部立法过程的重要活动，但其并不直接制定、修改或废止法律规范，因此不是严格意义上的立法行为，只是准立法行为。立法监督虽然与法的制定、修改和废止活动不同，但是，立法监督在很多情况下都会直接影响规范性法律文件的法律效力，或者直接导致规范性法律文件的立、改、废。因此，立法监督在很大程度上具有立法的性质，可以视为一种广义上的立法行为。例如，立法监督主体作出撤销规范性法律文件的决定，就意味着该规范性法律文件的失效或废止；对于相互冲突的规范性法律文件作出裁决，就意味着其中一项规范性法律文件的失效或变更。当然，立法监督虽然可直接或间接导致法律的立、改、废，但毕竟不是严格意义上的立法活动。因此，可以认为，立法监督具有准立法性。

　　第二，法定性。立法监督是对立法权及其运行结果这一国家重大政权活动的监督，立法监督活动必须严格遵守法律的相关规定。立法监督的法定性表现如下。①立法监督主体具有法定性。一个国家的各个国家机关中，并非所有的国家机关都可以从事立法监督活动，只有宪法、法律明确授权的国家机关才有权进行立法监督。如在美国，联邦最高法院有违宪审查权，有权审查议会立法的合法性；而在我国，宪法没有授权最高人民法院享有这样的权力，不能对立法活动进行司法审查。②立法监督主体的权限法定。立法监督主体必须在法律明确授予的权限内进行立法监督，即使是享有立法监督权的主体，超越其监督权限范围的所谓"监督"也是违法的，不能产生相应的法律后果；相反，还应当承担相应的责任。越权立法和无权立法一样，都会面临被撤销的结果；同样，越权进行立法监督也是无效的。在我国，不同级别的国家权力机关和行政立法机关的立法权限有较大的区别，绝不允许超越权限范围进行立法监督。③立法监督主体的监督程序法定。立法监督主体在行使监督权时，必须严格遵守法律程序，不允许采用违法的程序进行立法监督，否则可能出现以违法纠正违法的情况。有立法监督权主体不遵循法定监督程序行使监督权的行为同样是无效监督。④立法监督的对象法定。立法监督的对象包括立法过程和立法结果两个方面，在监督过程中虽然以对立法结果的监督为主，但也不能忽视对立法过程的监督。"对立法过程予以监督的好处是可以在法的实施前发现问题，减少不适当、不合法的立法可能带来的不良社会影响和社会利益的损失。其弊端在于可能大大增加立法的成本，造成不必要的资源损耗和立法低效率。如果超越法律的规定，还可能干预正常的立法进程，造成监督权对立法权的僭越。"① 所以，如何确定立法监督对象，对搞好立法监督工作、提高立法监督质量具有十分重要的意义。

第三，立法监督的权威性。立法权是国家重要的权力形式之一，立法活动是一个国家重要的政权活动。要对立法过程和结果进行监督，必然要求进行监督的主体在法律地位上应当高于被监督的立法主体，在权力上应当大于被监督立法主体的立法权。只有这样，立法监督主体的监督才能发挥预期的功效，否则，它就无法对行使国家权力的立法活动进行有效监督。这就从客观上需要宪法和法律确定立法监督主体的权威地位，授权立法监督主体更大的权力。为了保证立法监督的权威性，立法监督体制通常具有下列特征。①立法监督主体的法律地位，在我国必须高于立法主体的法律地位，在实行三权分立的国家立法监督主体的地位不能低于立法主体的地位。否则，立法监督主体无法对立法主体进行行之有效的监督，更不能撤销违法的立法行为和立法结果。②立法监督主体在地位和权力方面具有相对的独立性。在进行立法监督的过程中，立法监督主体有权独立行使监督权，不受任何其他国家机关、社会组织和个人的干涉。③法律必须为立法监督后果提供切实的保障。"立法监督的权威性最终要体现在立法监督裁定的执行上。如果立法监督的裁定最终无法实行，不仅立法监督活动会失去权威性，也会使人们对国家法制丧失信心。"②

第四，强制性。立法监督不以被监督主体的同意为前提，只要监督机关依照法定的程序启动监督机制，被监督主体必须接受；监督主体通过审查和控制等方式，可以对违法的立法行为和法律予以强制性否定。

第五，程序监督与结果监督相结合。立法监督机关在进行立法监督时，既可以对立法机关的立法行为进行监督，也可以对立法机关制定的法律进行监督，是二者的有机结合。

（二）立法监督的作用

立法监督作为现代立法制度体系的重要组成部分，对中国特色社会主

---

① 朱力宇、叶传星：《立法学》（第四版），中国人民大学出版社 2015 年版，第 219 页。
② 黄文艺：《立法学》，高等教育出版社 2008 年版，第 105 页。

义法律体系的形成和完善，建设社会主义法治国家具有十分积极的作用。立法监督在法治建设中的作用表现在：

第一，立法监督能够有效解决立法中存在的矛盾和冲突，促进中国特色社会主义法律体系各组成部门之间、各部门法在内容上的和谐与统一。由于立法体制的复杂，立法主体的多级化与多类化，处于不同层次、不同位阶的法律规范之间存在冲突和矛盾是不可避免的。加之立法机关对经济社会的现状和发展规律的认识有较大的局限性，有时受部门利益、地方利益、集团利益等因素的影响，法律规范之间发生矛盾冲突的概率更大。建立立法监督制度，正是为了预防或消除这种矛盾和冲突。通过立法监督，一是可以防止中国特色社会主义法律体系内部杂乱无序、相互矛盾，消除人们在法的适用和遵守法律规范时无所适从的现状；二是可以避免经济社会生活中"法律打架"、"用法律打架"和"打法律架"情况的发生，使法律的权威得到进一步弘扬。

第二，立法监督能够促进立法在宪政体制下运行，确保立法的民主化。立法的权限划分体制首先体现了政治的性质，其次才表现为法的性质，立法权是国家权力的重要组成部分。在现代社会，对立法权进行监督、制约是民主政治的要求。因为立法者的任性和偏执会损害社会公平正义，影响社会良好秩序的形成和发展。通过有效的立法监督，可以最大限度地保证立法权在科学、民主、法治的轨道上行驶，使立法能真正体现民意。权力有容易滥用的本性，立法权也不例外，所以有监督的必要。

第三，有利于立法质量的提高，增强立法的科学性和民主性，促进经济社会的和谐发展。"法治应包含两重意义：已成立的法律获得普遍的服从，而大家所服从的法律又应该本身是制定得良好的法律。"① 影响我国法治实现的因素不仅有法的运行问题，也有立法本身的质量问题。或者反过来说，在法的运行中所出现的诸多问题，部分原因就在于立法本身。立法也需要科学发展观的统领，为了增强立法的科学性，立法监督是不可缺少的。

（三）立法监督的模式

从世界范围看，立法监督的模式主要有三种类型，即事前审查模式和

---

① ［古希腊］亚里士多德：《政治学》，吴寿彭译，商务印书馆 1996 年版，第 199 页。

事后审查模式，以及在这种模式基础上发展起来的结合模式。

1. 事前审查模式

事前审查模式，是指在法律生效之前，由有关国家机关对其所实行的立法监督。如法国的宪法委员会有权对法律的合宪性进行审查。议会制定的组织法、议会两院的内部规章在执行之前，都应当提交宪法委员会进行审查，以裁决其是否合宪。各项法律在公布之前，应当由共和国总统、内阁总理或两院中任何一院的议长提交宪法委员会进行审查。采用这种模式的国家除法国外，还有意大利、奥地利、葡萄牙、爱尔兰等。① 事前审查是一种主动审查，无需当事人的申请即可进行。

事前审查模式的优点主要有：一是能够在比较短的规定时间内就对有关立法予以审查，可以减少立法审查的过度拖延时间；二是能够避免某些违反宪法和上位法的法律、法规和规章的公布，进而提高立法的权威和法制的统一。

事前审查模式的缺陷主要是，法律只有在实施过程中才会暴露出问题，不经实施其违法性无法显现出来，因此，在事前审查时恐难发现问题，而且随着经济社会的发展，在立法时合宪的法律经过一段时间后也可能会出现违宪、违法的问题。

为了克服事前审查的缺陷，有的国家将事前审查与事后审查相结合。事前审查的立法权限和立法程序以是否符合法律规范为重点，事后审查以法律规范的内容是否合法为重点。

2. 事后审查模式

事后审查模式，是指在法律公布施行后，再由当事人就其合法性问题向有监督权的国家机关提出审查的请求，由监督机关对特定法律进行审查的监督方式。通常事后审查的监督机关包括宪法法院、普通法院和专门机构负责。事后审查的监督模式一般需要由特定的个案引发，它主要是通过个案在适用法律时引发对法律的合法性争议，而需要就相关法律问题作出判断。事后审查是一种被动审查，只有相关当事人提出审查诉求时才能进行。事后审查模式以美国为代表。

事后审查的优点在于，通过事后审查能够在一定程度上避免事前审查

---

① 朱力宇、叶传星：《立法学（第四版）》，中国人民大学出版社 2015 年版，第 221 页。

的缺陷，充分发挥有关当事人在与自己有关的案件中发现并提出相关法律在内容上的违法性。

事后审查的缺陷是由于其审查的启动机制是被动式的，只能在事后发现法律的违法性问题，有时当事人已经为这一违法的法律付出了代价，造成了损失。

3. 结合审查模式

结合审查模式，是为了避免事前审查模式和事后审查模式的缺陷，充分发挥这两种模式的优点而设计的。在结合模式之下，法律在公布前和公布后都分别设定了相应的合法性审查机制，事前审查机制没有发现的违法性问题可以通过事后审查机制来弥补。我国就是实行结合模式的国家。

结合模式的优点在于通过这种审查制度能够最大限度地消灭违法的法律，减少法律之间的冲突，维护宪法和法律的权威。

结合模式的缺陷在于对法律的稳定性不利，当通过事前审查没有发现法律违法，而进行事后审查时又发现法律违法时，容易影响司法审查的权威性。

为避免发生不同审查模式存在的缺陷，有学者建议，对事前审查和事后审查的主要内容进行划分。"事前审查主要涉及立法权限及程序，事后审查则集中在立法的实体内容方面。"[1]

（四）立法监督的分类

以不同的标准可以对立法监督进行分类，诸如：以实施监督的机关与被监督的立法机关的地位不同为标准，可以将立法监督区分为纵向监督和横向监督；以立法监督发生的条件不同为标准，可以将立法监督区分为常规监督和非常规监督；以立法监督的指向不同为标准，可以向立法监督区分为内容监督和形式监督；以立法监督的重点不同为标准，可以将立法监督区分为立法程序监督和立法结果监督。笔者认为，从实际效用的视角而言，最具有意义的分类是立法程序监督和立法结果监督。

1. 立法程序监督

立法程序监督，是指有关国家机关对立法机关的立法行为实施的监督。对立法程序进行监督的目的是将立法的全过程置于监督之下，通过程

---

[1]　朱力宇、叶传星：《立法学（第四版）》，中国人民大学出版社 2015 年版，第 222 页。

序合法保证立法结果的合法，将可能出现的不良法律通过合法的程序给予排除。

2. 立法结果监督

立法结果监督，是指有关国家机关对立法机关已经制定的法律进行的监督。立法结果监督的重点在于已经制定出来的法律，而不过问立法的程序，虽然具有经济和准确的特点，但由于是在事后才将损害降低到最低限度，而无法在事前将损害加以消除。

（五）立法监督的要素

立法监督的要素，是指开展有效的立法监督应当具备的必要条件。一般而言，一个有效的监督应当包括四个基本要素，即谁监督、监督什么、怎样监督、监督程度等内容。

1. 立法监督主体

立法监督主体，是指依照法定职权和程序对立法活动和结果进行监督的国家机关。从现代民主宪政的国家来看，享有立法监督权的国家机关有如下几类：

第一，国家权力机关监督。国家权力机关，即议会。国家权力机关是国家的法定立法机关，行使立法权和立法监督权。由于在国家机关体系中的重要地位，可以对所有立法主体的立法活动和结果进行审查，并通过监督裁定对法律法规进行修改和废止。授权立法日益增加的情况下，为了防止政府在立法过程中滥用权力，越权立法或制定赋予本部门特权的法规，作为授权机关的议会就必须担负起对授权立法活动的指导和监督的责任，成为主要的立法监督机关。

第二，司法机关监督。司法机关作为立法监督主体的立法监督制度来源于资本主义的"权力分立与制衡"的理论。为了防止权力过分集中于议会，法院可以对议会通过的立法进行违宪审查，宣布违宪的议会立法无效。

第三，专门机关监督。为了充分实现立法监督职能，避免各种不利因素的干扰和影响，有些国家选择成立专门的立法监督机关来进行专门的立法审查工作。例如，奥地利的宪法法院、西班牙的宪法保障法院、德国的宪法法院、法国的宪法委员会等。专职机构将违宪审查作为自己的唯一职责，具有唯一性和专业性的特点，并在长期的审查实践中培养了自己的职业敏感性。因此，能够更好地完成立法监督职能。

第四，行政机关监督。由于授权立法的不断增长，对其进行有效监督的必要性与日俱增，一些国家实行行政部门行使立法监督权。行政机关的立法监督范围往往都是部门规章和政府规章及其立法主体的立法活动。

这里需要注意，有学者主张将人民群众也作为立法监督的主体。笔者认为，对于立法而言，社会监督所能产生的功效十分有限，不借助其他主体的监督，不可能产生法律效果，所以人民群众的监督只能属于社会监督，不能直接发生法律效力。

2. 立法监督的客体

立法监督的客体，亦即立法监督的对象，是指立法监督应当对什么进行监督。就总体而言，立法监督的客体主要是立法行为，还是立法结果，或者兼而有之。应当说监督主体的不同，监督客体也是不同的。在我国，立法的客体包括：对法律的监督、对行政法规的监督、对地方性法规的监督、对规章的监督、对授权立法的监督和对法律解释的监督等内容。但总体而言，"对于立法活动，立法监督侧重于是活动本身的合法性；对于立法文件，立法监督则侧重于文件本身的有效性。"[1]

3. 立法监督的方式

立法监督的方式不外乎前面所说的三种，但监督方式与监督主体、监督对象都有十分密切的关系，因此要有效地开展立法监督，设计有效的监督方式是十分重要的。

4. 立法监督的程度

立法监督的程度，是指立法监督主体对立法进行监督的限度，即只对立法的合法性进行监督，还是对立法的适当性进行监督，或者兼而有之。

立法的合法性包括立法主体合法、立法权限合法、立法程序合法和立法内容合法。

立法的适当性包括立法动机应当具有建设性；立法行为应当建立在充分的理论根据和实践基础上；立法权行使应当合乎情理、规律、常理、公平等内容。[2]

---

① 侯淑雯：《新编立法学》，中国社会科学出版社 2010 年版，第 187 页。
② 万其刚：《立法理念与实践》，北京大学出版社 2005 年版，第 243 页。

二、我国的立法监督制度

（一）我国立法监督的主体

根据《宪法》和《立法法》的规定，我国的立法监督主体都是拥有立法权的国家机关，包括国家权力机关和国家行政机关，人民法院和人民检察院不是立法监督主体。具体来说，我国下列国家机关是立法监督主体：

1. 全国人民代表大会

全国人民代表大会是我国的最高国家权力机关，因此在我国立法监督体系中具有最高的地位和权威。根据《宪法》和《立法法》的规定，全国人民代表大会可以行使以下两方面的立法监督权。

第一，有权监督《宪法》的实施，包含了对违宪立法的监督。

第二，有权改变或者撤销全国人民代表大会常务委员会制定的不适当的法律或不适当的决定，有权撤销全国人民代表大会会常务委员会批准的违背《宪法》和《立法法》规定的权限范围的自治条例和单行条例。

2. 全国人民代表大会常务委员会

全国人民代表大会常务委员会是全国人民代表大会的常设机关，也是我国的立法机关。根据《宪法》与《立法法》的规定，全国人民代表大会常务委员会有四个方面的立法监督权：

第一，全国人民代表大会常务委员会是宪法实施的监督机关，自然包括有监督其他立法主体的立法行为是否违宪的权力。

第二，全国人民代表大会常务委员会有权撤销同宪法和法律相抵触的行政法规，有权撤销同宪法、法律和行政法规相抵触的地方性法规，有权撤销省、自治区、直辖市的人民代表大会常务委员会批准的违背《宪法》和《立法法》规定的自治条例和单行条例。

第三，对法律冲突的裁决权。如果法律之间对同一事项的新的一般规定与旧的特别规定不一致时，或根据授权制定的法规与法律规定不一致时，或地方性法规与部门规章之间对同一事项的规定不一致，国务院认为应当适用部门规章时，由全国人民代表大会常务委员会裁决。

第四，对自治区的自治条例和单行条例的批准权。全国人民代表大会常务委员会享有仅次于全国人民代表大会的立法监督权，对基本法律之外的立法享有广泛的监督权，在我国立法监督体系中占有十分重要的地位。

3. 国务院

国务院拥有对行政立法的监督权，主要包括两项立法监督权：

第一，对行政规章的立法监督权。国务院有权改变或者撤销不适当的部门规章和地方政府规章。

第二，对法律冲突的裁决权。如果行政法规之间对同一事项的新的一般规定与旧的特别规定不一致时，或部门规章之间、部门规章与地方规章之间对同一事项的规定不一致时，由国务院裁决。

国务院的立法监督权虽低于全国人民代表大会及其常务委员会，但其监督的内容较为具体，与普通民众息息相关。国务院是否能够有效行使立法监督权，直接影响到百姓的生活、政府的行为和法律的威信。

4. 地方的立法监督机关

（1）省、自治区、直辖市人民代表大会

省、自治区、直辖市的人民代表大会有权撤销它的常务委员会制定和批准的不适当的地方性法规。

（2）省、自治区、直辖市，设区的市和自治州的人民代表大会常务委员会

省、自治区、直辖市，设区的市和自治州的人民代表大会常务委员会有权撤销本级人民政府制定的不适当的政府规章。省、自治区、直辖市的人民代表大会常务委员会有权审查批准自治州、自治县的自治条例和单行条例。省、自治区的人民代表大会常务委员会有权审查批准设区的市的地方性法规。

（3）省、自治区人民政府

省、自治区的人民政府有权改变或者撤销下一级人民政府制定的不适当的规章。

（二）我国立法监督的内容

根据《立法法》第九十六条的规定，我国法律监督的内容主要是三种，一是合法性监督，二是适当性监督，三是对立法内容的冲突进行裁决。

1. 合法性监督

首先，是对立法权限进行审查。根据越权无效原理，任何超越法定的

或授权的立法权限范围的立法，都是无效的。立法监督主体有权改变或撤销超越法定的或授权的立法权限范围的立法。根据《立法法》第九十六条第一项的规定，法律、行政法规、地方性法规、自治条例、单行条例、规章的制定超越权限的，由有关的机关依照法定权限予以改变或撤销。

其次，是对立法内容的审查。中国特色社会主义法律体系是不同效力等级的法的有机组合。在这一等级体系中，下位法的规定不得违反上位法的规定。如果下位法的规定违反了上位法的规定，则应当是无效的。立法监督主体有权改变或撤销违反上位法规定的下位法。下位法不得违反上位法的规定要求下位法不得与上位法相抵触。不相抵触，既包括不得与上位法的明文规定直接抵触，也包括不得与上位法的法律精神、原则相抵触。

再次，是对立法程序的审查。公正完备的立法程序，是保证法律规范内容合法的前提。《立法法》第九十六条第五项规定，违背法定立法程序的立法，由有关的机关依照法定权限予以改变或撤销。因此，法律、法规和规章从提出立法议案、草案、审议、表决、公布都必须严格遵守法定的程序。

2. 适当性监督

立法内容合法，并不意味着所立之法就是良法，它还必须满足适当性要求。应当说立法的内容合法，只是对立法进行监督的最低标准，在合法的基础上还必须进行适当性审查。适当性要求是对立法内容的更高要求，是对立法主体的自由裁量权的重要限制。适当性监督是合法性监督的补充。与合法性要求相比，适当性要求更难以设定明确而可操作的标准。一般来说，立法内容是否适当，主要从立法内容是否符合法的时代精神、是否符合社会的公正标准、是否顺应民意、是否符合常理习惯、是否遵循节制原则和最小成本原则等方面来判断。而且，为了防止对立法主体的立法权的过多干预，适当性监督应当慎重进行。只有当立法内容表现出明显的不适当时，立法监督主体才能启动适当性监督程序。《立法法》第九十六条第四项规定，规章的规定被认为不适当时，应当予以改变或者撤销。

3. 对立法内容的冲突的裁决

对立法内容的监督还包括对立法内容的冲突的裁决。当两项立法在同一事项上的规定发生冲突，不能确定如何适用时，由有权的立法监督主体作出裁决。

（三）我国立法监督的方式

根据《宪法》《立法法》《行政诉讼法》《行政复议法》《行政法规制定程序条例》和《法规规章备案条例》的规定，我国的立法监督既包括事前监督的方式，也包括事后监督的方式。具体的监督方式有批准、备案、审查、裁决四种方式，其中批准属于事前监督的方式，备案、审查、裁决属于事后监督的方式。

所谓批准，是指有关立法主体所制定的法律，需报请更高层级的立法主体审查同意后，才能颁布实施的制度和活动。

需要批准的法律未经批准，立法过程就没有完结，就不能颁布实施。法律文件生效之前进行审查批准，可以避免规范性法律文件违反宪法和其他上位法，有利于法律体系的协调和统一。因此，对于需要批准的规范性法律文件来说，批准既是立法过程的一个环节，也是立法监督的一个重要措施。

根据《宪法》《立法法》的规定，需要报请批准的法律如下。

第一，自治区的自治条例和单行条例，报全国人民代表大会常务委员会批准后生效；

第二，设区的市和自治州的人民代表大会及其常务委员会所制定的地方性法规，报省、自治区的人民代表大会常务委员会批准后施行；

第三，自治州、自治县的自治条例和单行条例，报省、自治区、直辖市的人民代表大会常务委员会批准后生效；

第四，省、自治区、直辖市的人民代表大会常务委员会对于报请批准的地方性法规，应当对其合法性进行审查，同宪法、法律、行政法规和本省、自治区、直辖市的地方性法规不抵触的，应当在四个月内予以批准。

所谓裁决，是指对同一事项因同一位阶的法的规定不一致而不能确定如何适用时，由有权主体依法裁决决定适用某法的制度和活动。同一位阶的法之间的规定不一致，不一定存在合法性问题，主要是适用何者更为适当，即解决适当性问题，属于立法监督的内容。这种裁决制度首次由《立法法》第九十五条规定，据此规定，需要裁决的情形有三种：

第一，新的一般规定与旧的特别规定不一致的，需要裁决。这里不能简单适用"特别法优于一般法"或"新法优于旧法"的原则，因为这两个原则在这些情况中使用是矛盾的，所以需要裁决。

第二，地方性法规与部门规章之间、部门规章之间以及部门规章与地方规章之间对同一事项的规定不一致的，需要裁决。此种情形的出现是因为它们由同一级别、不同类型的机关制定的，也属于法的同一位阶，需要上级机关作出裁决。

第三，授权立法与法律的规定不一致的，需要裁决。授权立法的实质是受权主体取得了自己原本所没有的某方面立法权。在我国现行授权立法制度中，授权主体主要是全国人民代表大会及其常务委员会，被授权主体主要是国务院、经济特区所在地的省、市的人民代表大会及其常务委员会。授权主体对自己的授权活动进行监督，是当然的法理。如果根据授权制定的法规与法律规定不一致，不能确定如何适用时，由全国人民代表大会常务委员会裁决。

根据《立法法》第九十七条的规定，改变或者撤销法律、行政法规、地方性法规、自治条例和单行条例、规章的权限是：

第一，全国人民代表大会有权改变或者撤销它的常务委员会制定的不适当的法律，有权撤销全国人民代表大会常务委员会批准的违背宪法和《立法法》第七十五条第二款①规定的自治条例和单行条例；

第二，全国人民代表大会常务委员会有权撤销同宪法和法律相抵触的行政法规，有权撤销同宪法、法律和行政法规相抵触的地方性法规，有权撤销省、自治区、直辖市的人民代表大会常务委员会批准的违背宪法和《立法法》第七十五条第二款规定的自治条例和单行条例；

第三，国务院有权改变或者撤销不适当的部门规章和地方政府规章；

第四，省、自治区、直辖市的人民代表大会有权改变或者撤销它的常务委员会制定的或批准的不适当的地方性法规；

---

① 《立法法》第七十五条第二款规定："自治条例和单行条例可以依照当地民族的特点，对法律和行政法规的规定作出变通规定，但不得违背法律或者行政法规的基本原则，不得对宪法和民族区域自治法的规定以及其他有关法律、行政法规专门就民族自治地方所作的规定作出变通规定。"

第五，地方人民代表大会常务委员会有权撤销本级人民政府制定的不适当的规章；

第六，省、自治区的人民政府有权改变或者撤销下一级人民政府制定的不适当的规章；

第七，授权机关有权撤销被授权机关制定的超越授权范围或者违背授权目的的法规，必要时可以撤销授权。

此外，《各级人民代表大会常务委员会监督法》的规定也部分涉及法律监督问题。该法第二十九条规定："县级以上地方各级人民代表大会常务委员会审查、撤销下一级人民代表大会及其常务委员会作出的不适当的决议、决定和本级人民政府发布的不适当的决定、命令的程序，由省、自治区、直辖市的人民代表大会常务委员会参照立法法的有关规定，作出具体规定。"第三十条规定："县级以上地方各级人民代表大会常务委员会对下一级人民代表大会及其常务委员会作出的决议、决定和本级人民政府发布的决定、命令，经审查，认为有下列不适当的情形之一的，有权予以撤销：（一）超越法定权限，限制或者剥夺公民、法人和其他组织的合法权利，或者增加公民、法人和其他组织的义务的；（二）同法律、法规规定相抵触的；（三）有其他不适当的情形，应当予以撤销的。"

三、立法备案

（一）立法备案的概念

在实践中，人们对备案具有不同的理解。有人认为，备案就是要进行审查。有人认为，备案并不一定要主动审查，只有根据需要才进行审查。一般认为备案就是存档备查。①

所谓立法备案，是指立法主体将其通过或批准的规范性法律文件报送更高层级的立法监督主体登记、存档，以备审查的制度和活动。

立法备案的目的是便于接受备案的机关全面了解立法主体的立法情况，对报送备案的规范性法律文件进行审查，消除规范性法律文件之间的冲突。所以，立法备案属于立法监督的一项内容。

---

① 乔晓阳：《〈中华人民共和国立法法〉导读与释义》，中国民主法制出版社 2015 年版，第 301 页。

在我国，需要立法备案的规范性法律文件的类型包括行政法规、地方性法规、自治条例和单行条例、规章、授权立法。规范性法律文件的类型不同，接受备案的机关也不同。

（二）立法备案的范围

根据《立法法》第九十八条的规定，接受备案的机关，不同类型规范性法律文件报送的备案机关如下。

第一，行政法规报全国人民代表大会常务委员会备案。

第二，省、自治区、直辖市的人民代表大会及其常务委员会制定的地方性法规，报全国人民代表大会常务委员会和国务院备案；设区的市、自治州的人民代表大会及其常务委员会制定的地方性法规，由省、自治区的人民代表大会常务委员会报全国人民代表大会常务委员会和国务院备案。

第三，自治州、自治县的人民代表大会制定的自治条例和单行条例，由省、自治区、直辖市的人民代表大会常务委员会报全国人民代表大会常务委员会和国务院备案；自治条例、单行条例报送备案时，应当说明对法律、行政法规、地方性法规作出变通的情况。

第四，部门规章和地方政府规章报国务院备案；地方政府规章应当同时报本级人民代表大会常务委员会备案；设区的市、自治州的人民政府制定的规章应当同时报省、自治区的人民代表大会常务委员会和人民政府备案。

第五，根据授权制定的法规应当报授权决定规定的机关备案；经济特区法规报送备案时，应当说明对法律、行政法规、地方性法规作出变通的情况。

（三）立法备案的期限

关于备案审查的程序，《立法法》只规定了报送备案的期限，并未规定具体的程序。按照《立法法》的规定，行政法规、地方性法规、自治条例和单行条例、规章应当在公布后的三十日内报有关机关备案。

（四）立法报备机关

立法报备机关，是指将规范性文件报告备案的机关。一般情况下，确定报备机关的基本原则是谁制定，谁报备。

根据修改后的《立法法》的规定，立法报备是由制定机关依照立法的规定直接向其上一级国家权力机关和行政机关报备。

第一，国务院制定的行政法规，应当由国务院直接向全国人大常委会报送备案，具体由国务院办公厅负责报送。

第二，省级人大常委会制定地方性法规，由其直接向全国人大常委会和国务院报送备案，具体由省级人大常委会办公厅负责报送。

第三，省、自治区、直辖市人民政府规章由省、自治区、直辖市人民政府报送备案。

值得注意的是特殊情况的处理。

第一，经上一级立法机关批准才能生效的法规，必须由批准机关报送备案。如设区的市、自治州的人大及其常委会制定的地方性法规，需要经省一级人大常委会批准，因此，省一级人大常委会就是报备机关，具体由省级人大常委会办公厅负责报送。

第二，根据授权制定的法规，应当根据授权决定的规定确定报备的机关。

第三，对于两个或者两个以上部门联合制定的规章，由主办部门负责报送备案，没有必要由几个部门同时或者联合报送备案。

（五）立法备案机关

立法备案机关，是指接受法规、自治条例和单行条例、规章等备案的机关。根据《立法法》的规定，我国的备案机关包括全国人大常委会、国务院、省级人大常委会、省级人民政府、设区的市和自治州人大常委会。这些机关之间在备案时的分工是：

第一，全国人大常委会负责行政法规、地方性法规、自治条例和单行条例的备案，报送的法规、条例由全国人大常委会办公厅秘书局负责接收、登记、存档。

第二，国务院负责地方性法规、自治条例和单行条例、规章的备案，报送国务院备案的法规、规章，直接送国务院法制机构。

第三，省级人大常委会负责本级地方政府规章、设区的市、自治州地方政府规章的备案。

第四，省级人民政府负责设区的市、自治州人民政府规章的备案。

第五，设区的市、自治州人大常委会负责本级人民政府的规章备案。

第六，根据授权决定的规定，全国人大常委会、国务院负责海南省人大常委会以及深圳、汕头、珠海、厦门市人大常委会制定的经济特区法规的备案，广东省人大常委会负责深圳、汕头、珠海市人大常委会制定的经济特区法规的备案，福建省人大常委会负责厦门市人大常委会制定的经济特区法规的备案。

（六）立法备案的具体要求

2000年，第九届全国人民代表大会常务委员会第三十四次委员长会议通过并于2005年，第十届全国人民代表大会常务委员会第四十次委员长会议修订的《行政法规、地方性法规、自治条例和单行条例、经济特区法规备案审查工作程序》，① 规定了法规的报送主体、备案材料以及备案审查的程序。根据该规定，法规备案的内容包括备案报告、国务院令或公告、有关修改、废止或批准的决定、法规文本、说明及审议结果报告等有关文件，装订成册，一式十份。2004年，为了加强法规的备案审查工作，全国人民代表大会常务委员会法工委下设了法规审查备案室。

2001年，国务院根据《立法法》制定了《法规规章备案条例》，规定了法规规章的报送主体、备案审查机构、备案材料以及备案登记、审查的程序。根据该条例的规定，国务院法制机构负责国务院的法规、规章备案工作，履行备案审查监督职责。报送国务院备案的法规、规章，径送国务院法制机构。报送规章备案，应当提交备案报告、规章文本和说明，并按照规定的格式装订成册，一式十份。报送法规、规章，具备条件的，应当同时报送法规、规章的电子文本。

四、立法审查

（一）立法审查的概念

所谓立法审查，是指立法监督主体对已经公布实施的规范性法律文件的合法性、适当性进行检查和监督的制度和活动。

审查的结果有二：一是被审查的规范性法律文件合法、适当的，维持规范性法律文件，继续实施；二是被审查的规范性法律文件因不合法或不适当的，应当被改变或撤销。

（二）审查的方式

审查的启动有三种方式。

---

① 该次会议还通过了《司法解释备案审查工作程序》。

第一，依法定职权主动提起的审查。前述的批准机关、备案接受机关均可依职权主动对下位法的合法性进行审查。《立法法》第九十九条第一款规定："国务院、中央军事委员会、最高人民法院、最高人民检察院和各省、自治区、直辖市的人民代表大会常务委员会认为行政法规、地方性法规、自治条例和单行条例同宪法或者法律相抵触的，可以向全国人民代表大会常务委员会书面提出进行审查的要求，由常务委员会工作机构分送有关的专门委员会进行审查、提出意见。"

第二，依其他主体提出审查的要求或建议而进行的审查。《立法法》第九十九条第二款规定："前款规定以外的其他国家机关和社会团体、企业事业组织以及公民认为行政法规、地方性法规、自治条例和单行条例同宪法或者法律相抵触的，可以向全国人民代表大会常务委员会书面提出进行审查的建议，由常务委员会工作机构进行研究，必要时，送有关的专门委员会进行审查、提出意见。"

第三，因接受备案的机关对报送备案的规范性法律文件主动进行审查，从而启动审查程序。《立法法》第九十九条第三款规定："有关的专门委员会和常务委员会工作机构可以对报送备案的规范性文件进行主动审查。"

（三）审查的程序

根据《立法法》第一百条的规定，审查的基本程序如下。

第一，全国人民代表大会专门委员会、常务委员会工作机构在审查、研究中认为行政法规、地方性法规、自治条例和单行条例同宪法或者法律相抵触的，可以向制定机关提出书面审查意见、研究意见；也可以由法律委员会与有关的专门委员会、常务委员会工作机构召开联合审查会议，要求制定机关到会说明情况，再向制定机关提出书面审查意见。制定机关应当在两个月内研究提出是否修改的意见，并向全国人民代表大会法律委员会和有关的专门委员会或者常务委员会工作机构反馈。

第二，全国人民代表大会法律委员会、有关的专门委员会、常务委员会工作机构根据前款规定，向制定机关提出审查意见、研究意见，制定机关按照所提意见对行政法规、地方性法规、自治条例和单行条例进行修改或者废止的，审查终止。

第三，全国人民代表大会法律委员会、有关的专门委员会、常务委员会工作机构经审查、研究认为行政法规、地方性法规、自治条例和单行条例同宪法或者法律相抵触而制定机关不予修改的，应当向委员长会议提出予以撤销的议案、建议，由委员长会议决定提请常务委员会会议审议决定。

此外应当注意的问题有以下两个。

第一，根据《立法法》第一百零一条的规定，全国人民代表大会有关的专门委员会和常务委员会工作机构应当按照规定要求，将审查、研究情况向提出审查建议的国家机关、社会团体、企业事业组织以及公民反馈，并可以向社会公开。

第二，根据《立法法》第一百零二条的规定，除全国人大常委会的备案程序外，其他接受备案的机关对报送备案的地方性法规、自治条例和单行条例、规章的审查程序，按照维护法制统一的原则，由备案机关规定。

第 十 三 章

法律解释

第一节　法律解释的基本原理

一、法律解释的含义

"解释"在日常用语中包括"消除"和"分析说明"两种含义。① 什么是法律解释呢？学术界对此有不同的认识。概括起来，主要有如下几种不同的认识。

第一，法律解释就是根据统治者的政策、立法意图和法律意识对法律规定的具体内容和含义所作的必要说明。②

第二，法律解释是对法律规范的含义及所使用的概念、术语、定义等所作的说明。③

第三，法律解释包括三个方面的内容：一是指确定法律规范内容，探求立法意图（包括立法者立法时的主观意图和法律本身反映出的客观的立法目的和意图），说明法律规范的一种行为和过程；二是指规定法律解释的主体、权限、程序、方式和效力等问题的独立解释制度；三是指法律解释过程中作为技术所运用的一系列规则和方式。法律解释是动态（行为与过程）、静态（法律解释制度）和技术三者构成的统一整体。④

第四，法律解释是指对特定法律规定意义的说明。从广义讲，法律解释包括对宪法、法律和法规的解释。从狭义讲，宪法解释不同于法律解

---

① 《辞海》（缩印本），上海辞书出版社 2002 年版，第 831 页。
② 孙国华：《法学基础理论》，法律出版社 1982 年版，第 296 页。
③ 《中国大百科全书·法学》，中国大百科全书出版社 1984 年版，第 81 页。
④ 孙国华、郭华成：《法律解释新论》，《政治与法律》1988 年第 5 期。

释，后者仅指法律或兼指法律、法规的解释。①

　　第五，法律解释是科学地阐明法律规定的内容和含义，确切地理解法律规范中所体现的立法者的意志，从而保证法律规范的准确适用。法律解释是法律适用的不可或缺的前提，为了解决具体案件，必须获得作为大前提的法律规范。这种获得作为判决大前提的法律规范的作业，亦即广义的法律解释。具体来说，广义的法律解释包括三项内容：其一是在有可适用的法律规范情况下，确定法律规范意义内容的作为，即狭义的法律解释；其二是在没有可适用的法律规范情况下的漏洞补充；其三是在法律规定过于抽象一般而不确定的情况下的价值补充。②

　　第六，法律解释是对法律文本的意思的理解和说明。在该定义中，其基本含义为："意思"也即通常所说的"含义""意义"，包括内涵和外延，或者说"含义"和"指称"；"理解"是指解释者对法律文本意思的内心把握；"说明"指对理解结果的外在展示。简单地说，法律解释就是解释者将自己对法律文本意思的理解通过某方式展示出来。③

　　第七，法律解释，就是有关主体根据立法原意、法律意识和有关需要对法律内容、含义和有关术语所作的说明、解答或阐述。④

　　第八，法律解释有最广义、广义和狭义之分。最广义的法律解释，是指有关机关或个人对法律文本的内容、含义、精神和技术要求等所作的说明，通常根据解释主体和效力的不同将其分为法定解释（或有权解释、正式解释、有效解释等）和学理解释（或非正式解释）两类。广义的法律解释，是指有法律解释权的国家机关依照宪法和法律赋予的职权，对有关法律文本进行的解释，我国法学界通常将其分为立法解释、司法解释和行政解释，分别由立法机关、司法机关和行政机关作出。狭义的法律解释，即司法解释，是指法官在适用法律的过程中，在遵守法律精神及其规范意旨的前提下对与具体案件相关的法律文本的意义所作的阐释。从法律解释的历史发展趋势来看，法律解释权应当属于法官，是法官适用法律判

---

① 沈宗灵：《法理学》，高等教育出版社1994年版，第420页。
② 梁慧星：《民法解释学》，中国政法大学出版社1995年版，第125、192—193页。
③ 张志铭：《法律解释操作分析》，中国政法大学出版社1998年版，第16页。
④ 周旺生：《立法学教程》，北京大学出版社2006年版，第386页。

案的前提。①

　　第九，法律解释是对法律规范的含义所作的说明和阐述。②

　　笔者认为，顾名思义，法律解释就是对法律规定的含义所作的说明和阐述。法律解释是指由一定的组织或个人对法律规范的含义所作的说明。法官、律师、公民和任何组织在法的实施过程中都会涉及法律解释的问题，任何法律在实际运用中都会涉及法律解释的问题，法律解释是国家、社会活动和人们日常生活的重要组成部分，又是法律实施的一个重要前提。

　　法律解释的特点如下。

　　第一，法律解释的对象是具有法律效力的规范性法律文件。这里的法律不限于狭义的法律，而是包括宪法、法律、法规和规章在内的所有规范性法律文件。法律解释不仅是对个别法律条文、概念和术语的说明，还包括对整个法律文件系统的阐述，包括法律原则和法律意旨等的解释。这里需要注意，我国《立法法》所规定的法律解释，是形式意义的法律解释即只是全国人民代表大会及其常务委员会制定的法律的解释，不包括宪法解释、法规解释和规章解释。

　　第二，法律解释往往与具体案件密切联系。③ "法律解释往往由待处理的案件引起。"④ 法律解释一般都是在法的实施过程中发生的，而具体的案件又是法律实施的载体，法律解释还把具体的案件和相关的法律联系起来。法律解释的目的就在于在处理具体案件时，用具体的法律条文和相关原则和思想解决案件，所以说，法律解释往往与具体案件密切联系。正如有学者所指出："对于法律条文而言，只有它那与具体案件有关的部分才是最重要的；对于具体案件而言，只有它那与法律条文有关的部分才是最重要的。"⑤

---

①　陈金钊：《法理学》，北京大学出版社 2002 年版，第 459—460 页。

②　乔晓阳：《〈中华人民共和国立法法〉导读与释义》，中国民主法制出版社 2015 年版，第180 页。

③　周旺生教授认为："法律解释可以是同具体案件密切相关的，如针对具体案件的法的适用方面的解释；也可以是同具体案件没有密切或直接的关系，如全国人民代表大会常务委员会就法律所作的解释，往往就同具体案件没有密切或直接关系。"（周旺生：《立法学教程》，北京大学出版社 2006 年版，第 386 页）

④　梁慧星：《民法解释学》，中国政法大学出版社 1995 年版，第 202 页。

⑤　刘莘：《立法法》，北京大学出版社 2008 年版，第 209 页。

第三，法律解释具有一定的价值取向性。法律解释的过程就是一个价值判断、价值选择的过程。法律的价值就在于要依此实现一定的立法目的，而这些目的又以某些价值为基础。

二、法律解释的种类

法律解释根据不同的划分标准，可以有多种不同的分类。

（一）正式解释和非正式解释

这是根据解释主体和解释的效力不同所作的分类。

1. 正式解释

正式解释，亦称法定解释或有权解释，是指由特定的国家机关、官员和其他有解释权的人对法律所作出的具有法律约束力的解释。根据解释的机关不同，正式解释又可以分为立法解释和应用解释。立法解释就是立法机关在法律制定公布后，根据法律的执行情况和执行中的问题，对有关法律规范的含义作出的进一步说明和阐述。应用解释包括司法解释和行政解释，是指执法机关和司法机关在应用法律过程中，对有关法律规范的含义所作的说明和阐述。法律的正式解释有如下特征：

第一，正式解释的主体必须是法定的具有法律解释权的主体；

第二，解释的结果具有法律效力；

第三，法律解释的效力具有一定普遍适用性。

（1）立法解释

立法解释就是立法机关在法律制定公布后，根据法律的执行情况和执行中的问题，对有关法律规范的含义作出的进一步说明和阐述。立法解释是法律解释的一种，属于有权解释或法定解释，它依人们对"立法"一词的理解不同，有广义、狭义两种含义。狭义的立法解释包括两种情形：一是国家最高权力机关或其常设机构、最高代议机关等专门立法机关对法律所作的理解和说明；二是专指国家最高权力机关或国会对其自己制定的法律进行的解释。较为广义的立法解释亦包括两种情形：一是指有立法权的专门国家机关及其授权的机关对立法规定等所作的理解和说明；二是指有立法权的专门国家机关对其自身所制定的规范性文件等所作的理解和说明。最高广义的立法解释即对立法的解释。可以是有权解释，也可以是任意解释；可以是立法机关或司法机关的解释，也可以是其他组织或个人的解释，即只要是对立法的解释，都可以被视为一种立法解释。① 在我国，立法解释即由立法机关作出的解释，一般由人民代表大会常务委员会解释。

（2）司法解释

司法解释就是司法机关在司法过程中对法律的解释。有学者认为，司法中所说的法律解释并不限于法律文本的解释，甚至主要不是对法律文本的解释。哲学阐释学意义上的解释存在于任何人类活动之中，因此必然存在于任何案件审理之中，但是司法上所说的法律解释往往在疑难案件审理中，法官或学者往往将整个适用法律的过程或法律推理过程概括为"法律解释"，其中包括类比推理、"空隙立法"、剪裁事实、重新界定概念术语及至"造法"。② 应当指出，这种观点与本书研究的司法解释并不一致，本书所研究的司法解释是指最高人民法院和最高人民检察院在司法实践过程中对法律所作的解释。

在大多数西方国家，司法就是指法院的审判活动，司法机关就是法院，自然司法解释即为法院或法官对法律的解释。特别是普通法系国家，法官制作的判例不仅可以对成文法律进行解释而且可以创制法律规则即所谓"法官造法"，对于法律的解释也只有法官才有这样的权力。在大陆法系国家，尽管曾经一度否认过法官对法律的解释，但二战后德国最高法院复审制度的确立，最终使司法解释权得到了巩固。

从各国司法解释的规定和实际情况看，目前世界上绝大多数西方国家实行一元多级司法解释体制。其特点如下：

第一，法院是司法解释的唯一主体，其他机关所作的法律解释都不属于司法解释，也不对案件直接产生法律约束力；

第二，各级法院都有司法解释权；

第三，法院的司法解释不包含法院对法律、法规的违宪审查。

司法解释是在法律适用过程中作出的，它针对的是具体案件，因此，一般来说，它只对本案发生法律约束力，并不对本案以外的其他案件直接

---

① 朱力宇、叶传星：《立法学（第四版）》，中国人民大学出版社 2015 年版，第 188—189 页。

② 苏力：《解释的难题：对几种法律文本解释方法的追问》，《中国社会科学》1997 年第 4 期。

产生法律效力。但由于上诉、审判监督的存在以及有关规定要求，上级法院对个案的司法解释，对下级法院往往具有较强的说服力或影响力。

"从法律和司法解释的关系上看，法律效力就是国家强制力，司法解释的效力就是司法强制力。在具体适用法律过程中，法律为母，司法解释为衍生。法律的效力比司法解释的效力高，司法解释不得与法律相抵触。"西方国家一般不针对法律普遍存在的问题进行司法解释，即不作抽象解释；司法解释只发生在法院具体适用法律过程中，结合具体案件对法律所作出的解释。

在我国的法律解释体系中，司法解释是最为活跃的一类解释。既有针对个案进行的解释，也有规范化的解释；既有司法解释的主动解释，也有根据下级法院请求进行的解释。

（3）行政解释

行政解释就是由行政机关在行政执法过程中对法律的解释。1981 年 6 月 10 日第五届全国人民代表大会常务委员会第十九次会议通过的《全国人民代表大会常务委员会关于加强法律解释工作的决议》第三条规定："不属于审判和检察工作中的其他法律、法令如何具体应用的问题，由国务院及主管部门进行解释。"

2. 非正式解释

非正式解释，是指不享有法定解释权力的主体（如国家机关、学者、个人及社会组织）对法律规定所进行的不具有法律效力的解释。非正式解释包括学理解释和普法解释。学理解释，[①] 这种解释是学术性或常识性的，不被作为执行法律的依据，也不会产生法律后果。普法解释，是指从事法律普及工作的单位和个人在进行普及法律宣传或者人民群众在进行法律学习时，对有关法律规定的含义所作的说明和阐述。虽然非正式解释不具有法律效力，但是，这种非正式解释却对法律发展的方向起引导作用，同时，对法律适用、法学研究、法学教育、法律宣传等方面也起着重要作用。

非法定解释与法定解释的区别是：

---

① 周旺生教授认为："不少著述将非法定解释也称为学理解释，这是不妥的。'非法定解释'这个概念的核心是强调解释没有法的效力，而'学理解释'这个概念的核心是强调解释是依学理进行的。"（周旺生：《立法学教程》，北京大学出版社 2006 年版，第 388 页）

第一，主体不同。非法定解释的主体法律没有限制，任何单位和个人都可以进行解释，但其解释是否合法则另当别论；而法定解释的主体则是法律有明确的限定，只有法律赋予了解释权的主体才有权进行解释。

第二，职权不同。非法定解释不需要根据法律的授权进行，而法定解释则需要根据法律授权进行。

第三，效力不同。非法定解释没有法律效力，而法定解释具有法律效力。

（二）字面解释、限制解释和扩充解释

这是根据解释尺度的不同所进行的分类。字面解释是指严格按照法律条文的通常含义解释法律，既不缩小，也不扩大。限制解释是指在法律条文的字面含义比起立法原意较广时，作出比字面含义较窄的解释。扩充解释是指在法律条文的字面含义比立法原意较窄时，作出比字面含义更宽的解释。

在法律解释的实践中，往往是把这几种解释方法综合使用，以达到解释符合法律的价值取向。

三、法律解释的方法

法律解释的方法和法律解释的分类有密切的联系，但两者的目的却不同，法律解释的方法是解释者在进行法律解释时为了达到解释的目的所使用的方法。各法系对法律解释的方法都有不同的划分，但是法律解释的方法大体上都包括文义解释、体系解释、历史解释、目的—评价解释、立法意图解释等几种方法。①

（一）文义解释

文义解释，即语法解释、文法解释、文理解释、语义解释，指从法律条文的字面来说明法律规定的含义。这种解释的特点就在于，在解释时主要把法条的语言作为基础，而不太关注解释后果。

文义解释包括普通含义的方法和专门含义的方法。

1. 普通含义解释方法

普通含义解释方法，是指如果法律规定所用的普通词语或词组，而且

---

① 李步云：《法理学》，经济科学出版社 2000 年版，第 564—572 页。

在普通语言中是明白的，那么除非有充分的理由作出其他不同解释，就应当以普通说话者的理解为标准作出解释；如果可供选择的普通含义不止一个，那么在解释中应该优先考虑和采用相对比较明显的普通含义。

2. 专门含义解释方法

专门含义解释方法，是指如果法律规定所用的专门语词或词组，或者具有专门含义的普通词语或词组，那么就应该从专门含义的角度进行解释。

（二）体系解释

体系解释是一种逻辑解释，也称系统解释，即将被解释的法律条文放在整个法律体系中，联系此法条与其他法条的相互关系来解释法律。体系解释包括五种方法：

1. 上下文和谐解释方法

上下文和谐解释方法，是指如果一项法律规定属于一个更大的系统——无论是一项法律还是一组相关法律，那么就应该把这一项或一组法律视为一个完整和谐的体系，把要解释的法律规定作为其中的一个有机组成部分、根据上下文的联系予以解释。按照此种方法，一个理性的立法者会在立法中意图做到整个法律体系的连贯统一；一个词语或词组在同一制定法的不同部分中具有相同的含义；具有权威的不同场景因素相互间具有和谐性。

2. 判例解释方法

判例解释方法，是指如果一项法律规定在先前的司法判决中曾经有过适用或解释，就应该遵循此解释。

3. 类比解释方法

类比解释方法，是指如果一项法律规定与同一法律或法典的另一些规定，或者其他法律或法典的相似规定有明显的可类比性，那么即使涉及对其普通含义的重大扩张或背离，也应该以确保与这些规定的意义相同的方式来解释。

4. 逻辑－概念解释方法

逻辑－概念解释方法，是指如果法律规定中使用了公认并在法理上有详细阐述的法律概念，就应该以保持该概念在整个法律体系或相关法律部门中的一致使用的观点来解释。

5. 一般法律原则的解释方法

一般法律原则的解释方法，是指如果有一项或几项一般法律原则适用于法律规定的主题，那么在适当衡量原则在一般意义上和在问题发生的法律领域中的重要程度的基础上，应该赞同与原则最为一致的解释。

（三）历史解释

历史解释方法，是指如果对一项或一组制定法的解释逐渐并最终变成是按照对其要点和目的，或者对其所体现的正当性观念的业已深化的历史理解，那么在个案中对该制定法的解释适用应当与这种理解保持一致。历史解释是通过研究有关立法的历史资料或从新旧法律的对比中了解法律的含义。其目的主要是探求某一法律概念如何被接受到法条中来，这个法律体系制定的历史背景，以及立法的价值所在。

（四）目的—评价解释

目的—评价解释包括目的解释方法和实体理由解释方法两种。

1. 目的解释方法

目的解释方法，是指如果可以确定一项具体的法律规定或者整个法律的一般目的，那么在个案中对该规定的解释适用应当与一般理解保持一致。目的方法的适用，需要具备一定的条件，这些条件包括：

第一，关于法律最终目的的证据没有歧义；

第二，这种目的从法律的表面（明确或蕴含的）看是清楚的；

第三，没有令人信服的证据证明立法者有有意选择克减法律目的充分实现的实施性语言；

第四，法律语言与选定的解释比任何其他解释都更为一致。

运用目的解释方法时，各国的实践都会有对于立法目的的"预设"，这些预设主要包括："（1）立法机关懂得国语并据此使用普通语词或专门语词；（2）立法机关意图使自己制定的法律合乎宪法；（3）立法机关不想荒谬或明显不公的结果出现；（4）立法机关不想使法律有溯及既往的效力；（5）所有处罚性法律规定都要求有'犯意'；（6）条约不得违反。"[①]

2. 实体理由解释方法

实体理由解释方法，是指如果认为存在某种有价值的目标或事务状

① 李步云：《法理学》，经济科学出版社 2000 年版，第 571 页。

态，或者存在某种对法律秩序具有根本重要性的概念，而这种目标、状态或正当概念更能为一种解释所促进，那么就应该选择有利于促进这种目标，或者维持这种状态或正当概念的解释。

实体理由解释方法，主要应用于文义解释方法因歧义、模糊等情况而不能适用、法律的一般条款或其他评价性措辞必须加以充实，或者需要解决不同解释方法之间的冲突的情形。

（五）立法意图解释

立法意图解释，是指从制定某一法律的目的来解释法律。根据立法意图，解答法律疑问是法律解释的应有之意。这里的目的不仅是整个法律的目的，也包括各个法律规范的目的。按照目的解释，如果能够识别具体法律规定的相关立法意图，那么就该按照对立法意图的某种适当理解，以保持与立法意图一致的方式解释该法律规定。

四、法律解释的必要性

美国学者托克特·帕森斯（Talcott Parsons）曾说："解释功能可以说是法律制度的核心功能。"[①] 可以说"没有法律解释，就没有法律的遵守和执行"。法律解释的必要性表现在以下几个方面。

（一）法律反映社会生活的局限性

"法律是普遍的。应当根据法律来确定的案件是单一的。要把单一的现象归结为普遍的现象就需要判断。"[②] 尽管在立法过程中，立法者力求全面、明确地创制法律规范，但是法律规范只是抽象的、概括的行为规则，无法对社会生活中的问题进行全覆盖的规定，加之，法律只能规定社会生活中一般性问题，对社会生活中的特殊性问题、个别性问题无法作出事先规范。因此要把一般的法律规定适用于具体的法律事件，就需要对法律规范作出必要的解释。比如 1985 年第六届全国人民代表大会第三次会议通过的《继承法》对继承的顺序作了规定，但没有规定父子在同一事故中同时死亡时，如何继承。显然，在这种情况下，是应该推定父亲先于

[①] 乔晓阳：《中华人民共和国立法法讲话（修订版）》，中国民主法制出版社 2008 年版，第 187 页。

[②] 《马克思恩格斯全集》，第一卷第 76 页。

儿子死亡，由儿子按照继承顺序继承父亲的遗产，然后，儿子的配偶、子女再按继承顺序继承其丈夫、父亲的遗产。否则，继承顺序就会变得很复杂、很不合理。所以，法律解释能够弥补立法之不足。

（二）语言表达法律时的非绝对准确性

法律之所以需要解释，是因为语言本身的局限性所致。"语言是陷阱，同时也是机会。只有在不同语言的交谈和提问中间，我们才可能超越自己、接近于理解。"① 尽管当今社会语言十分丰富，但其对客观事物的描述总是具有一定的差异，不能百分之百地表达准确，因此对法律中的同一规范或词语就会产生不同的认识，这就需要通过解释来明确法律规范的含义。

（三）法律与经济社会生活之间的不同步性也需要对法律进行解释

法律的相对稳定和经济社会的快速发展、变化有矛盾，这就产生了法律与经济社会生活的不同步性。保持法律的相对稳定，使法律具有可认识性、人们的行为具有可预测性，是法律的重要特征。但经济社会又是不断发展、变化的，过去没有的情况，现在出现了，过去认为不合法的事，现在不宜再作为违法对待了。需要根据相对不变的法律规定来适用于不断变化的法律实际，往往需要对法律规范作出必要的解释。正是在这个意义上，美国学者德沃金说："法律是一种不断完善的实践，虽然可能因其缺陷而失效，甚至根本失效，但它绝不是一种荒唐的玩笑。"② 对此问题最具有说服力的例子是：1982 年重新制定《宪法》和 1984 年制定《民族区域自治法》时，我国只有北京、上海、天津三个直辖市，它们都没有下辖自治地方，因此，《宪法》和《民族区域自治法》都规定，自治县人民代表大会制定的自治条例和单行条例报省、自治区人民代表大会常务委员会批准后施行。但 1997 年 3 月，第八届全国人民代表大会第五次会议决定设立的重庆直辖市却下辖有四个自治县。显然这四个自治县制定的自治条例和单行条例应报重庆市人民代表大会常务委员会批准后施行。因此，在《宪法》和《民族区域自治法》没有修改之前，则必须对《宪法》和《民族区域自治法》的规定作相应的解释。

（四）法律规范之间存在矛盾的必然性，决定了必须进行法律解释

法律是在不同的时间、由不同的机关制定，分属不同的法律部门，具有

---

① 梁治平：《法律的文化解释》，三联书店 1994 年版，第 25 页。
② ［美］德沃金：《法律帝国》，李常青译，中国大百科全书出版社 1996 年版，第 40 页。

不同效力但又相互关联的一种规则体系。按照逻辑，一个国家的法律规范应当是统一的，无矛盾或冲突的。但在实践中，由于法律规范是不同的机关、在不同的时间制定，对相同问题的规定必然会出现冲突，这就需要进行解释。

五、法律解释规则

法律解释的历史与立法一样久远。无论是大陆法系还是普通法系，法律解释都是必不可少的。为了保证法律解释确实能够充分符合立法者的立法意图，在进行法律解释时，必须遵守一些基本的规则。

（一）国外法律解释的基本规则

1. 英美法系法律解释的基本规则[1]

在英美法系国家，法律解释最经常运用的规则有三个：文理解释、"黄金规则"、论理解释。[2]

（1）文理解释规则

文理解释规则，如果法律文本的字面含义是清楚的，即使该字面含义会导致明显的荒谬结果，法官也必须遵循该文字所表达的意思。换言之，按成文法条文的字面意义解释，取其最自然、明显、正常和常用的意义，不需顾及应用这个意义所产生的结果是否公平或合理。文理解释原则自从19世纪以来在英国法院中长期占主导地位，成为英国法律文化的特色之一。如怀特利诉查普尔案（1868年）。[3] 按照文理解释原则，如果法律条文字面意义的应用在个别案件中导致不合理的结果，法院不需承担责任，这是立法机关的责任。解决法律规定得不合理，只能由立法机关修改法律，避免以后出现同样问题。但在法律修改之前，法院仍有义务予以贯彻执行，即使它已被发现是有漏洞的、在某些情况下导致不公正。法院没有义务、也没有权力去填补法律中的漏洞。进入20世纪后，英国在应用该项原则时也发生过

---

① 本部分的案例引自魏玮《英国法律解释三大规则之应用》，《法律适用》2002 年第 2 期。

② 陈弘毅：《当代西方法律解释学初探》，《中国法学》1997 年第 3 期。

③ 怀特利诉查普尔案（1868 年）的案情是：甲因为以一位已故选民的名义投票而被指控"冒充有投票权之选民"投票。高等法院分院的判决指出，对刑事法律应当本着有利于被告的原则作严格的解释。即使只从字义上看，由于已经死亡的选民不可能再有"投票权"，因此对被告的指控不能成立。

一些典型的案例，如：伦敦及东北铁路公司诉贝里曼案（1946 年）①、费希尔诉贝尔案（1960 年）②、沃尔沃克诉贾尔斯案（1970 年）③。

（2）"黄金规则"

黄金规则，是指如果运用字义解释规则出现荒谬的结果时，法官应当寻求字词的其他含义以避免荒谬结论的出现。该规则在 19 世纪就已经使用，如王室诉艾伦案（1872 年）、拉瑟诉哈里斯案（1878 年）。④ 一般来说，法律条文应按其字面的、文字的最惯用的意义来解释；但这不应是一成不变的，因为有一种例外情况，就是字面意义的应用会在某宗案件中产生不合理的、令人难以接受和信服的结果。这一结果有悖于立法机关订立

---

① 伦敦及东北铁路公司诉贝里曼案（1946 年）的案情是：一名铁路员工在铁路线上给信号设施加油时被一列火车撞死，他的遗孀某乙认为铁路公司违反了法定义务，应当承担损害赔偿责任。有关规章规定，当安排工人"更换或修理铁轨"时，铁路公司应当放置警示标志。上诉法院的判决认为该规定应当适用于本案的情况，但上议院以 3∶2 的多数撤销了上诉法院的判决，认为应当运用字义解释规则处理本案，即有关规章的规定的情况不包括本案中的死者给铁路信号装置加油的情况。

② 费希尔诉贝尔案（1960 年）的案情是：一个商店老板因在其店铺橱窗里展示了一个带有价格标签的弹簧刀而被指控"提供销售攻击性武器"，违反了《攻击性武器限制法》（1959 年）。高等法院分院在判决中指出，"提供销售"一语应取其字面含义，以保持其与合同法中的用语一致的含义，而且被告将弹簧刀展示在橱窗中无异于一种交易邀请。尽管这种纯粹字义的解释方法可能引起该条款与《攻击性武器限制法》中的其他条款发生矛盾致使其他条款无法适用，但这种方法与解释刑事法律条款通常采用的严格方法是一致的。

③ 沃尔沃克诉贾尔斯案（1970 年）的案情是：为维护交通安全而制定的一些关于"呼吸试验"的法律实施初期，某 D 因拒绝做这种呼吸实验而受到指控。被告拒绝配合的理由是：法律规定"身着制服的警官"要求司机做呼吸试验时，司机应当服从。而要求某 D 做这种试验的警官虽然穿着警察的上衣裤子，但没有戴头盔。治安法官在判决中认为，警察执行此类职务时不戴头盔，因此应当认定该警官没有"身着制服"，据此宣判某 D 无罪。但是，高等法院分院认为，立法机关制定该法律时的意图十分清楚，即警官必须身着制服以易于识别，即使不戴头盔但不影响他人识别其为警官，因此认为被告人某 D 构成犯罪，并将该案发回重审。

④ 王室诉艾伦案的案情是：1861 年《人身侵害法》规定，在已婚状态下又与他人"结婚"的行为构成犯罪。在本案中，根据该法某 D 被控有罪。但他辩称其第二次"结婚"的行为并不产生法律效力，因此并未触犯该法律。法院认为，"结婚"一词可能有多种解释：它既可指"与某人缔结合法婚姻"，也可指"与他人经历一种形式上的婚姻"。立法机关制定该项法律时不可能是为了禁止和惩罚一种逻辑上不可能出现的犯罪，因此，第二种解释更符合立法本意。拉瑟诉哈里斯案的案情是：1861 年《鲑鱼捕捞法》规定，如果发现偷捕鲑鱼者，管理人员有权没收"所有捕到的鱼及用于偷捕所用的渔网"。但如果偷捕者从事偷捕活动后并没有捕到鱼，那么管理人员还是否有权没收渔网呢？法官在判决中指出，该法律的规定应当解释为允许没收，即使偷捕者在实际捕到鱼之前就被抓住了。

这些法律条文时的初衷。在这种情况下，法院应采用变通的解释，不需死板地依从字面上的意义。因此，"黄金规则"可理解为对文理解释规则的修正。该规定在进入 20 世纪之后，仍然在使用，如：阿德勒诉乔治案（1964 年）①、米耶诉罗伯茨案（1978 年）②、王室诉塞缪尔案（1988年）③ 和王室诉林赛案（1995 年）④。

（3）论理解释规则

论理解释规则起源于英国 1584 年的黑顿案，⑤ 在 20 世纪的美国法制

---

① 阿德勒诉乔治案的案情是：某 A 是参加抗议活动者之一，因"在禁区附近"妨碍哨兵值勤而被治安法官以其违反 1920 年《官方秘密法》而认定有罪。某 A 不服该判决并上诉称，当时自己实际上是"在禁区里"，而不可能是"在禁区附近"，因此并没有违反该法。高等法院分院驳回了他的上诉。首席法官帕克勋爵在判词中指出，如果该法律规定发生在皇家空军基地之外的妨碍行为才构成严重犯罪，而在基地之内的妨碍行为根本不构成犯罪的话，那就奇怪了！因此，"在……附近"一词应当被解释为"在……里面或在……附近"。

② 米耶诉罗伯茨案的案情是：某消费者为其孩子向一家印第安饭馆订购柠檬水，但饭馆却把贮藏在吧台下面装在空柠檬水瓶中用于清洁污物的烧碱卖给了他。法院认定该饭馆经理出售"不适宜人类消费的食品"，违反了 1955 年《食品与药品法》。该饭馆经理提出上诉称，自己所出售的不是"食品"（该法明确规定适用于饮品），因此没有违反该法的规定。高等法院分院驳回了他的上诉，认为根据该法之目的，供应柠檬水的行为也是一种"食品供给"行为。

③ 王室诉塞缪尔案的案情是：某男 D 被指控犯有抢劫罪。被告的律师对其委托人所作供述的证据可采性提出质疑，认为这些供述是在被告被允许会见其律师之前作出的。有关法律规定，如果被拘捕者尚未被指控犯有某罪行，而高级警官确信其犯有该罪行时，则被拘捕者会见其律师的权利的行使时间可以推迟。检察官则认为，本案中被告人的陈述可以作为合法证据，否则便会出现荒谬的结果，有的人可能会为了早日见到律师而先供认一些较轻的罪行。霍奇森法官否定了这种观点，认为警察不必要立即对被拘捕者提出指控。只有在字义解释会导致明显的荒谬结论，而非仅仅在适用规定时会造成不方便的地方，如同这里，才能援引黄金规则。

④ 王室诉林赛案的案情是：某男 D 被控犯有侵害罪和盗窃罪，起诉书中还包括一项骚扰罪指控（后根据法官的建议改为殴打罪）。根据 1988 年《刑事司法法》第 40 条的规定，某些简易轻罪可以在同一起诉书中一并起诉：这些罪行包括普通的骚扰，但并没有提及"殴打"一词。该法第 39 条十分明确地将骚扰和殴打作为两个独立的犯罪对待，但上诉法院拒绝将第 39 条中所作的解释适用于第 40 条。他们认为，由王室法院这样的专门审理重罪的法院来审理被告人欲以拳打受害人或没有打中这样的小案件，结果是荒谬的。

⑤ 科克勋爵关于除弊规则的一段判词最为著名，即"本案中的问题已经被理财法院法官们（Barons of Exchequer）解决了。一般说来，对所有法律进行确切、忠实的解释时，必须明确并考虑以下四个因素：一是制定该成文法之前的普通法是如何规定的；二是该普通法的缺陷或弊端是什么；三是议会为消除或解决弊端的救济办法是什么；四是补救措施的真正目的和理由是什么。在此基础上，所有法官作出的解释应当致力于消除弊端，弥补缺陷，推进救济，解决问题。法官的一切活动都应当遵循立法者的真实意图，并为促进公众之利益而适用法律。"（蒋惠岭：《目的解释法的理论及适用》，载《法律适用》2002 年第 5 期）

中比较盛行。原称为"弊端规则"，法院在解释某成文法条文时，应先了解此条文制定之前的有关法律概况及其弊端，从而明白这一条文是针对何种弊端而设、为解决什么问题而订，然后在解释这个条文时，尽量针对有关弊端和解决有关问题。换言之，论理解释规则，是指法官解释成文法时要充分考虑成文法所欲弥补的法律制度上的漏洞，并努力去弥补议会在制定该成文法时所欲弥补的缺陷，"弊端原则"的现代版本是论理解释或目的解释方法，即在解释成文法条文时，必须首先了解立法机关在制定此成文法时所希望达到的目的，然后以这个或这些目的为指导性原则，去解释法律条文的含义，尽量使有关目的得以实现。史密斯诉休斯案（1960 年）法官就是应用这一规则对法律进行解释的。1959 年《街头犯罪法》第一条第一款规定，妓女"在街道或公共场所"拉客者构成犯罪。一些妓女因违反该规定而受到指控。她们中有一个人是站在街边楼房的阳台上，其他人则坐在第一层楼房的开启或关闭着的窗户后面。首席法官帕克勋爵在上诉审中维持了对这些妓女的有罪判决，并指出，这正是议会制定该法的目的之一。众所周知，议会制定该法的目的就是要确保人们可以在没有妓女骚扰及拉客的情况下自由地漫步长街。如果行走在街上的人们可以清楚地看到这些妓女的话，便已经足够判她们有罪了。

在这个过程中，不必囿于法律条文的字面意义，而条文如果有缺陷或漏洞，法院甚至可以通过解释来予以修正或填补，从而使立法机关立法时的意愿能够更充分地得到实施。相对于其他两种法律解释方法，论理解释方法赋予法院较大的自由裁量空间，因此不同法官对立法机关在制定某成文法时所希望达到的目的，可以有不同的理解。

2. 大陆法系法律解释的规则

（1）以成文法为法律解释的出发点，以注重法律的原意为基础

现代大陆法系的法治观念认为，社会应该尽可能地置于法律的控制之下，因此，法律推理的出发点基于成文法。法官在解释法律的时候，以文法解释和逻辑解释为基础，并在适当场合辅之以历史解释与逻辑解释。其中，历史解释就是运用立法过程中的参考资料来帮助确认立法意图，并进而确认法律规范字面含义的做法。是否可以运用历史解释的方式，是大陆法系与英美法系的一个显著不同。

（2）在尊重立法原意的基础上，法官享有一定的自由裁量权

所谓自由裁量权，就是法官在适用法律过程中，可以在尊重立法原意的基础上，运用自由意志来发现社会中"活的法"，自由地运用法律来解决具体法律问题，创造性地适用法律，自由地补充与充实法律的内容。这体现了大陆法系把法与法律分开的传统观念，法律不是唯一的法律渊源，法官对法律进行合乎逻辑的扩展是一种合理的活动。

（二）我国法律解释的规则

自2000年《立法法》公布施行以来，至2015年1月，全国人大常委会根据《立法法》的规定，共作出19件法律解释，主要有刑法、刑事诉讼法、香港特别行政区基本法、澳门特别行政区基本法、民法通则、婚姻法等法律条文。① 我国法律解释应当遵守什么样的规则，《立法法》没有作出规定，理论界也没有形成统一的认识。

有学者认为，我国法律解释应当遵守尊重立法原意、维护法制统一、适应客观情势、弥补立法缺陷等四项原则；② 有学者认为，法律解释应当遵循合法性原则、合理性原则、客观性原则、法制统一原则等四项原则；③ 有学者认为，立法解释的基本规则有越权无效原则、尊重立法意旨原则和遵循及时和公开原则等三项原则；④ 还有的学者认为，法律解释应当遵守法律解释主体资格合法原则、法律解释程序合法原则、法律解释越权无效原则和法律解释应当公开及时原则等四项原则。⑤

我国法律解释应当坚持依法解释原则、公平解释原则、适应经济社会发展原则和保持法制统一原则。

1. 依法解释原则

依法解释原则，是指法律解释必须由法定的机关根据法律的权限、程序进行，其所作出的解释必须符合法律的规定。

① 乔晓阳：《〈中华人民共和国立法法〉导读与释义》，中国民主法制出版社2015年版，第183页。

② 乔晓阳：《中华人民共和国立法法讲话（修订版）》，中国民主法制出版社2008年版，第179—185页。

③ 刘莘：《立法法》，北京大学出版社2008年版，第214—221页。

④ 徐向华：《立法学教程》，上海交通大学出版社2011年版，第227—228页。

⑤ 李培传：《论立法（第三版）》，中国法制出版社2013年版，第361—362页。

依法解释原则包括如下含义：

第一，解释的主体要合法，即只有法律规定有法律解释权的主体才有权进行法律解释，也只有法定主体所作的法律解释才具有法律效力。

第二，有解释权的机关在解释法律时必须在自己的解释权限范围内进行解释，超越解释机关的解释权限的解释是无效的。

第三，有解释权的机关进行法律解释必须按照法律规定的程序进行，违反法定程序的解释是无效的。

第四，有解释权的机关对法律的解释必须符合立法的原意。"立法解释不仅应立足于文本字面的平常惯用含义，而且应恪守法文件原来的立法精神和价值选择。因此，一方面，立法解释不能突破文本原来框架而增加新的条文，否则就是对原文本字面含义的补充而不是解释，另一方面，立法解释也不能偏离立法精神，不能通过立法解释改变立法者原有的意图，否则就是对原来立法意旨的修改而不是解释。"[①]

2. 公平解释原则

公平解释，即要求有权机关在进行法律解释时，应当平等地对待各方当事人。如《最高人民法院关于适用〈中华人民共和国婚姻法〉若干问题的解释（三）》[②]之所以引起社会各界的热议，其核心就是该解释是否平等地对待了夫妻双方，人们担心该解释出台会对妻子的合法权益造成损害。

3. 适应经济社会发展原则

法律是在总结过往经验的基础上，基于对未来一定时期内的经济社会发展的预测而制定。由于人们在总结过往经验时存在不足，对未来的预测多未必科学、准确，因此必然会产生落后于经济社会发展的问题，这就需要通过法律解释来弥补因经济社会发展而带来的新情况、新问题。如果固守立法时的规定，法律就无法适应经济社会发展的需要，甚至成为经济社会发展的障碍，因此，法律解释必须适应经济社会发展的需要。如《最

---

① 徐向华：《立法学教程》，上海交通大学出版社 2011 年版，第 228 页。

② 2011 年 7 月 4 日由最高人民法院审判委员会第 1525 次会议通过，自 2011 年 8 月 13 日起施行。

高人民法院关于审理政府信息公开行政案件若干问题的规定》,① 在制定行政诉讼法时,由于当时特定的经济社会现实,不可能将其纳入行政诉讼之中,但在《政府信息公开条例》生效实施后,经济社会发生了变化、人民群众的需求十分强烈,因此,必须通过法律解释的方式来适应经济社会发展的需要。

4. 保持法制统一原则

保持法制统一原则,是指有权机关在进行法律解释时,应基于一个国家的法制建设的全局出发,充分考虑法律解释与法律整体的协调性和一致性,不得作出违背或者损害法制统一的解释。

保持法制统一原则包含以下几个方面的内容:

第一,法律解释必须遵守宪法,不得违背宪法。

第二,不同法律之间对同一问题的规定,必须作统一的理解,不能相互冲突、相互矛盾。如"近亲属"这一概念,《民法通则》《刑事诉讼法》《民事诉讼法》《行政诉讼法》等法律都有规定,在解释时其含义应当相同,否则人们在实践中就会混乱。

第三,法律解释之间应遵循效力等级原则。首先,同一种法律解释的前后内容必须协调,统一于同一立法思想之下,绝不能前后矛盾。其次,立法解释、行政解释、司法解释等各类法律解释之间也必须协调,不能相互矛盾。

第四,不同的相关的对同一法律规定必须作统一的解释,不能各行其是。如对刑事案件的立案标准问题,公安机关、人民检察院和人民法院就应当有统一的理解,否则实践中必然混乱。

第五,同一法律规定适用于不同的对象时必须作统一的理解,不能因人释法。如关于"醉驾入刑"的规定,就应当统一执行,不能因驾驶员是领导还是百姓而有所区别。

第六,法律解释必须遵循整体解释原则。首先,法律解释必须与所解释的法律文本整体协调一致,不能相矛盾,更不能相抵触。"不审视法律的全体,而抽出其中某个部分据以制裁或作咨询依据,将是不正确的。"

---

① 2010 年 12 月 13 日由最高人民法院审判委员会第 1505 次会议通过,自 2011 年 8 月 13 日起施行。

"文本的整体意义，应从其各部分得出，而对于各部分则只能依据整体的意义才能理解。就像一个词的含义只能同上下文联系才能把握一样，部分的意思只能联系到文本全体才能被理解。"①

第二节　法律解释的基本规定

我国的法律解释包括：最高国家权力机关的常设机关——全国人民代表大会常务委员会进行的立法解释；最高国家行政机关——国务院进行的行政解释；最高国家司法机关——最高人民法院、最高人民检察院进行的司法解释；地方性国家机关的解释。《决定》强调指出："加强法律解释工作，及时明确法律规定含义和适用法律依据。"为我国的立法工作指明了方向。

一、立法解释

（一）立法解释的含义

立法解释具有广义和狭义两种不同的含义。狭义的立法解释，是指全国人民代表大会常务委员会对全国人民代表大会和自身制定法律的内容和含义所作的解释。广义的立法解释，是指所有立法主体对自己所制定的规范性法律文件进行的解释。在我国，广义的立法解释包括：全国人民代表大会常务委员会对法律作出的解释；国务院对行政法规作出的解释；省、自治区、直辖市的人民代表大会常务委员会及设区的市的人民代表大会常务委员会、自治州人大及其常务委员会分别对本级的地方性法规作出的解释；民族区域自治地方人民代表大会对其制定的自治条例、单行条例的解释；国务院各部门及有规章制定权的直属部门、省（自治区、直辖市）人民政府、设区的市人民政府、自治州人民政府对自己制定的规章的解释。

（二）全国人民代表大会常务委员会的法律解释权及法律效力

根据《宪法》第六十七条的规定，全国人民代表大会常务委员会解释宪法、监督宪法的实施。《立法法》第四十五条规定："法律解释权属于全国人民代表大会常务委员会。""法律有以下情况之一的，由全国人

---

① 刘莘：《立法法》，北京大学出版社 2008 年版，第 220 页。

民代表大会常务委员会解释：（一）法律的规定需要进一步明确具体含义的；（二）法律制定后出现新的情况，需要明确适用法律依据的。"这里"法律的规定需要进一步明确具体含义的"情形是指：一是需要进一步明确法律的界限；二是需要弥补法律规定的不足；三是对法律规定含义理解产生较大意见分歧的。①

实践中在什么样的情况下，应当采用立法解释，什么样的情况应当修改法律呢？区别的基本原则是：一是属于不需要改变原来的法律规定，而是作为一种特殊情况对法律进行变通执行的，可以采用立法解释的方法，不修改法律；二是从问题的性质看，应当修改法律，但问题比较具体，修改法律一时还提不上议事日程，可以先采用立法解释的办法，待以后修改法律时再补充进法律或对法律进行修改。②

（三）立法解释的程序

根据《立法法》第二章第四节的规定，我国立法解释的程序有：

1. 提出法律解释要求

根据《立法法》第四十六条的规定，国务院、中央军事委员会、最高人民法院、最高人民检察院和全国人民代表大会各专门委员会以及省、自治区、直辖市的人民代表大会常务委员会可以向全国人民代表大会常务委员会提出法律解释要求。

2. 草拟法律解释草案和列入议程

根据《立法法》第四十七条的规定，常务委员会工作机构研究拟订法律解释草案，由委员长会议决定列入常务委员会会议议程。

3. 审议法律解释草案

根据《立法法》第四十八条的规定，法律解释草案经常务委员会会议审议，由法律委员会根据常务委员会组成人员的审议意见进行审议、修改，提出法律解释草案表决稿。

4. 议决和公布

根据《立法法》第四十九条的规定，法律解释草案表决稿由常务委

---

① 武增：《中华人民共和国立法法解读》，中国法制出版社2015年版，第179—180页。

② 乔晓阳：《〈中华人民共和国立法法〉导读与释义》，中国民主法制出版社2015年版，第185页。

员会全体组成人员的过半数通过，由常务委员会发布公告予以公布。

5. 法律解释的效力

根据《立法法》第五十条的规定，全国人民代表大会常务委员会的法律解释同法律具有同等效力。这里"同法律具有同等效力"，包括两个方面的含义：一是在时间上，全国人大常委会的法律解释的效力同法律的效力相同；二是空间上，全国人大常委会的法律解释的效力同法律的效力相同。

需要特别注意的是，全国人民代表大会常务委员会的法律解释是对法律条文的含义作出的进一步明确，是一种抽象的解释，并不直接处理个案。立法解释作出后，具体案件如何处理，仍然由有关执法机关依照各自的权限和程序处理。①

二、司法解释

在我国，有权进行司法解释的机关是最高人民法院和最高人民检察院。根据 1981 年 6 月 10 日第五届全国人民代表大会常务委员会第十九次会议通过《全国人民代表大会常务委员会关于加强法律解释工作的决议》的规定："凡属于法院审判工作中具体应由法律、法令的问题，由最高人民法院进行解释。凡属于检察院检察工作中具体应用法律、法令的问题，由最高人民检察院进行解释。最高人民法院和最高人民检察院的解释如果有原则性分歧，报全国人民代表大会常务委员会解释或决定。"《立法法》第一百零四条规定："最高人民法院、最高人民检察院作出的属于审判、检察工作中具体应用法律的解释，应当主要针对具体的法律条文，并符合立法的目的、原则和原意。遇有本法第四十五条第二款规定情况的，应当向全国人民代表大会常务委员会提出法律解释的要求或者提出制定、修改有关法律的议案。""最高人民法院、最高人民检察院作出的属于审判、检察工作中具体应用法律的解释，应当自公布之日起三十日内报全国人民代表大会常务委员会备案。""最高人民法院、最高人民检察院以外的审判机关和检察机关，不得作出具体应用法律的解释。"该条的规定，对司法解释作了进一步的明确和限制。

---

① 全国人大常委会法制工作委员会国家法室：《中华人民共和国立法法释义》，法律出版社 2015 年版，第 160 页。

在实践中，我国最常见的法律解释是司法解释。从现实情况来看，我国的司法解释既有抽象解释（如《最高人民法院关于执行〈中华人民共和国行政诉讼法〉若干问题的解释》①、《最高人民法院关于适用〈中华人民共和国国家赔偿法〉若干问题的解释（一）》②，又有具体解释（通常通过司法批复的方式进行解释）；既有最高人民法院、最高人民检察院的分别解释，又有最高人民法院和最高人民检察院的联合解释（如最高人民法院、最高人民检察院联合发布了《关于办理危害计算机信息系统安全刑事案件应用法律若干问题的解释》③）。

从《立法法》第一百零四条的规定来看，《立法法》中关于司法解释的内容主要涉及五个方面。

第一，司法解释的重点是解决审判、检察工作中如何具体应用法律，针对具体的法律条文进行解释。因此，对于法律本身已经有明确规定，就不应该进行解释。

第二，司法解释应当从立法的目的、原则和原意为出发点，不得违反宪法、法律的规定，不应该对法律的规定作出缩小或扩大解释，要防止司法解释"立法化"。

第三，对于法律的规定需要进一步明确具体含义的内容和法律制定后出现新的情况，需要明确适用法律依据的内容应当由全国人大常委会进行立法解释，而不应当以司法解释替代之。

第四，司法解释应当报全国人大常委会备案。《各级人民代表大会常务委员会监督法》第三十一条的规定："最高人民法院、最高人民检察院作出的属于审判、检察工作中具体应用法律的解释，应当自公布之日起三十日内报全国人民代表大会常务委员会备案。"可以说，《立法法》第一百零四条第二款的规定，只是对《各级人民代表大会常务委员会监督法》

---

① 1999 年 11 月 24 日最高人民法院审判委员会第 1088 次会议通过，自 2000 年 3 月 10 日起施行。

② 2011 年 2 月 14 日由最高人民法院审判委员会第 1511 次会议通过，自 2011 年 3 月 18 日起施行。

③ 2011 年 6 月 20 日由最高人民法院审判委员会第 1524 次会议、2011 年 7 月 11 日由最高人民检察院第十一届检察委员会第 63 次会议通过，自 2011 年 9 月 1 日起施行。

规定的重申。根据《司法解释备案审查工作程序》① 的规定，司法解释备案的要点有：一是司法解释备案的内容包括：备案报告、公告、司法解释文本等文件，装订成册，一式 10 份。二是司法解释分别由最高人民法院办公厅、最高人民检察院办公厅负责报送；最高人民法院、最高人民检察院共同制定的司法解释，由主要起草单位负责报送。三是报送备案的司法解释，由全国人大常委会办公厅负责接收、登记、存档，并分送内务司法委员会、法制工作委员会。四是每年一月底前各报送机关应当将上一年度制定的司法解释的目录报送全国人大常委会办公厅备查。此外，还需要注意，《立法法》第九十九条第三款规定："有关专门委员会和常务委员会工作机构可以对报送备案的规范性文件进行主动审查。"

第五，除最高人民法院、最高人民检察院之外的其他任何机关不得进行司法解释。《立法法》第一百零四条第三款规定："最高人民法院、最高人民检察院以外的审判机关和检察机关，不得作出具体应用法律的解释。"这意味着地方人民法院、人民检察院不得制定司法解释性质的文件。

三、行政解释

全国人民代表大会常务委员会《关于加强法律解释工作的决议》规定："不属于审判检查和检察工作中的其他法律、法令如何具体应用的问题，由国务院及主管部门进行解释。"1993 年 3 月 3 日，《国务院办公厅关于行政法规解释权限和程序问题的通知》明确规定："凡属于行政法规条文本身需要进一步明确界限或者作补充规定的问题，由国务院作出解释。"② 2002 年 1 月 1 日起施行的《行政法规制定程序条例》第三十一条

---

① 2005 年 12 月 16 日，第十届全国人大常委会第四十次委员长会议通过。

② 该通知明确要求："一、凡属于行政法规条文本身需要进一步明确界限或者作补充规定的问题，由国务院作出解释。这类立法性的解释，由国务院法制局按照法规草案审查程序提出意见，报国务院同意后，根据不同情况，由国务院发布或者由国务院授权有关行政主管部门发布。二、凡属于行政工作中具体应用行政法规的问题，按照现行做法，仍由有关行政主管部门负责解释；有关行政主管部门感到解释有困难或者其他有关部门对其作出的解释有不同意见，提请国务院解释的，由国务院法制局提出答复意见，报国务院同意后，直接答复有关行政主管部门，同时抄送其他有关部门。三、凡属于国务院、国务院办公厅文件的解释问题，仍按现行做法，由国务院办公厅承办。涉及行政法规的问题，国务院办公厅可征求法制局的意见；涉及法律解释的，按照《全国人民代表大会常务委员会关于加强法律解释工作的决议》办理。"

规定："行政法规本身需要进一步明确界限或者作出补充规定的，由国务院解释。"第三十三条规定："对于行政工作中具体应用行政法规的问题，省、自治区、直辖市人民政府法制机构以及国务院有关部门法制机构请求国务院法制机构解释的，国务院法制机构可以研究答复；其中涉及重大问题的，由国务院法制机构提出意见，报国务院同意后答复。"

《规章制定程序条例》规定："规章解释权属于规章制定机关。"规章有下列情形之一的，由规章制定机关解释：

第一，规章的规定需要进一步明确具体含义的；

第二，规章制定后出现新的情况，需要明确适用规章依据的。

国务院各部门和省、自治区、直辖市人民政府可以向国务院提出行政法规解释要求。

国务院法制机构研究拟订行政法规解释草案，报国务院同意后，由国务院公布或者由国务院授权国务院有关部门公布。

行政法规的解释与行政法规具有同等效力。

如《中华人民共和国劳动合同法实施条例》第八条规定："劳动合同法第七条①规定的职工名册，应当包括劳动者姓名、性别、公民身份证号码、户籍地址及现住址、联系方式、用工形式、用工起始时间、劳动合同期限等内容。"就是对《劳动合同法》第七条有关"职工名册"的记载事项的解释。第九条规定："劳动合同法第十四条第二款②规定的连续工作满十年的起始时间，应当自用人单位用工之日起计算，包括劳动合同法施行前的工作年限。"就是对《劳动合同法》第十四条第二款的解释。

---

① 《劳动合同法》第七条规定："用人单位自用工之日起即与劳动者建立劳动关系。用人单位应当建立职工名册备查。"

② 《劳动合同法》第十四条规定："无固定期限劳动合同，是指用人单位与劳动者约定无确定终止时间的劳动合同。""用人单位与劳动者协商一致，可以订立无固定期限劳动合同。有下列情形之一，劳动者提出或者同意续订、订立劳动合同的，除劳动者提出订立固定期限劳动合同外，应当订立无固定期限劳动合同：（一）劳动者在该用人单位连续工作满十年的；（二）用人单位初次实行劳动合同制度或者国有企业改制重新订立劳动合同时，劳动者在该用人单位连续工作满十年且距法定退休年龄不足十年的；（三）连续订立二次固定期限劳动合同，且劳动者没有本法第三十九条和第四十条第一项、第二项规定的情形，续订劳动合同的。""用人单位自用工之日起满一年不与劳动者订立书面劳动合同的，视为用人单位与劳动者已订立无固定期限劳动合同。"

四、地方解释

根据全国人民代表大会常务委员会《关于加强法律解释工作的决议》的规定，凡属于地方性法规条文本身需要进一步明确界限或作补充规定的，由制定法规的地方人民代表大会常务委员会进行解释或作出规定。凡属于地方性法规如何具体应用的问题，由地方同级人民政府主管部门进行解释。之后，多数享有立法权的地方权力机关都制定了地方立法条例，并在条例中规定地方性法规的解释问题。

在具体立法例中，有的地方设立专章进行规定；有的地方采用准用性规则进行规定；有的地方将地方性法规的解释问题与其他问题一并规定，但内容较为详细；有的地方将地方性法规的解释问题与其他问题一并规定，但内容较为简略。

五、法律询问答复

《立法法》第六十四条规定："全国人民代表大会常务委员会工作机构可以对有关具体问题的法律询问进行研究予以答复，并报常务委员会备案。"这就是所谓的有关法律询问的答复的立法规定。

这里值得注意的是，这种法律询问答复，通常是由全国人大常委会法制工作委员会根据法律的规定，按照严格的工作程序研究提出的，对实践部门又具有指导作用。但由于不是全国人大常委会按照法律解释程序进行的，因此并不是法律解释，不具有与法律的同等效力。笔者认为，这种答复属于准法律解释。如果人们对询问答复有不同的意见，有权申请全国人大常委会作出法律解释。同时，《立法法》要求对法律询问答复必须报全国人大常委会备案，本身就具有对这种答复进行监督的意味，如果全国人大常委会发现答复不正确，可以依法给予纠正。

第十四章

法律的完善

第一节　法的清理

一、法的清理概述

（一）法的清理的含义

法的清理，在早期又称作法律整理，是指立法主体在其职权范围内，根据经济社会发展的情况，依照一定的程序对一定时期或一定领域内的规范性法律文件进行集群性收集、整理、分析和审查，确定其是否继续有效或需要加以修改、补充或者废止的活动。1983 年 10 月 23 日，国务院办公厅转发了经济法规研究中心《关于对国务院系统过去颁发的法规、规章进行清理的建议》，在官方文件中首次使用"清理"一词。[①]

关于法的清理的性质，理论界有不同的认识。

有学者认为，法的清理从性质上说是属于立法活动的范畴。其理由是法的清理的对象是规范性文件。法的清理活动直接影响到被清理的规范性文件是否有效或是否需要进行变更。只有享有立法权的国家机关，才能对其制定的规范性法律文件进行清理。[②]

有学者认为，法的清理不是立法活动。理由是法的清理只是确定哪些法律需要补充、修改，哪些法律不继续有效，哪些法律需要废止，而不具

---

①　刘莘：《立法法》，北京大学出版社 2008 年版，第 281 页。

②　黄文艺：《立法学》，高等教育出版社 2008 年版，第 112 页。

有进行法的修改、补充活动，不需要在原有法律中增加新的内容。[1]

有学者认为，法的清理分为梳理和处理两个不同的阶段，各个阶段的性质不同。在梳理阶段，不需要在原有的法中增添新的内容，也不改变它的面貌，而是对它进行分析、分类，因此不是直接制定或变动法的立法活动。但由于这一阶段实质上是就现在法是否继续适用或是否需要变动而作出决策的活动，它的进行关系到法的或存或废或改变面貌，因而也具有立法的性质。在处理阶段，要具体解决法的或存或废或修改或补充的问题，因而这一阶段的法的清理，是直接的正式的立法活动。[2]

还有学者同意在将法的清理分为梳理和处理两阶段的基础上进一步认为：在法的梳理阶段，往往是由法的清理主体授权其法制工作机构具体进行梳理，并向清理主体提出处理的建议，然后进入处理阶段，由清理主体对梳理之后的法进行处理。处理结果无非有四种，一是确认无效；二是继续有效；三是决定修改；四是明令废止。就第一、二两种情况而言没有改变法的效力，对法不产生任何影响，因此不属于立法活动；就第三种处理结果而言，决定修改只是表明有关主体将要对这些法进行修改，作为法的清理的处理决定只是宣告这些法应该被修改，至于何时修改和如何修改，则不是这一阶段的事情，因此也没有改变法的效力，不应当属于立法活动；就第四种情况而言，明令废止则意味着法的生命的终止，被废止的法自废止之日起就失去了效力，这是对法的效力的根本性改变，应当属于立法活动。[3]

法的清理活动直接影响到被清理的规范性法律文件是否继续有效或是否需要进行修改。虽然只有享有立法权的国家机关，才能对其制定的规范性法律文件进行清理。其他国家机关、社会团体、企事业单位和个人不享有法的清理权。但是，法的清理与严格意义上的立法活动有一定的区别，且清理过程的情形也多种多样，笼统作出是否属于立法活动的判断并不准

---

① 侯淑雯：《立法制定与技术原则》，中国工商出版社 2003 年版，第 251 页。转引自刘莘：《立法法》，北京大学出版社 2008 年版，第 282 页。而侯淑雯教授主编的《新编立法学》一书又认为："法律清理不是制定法律，也不是修改原有法律，而是对现行有效的法律加以分析，并根据社会发展的现实需要对清理的法律是否有效做出评价。由此可见，法律清理也是立法权行使的方式，因此也必须依据法院职权并遵循法定程序方能进行。（侯淑雯：《新编立法学》，中国社会科学出版社 2010 年版，第 311 页。）

② 周旺生：《立法学》，法律出版社 2004 年版，第 384 页。

③ 刘莘：《立法法》，北京大学出版社 2008 年版，第 283 页。

确。因此，笔者赞同最后一种观点。

（二）法的清理的特点

与法的制定、修改活动相比，法的清理具有如下特点：

第一，集中性。立法主体制定和修改的对象通常是指某个时期或某一领域的累积起来的规范性法律文件，而立法主体清理的对象通常是指一定领域内的一批规范性法律文件，具有明显的集中性。

第二，非创新性。法的制定、修改都属于法的创制活动，具有明显的创新性，需要起草、提出法的草案或修正案。法的清理则是立法主体根据经济社会的发展，社会关系的变化，人们权利意识、法律意识和对法律自身发展规律的认识对现行法进行初步的审查，为法的立、改、废提供依据的活动，因此其不能创制新的法律规则或规范。

第三，结果的多样性。法的清理有四种结果，一是确认无效；二是继续有效；三是决定修改；四是明令废止。在有权机关就被清理的规范性法律文件经过清理作出上述四种结论之一后即告结束。

（三）法的清理与法的修改、废止的关系

法的清理与法的修改、废止既有联系，又有区别。其联系表现在通过法的清理，可能会产生法的修改、废止的结果，但这不是必然的，有时经过清理也可能会得出法律继续有效的结果。法的清理与法的修改、废止的区别表现如下表。

	法的清理	法的修改	法的废止
目的	通过有关机关的清理，确定法律有效、无效或者加以修改、废止，目的是弄清法律的真实情况，然后再作出决定	对法律进行修改，目的十分明显	对法律进行废止，目的十分明显
方式	集中清理、定期清理和专项清理三种	方式有二：一是以修正案的方式进行修改；二是以修改决定的方式进行修改	方式有三种：一是上位法废止下位法；二是新法废止旧法；三是专门决定废止
程序	梳理阶段比较灵活，处理阶段比较正规	程序比较正规、严格	程序比较正规、严格
结果	结果多样性	结果专门性	结果专门性

（四）法的清理的意义

第一，保证法与经济社会同步发展。法律作为上层建筑，是经济基础的反映，并为经济基础服务。经济基础发生变化了，法律也应当相应的发生变化，该废的废，该改的改，该立的立，这样才能更好地适应经济和社会发展的要求。法只能随着社会的发展而不断地制定、补充、修改和废止才能与社会发展相协调、相适应。而要决定在某一领域内制定、补充、修改和废止哪些法律，就必须对该领域的现行法律法规进行全面系统的清理，即摸清现有立法的"家底"，如果"家底"不清，则就无法确定哪些法律仍然适合社会的需要，可以继续有效；哪些法律存在严重问题，无效；哪些法律已经完全不适合社会需要，需要立即废止；哪些法律只是部分适合社会需要，部分不适合社会需要，必须进行适当修改；哪些领域在立法上还存在立法空白，需要制定新的法律。

第二，促进中国特色社会主义法律体系的和谐与统一。一国法律体系中的同一部门法律之间，同一法律部门内部各个法律文件是由不同国家机关在不同时期根据当时的实际情况制定的，因而在立法目的、具体内容、结构形式等方面不可避免地会存在矛盾和冲突。通过法的清理，能够发现不同法律部门之间，同一法律内部之间的矛盾和冲突，然后针对性地采取对策（明确继续有效的法律、明确已经失效的法律、确定需要修改的法律、宣布废止的法律），消除矛盾和冲突，实现中国特色社会主义法律体系的和谐与统一。正因为如此，恩格斯指出："法不仅必须适应于总的经济情况，不仅必须是它的表现，而且还必须是不因内在矛盾而自己推翻自己的内部和谐一致的表现。"①

第三，保障法的有效执行、适用和遵守。法律能够得到有效的执行、适用和遵守与法律规范的好坏有着十分直接的关系。如果一部法律的内容陈旧过时，严重脱离了经济社会发展的现实，人们将不愿执行、适用和遵守，即使采用强制手段勉强得到执行和适用，搞所谓"严格依法办事"，也不利于经济社会的发展和对社会关系的有效规范。如果不同的法律部门之间，或者同一法律部门的不同法律之间相互矛盾、冲突，就会出现所谓

---

① 《马克思恩格斯选集》第4卷，第483页。

"法律打架"的问题，人们必然无所适从。因此，通过法的清理，有利于实现有法可依、有法必依、执法必严、违法必究和执法必公，进而树立法的权威，确保法治国家的顺利建成。

二、法的清理的方式

法的清理的方式主要有集中清理、专项清理、定期（常规）清理三种。

（一）集中清理

集中清理，是指将一段时期内累积的法律集中起来一次性进行的全面清理。例如，1955 年国务院对其制定的行政法规的清理；根据第五届全国人民代表大会第三次会议关于清理新中国成立以来颁布的法律的要求，全国人民代表大会常务委员会法制工作委员会对 1949 年 9 月到 1978 年颁布的法律进行了清理。集中清理的法律数量众多，时间跨度大，内容涉及面广，因而需要较多的人力和时间。

集中清理通常发生在下列情形：

第一，国家重要的历史转折，这时需要对原来的法律进行清理；

第二，国家的治理理念发生重要变革，为防止原先的法律对新治理理念产生障碍而需要对原来制定的与新治理理念冲突的法律进行清理。

第三，由于经济社会发展迅猛而原有的众多法律不能适应经济社会发展的需要。1994 年 5 月 16 日《国务院关于废止 1993 年底以前发布的部分行政法规的决定》规定："自 1985 年对新中国成立以来至 1984 年国务院（含政务院）发布或者批准发布的行政法规进行全面清理以来，客观情况已发生了很大变化。为了适应改革开放和建立社会主义市场经济体制新形势的需要，根据国务院对清理法规的要求，国务院各部门对那次清理后继续有效的 286 件行政法规（已扣除 1988 年国务院关于废止部分涉外法规的通知中决定予以废止和宣布自行失效的行政法规，同时增加 1985 年发布的行政法规）、那次清理中遗漏的 33 件行政法规和 1986 年至 1993 年国务院发布的 365 件行政法规共计 684 件再次进行了全面清理。经过这次清理，并经原国务院法制局逐件复核，国务院决定予以废止（含自行失效）的 21 件，其中：已制定新的相应法律或者由新的行政法规代替而应予废止的 13 件；由于调整对象消失、适用期限已过或者对某一特定问题作出的具有法律约束力的具体规定已经过时而自行失效的 8 件。过去根据这些行政法规对有关问题作出的处理仍然有效。"又如 2001 年 10 月 6 日，《国务院关于废止 2000 年底以前发布的部分行政法规的决定》规定："自 1994 年对新中国成立以来至 1993 年底国务院（含政务院）发布或者批准发布的行政法规进行全面清理以来，客观情况又发生了很大变化。为了适应改革开放和建立健全社会主义市场经济体制及我国加入世界贸易组织新形势的需要，国务院对截至 2000 年底现行行政法规共 756 件进行了全面的清理。经过清理，国务院决定：一、对主要内容与新的法律或者已经修改的法律、党和国家新的方针政策或者已经调整的方针政策不相适应的，以及已被新的法律或者行政法规所代替的 71 件行政法规，予以废止（目录见附件一）。二、对适用期已过或者调整对象已经消失，实际上已经失效的 80 件行政法规，宣布失效（目录见附件二）。三、对 1994 年至 2000 年底公布的法律、行政法规已经明令废止的 70 件行政法规，统一公布（目录见附件三）。"再如 2011 年 1 月 8 日，《国务院关于废止和修改部分行政法规的决定》明确规定："为进一步深入贯彻依法治国基本方略，维护社会主义法制统一，全面推进依法行政，国务院在 1983 年以来已对行政法规进行过四次全面清理的基础上，根据经济社会发展和改革深化的新情况、新要求，再次对截至 2009 年底现行的行政法规共 691 件进行了全面清理。经过清理，国务院决定：一、对 7 件行政法规予以废止。（附件 1）二、对 107 件行政法规的部分条款予以修改。（附件 2）"

第四，因发生重大事件，需要对原先的法律法规进行清理。如为了应对加入 WTO 的需要，我国从 2000 年开始对法的清理。为适应形成中国特色社会主义法律体系的需要，2008 年 7 月 21 日，全国人民代表大会常务委员会办公厅发出了《关于开展法律清理工作的通知》，2008 年 8 月 8 日国务院办公厅发出《关于做好法律清理工作的通知》要求对法律进行清理，这次法律清理工作的任务，是围绕确保到 2010 年形成中国特色社会主义法律体系的要求，对现行法律规定存在的明显不适应、不协调等问题进行一次集中梳理。

集中清理有利于一次性地解决众多法律存在的问题，但缺陷就在于集中清理很长时间才进行一次，不利于及时对法律进行清理。

（二）专项清理

专项清理，是指对某种形式的法或某一领域的法所进行的专门清理。

专项清理包括两种情况。

第一，对某一形式的法的清理。如国务院对其制定的行政法规进行的清理。

第二，对某一领域的法的清理。如1996年3月，第八届全国人民代表大会第四次会议通过了《行政处罚法》，该法第六十四条第二款规定："本法公布前制定的法规和规章关于行政处罚的规定与本法不符合的，应当自本法公布之日起，依照本法规定予以修订，在1997年12月31日前修订完毕。"又如《国务院关于贯彻实施〈中华人民共和国行政许可法〉的通知》就明确规定："抓紧做好有关行政许可规定的清理工作。根据行政许可法的规定，现行不少有关行政许可的规定都要依照行政许可法予以修改或者废止。各地区、各部门要抓紧清理现行有关行政许可的规定，对与行政许可法规定不一致的，要及时予以修改或者废止；对确需制定法律、法规的，要抓紧依法上升为法律、法规；国务院各部门对因行政管理需要必须实施行政许可又一时不能制定行政法规的，应当报国务院发布决定；省、自治区、直辖市人民政府根据本行政区域经济和社会发展情况，需要在本行政区域内停止实施行政法规设定的有关经济事务的行政许可的，应当及时提出意见，报国务院批准。各地区、各部门法制工作机构负责行政许可规定的清理工作，清理工作要在2004年7月1日前全部完成，并向社会公布清理结果。凡与行政许可法不一致的有关行政许可的规定，自行政许可法施行之日起一律停止执行。"

（三）定期（常规）清理

定期清理，又称常规清理，是指将法的清理作为一项常规工作，定期地对法律进行的清理。

相比于集中清理，定期清理具有明显的优势，有助于及时协调法律文件与法律文件之间、法律文件与社会变化之间的关系，有助于及时发现和解决问题。因为集中清理，容易造成一些法律立、改、废滞后于社会发展，使法律不能及时地适应已经变化了的社会客观需要。因此，所有的立法机关都应当确立定期清理的制度，设立专门机构或指定专人负责进行法的清理。1985年国务院《关于国务院各部门清理法规的情况和今后意见的报告》曾经明确要求，国务院各部门和各省、自治区、直辖市人民政府应当每年对其制定的法规清理一次。但实际上，每年清理一次部门规章和地方政府规章的清理制度并未真正建立起来。1993 年，《国务院关于加强政府法制工作的决定》明确指出："行政法规、规章的清理工作要经常化、制度化。"

三、法的清理的制度

与上述的立法制度一样，法的清理制度主要包括主体、权限和程序三个方面的基本内容。

（一）法的清理的主体

法的清理作为一种立法活动，一般只能由享有一定立法权的国家机关进行。但实践中，通常是享有立法权的国家机关委托或授权其他机关进行法的清理工作。譬如，在我国立法实践中，全国人民代表大会常务委员会委托其下属的法制工作委员会进行法的清理工作；国务院委托其下设的法制机构进行行政法规的清理工作。但值得注意的是通常委托其他机关或者安排下设机构开展法的清理工作，只是针对梳理阶段而言。在经过梳理提出处理建议后，最终的处理权仍然属于制定机关。

（二）法的清理的权限

立法主体或其授权的主体应当在自己的职权范围内进行法的清理。既不得越权清理，又不能不尽职守不去清理，应当遵循"谁制定谁清理"（包括授权有关主体清理）的原则。从理论上而言，法的清理应当由法的制定机关负责，不允许"别人动自己的奶酪"，只能"各人自扫门前雪"。与此相关联，法的清理权限也与清理范围有关，要避免权限外的不当清理，就要确定法的清理范围。

四、法清理后的处理原则

根据 2007 年 2 月 25 日《国务院办公厅关于开展行政法规规章清理工作的通知》的规定的精神，法经过清理后，应当按照下列原则处理：

第一，下位法的主要内容与上位法律相抵触的，或者已被新的法律所代替的，要明令废止。

第二，法律适用期已过或者调整对象已消失，实际上已经失效的，要宣布失效。

第三，下位法个别条款与上位法不一致的，要予以修改。

第四，在法律清理中发现同位法之间的规定不一致的按照特别法优于普通法、新法优于旧法的原则处理；部门规章与地方政府规章对同一事项的规定不一致的，将处理建议送国务院法制办公室研究处理。

五、法的清理程序

同一般立法活动相同，法的清理要经历法的清理案的提出、审议、批准和公布等几个阶段。

（一）法的清理案的提出

法的清理案通常应当包括两部分：一部分是对法律进行清理的提议，另一部分是关于法的清理的具体报告。

法的清理程序的启动有以下三种方式：

第一，享有立法提案权的机关，可以向立法主体提出法的清理案。清理案通常由两个部分构成：一是关于法律清理的提议；二是关于法律清理的具体报告。①

第二，由立法主体自己作出法的清理的决策，然后指定或设立专门的机构提出法的清理案；

第三，立法主体的工作机构根据法的清理的需要向立法主体提出法的清理案。

（二）法的清理案的审议

立法机关在收到法的清理议案后应当依法开展审议工作。审议的基本标准是：

第一，清理的法律是否适应国家经济社会发展的需要，法律与经济社会发展的适应程度；

第二，清理的法律与宪法、上位法、我国参加的国际条约、公约是否一致；

第三，清理的法律在语言文字表达上是否存在问题，及这些问题是否属于根本性的。

---

① 周旺生：《立法学教程》，北京大学出版社 2006 年版，第 547 页。

（三）法的清理结果的公布

法律清理经立法机关审议后，对于权力机关制定的法律、地方性法规应当以多数票的方式即应出席会议的人数过半数表决通过；对于行政机关制定的行政法规、规章应当以国务院全体会议或常务会议，或行政机关会议的方式通过。

法律清理案通过后，应当即时向社会正式公布。公布的内容包括：①

第一，宣告哪些法继续有效并将其列为现行法。

第二，宣告哪些法已经失效并予废止，清理之前已经自行失效或者已经被明令废止的，一般也应当宣告废止。

第三，宣告哪些法需要修改、补充并尽可能确定由谁修改、补充。

法的清理结果公布权与法公布权相同，即被清理的法律是以谁按照何种程序和方式公布的，法的清理结果的公布也应当按照相同的程序进行。法的清理结果一经公布，法的清理即告结束。

六、法的清理的主要内容

根据国务院办公厅《关于做好法律清理工作的通知》，② 对法律进行清理，主要围绕以下三方面问题进行。

第一，法律规定已经明显不适应经济社会发展需要的。一是法律规定的要求与现行体制或者做法明显不一致。二是法律条文的具体表述与经济社会发展的新情况、新任务和新要求明显不一致。三是法律规范所针对的问题已经发生重大变化或者已经消失，实际上已不再适用。

第二，后法与前法的规定不尽一致或不够衔接，造成执行困难的。一是对相同事项法律作出新的规定（包括修改）后，其他法律的相关规定应当作出相应修改，但未及时修改。二是前法的部分规定已被后法取代，后法又没有作出衔接性的规定，执行中可能引起理解上的歧义。三是法律条文中引用的其他法律的内容或者条文序号已经发生变化，需要重新明确法律规定之间的衔接关系。

第三，法律操作性不强，难以用国家强制力来保证实施的。一是一些

---

① 周旺生：《立法学教程》，北京大学出版社 2006 年版，第 548 页。

② 国办发〔2008〕109 号，2008 年 8 月 8 日。

法律规定制定时受客观条件限制，只作了很原则的规定，难以操作，经过一段时间实践已经有条件对该规定进行细化。二是法律作了禁止性规定，但未规定相应的法律责任，需要对此作出规定的。

除对上述三个方面的问题进行清理外，最主要的是要对法律的合法性问题进行清理，消除违法之法的存在。

第二节　法的修改

一、法的修改的含义

法的修改，有广义和狭义之分。广义的法的修改包括法的变更、补充和删除；狭义的法的修改仅指法的变更。法的修改，是指立法主体依据法定程序对现行法律的某些内容加以变更、删除、补充的活动。法的变更，是指对现行法的规定进行部分调整；法的补充，是指在现行法的规定不变的情况下，加入新的内容，使法更加丰富、完善；法的删除，是指对现行法作为一个整体保持不变的前提下，废除其中的部分条文。可见，法的变更是改动法的内容，法的补充是增加法的内容，法的删除是减少法的内容，但从整体而言，都是对法的修改。因此，《宪法》第六十二条第三项规定全国人民代表大会有权"制定和修改刑事、民事、国家机构的和其他的基本法律"；第六十七条第二项规定，全国人民代表大会常务委员会有权"制定和修改除应当由全国人民代表大会制定的法律以外的其他法律"。没有规定它们对法律的补充权和删除权。这表明《宪法》是从广义上使用法的修改这一概念的。

法的修改从性质上讲与制定和废止法一样是立法主体重要的立法活动，属于严格意义上的立法的范畴，完全具备立法活动所具有的共同特征。但是，法的修改与法的制定、废止相比，有其特殊性。

第一，从目的上看，法的修改的目的是要使现行法律更加完善，使法律更加符合经济社会发展的需要，适应社会关系的变化。

第二，法的修改不是制定出一部全新的法律，而是对现有法律的部分变更、删除、补充，使现行法呈现出新的面貌。

第三，法的修改并不是完全否定现有的法，而是在总体上肯定现有法的前提下对既有法进行修改，因此，法的修改也不同于法的废止。

二、法的修改的原因

法的修改的原因是多方面的，概括起来主要原因如下。

第一，经济社会发展，社会关系的变化，相应的法律也需要改变。法是以调整社会关系和适应经济社会发展需要为目标的，是"社会关系的调整器"。因此，当经济社会发展、社会关系发生变化到一定的程度时，法律必须相应的进行变更。否则，"调整器"的功能就不能充分发挥，甚至会阻碍经济社会的发展，导致社会关系的紊乱。

第二，现行立法存在缺陷。由于立法机关对社会现实的认识不够全面、客观，对经济社会的发展规律和趋势预测不够准确，因此所制定的法律必然会存在立法时没有认识到的缺陷。这些缺陷在法律实施后，会逐步显现出来。当这些缺陷累积到一定的程度，如果不及时修改法律，克服缺陷，必将影响法律的有效性，甚至影响到法律的权威性，就产生了修改法律的必要。

第三，相关法律发生变动，需要保持法律体系内的协调一致。在一个国家的法律体系中，不同的法律之间是密切联系的。在我国，中国特色社会主义法律体系形成后，对于某一法律部门或同一法律部门内的特定法律而言，当相关法律部门制定新的法律，或相关法律被修改或废除时，为了使这一法律与相关法律部门或法律保持协调一致，就有必要对这一法律进行修改。例如，《行政许可法》公布后，就需要对相关的法律进行修改。特别是上位法发生变动时，下位法必须进行相应的变动，作出相应的修改。

三、法的修改的原则

我国《立法法》没有明确规定法的修改原则，理论界认为，既然法的修改属于立法活动，因此首先应当遵守立法的基本原则，然后还应当遵守慎重原则和适时性原则。[①]

（一）慎重修改原则

慎重修改原则的提出是因为法的稳定性是法律的权威性的重要保证。

---

① 黄文艺：《立法学》，高等教育出版社 2008 年版，第 92 页。

在一个法治社会中，法律的稳定性是至关重要的，法律不能朝令夕改、草率从事。这正如古希腊思想家亚里士多德所指出："如果轻易地对这种或那种法律常常作这样或那样的废改，民众守法的习性必然消灭，而法律的威信也就削弱了。"① 法国思想家孟德斯鸠认为："没有充足的理由，就不要更改法律。"② 因此，对法的修改应当保持审慎态度，除非有重大的原因或理由，一般不应轻易修改法律。

（二）适时修改原则

所谓适时修改原则，是指社会发生重大变化，或者立法暴露出明确的缺陷时，立法机关也不能因循守旧，应当及时对法律进行修改。适时修改的目的在于以保证法律适合社会发展变化的需要，保证法律体系的协调一致，提高法律质量和水平，从而有益于法律充分发挥其应有的功能，确保法律的有效实施。

四、法的修改的主体

按照常理，法的修改应当由法的制定者负责，即通常情况下法律、行政法规、地方性法规、规章的修改应当由它们的制定机关负责进行。但由于客观情况十分复杂，立法者有时无暇顾及，因此，法的修改的主体实质上可以是法的制定者，也可以是法的非制定者。如我国全国人民代表大会制定的法律，既可以由全国人民代表大会修改，在全国人民代表大会闭会期间也可以由全国人民代表大会常务委员会修改。我国《宪法》第六十七条第三项规定："在全国人民代表大会闭会期间，对全国人民代表大会制定的法律进行部分补充和修改，但是不得同该法律的基本原则相抵触"，这主要是因为，如果全国人民代表大会制定的法律都完全由自己修改，会由于人民代表大会的会期短，代表众多且非专职，大会期间的议题多等原因，难以及时对法律进行修改。

法的非制定者修改法时，应当有法律的授权或者法的制定者的授权，

---

① ［古希腊］亚里士多德：《政治学》，吴寿彭译，商务印书馆 1965 年版，第 81 页。

② ［法］孟德斯鸠：《论法的精神（下册）》，张雁深译，商务印书馆 1961 年版，第 298页。

要有严格的限制。具体表现在:①

第一，只能对法律作出局部或部分的修改和补充;

第二，不得与被修改和补充法律的基本原则相抵触;

第三，所作的修改和补充应当呈报有关主体（通常为被修改和补充法律的制定机关）审查批准。

五、法的修改的权限

法的修改须依照法定的权限进行。特别是由非制定者进行修改时，只能依照法律规定或制定者授予的权限进行。根据《宪法》的规定，全国人民代表大会常务委员会修改全国人民代表大会制定的法律，只能是在全国人民代表大会闭会期间，对法律作部分的修改，不得同法律的基本原则相抵触。即使是上级立法机关也不得随意变更或修改下级立法机关制定的法，只能依照法定的权限和程序进行。对于地方性法规的修改权限，我国的相关法律中没有作明确规定，但理论界认为:"修改和补充地方人民代表大会制定的地方性法规，其主体不仅可以是这些地方的人民代表大会，在这些人民代表大会闭会期间或其他某些情况下，也可以是它们的常设机关。"②

六、法的修改的方式

根据不同的划分标准，可以将法的修改方式分为不同的种类。

（一）全面修改、部分修改和个别修改

根据修改的内容的比重不同，分为全面修改、部分修改和个别修改。

全面修改，又称整体修改，是指对现行法进行大幅度甚至整体性的变动。这种修改通常只保留了原法的名称，其他内容作了彻底的根本性变动。如1982年《宪法》的修改、1991年《民事诉讼法》的修改，1997年《刑法》的修改。法的全面修改通常是因法律调整对象发生重大变化，或者人们对法的认识有了重大的改变，或者其他基本法律发生重大变动而引起的。

---

① 朱力宇、叶传星:《立法学（第四版）》，中国人民大学出版社2015年版，第204页。

② 同上。

部分修改，又称局部修改，是指对现行法的某些方面或局部进行变动。这是在法的整体结构和主要内容基本合理的情况下对法所作的修改。在立法实践中，部分修改的主要形式是通过法的修正案或关于法的修改的专门决议、决定。譬如，2004 年全国人民代表大会通过的《宪法修正案》、2007 年全国人民代表大会常务委员会关于修改《民事诉讼法》的决定、2010 年全国人民代表大会对《全国人民代表大会和地方各级人民代表大会选举法》的修改、2010 年全国人民代表大会常务委员会对《国家赔偿法》的修改，都属于法的部分修改。

个别修改，是指对现行法的个别条款或规定进行修改。如 2001 年全国人民代表大会常务委员会对《中华人民共和国律师法》第六条的修改，就属于法的个别修改。法的个别修改通常是在法律的个别条款或规定明显同其他法律冲突或同社会发展明显不相适应时所进行的修改。

（二）明示修改与默示修改

根据法的修改的明确程度不同，将法的修改区分为明示修改与默示修改。

明示修改，也称直接修改，是以明确的方式对法的某些内容所作的变动。明示修改的主要形式是由立法主体通过法的修改案，或通过关于法的修改的专门决议、决定。在我国立法体制下，上级立法机关改变下级立法机关制定的法的行为，有关权力机关改变其常设机关制定的法的行为，也属于法的明示修改。法的明示修改有助于人们明了法的变动情况，便于实施。这是一种常用的法的修改形式。

默示修改，也称间接修改，是指因新法的制定而导致原有的某些法的规定的变动。默示修改是以"新法优于旧法"的原则为基础的。例如，1982 年的《民事诉讼法（试行）》第三条第二款规定："法律规定由人民法院审理的行政案件，适用本法规定。"1989 年《行政诉讼法》制定后，法院审理行政案件主要适用行政诉讼法。这意味着，《民事诉讼法（试行）》的这一规定就被间接地修改了。默示修改的优点是，不需要另作修改决定或通过修正案，而是在制定一个法律的同时就修改了其他法律的有关规定，在立法上有简化程序、减少立法成本的好处。默示修改的缺点是，由于未指明修正的法律和内容，不便于人们清楚地了解法的修改情况，在法律实施过程中会出现错误。因此，法的修改应尽量采用明示修改的方式。

（三）同位阶修改与错位阶修改

根据法位阶顺序不同可以将法的修改区分为同位阶修改与错位阶修改。

所谓同位阶修改，是指哪个立法主体制定法，就由哪个立法主体修改法。一般来说，有权制定某一法的立法主体，就有权对该法进行修改。而且，这一立法主体比较了解该法的情况，适合于对该法进行修改。因此，正常情况下的法的修改是同位阶修改。

所谓错位阶修改，是指不同级别的立法主体对彼此所立的法进行修改。通常来说，上级立法机关有权改变下级立法机关所立的法。如全国人民代表大会常务委员会有权改变国务院制定的同宪法、法律相抵触的行政法规。在法律或上级立法机关授权的情况下，下级立法机关也可以修改上级立法机关制定的法律。例如，《宪法》第六十七条规定，全国人民代表大会常务委员会在全国人民代表大会闭会期间可以对全国人民代表大会制定的法律进行部分补充和修改。

（四）变更、删除和补充

根据法的修改的具体方式不同，可以将法的修改区分为变更、删除和补充。

变更是指以新的法律条款取代旧的法律条款。例如，1982 年《宪法》第十条第四款规定："任何组织或者个人不得侵占、买卖、出租或者以其他形式非法转让土地"1988 年第七届全国人民代表大会第一次会议通过的《宪法修正案》将该款规定变更为："任何组织或者个人不得侵占、买卖或者以其他形式非法转让土地。土地的使用权可以依照法律的规定转让。"再如 2010 年全国人民代表大会常务委员会将原《中华人民共和国国家赔偿法》第二条修改为："国家机关和国家机关工作人员行使职权，有本法规定的侵犯公民、法人和其他组织合法权益的情形，造成损害的，受害人有依照本法取得国家赔偿的权利。""本法规定的赔偿义务机关，应当依照本法及时履行赔偿义务。"

删除是指将法律中不合理或陈旧过时的条款从法律中删除出去。例如，1983 年全国人民代表大会常务委员会在修改《中华人民共和国人民法院组织法》时，将第二条第三款、第九条、第十七条第三款、第二十条第三款、第四十二条删除；在修改《中华人民共和国人民检察院组织法》时，将第二条第四款删除。

补充是指给原有的法律补充进新的内容。例如，2010 年 4 月 29 日第十一届全国人民代表大会常务委员会第十四次会议通过《全国人民代表大会常务委员会关于修改〈中华人民共和国国家赔偿法〉的决定》就包含了补充的规定。如"十七、增加一条，作为第二十六条：'人民法院赔偿委员会处理赔偿请求，赔偿请求人和赔偿义务机关对自己提出的主张，应当提供证据。'""被羁押人在羁押期间死亡或者丧失行为能力的，赔偿义务机关的行为与被羁押人的死亡或者丧失行为能力是否存在因果关系，赔偿义务机关应当提供证据。""十八、增加一条，作为第二十七条：'人民法院赔偿委员会处理赔偿请求，采取书面审查的办法。必要时，可以向有关单位和人员调查情况、收集证据。赔偿请求人与赔偿义务机关对损害事实及因果关系有争议的，赔偿委员会可以听取赔偿请求人和赔偿义务机关的陈述和申辩，并可以进行质证。'""十九、增加一条，作为第二十八条：'人民法院赔偿委员会应当自收到赔偿申请之日起三个月内作出决定；属于疑难、复杂、重大案件的，经本院院长批准，可以延长三个月。'"

（五）单个修改与打包修改

根据一次修改只针对一个法律文件，还是针对多个法律文件，可以将法律的修改分为单个修改与打包修改。

单个修改，是指修改机关在一个修改决定中，只是针对某一法律进行的修改。如 2015 年 4 月 24 日第十二届全国人民代表大会常务委员会第十四次会议通过《全国人民代表大会常务委员会关于修改〈中华人民共和国药品管理法〉的决定》。

打包修改，是指修改机关在修改决定中，将多个内容相关法律文件进行一次性的修改。如 2015 年 4 月 24 日第十二届全国人民代表大会常务委员会第十四次会议通过的《全国人民代表大会常务委员会关于修改〈中华人民共和国计量法〉等五部法律的决定》就属于打包修改。

七、法的修改的程序

由于法的修改在性质上属于立法活动，所以应当遵守法定的程序。一般的法的修改活动，其程序大体相似于法的制定。《立法法》第五十三条规定："法律的修改和废止程序，适用本章的有关规定。法律部分条文被修改或者废止的，必须公布新的法律条文。"在少数情况下，对诸如《宪法》等特别重要的法进行修改时，其程序往往不同于法的制定。《宪法》的修改必须经过特别的程序，如《宪法》第六十四条规定："宪法的修改，由全国人民代表大会常务委员会或者五分之一以上的全国人民代表大会代表提议，并由全国人民代表大会以全体代表的三分之二以上的多数通过。"

八、法的修改的形式

从实践经验看，我国法的修改形式主要有如下几种。

（一）修订形式

以修订形式修改法律的，是以"××法（修订草案）"的形式提请审议，相关部门向常务委员会作"关于××法（修订草案）的说明"，全国人民代表大会或常务委员会经审议后以"××法"的形式通过，修订后的法律由国家主席发布主席令公布施行。如1997年3月14日第八届全国人民代表大会第五次会议修订《中华人民共和国刑法》。第十届全国人民代表大会常务委员会第十八次会议于2005年10月27日修订通过的《中华人民共和国公司法》，对该法进行了全面修改，产生了一部新的公司法。

（二）修改决定形式

以修改决定形式修改法律的，一般是以"××法修正案（草案）"的形式提请审议，相关部门向常务委员会作"关于××法修正案（草案）的说明"，全国人民代表大会或常务委员会经审议后作出"关于修改××法的决定"，修改决定由国家主席发布主席令公布施行。

（三）修正案

修正案是指国家立法机关通过一个法律案对宪法或基本法律部分条文作出修改的一种立法形式，主要用于法典化程度高、稳定性强的宪法和基本法律的修改。1988年，第七届全国人民代表大会第一次会议修改宪法个别条款时首先采用修正案形式，以后历次修宪均予以沿用。宪法修正案由全国人民代表大会公告公布，不重新公布宪法，宪法修正案直接附于宪法文本后。截至目前，全国人民代表大会及其常务委员会共通过了四个宪法修正案和九个刑法修正案。宪法修正案是指在基本不触动宪法原则与框架的情况下，把修正内容按前后顺序分附于原文之后的一种宪法修改形式。1999 年第九届全国人民代表大会常务委员会第十三次会议通过了第一个刑法修正案。此后，我国开始使用修正案的形式修改刑法。刑法修正案是在不改变刑法典总条文序数的前提下对刑法典进行修正，刑法典的原文亦不进行相应的改动，刑法典原文与刑法修正案并存。刑法修正案以主席令公布，但不重新公布刑法典全文。

（四）专门集中修改决定

专门集中修改决定，又称一揽子修改。如 2009 年 8 月 27 日第十一届全国人民代表大会常务委员会第十次会议通过《全国人民代表大会常务委员会关于修改部分法律的决定》，一共作出了九十五项修改（一揽子对 59 部法律的 141 个条文进行了修改）。2004 年 6 月《云南省人民代表大会常务委员会关于修改和废止 16 件涉及行政许可的地方性法规的决定》。

这里需要注意，我国法律在使用修订和修正时没有明确的规定。如现行《中华人民共和国公司法》名称下面的括号内就注明："（1993 年 12 月 29 日第八届全国人民代表大会常务委员会第五次会议通过 根据 1999 年 12 月 25 日第九届全国人民代表大会常务委员会第十三次会议《关于修改〈中华人民共和国公司法〉的决定》第一次修正 根据 2004 年 8 月 28 日第十届全国人民代表大会常务委员会第十一次会议《关于修改〈中华人民共和国公司法〉的决定》第二次修正 2005 年 10 月 27 日第十届全国人民代表大会常务委员会第十八次会议修订）"。但也有学者认为修订和修正存在差别，具体表现在如下几个方面。①

第一，修改的内容不同。法律的修正是指法定机关对法律的部分条款进行的修改，是局部的或者个别的修改。如《中华人民共和国宪法》下面的括号内的内容是："（1982 年 12 月 4 日第五届全国人民代表大会第五次会议通过 1982 年 12 月 4 日全国人民代表大会公告公布施行 根据 1988 年 4 月 12 日第七届全国人民代表大会第一次会议通过的《中华人民共和国宪法修正案》、1993 年 3 月 29 日第八届全国人民代表大会第一次会议通过的《中华人民共和国宪法修正案》、1999 年 3 月 15 日第九届全

① 王世成、叶敏：《法律修正与修订的区别》，http：//finance. sina. com. cn/g/20071130/14521827244. shtml，最后访问时间：2011 年 9 月 2 日。

国人民代表大会第二次会议通过的《中华人民共和国宪法修正案》和 2004 年 3 月 14 日第十届全国人民代表大会第二次会议通过的《中华人民共和国宪法修正案》修正）"，当然有时法律的修正条款不少，但从总体上来看还是局部的，不是全局的修改，只能是修正，不是修订。法律的修订则是指法定机关对法律进行全面的修改，是整体的修改。如第十届全国人民代表大会常务委员会第十八次会议于 2005 年 10 月 27 日修订通过的《中华人民共和国公司法》，对该法进行了全面修改，产生了一部新的公司法。

第二，审议的内容不同。法律的修正通常提出修正案草案，审议机关的审议是针对修正案草案进行的，未作修改的部分不审议。如 2005 年 9 月 30 日国务院向全国人民代表大会常务委员会提交了《国务院关于提请审议〈中华人民共和国审计法修正案（草案）〉的议案》，2006 年 2 月 25 日，第十届全国人民代表大会常务委员会召开第二十次会议，全国人民代表大会法律委员会向常务委员会作《全国人民代表大会法律委员会关于〈中华人民共和国审计法修正案（草案）〉审议结果的报告》，常务委员会对审计法修正的条款内容进行了审议。

法律的修订通常提出全面的修订草案，审议机关的审议是针对草案文本的全部内容，而不是针对修改内容进行审议，如《公司法》的修订。

第三，表决的内容不同。法律的修正，在表决通过时，通过的是修改某某法律的决定或者修正案，如《全国人民代表大会常务委员会关于修改〈中华人民共和国审计法〉的决定》。

法律的修订，表决通过的是整个修订草案，如《公司法》的修订。

第四，公布的方式不同。法律的修正，其公布方式有两种：一种是公布修改决定，即国家主席发布主席令公布全国人民代表大会常务委员会通过的法律修改决定，再由有关部门根据修改决定将修正后的法律予以重新公布。如 2006 年 2 月 28 日第 48 号国家主席令公布了全国人民代表大会常务委员会关于修改《中华人民共和国审计法》的决定，在该修改决定中规定"《中华人民共和国审计法》根据本决定作相应修改并对条款顺序作相应调整，重新公布"，据此，有关部门重新公布了《审计法》，并写明"根据 2006 年 2 月 28 日第十届全国人民代表大会常务委员会第二十次会议《关于修改〈中华人民共和国审计法〉的决定》修正"。另一种是公布法律修正案，即国家主席发布主席令公布全国人民代表大会常务委员会通过的法律修正案，法律文本不重新公布，原法律条文保持不动，引用法律时可直接引用法律修正案的条文。如 1997 年《刑法》颁布实施后全国人民代表大会常务委员会通过了九个刑法修正案，刑法条文仍保持不动。

法律的修订，没有修改决定，国家主席令直接公布全国人民代表大会常务委员会修订通过的法律文本全文，如 2005 年修订的公司法。

第五，生效日期不同。采用修正方式修改的法律，只对修正的条款规定一个新的生效日期，原法律的生效日期不变，即未修正的条款的生效日期仍为原法律的生效日期。《中华人民共和国国家赔偿法》自 2010 年 12 月 1 日起施行，而第四十二条规定："本法自 1995 年 1 月 1 日起施行"，未作任何修改，也不能作出修改。

采用修订方式修改的法律，对原法律规定的生效日期必须作出修改，另行规定新的生效日期。如原《中华人民共和国公司法》是自 1994 年 7 月 1 日起施行的，2005 年修订后的《中华人民共和国公司法》第二百一十九条规定"本法自 2006 年 1 月 1 日起施行"。

这里需要注意，根据《立法法》第五十九条的规定，法律的修改适用与法律的制定相同的程序。法律被修改的应当公布新的法律文本。

第三节　法的废止

一、法的废止的概念

法的废止，是指特定立法机关依据一定的职权和程序，对现行法实施变动并使其失去法的效力的专门立法活动。法的废止与法的制定、法的解释、法的修改不同。法的制定是使法律出生，是一种创设法律规范的活动；法的解释是对法律的说明，是一种澄清法律内容的活动；法的修改是对法律的内容进行调整，一种变动法的活动；通过法的废止使现行法失去效力，是一种让法律死亡的活动。法律制定是要让法律发生作用，法律解释、修改是要让法律更好地发挥作用，法律废止是不让法律再发生作用，对社会不再有约束力。

法的废止有如下主要特征。

第一，法的废止的目的是将有关法从现行法的体系中清除出去；

第二，法的废止对象关涉一部法律的整体，是使法的整体失去效力。

如果使一部法律的部分内容失效，就不是法的废止，而是属于法的修改范畴。

法的废止之所以有存在的必要，是为了让法律适应经济社会发展变化的需要、完善法律体系。因此，当法已经不适应经济社会发展变化的需要时，就应当依法、及时给予废止，并向社会公布。

二、法律废止的机关和权限

法的废止的主体是该法制定机关自身，没有废止权的主体，不得宣告法律的废止。在法的废止活动中，一般由制定机关就自己所制定的规范性文件宣告废止；在特殊情况下，上级立法机关也可以宣告下级制定的法废止。

三、法律废止的程序

法律废止程序也是立法程序的一种，因而它同法的制定、修改一样，也需经过提案、审议、表决和公布等基本程序。不同之处在于，法的废止程序通常在操作上比法的制定、修改简化些，但绝不是说不要程序。法律废止的程序有如下特点：

第一，在法的废止的准备阶段，不必像法的制定、修改那样经过复杂的过程；

第二，在提案、审议、表决和公布等基本程序上，法的废止较法的制定、修改简单。

四、法律废止的方式

根据法的废止方式，法的废止可以分为明示废止和默示废止两类。从实践情况看，具体的废止方式如下。

（一）在新法中明确规定废止旧法

这是一种最常见的废止方式。如《中华人民共和国海关法》第一百零二条规定："本法自 1987 年 7 月 1 日起施行。1951 年 4 月 18 日中央人民政府公布的《中华人民共和国暂行海关法》同时废止。"1991 年《中华人民共和国民事诉讼法》第二百七十条明确规定："本法自公布之日起施行，《中华人民共和国民事诉讼法（试行）》同时废止。"《中华人民共和国合同法》第四百二十八条规定："本法自 1999 年 10 月 1 日起施行，《中华人民共和国经济合同法》《中华人民共和国涉外经济合同法》《中华人民共和国技术合同法》同时废止。"

（二）已有新法颁布，旧法自然失效

如 1979 年《中华人民共和国刑法》颁布后，原来的《惩治反革命条例》、《惩治贪污条例》因其内容已经被刑法所覆盖，因此停止执行。

（三）有的法律已经完成其历史任务而失效

如 1950 年的《土地改革法》，在土地改革完成后自然失效。

（四）有的法律因为自身规定的生效期届满而失效

法律自身规定终止生效时间，被称为日落条款。日落条款，指的是法律或合约中订定部分或全部条文的终止生效日期。通常订定日落条款的目的是在该条文终止其效力前有缓冲期可先行准备及实施相关的配套措施。"附有一定期限之法律，在英美法又称为日落条款，即期限一到就如落日一样，必须重新检讨其存废，否则该法律就自动失效，通常日落条款都与预算的审核配合运用。详言之，日落法律即系经一段时间，授权行政机关执行之法律非经再授权，则变成无效。其目的是教促立法机关对行政机关和其所负责执行的政策加以监督考核，并和预算权一样对其从事定期性之评估，用以决定：行政机关是否按照日落法律之旨意行事；行政机关之执行是否具有效能；行政机关或政策所提供的服务，将来是否还有必要继续维持。一旦评估的结果，发现行政机关并未按旨意行事，并缺乏效率者，则该机关或政策非经再授权即会自动变成无效。濒临日落的境地。"[1] 例如，美国 1798 年 7 月 14 日制定的《危害治安法》规定，该法的有效期至 1801 年 3 月 3 日止。1801 年 3 月 3 日以后，该法即行废止，终止效力。我国如《湖南省行政程序规定》第五十一条规定："规范性文件有效期为五年。标注'暂行'、'试行'的，有效期为二年。有效期满的，规范性文件自动失效。制定机关应当在规范性文件有效期届满前六个月内进行评估，认为需要继续施行的，应当重新公布；需要修订的，按制定程序办理。"据台湾学者论述，在美国，推动日落立法制度的团体建立了十大原则，作为执行日落立法制度的依据。即：一是自动终止原则（日落立法

---

① 罗传贤：《立法程序与技术》，台湾五南图书出版股份有限公司 2010 年版，第 331 页。

所涵盖的机构或政策，一到了其所规定的期限，若未经由立法机关根据政策评估的资讯，予以积极地肯定，准许持续运作，就要自动终止）；二是定期性的终止原则（日落立法所定的终止期限，必须是定期的，其目的在于将政策评估的过程加以制度化，以便依据已定的评估标准，进行系统性、广博性的评估）；三是渐进适用的原则（日落立法制度的建立，不能操之过急，应当采用渐进适用的过程，由那些最能适用的机构或政策开始进行，再扩大适用的范围，以免阻力过大而功亏一篑）；四是同时评估的原则（政策领域相同下的机构或政策，务必同时进行评估，便于合并、协调、增删，进而符合一致、事权统一的原则）；五是行政机关先行评估的原则（日落立法评估的准备工作，由主管的行政机关先行评估）；六是设定一般性的评估标准原则（一般最基本的评估标准为顺服性、需要性、效率性及效能性）；七是提出整套决策议案原则（有关机关必须事先准备整套的决策方案，提供简洁的评估资讯，使决策者能够在最短的时间内体会其内容，并凭常识判断就能作出政治性的决定）；八是立法机关内委员会重组的原则（立法机关内的各种委员会，基于法律的规定，在其管辖职务范围内具有监督的责任。不过，委员会的主席或委员们，未必严格服从主体的原则，委员会的结构又往往受制于资深委员阶层的官僚或利益游说团体，是以委员会的重组，乃有意评估的先决条件）；九是设立保障措施条款的原则（日落立法本身含有各种的冒险，为了防止不当决定发生，排除任何武断终止的机会，日落立法本身应当设有过渡保障条款。例如，准许被裁撤的机关持续存在一年，以处理各项善后事宜，在这一年缓冲的时间里，如果发现裁撤决定过于武断，或违背公共利益，则该机构的支持者，有机会平反裁撤的决定，重新赋予其生存的活力）；十是大众参与原则。[①]

（五）以专门文件的形式集中废止旧法律

以专门文件的形式集中废止旧法律，又称一揽子废止。如 2009 年 6 月 27 日第十一届全国人民代表大会常务委员会第九次会议通过《全国人

---

① 罗传贤：《立法程序与技术》，台湾五南图书出版股份有限公司 2010 年版，第 331—334 页。

民代表大会常务委员会关于废止部分法律的决定》一次性废除了八部法律。① 2011 年 1 月 8 日《国务院关于废止和修改部分行政法规的决定》，对七件行政法规予以废止；对 107 件行政法规的部分条款予以修改。2010 年 5 月 28 日云南省第十一届人民代表大会常务委员会第十七次会议《云南省人民代表大会关于废止部分地方性法规的决定》废止了七件地方性法规。

（六）默示废止

即虽然没有通过法律或文件明文规定废止一项法律，但在法律实践中根据"新法优于旧法"的原则，将适用新法，而使旧法废止。如 1984 年 5 月 31 日第六届全国人民代表大会第二次会议通过了《中华人民共和国兵役法》，该法没有明确废止 1955 年《中华人民共和国兵役法》，但由于新法已经颁布，旧法自然为新法废止。

这里需要注意，根据《立法法》第五十九条的规定，法律的废止适用与法律的制定相同的程序，法律被废止的，除由其他法律规定废止该法律的以外，由国家主席签署主席令予以公布。

第四节　法的系统化

一、法律系统化的含义

法律系统化，也称为法规汇编，是指根据一定的标准和规律将一个国

---

① 这八部法律是：一、公安派出所组织条例（1954 年 12 月 31 日第一届全国人民代表大会常务委员会第四次会议通过）；二、城市街道办事处组织条例（1954 年 12 月 31 日第一届全国人民代表大会常务委员会第四次会议通过）；三、华侨申请使用国有的荒山荒地条例（1955 年 8 月 6 日第一届全国人民代表大会常务委员会第二十次会议通过）；四、全国人民代表大会常务委员会批准国务院关于华侨捐资兴办学校办法的决议及华侨捐资兴办学校办法（1957 年 8 月 1 日第一届全国人民代表大会常务委员会第七十八次会议批准）；五、全国人民代表大会常务委员会关于授权国务院改革工商税制发布有关税收条例草案试行的决定（1984 年 9 月 18 日第六届全国人民代表大会常务委员会第七次会议通过）；六、全国人民代表大会常务委员会关于惩治偷税、抗税犯罪的补充规定（1992 年 9 月 4 日第七届全国人民代表大会常务委员会第二十七次会议通过）；七、全国人民代表大会常务委员会关于加强对法律实施情况检查监督的若干规定（1993 年 9 月 2 日第八届全国人民代表大会常务委员会第三次会议通过）；八、全国人民代表大会常务委员会关于严惩组织、运送他人偷越国（边）境犯罪的补充规定（1994 年 3 月 5 日第八届全国人民代表大会常务委员会第六次会议通过）。

家的法律按照一定的要求加以归类、整理和加工，使其形成一个更加统一、有序、科学的整体。

法律系统化不是立法行为，不具有立法的特征，但对于法律学习、执法、司法具有十分重要的意义。

法律系统化的方式有法律汇编、法典编纂和立法配套等三种基本方式。

二、法律汇编

（一）法律汇编的含义

法律汇编，是根据一定的标准，按照一定的顺序，将已经制定的各种法律或相关法律集中并按一定顺序加以编排，汇编成册的活动。1990 年 7 月 29 日国务院发布了《法规汇编编辑出版管理规定》，第二条规定："本规定所称法规汇编，是指将依照法定程序发布的法律、行政法规、国务院部门规章（下称部门规章）、地方性法规和地方政府规章，按照一定的顺序或者分类汇编成册的公开出版物。"应当指出，国务院的这一规定仅限拟公开出版的法规汇编，对于不准备公开出版的法律汇编不适用这一规定。

法律汇编的对象是法律、行政法规、地方性法规、规章、法律解释等，但法的汇编不是法的修改，不能改变法的内容，只能对一定时间段或一定范围的法进行汇总、分类和编排。因此，法的汇编是对法的一种形式上的外部加工，本身不是立法活动。因此，"法的汇编只能原封不动地编排现行有效的法律、法规、规章等，不改变一字、一名、一个标点，更不能制定新的规范"①。

法的汇编通常要以法的清理为基础，因为只有在弄清立法"家底"的情况下才能够进行全面系统的汇编。

（二）法律汇编的作用及效力

1. 法律汇编的作用

学术界通常认为，法律汇编具有如下作用。②

---

① 李步云：《法理学》，经济科学出版社 2000 年版，第 546 页。
② 刘莘：《立法法》，北京大学出版社 2008 年版，第 296 页。

第一，法的汇编能够客观地反映一个国家和地区一定时期的立法状况。

第二，法的汇编能够使一定范围内的法得到集中化和有序化，便于人们查阅。

第三，对于现行的汇编可以完整地显示现行法的范围，有助于法的实施。

第四，法的汇编可以为法的修改和制定提供必要的信息。

第五，法的汇编可以为学术研究提供方便。

第六，法的汇编可以为法的编纂提供准备条件。

第七，法的汇编可以为法律的科学分类提供可靠的依据。

第八，法的汇编可以为法律、法律解释和有关法律问题的决定的区分提供标准和数据。

2. 法律汇编的效力

法律汇编不是法律的标准文本，因此只能作为人们认识了解法律的一种参考资料，不具有法律效力。《立法法》第五十八条第三款规定："在常务委员会公报上刊登的法律文本为标准文本。"标准文本是执法机关和司法机关处理案件的唯一文本，当法律汇编与法律的标准文本不一致时，必须以标准文本为准。

（三）法律汇编的主体及分工

编辑法律法规汇编，遵守下列分工：

第一，法律汇编由全国人民代表大会常务委员会法制工作委员会编辑。

第二，行政法规汇编由国务院法制办公室编辑。

第三，军事法规汇编由中央军事委员会法制局编辑。

第四，部门规章汇编由国务院各部门依照该部门职责范围编辑。

第五，地方性法规和地方政府规章汇编，由具有地方性法规和地方政府规章制定权的地方各级人民代表大会常务委员会和地方各级人民政府指定的机构编辑。

此外，全国人民代表大会常务委员会法制工作委员会和国务院法制办公室可以编辑法律、行政法规、部门规章、地方性法规和地方政府规章的综合性法规汇编；中央军事委员会法制局可以编辑有关军事方面的法律、法规、条令汇编；国务院各部门可以依照本部门职责范围编辑专业性的法律、行政法规和部门规章汇编；具有地方性法规和地方政府规章制定权的地方各级人民代表大会常务委员会和地方各级人民政府可以编辑本地区制定的地方性法规和地方政府规章汇编。

根据工作、学习、教学、研究需要，有关机关、团体、企业事业组织可以自行或者委托精通法律的专业人员编印供内部使用的法规汇集；需要正式出版的，应当经出版行政管理部门核准。

（四）法律汇编的分类

法律汇编有按发布的年代顺序进行的，有按调整的社会关系进行的，也有按发布的机关进行的；既有官方的汇编，也有民间的汇编。

（五）法律汇编的出版

出版法规汇编，国家出版行政管理部门根据出版专业分工规定的原则，依照下列分工予以审核批准。

第一，法律汇编由全国人民代表大会常务委员会法制工作委员会选择的中央一级出版社出版。

第二，行政法规汇编由国务院法制办公室选择的中央一级出版社出版。

第三，军事法规汇编由中央军事委员会法制办公室选择的中央一级出版社出版。

第四，部门规章汇编由国务院各部门选择的中央一级出版社出版。

第五，地方性法规和地方政府规章汇编由具有地方性法规和地方政府规章制定权的地方各级人民代表大会常务委员会和地方各级人民政府选择的中央一级出版社或者地方出版社出版。

此外，国家出版的民族文版和外文版的法律汇编，由全国人民代表大会常务委员会法制工作委员会组织或者协助审定。国家出版的民族文版和外文版的行政法规汇编，由国务院法制办公室组织或者协助审定。

违反规定，擅自出版法规汇编的，根据不同情况出版行政管理部门或者工商行政管理部门依照职权划分可以给予当事人下列行政处罚：①警告；②停止出售；③没收或者销毁；④没收非法收入；⑤罚款；⑥停业整顿；⑦撤销出版社登记；⑧吊销营业执照。

三、法典编纂

（一）法典编纂的含义

法典编纂，又称法的编纂、法律编纂，是指有立法权的国家机关对现行法律体系中的某一部门或某一领域的规范性法律文件进行审查、研究、整理、补充和修改，最终形成一部集中、统一而且内部协调的系统的法律或法典的专门性立法活动。近代意义上的法典编纂，是由英国功利主义思想家边沁最早提出的。边沁认为，法律改革的任务之一，就是要制定和编纂法典，法典应成为社会进步的引擎，必须符合完整性、普遍性、简洁明确性、结构完整性等要求。法典编纂的过程，就是保留一部分法律规范，删除一部分法律规范，补充一部分法律规范的过程，就是将旧的、零散的法律文件变为新的、完整统一的法律文件的过程。法的编纂有助于消除某一法律部门或领域原有法之间的矛盾、重复、混乱和不完善现象，促进法律规范之间的协调和统一，便于人们的掌握和了解运用。

法典编纂不仅对法律文件进行外部的、形式上的整理，而且进行内容的修改、废止、补充或合并，因此它不是一项纯技术性工作，而是一项立法活动。"法典编纂的最高形式是法律全书，即把一个国家从宪法到各部法，从法律、行政法规到地方性法规和规章的所有法律规范，按特定的要求统摄、统溶于一部法律全书之中，即一国只有一部法律全书，一书在手，一国的法律全部了然。"但遗憾的是"目前，任何成文法国家尚无这种法律全书。"①

（二）法典编纂与相关制度之间的关系

1. 法典编纂与法的清理之间的关系

法典编纂与法的清理具有相同之处，都要审议决定现行的规范性法律文件哪些继续有效，哪些应当修改或废止。但是，两者也有明显的不同：法典编纂的任务在于编纂某一法律部门或领域出的新法典；法典清理的任务只是确定某一领域哪些法继续有效，哪些法应予废止，哪些法应予以修改。

2. 法典编纂与法的汇编之间的关系

法典编纂和法的汇编都是法的系统化的方法，但法典编纂是一种改造

---

① 李步云：《法理学》，经济科学出版社 2000 年版，第 547 页。

现行法律的立法活动，二者存在着明显的区别。

第一，二者的性质有差别。法的汇编不是立法活动，只是对现有规范性法律文件的汇集整理，并不影响现有这些规范性法律文件的效力；而法典编纂则是一种立法活动，编纂完成后颁布新法典，意味着与新法典相抵触的规范性法律文件不再有效。

第二，二者的主体有差别。由于法的汇编本身不是立法活动，因此，其主体既可以是有立法权的机关，也可以是没有立法权的机关，或是其他非官方的个人或组织；而法典编纂是对现行法加以改造的重要立法活动，包括决定存、废、修改以及制定成一部新的法典，只能具有立法权的机关才能在自己的权限范围进行编纂。

（三）法典编纂主体及权限

法典编纂作为一项立法活动，应当走规范化、法治化的道路，因而也必须纳入制度化范畴。法典编纂只能由有立法权的立法主体进行。由于法典编纂是一种立法活动，没有立法权的机关或组织不能进行法典编纂。如果某一法律领域的法典编纂的内容涉及不同效力等级的法，必须由这一法律领域级别或规格最高的立法主体来进行，而不是随便由哪个有立法权的主体都能进行。

在现阶段，我国法典编纂权限的划分大致是：[1]

第一，法典的编纂权属于全国人民代表大会。

第二，法律编纂权属于全国人民代表大会常务委员会。

第三，行政法规的编纂权属于国务院。

第四，地方性法规的编纂权属于有地方性法规制定权的地方国家机关。

第五，自治条例、单行条例的编纂权属于民族区域自治地方的人民代表大会。

第六，部门和地方政府规章一般不存在编纂问题。

第七，特别行政区法律的编纂权属于特别行政区的立法机关。

---

[1]　朱力宇、叶传星：《立法学（第四版）》，中国人民大学出版社2015年版，第215—216页。

（四）法典编纂的主体

法典编纂主体只能在各自的职权范围内进行编纂。也就是说，法典编纂主体只能在自己有权制定的特定形式的法律范围内进行编纂，只能在自己有权以法的形式来调整的社会关系范围内进行法典编纂。在我国立法实践中，法律的编纂权属于全国人民代表大会及其常务委员会，行政法规的编纂权属于国务院，地方性法规的编纂权属于有地方性法规制定权的地方人民代表大会及其常务委员会，自治法规和单行条例的编纂权属于民族自治地方的人民代表，特别行政区的法的编纂权属于特别行政区的立法机关。

（五）法典编纂程序

一般来说，法典编纂须经过准备、正式制定和加以完善三个阶段。

法典编纂的准备阶段主要是进行法的清理或法的汇编，因为法典编纂是在法的清理和汇编的基础上进行的，法的清理和汇编结果是进行科学、合理、可行的法典编纂的前提和必备条件。

法典编纂的正式制定阶段，即由提案到公布法阶段，包括提案、审议、通过、公布等几个阶段。在这一阶段，除一些重大法律、法规的编纂要设立专门的机构，需要履行某些特别或临时程序外，其他与法的制定程序相同。

法典编纂的完善阶段，即法律的修改、补充阶段。由于法典编纂的结果和目标是形成统一的较大规模的基本法律或法典，更需要不断地修改、补充和完善。

（六）法典编纂的内容

法典编纂的内容包括四个方面的工作。

第一，删除原有的规范性法律文件中已经过时的或不适合的部分。

第二，消除互相重叠和矛盾的部分。

第三，增加新的条款和规范，填补法律空白。

第四，按照一定的标准和逻辑顺序对法律进行排列。

（七）法典编纂方法

法典编纂方法有分析法和综合法两种基本方法。

分析法，是指法典编纂机关要分析研究拟编纂领域的法律文件，寻找其应当保留、废止、重复和空白的内容。

综合法，是指法典编纂机关确定法律文本的应当保留、应当删除、应当补充、应当修改的内容。

四、立法配套

立法配套，是指立法机关将调整对象相关联的若干法律文件的规定进行整合、协调，形成一个相互衔接、上下联动、配合有序的整体，防止出现法律之间相互冲突、多余重复、彼此分隔的情况在法律文本中出现的活动。

立法配套主要涉及下位法与上位法配套、后法与前法配套、地方立法与中央立法配套、行政立法与权力机关立法配套、规范性文件与法律、法规、规章之间配套等多项内容。2009 年第十一届全国人大常委会委员长会议制定了《关于法律配套法规制定的工作程序》，对立法配套问题作了较为明确的规定，要求法律配套规定争取做到与法律同步起草、同步出台、同步实施。《立法法》第六十二条规定："法律规定明确要求有关国家机关对专门事项作出配套的具体规定的，有关国家机关应当自法律施行之日起一年内作出规定，法律对配套的具体规定制定期限另有规定的，从其规定。有关国家机关未能在期限内作出配套的具体规定的，应当向全国人民代表大会说明情况。"

第 三 编

立法技术

木构件立

第 十 五 章

立法表达

第一节　立法技术概述

一、立法技术的概念

"技术"在通常意义上包括两方面的含义：一是泛指根据生产实践经验和自然科学原理而发展成的各种工艺操作方法与技能；二是指除操作技能外，广义的还包括相应的生产工具和其他物资设备，以及生产的工艺过程或作业程序、方法。① 关于立法技术问题，理论界有多种观点。

第一种观点认为，立法技术就是最合理地制定和正确地表述法律规范和条文以达到最完善的表达规则的总和，其中包括专门用来表达法的规定的一些细则。因此，被称为"规则、细则说"，主要是苏联和东欧国家的学者所主张。

第二种观点认为，立法技术是一种特殊活动或者过程。如我国台湾地区的学者罗成典认为立法技术乃依照一定之体例，遵循一定之格式，运用妥帖之词语（立法语言），以显现立法原则，并使立法原则或国家政策转换为具体法律条文之过程。被称为"活动、过程说"。

第三种观点被称为"方法、技巧说"，最早是陈顾远所倡导，认为立法技术"乃出于立法工作上一种技巧，而用来实现立法使命之方法，增加条文效用之手段"。② 周旺生教授认为，"立法技术是立法活动中所遵循

---

① 《辞海》（缩印本），上海辞书出版社 2002 年版，第 769 页。
② 侯淑雯：《新编立法学》，中国社会科学出版社 2010 年版，第 202—203 页。

的用以促使立法臻于科学化的方法和操作技巧的总称。"①

第四种观点，可以称为"操作技巧性规则、原则和方法说"，认为立法技术是达成立法目的之手段与技巧。从立法技术的内涵看，立法技术是现代国家有关机关依据一定程序，运用科学方法，为体现人民公意及国家政策所进行制定、修正或废止具有普遍性、明确性、强制性规范的操作技巧性规则、原则的总和。从立法技术的外延来看，立法技术是历史的范畴、国情的产物及形式具有多样化等形式。②

此外，还有学者认为，"立法技术是在立法活动和过程中产生并发展起来的，是关于法律的内容确定，法律的表述和完善的方法、技巧及其规则的总称。立法技术包括法律的内容确定技术、表述技术（主要是法案起草技术）和完善技术（立法解释、法律清理和法律编纂技术）。"③ "所谓立法技术，就是制定和变动规范性文件活动中所遵循的方法和操作技巧的总称。"④ 由上述列举可知，我国大陆地区有关立法技术的观点是基本一致的。

笔者认为，所谓立法技术，是指立法主体及其工作人员在立法活动中所应当遵守的基本的操作技巧。根据这一定义，立法技术应当包括如下含义。

第一，立法技术是立法主体及其工作人员在立法活动中使用的，对制定完备的法律规范具有较好的指导作用。

第二，立法技术是立法过程中必须遵守的各种方法和技巧的总和，因此立法技术具有多样性和复杂性，在同一个法律规范中通常都会使用到多种立法技术。

第三，立法技术只适用于立法过程中，对提高立法质量有直接的关系，一旦离开立法过程这种技术所能发挥的作用十分有限，可能只具有指导或参考作用。

第四，立法技术是立法过程中必须遵守的基本的方法和技巧，在立法

---

① 周旺生：《立法学教程》，北京大学出版社 2006 年版，第 243 页。

② 罗传贤：《立法程序与技术》，台湾五南图书出版股份有限公司 2009 年版，第 33—44 页。

③ 张永和：《立法学》，法律出版社 2008 年版，第 135 页。

④ 侯淑雯：《新编立法学》，中国社会科学出版社 2010 年版，第 203 页。

过程中如果违背了这些方法和技巧，立法工作可能就要走弯路，甚至会走向歧路。

第五，立法技术在立法过程中只是一种工具，人们借助立法技术可以又好又快地完成立法任务，实现立法目的。

二、立法技术的分类

学者在研究过程中，根据不同的标准对立法技术进行不同的分类。常见的分类方法有如下几种。

（一）宏观立法技术与微观立法技术

这种分类是以立法技术的不同着眼点为依据的。

宏观立法技术，是指立法者在进行立法预测、立法决策、立法规划、法的清理与完善的过程中形成的方法和技巧。

微观立法技术，是指立法在处理法的内容结构、外部结构、法的文体、法的规范与法的条文的关系时形成的方法与技术。

宏观立法技术主要适用于立法的整体；微观立法技术适用于立法的局部立法工作。

（二）纵向立法技术与横向立法技术

纵向立法技术，是指将立法看作一个过程时，在不同立法阶段所需要运用的立法技术。其主要内容包括：①立法准备阶段的立法技术，如立法预测技术、立法规划技术、立法创制技术、立法决策技术、组织法案起草技术等；②由法案到法的阶段的立法技术，如提案技术、审议技术、表决技术、公布技术等；③立法完善阶段的技术，如立法解释技术、法的修改补充技术和废止技术等。

横向立法技术，是指从平面的角度观察立法，这种立法活动所遵循的方法和技术。其主要内容包括：①立法的一般方法；②法的体系构造技术；③法的形式设定技术；④法的结构营造技术和法的语言表达技术。

（三）单一立法技术与综合立法技术

这种分类是以立法活动所用的技术涉及面的程序不同为依据的。

单一立法技术，是指在立法活动中技术手段的使用较为单一化和专门化的立法技术。如立法的构造技术，仅涉及立法的整体结构问题，不需要涉及复杂的社会关系。

综合立法技术，是指在立法活动中技术手段的运用涉及范围比较广泛，需要采取多种技术手段才能完成立法任务的技术。如立法预测、立法规划技术。

（四）立法预测技术、立法规划技术、法的制作技术、法的清理技术和法的系统化技术

这种分类方法是以立法活动所处的阶段性为标准进行的。

立法预测技术，是指在立法预测过程中所运用的有关操作技巧的总称。如如何有效地开展立法预测，提高立法预测的有效性的技术。

立法规划技术，是指在立法规划过程中所运用的有关操作技巧的总称。如如何制定科学合理的立法规划，在现实条件下确保立法工作的顺利进行的技术。

法的制作技术，是指在立法的起草和修改过程中，有关法律规范的设计和表现的技术。如如何确定一个法律文本的篇章结构、如何准确表达立法者立法意图的技术。

法的清理技术，是指在对现有立法进行清理的过程中所运用的技术。如在清理与社会主义市场经济建设不相适应的法律、法规、规章的技术。

法的系统化技术，是指在对现行有效的法律法规进行整理编纂过程中所运用的技术。

三、立法技术的原理

我国台湾地区的学者罗传贤认为，立法技术有一些基本原理。具体包括法秩序维持原则、强制性原则、实效性原则、一般法律原则。由于我国大陆地区的学者在立法学中一般都不研究这一问题，因此笔者在此将罗传贤的观点作一介绍。[①]

法秩序是一种由规范所构成的体系。法本身就是为建立和维护秩序才建立起来的，法为秩序提供了预想模式、调节机制和强制保证。立法者如果就某一事项新订法律，不仅必须斟酌与其相关的法律，以便在整个法律中确定其地位，同时也必须衡量其所规范的法的内容，以求其与相关的法

---

① 罗传贤：《立法程序与技术》，台湾五南图书出版股份有限公司 2009 年版，第 41—65 页。

律配合，使之能够与法的整体结构相配合，而借体系的整体作用以发挥个体效能。为使法能够维持，立法者应当注意遵守立法裁量之界限、所管事项、条约效力优先、后法优先及特别法优先等原则。

强制性原则的观点是指，法律不同于道德和宗教，乃法律具有权力之本质。是一种具有"可贯彻性"和"可强制性"的行为规范。法律如果没有强制力为其后盾，自然就无可贯彻性与可强制性，故强制乃法律之本质要素与概念要素。

法如果能够兼顾妥当性与实效性，才能具有强制力及有效力。法的实效性，是指法必须属于可行且可有效地被遵守或至少可以强制执行而能够发生法所要求的结果。如果立法者制定缺乏实效性的法规，可以有不同的原因。一是立法者本身对于想要解决的问题诊断错误；二是立法者治疗方式错误。

一般法律原则，又称超实证法，既先于实证法而存在的根本法律规范，构成法律内容的指导原则，也可以作为法院审查的依据。一般原则在立法上包括平等原则、比例原则、诚实信用原则、信赖保护原则和公益原则。

第二节　立法语言

一、立法语言的含义

语言是人类所特有的用来表达意思、交流思想的工具，是一种特殊的社会现象，由语音、词汇和语法构成一定的系统。立法语言，是指立法机关在制定和修改法律时为了表达立法意图、设定行为规范、形成规范性文件，而按照一定规则使用的专门的言语文字。1992 年 11 月 6 日，国务院批转国家语言文字工作委员会《关于当前语言文字工作请示的通知》（国发〔1992〕第 63 号）中指出："语言文字工作关系到国家的统一、民族的团结、社会的进步和国际的交往，实现语言文字的规范化、标准化，是普及文化教育、发展科学技术、提高工作效率的一项基础工程，对社会主义物质文明建设和精神文明建设具有重要意义，必须给予高度的重

视。……使语言文字更好地为社会主义现代化建设服务。"① 为推动国家
通用语言文字的规范化、标准化及其健康发展，使国家通用语言文字在社
会生活中更好地发挥作用，促进各民族、各地区经济文化交流，中华人民
共和国第九届全国人民代表大会常务委员会第十八次会议于 2000 年 10 月
31 日通过《中华人民共和国国家通用语言文字法》，自 2001 年 1 月 1 日
起施行。立法中，除了要遵守通常的语言文字规范性，还要根据法律语言
的特殊性，遵守特定的规则。

二、立法语言的特征

立法语言是一种专业性极强的语言，是法律语言的重要组成部分之
一。理论界对立法语言的特征认识并不一致。有学者认为，立法语言的特
点，一是立法语言是法律规则的载体，具有权威性；二是适应面宽、影响
大；三是具有逻辑力和概括性；四是条款式表达和程式化的文句。② 有学
者认为，立法语言具有权威性、指令性和表象性的特征。③

笔者认为，与日常生活语言相比，立法语言具有如下特征：

第一，明晰准确。即立法语言所表达的意思应当清楚、确切、肯定，
人们在理解和使用时不会发生歧义。因此，法律语言不能使用多义词、形
容词，词语所表达的意思不得模棱两可，词语的含义指向必须具有唯一
性。所以马克思说："法律是肯定的、明确的、普遍的规范，在这些规范
中自由的存在具有普遍的、理性的，不取决于个别人的任性。"梁启超指
出："法律言辞有三要件：一曰明、二曰确、三曰弹力性，明确就法文之
用语言之，弹力者，是曰不明。此在古代以法愚民者恒用之，今世不敢
也。确也者，用语之正确也。培根曰：'法律之最高品位，在于正确，是
其义也'。弹力性，其法文之内容甚广，有可以容受解释之余地者也。确
之一义与弹力性一义似不相容实乃不然，弹力性以言夫其义，确以言夫其
文也。培根又曰：'最良之法律者，存最小之余地，以供判官伸缩之用，

---

① 李培传：《论立法（第三版）》，中国法制出版社 2013 年版，第 459—460 页。

② 刘红缨：《法律语言学》，北京大学出版社 2003 年版，第 36 页。

③ 李翔：《立法的几个法理问题——兼论立法实践中的破产管理人制度》，四川大学出版社
2015 年版，第 136 页。

则其有弹力性可见。然而两者可以相兼，明矣'。"① 要保证立法语言的明晰准确，需要注意几个问题。①要把握准法律所调整的社会关系各方主体的地位，只有定位精准，用词才能准确，表述才能清楚。②要注意仔细辨析相近词语的细微差别，在使用词语时，既要求同，也要存异。③要注意能量化数量，凡是能够量化的应当尽可能量化。在规定自由裁量权时要注意上限、下限的明确性。立法时，不使用"约""近""左右""基本""差不多"等这类表示近似数的词。在立法中需要量化的指标通常有：年龄、自由裁量的幅度、法律责任、施行时间、期间、名额等。④注意应用好释义条文。

第二，简洁庄严。简洁即要求尽可能用少的语言文字来表达立法意图，做到言简意赅。庄严即立法语言应当庄重而严肃，要使用正式的词汇和句子，不得随意使用不严肃的语言文字或带有浓重感情色彩的语言文字，更不得使用调侃、戏谑的语言文字。董必武曾经指出："法律和法令是一种庄严慎重的东西。"② 在立法中要做到立法语言的简洁庄严，一是要减少重复；二是避免不必要的修饰。

第三，规范严谨。规范即立法语言的运用应当是使用专业化的语言，用法言法语和遵守语言文字的使用规范。规范要求立法者运用立法语言时应当尽量使用"法言法语"，即要用法律概念、法律术语来表达国家的立法意图和要求，而不应当随意地使用非专业化的概念和术语，更不应使用国家已经废除的概念和术语。如"反革命""劳动教养"等概念已经废除了，在新的立法中就不能再出现。"如果不存在专家术语，那么当每次谈到专门的过程或观念的时候，都需要做出一番冗长的、笨拙的解释。"③ 严谨即要求立法所使用的语言，应当严密周延，不存在前后不一致、矛盾、空白、漏洞。"法律语言是冷峻的：放弃了每一种情感之声；它是生硬的：放弃了第一人称。"④ 在立法中实现规范严谨的要求，需要做到：①尽量使用格式化、标准化的词语和句式。②避免使用带有感情色彩的词

---

① 侯淑雯：《新编立法学》，中国社会科学出版社 2010 年版，第 277 页。

② 董必武：《董必武政治法律论文集》，法律出版社 1986 年版，第 338 页。

③ ［美］约翰·吉本斯：《法律语言学》，程朝阳译，法律出版社 2007 年版，第 43 页。

④ ［德］阿图尔·考夫曼等：《当代法哲学和法律理论导论》，郑永流译，法律出版社 2002 年版，第 292 页。

语。如"罪大恶极""惨不忍睹""罪恶滔天",等等。③对同一对象,使用同一概念表述。④必要的限制不能忽略。⑤尽量细化,必要时,应当区分不同情形分别作出规定。不要使用含有"大约""估计""左右"等含义的词。

第四,通俗朴实。通俗朴实即立法使用的语言文字应当通俗易懂,不要故弄玄虚。正如孟德斯鸠所说:"法律不要玄不可及,因为它是为具有一般理解能力的人制定的。"① 毛泽东指出:宪法"条文固然要尽量简单,文字尤其要尽量通俗。从这个观点出发,宪法草案的文字完全用白话写成,凡是可以避免的难懂的字眼,一律加以避免。"② 要做到立法语言的通俗朴实,要求立法中避免使用生僻字词和方言土语。能不用专业术语的尽量不用,无法避开的,应作出浅显易懂的解释。当然,也不能为了通俗易懂,使用一些口语化的词。

第五,中性客观。中性客观即立法使用的语言文字不应当有褒贬色彩,应当真实地描述客观事实、表达立法意图。

第六,表达内容的权威性和表达方式的格式化。由于立法语言是立法者准确表达立法意图的文字载体,因此,其所表达的内容就具有法律效力和权威的法律规范。由于法律规范的表达不能有歧义,要求句式统一,因此,表达方式通常都是格式化的。

三、立法语言的运用规则

(一) 法律术语的使用规则

法律术语就是立法中所使用的词语。学术界通常将法律术语分为四类,即常用术语、法律中有特定含义的专门术语、专门法律术语和技术性术语。

常用术语,是对法律所调整或规范的事物、现象、特征、行为等对象的最常用的名称。如"土地""不动产""动产""商标""审判机关""权利""义务"等等。

---

① 朱新力:《行政处罚显失公正确认标准研究》,《行政法学研究》1993 年第 1 期,

② 逢先知、金冲及主编:《毛泽东传(1949—1976)(上)》,中央文献出版社 2003 年版,第 326—327 页。

有特定含义的专门术语，是指虽然立法中常用，但在立法中使用其含义与日常生活中的使用有一定区别的词语。如回避、证据、第三人。

专门法律术语，是指只有法律中使用，其他领域很少使用或不使用的词语。如"原告""被告""公诉""自诉"，等等。

技术性术语，是指从某一专业技术领域引入立法中使用的词语。如"计算机程序""计算机文档""电子邮件"，等等。

无论何种法律术语，在立法中使用时都应当选择使用单义词，避免使用多义词；选择使用含义稳定的词，避免使用含义不清或含义不确定的词；选择使用通常字、词，避免使用生僻字、词。

（二）立法语言中的语法规则

立法语言中的语法包括短语、句式、句型和超句等内容。

1. 短语

立法语言中的短语，就是指立法语言中所使用的词组。在立法语言中最为常见的短语有"的"字短语、介宾短语和并列短语。这些短语的共同特征是使用频率高、运用方式单一、程式化意义较强。

"的"字短语的使用是立法主体最显著的特点，用以表示复杂的同伴成分。如《行政强制法》第四十条规定："有下列情形之一的，终结执行：（一）公民死亡，无遗产可供执行，又无义务承受人的；（二）法人或者其他组织终止，无财产可供执行，又无义务承受人的；（三）执行标的灭失的；（四）据以执行的行政决定被撤销的；（五）行政机关认为需要终结执行的其他情形。"第五十八条规定："人民法院发现有下列情形之一的，在作出裁定前可以听取被执行人和行政机关的意见：（一）明显缺乏事实根据的；（二）明显缺乏法律、法规依据的；（三）其他明显违法并损害被执行人合法权益的。""人民法院应当自受理之日起三十日内作出是否执行的裁定。裁定不予执行的，应当说明理由，并在五日内将不予执行的裁定送达行政机关。""行政机关对人民法院不予执行的裁定有异议的，可以自收到裁定之日起十五日内向上一级人民法院申请复议，上一级人民法院应当自收到复议申请之日起三十日内作出是否执行的裁定。"

介宾短语一般起限制、修饰作用，其目的、范围、对象、依据、方式等方面对被表述对象、内容进行限定，以保证法律规范的明确性和严密性。常见的有：表述对象、范围的介词，如"对""对于""关于"等；表述目的、手段的介词，如"为了""为""按照"等；表述依据的介词，如"在""依据""依照"等。

并列结构，主要包括短语并列（如《宪法》第二十一条规定："国家发展医疗卫生事业，发展现代医药和我国传统医药，鼓励和支持农村集体经济组织、国家企业事业组织和街道组织举办各种医疗卫生设施，开展群众性的卫生活动，保护人民健康。"）、词语并列（如《行政强制法》第六十三条规定："行政机关将查封、扣押的财物或者划拨的存款、汇款以及拍卖和依法处理所得的款项，截留、私分或者变相私分的，由财政部门或者有关部门予以追缴；对直接负责的主管人员和其他直接责任人员依法给予记大过、降级、撤职或者开除的处分。""行政机关工作人员利用职务上的便利，将查封、扣押的场所、设施或者财物据为己有的，由上级行政机关或者有关部门责令改正，依法给予记大过、降级、撤职或者开除的处分。"）、分句并列或单句并列（如《行政强制法》第四十一条规定："在执行中或者执行完毕后，据以执行的行政决定被撤销、变更，或者执行错误的，应当恢复原状或者退还财物；不能恢复原状或者退还财物的，依法给予赔偿。"）

2. 句式

句式，就是指句子的结构形式。立法语言句式主要有长句、主谓句和非主谓句。

长句，是指立法文本中普遍使用的结构复杂的同伴成分有以及复杂的附加成分。据统计，《海上交通安全法》共有句子 73 个，而长句达 64 个。①

主谓句，是指在立法中使用的主语谓语成分都齐全的句子。这是立法中通常使用的句式。

非主谓句，是指立法中使用的缺少主语的句子。如《行政强制法》第六条规定："实施行政强制，应当坚持教育与强制相结合。"第十六条第二款规定："违法行为情节显著轻微或者没有明显社会危害的，可以不采取行政强制措施。"

---

① 侯淑雯：《新编立法学》，中国社会科学出版社 2010 年版，第 282 页。

3. 句型

句型，是指句子的类型。汉语的句型包括陈述句、疑问句、感叹句和祈使句。但立法中只能使用陈述句和祈使句，不能使用感叹句和疑问句。

4. 超句

超句，是指简单句以上的复合句和句群。立法语言中使用的复合句有选择句、条件句、转折句和假设句等。句群，是指在法律条文中，有两个或者两个以上在意义上有密切联系，在结构上各自独立的单句或复句组合而成的具有逻辑关系的统一体。①

选择句，又称"或然句"，是指立法中列出两种或两种以上的情形以供选择的句子。如《侵权责任法》第三十七条规定："宾馆、商场、银行、车站、娱乐场所等公共场所的管理人或者群众性活动的组织者，未尽到安全保障义务，造成他人损害的，应当承担侵权责任。"第八十五条规定："建筑物、构筑物或者其他设施及其搁置物、悬挂物发生脱落、坠落造成他人损害，所有人、管理人或者使用人不能证明自己没有过错的，应当承担侵权责任。所有人、管理人或者使用人赔偿后，有其他责任人的，有权向其他责任人追偿。"

条件句和假设句。如《侵权责任法》第八十七条规定："从建筑物中抛掷物品或者从建筑物上坠落的物品造成他人损害，难以确定具体侵权人的，除能够证明自己不是侵权人的外，由可能加害的建筑物使用人给予补偿。"《行政强制法》第十条规定："行政强制措施由法律设定。""尚未制定法律，且属于国务院行政管理职权事项的，行政法规可以设定除本法第九条第一项、第四项和应当由法律规定的行政强制措施以外的其他行政强制措施。""尚未制定法律、行政法规，且属于地方性事务的，地方性法规可以设定本法第九条第二项、第三项的行政强制措施。""法律、法规以外的其他规范性文件不得设定行政强制措施。"

转折句与"但书"。转折句在立法中主要用于例外、限制、附加等特别规定中。转折句中的"但书"是一个极为特殊的句式。

"但书"是立法语言中在形式上以"但"字开头，在内容上规定例外、限制和附加条件的句子。在立法实践中，"但书"的使用主要有六种

① 侯淑雯：《新编立法学》，中国社会科学出版社 2010 年版，第 283—284 页。

情形：

第一，排除式但书。其形式有"但是……""但是……除外""但是……不……"如《立法法》第九条规定："本法第八条规定的事项尚未制定法律的，全国人民代表大会及其常务委员会有权作出决定，授权国务院可以根据实际需要，对其中的部分事项先制定行政法规，但是有关犯罪和刑罚、对公民政治权利的剥夺和限制人身自由的强制措施和处罚、司法制度等事项除外。"《刑事诉讼法》第十九条规定："基层人民法院管辖第一审普通刑事案件，但是依照本法由上级人民法院管辖的除外。"第一百八十二条规定："人民法院审判第一审案件应当公开进行。但是有关国家秘密或者个人隐私的案件，不公开审理。对于不公开审理的案件，应当当庭宣布不公开审理的理由。"《民事诉讼法》第一百八十条规定："人民法院适用特别程序审理的案件，应当在立案之日起三十日内或者公告期满后三十日内审结。有特殊情况需要延长的，由本院院长批准。但审理选民资格的案件除外。"《行政强制法》第四十三条第一款规定："行政机关不得在夜间或者法定节假日实施行政强制执行。但是，情况紧急的除外。"第二十五条第一款规定："查封、扣押的期限不得超过三十日；情况复杂的，经行政机关负责人批准，可以延长，但是延长期限不得超过三十日。法律、行政法规另有规定的除外。"

第二，授权式但书。其主要形式有"但是可以……""但是……可以……""但是……有……"如《刑事诉讼法》第一百一十七条规定："侦查人员在讯问犯罪嫌疑人的时候，应当首先讯问犯罪嫌疑人是否有犯罪行为，让他陈述有罪的情节或者无罪的辩解，然后向他提出问题。犯罪嫌疑人对侦查人员的提问，应当如实回答。但是对与本案无关的问题，有拒绝回答的权利。侦查人员在讯问犯罪嫌疑人的时候，应当告知犯罪嫌疑人如实供述自己罪行可以从宽处理的法律规定。"《行政强制法》第四十六条第三款规定："没有行政强制执行权的行政机关应当申请人民法院强制执行。但是，当事人在法定期限内不申请行政复议或者提起行政诉讼，经催告仍不履行的，在实施行政管理过程中已经采取查封、扣押措施的行政机关，可以将查封、扣押的财物依法拍卖抵缴罚款。"

第三，要求式但书。主要形式有"但是应当……""但是……应当……""但是……要……"等。如《刑事诉讼法》第一百一十七条第一款规定："对于不需要逮捕、拘留的犯罪嫌疑人，可以传唤到犯罪嫌疑人所在市、县内的指定地点或者到他的住处进行讯问，但是应当出示人民检察院或者公安机关的证明文件。对现场发现的犯罪嫌疑人，经出示工作证件，可以口头传唤，但应当在讯问笔录中注明。"第一百七十九条规定："合议庭进行评议的时候，如果意见分歧，应当按多数人的意见作出决定，但是少数人的意见应当写入笔录。评议笔录由合议庭的组成人员签名。"《行政强制法》第十一条第二款规定："法律中未设定行政强制措施的，行政法规、地方性法规不得设定行政强制措施。但是，法律规定特定事项由行政法规规定具体管理措施的，行政法规可以设定除本法第九条第一项、第四项和应当由法律规定的行政强制措施以外的其他行政强制措施。"

第四，命令式但书。主要形式有"但是必须……""但……必须……"等。如《刑事诉讼法》第九十条规定："公安机关对人民检察院不批准逮捕的决定，认为有错误的时候，可以要求复议，但是必须将被拘留的人立即释放。如果意见不被接受，可以向上一级人民检察院提请复核。上级人民检察院应当立即复核，作出是否变更的决定，通知下级人民检察院和公安机关执行。"

第五，禁止式但书。主要表述方式有："但是……不能……""但是不得……""但……不……"等。如《立法法》第七条第三款规定："全国人民代表大会常务委员会制定和修改除应当由全国人民代表大会制定的法律以外的其他法律；在全国人民代表大会闭会期间，对全国人民代表大会制定的法律进行部分补充和修改，但是不得同该法律的基本原则相抵触。"《刑事诉讼法》第一百五十八条规定："在侦查期间，发现犯罪嫌疑人另有重要罪行的，自发现之日起依照本法第一百五十四条的规定重新计算侦查羁押期限。""犯罪嫌疑人不讲真实姓名、住址，身份不明的，侦查羁押期限自查清其身份之日起计算，但是不得停止对其犯罪行为的侦查取证。对于犯罪事实清楚，证据确实、充分的，也可以按其自报的姓名移送人民检察院审查起诉。"

第六，否定式但书。用"但是……不认为……"等的表述。如《刑法》第十三条："一切危害国家主权、领土完整和安全，分裂国家、颠覆人民民主专政的政权和推翻社会主义制度，破坏社会秩序和经济秩序，侵犯国有财产或者劳动群众集体所有的财产，侵犯公民私人所有的财产，侵犯公民的人身权利、民主权利和其他权利，以及其他危害社会的行为，依照法律应当受刑罚处罚的，都是犯罪，但是情节显著轻微危害不大的，不认为是犯罪。"第二百四十条规定："当事人及其法定代理人、近亲属，对已经发生法律效力的判决、裁定，可以向人民法院或者人民检察院提出申诉，但是不能停止判决、裁定的执行。"

（三）立法语言中的修辞规则

立法语言在修辞方面，在词语上要求使用规范的书面语言，不用口语词、方言词、俗语和土语；在句法上，要求连贯、周密、简洁；在句序上采用顺叙方式，不用倒叙和插叙；在章法上要求整个法律文本的完整流畅，明白清楚；在文体上采用叙述式，不用议论方式或夹叙夹议的方式。

（四）立法语言中的时态规则

立法语言中的时态有现在时、将来时和过去时三种。

现在时态是立法语言中的常用时态，其表达是一种一般性的行为规范，它要求对现时的事件和行为进行约束和调整。

将来时态一般用来表述法规的生效时间。如 2011 年 6 月 30 日公布的《行政强制法》第七十一条规定："本法自 2012 年 1 月 1 日起施行。"原《中华人民共和国企业破产法（试行）》第四十三条规定："本法自全民所有制工业企业法实施满三个月之日起试行，试行的具体部署和步骤由国务院规定。"

过去时态主要用来表述法律实行之间应当具备的条件。《刑法》第十二条规定："中华人民共和国成立以后本法施行以前的行为，如果当时的法律不认为是犯罪的，适用当时的法律；如果当时的法律认为是犯罪的，依照本法总则第四章第八节的规定应当追诉的，按照当时的法律追究刑事责任，但是如果本法不认为是犯罪或者处刑较轻的，适用本法。""本法施行以前，依照当时的法律已经作出的生效判决，继续有效。"

四、法律文本中的标点符号

（一）法律文本标点符号概述

在日常的书面文字之中，标点符号是用来标明字句、语气和专名的书写符号，是书面语言必不可少的组成部分。标点符号一般分为两类，一类是起停顿作用的点号，有逗号、顿号、分号、冒号、句号和省略号；另一类是起标示作用的标号，有括号、书名号和引号。法律语言有自己的特殊性，因此其标点符号的使用也和一般书面语言有所不同，没有一般书面语言使用的丰富。

法律语言中使用的标点符号主要有逗号、句号、顿号、分号、冒号、括号和书名号，在条文当中不能使用具有疑问、不确定、感情色彩的问号、省略号和感叹号。

（二）法律文本中的逗号、顿号、分号、句号

逗号表示句子中间的停顿，在法律文本中应用最为广泛，通常用于主语和谓语、动词和宾语之间。法律条文中是否用逗号，除了需要考虑是否有停顿外，还要根据结构上看是否能够断开。

顿号表示句子中一个小的停顿，用来分开句子里的并列词或词组。可以在主语、宾语和定语位置上并列成分中使用。

分号表示句子中比较大的停顿，常用在并列的分句之间。在规范性文件中，分号运用得比较多。

句号表示一个陈述句以后的停顿，用在一个完整的句子之后。句子的完整与否，要从句子的结构和意义两个方面进行判断。法律语言绝大多数是陈述性的，因而句号在规范性文件中运用很多。

（三）括号、书名号和引号

括号表示法律文本中的说明和补充部分。在法律文本中，使用括号有两种情况：

第一种情况是在法律名称下面设置括号，目的是标明规范性文件的通过时间和通过机关、公布时间和公布机关、修改时间和修改机关、实施时间。当然，如果法律没有经过修改，括号中的内容就比较简单，如《立法法》下面的括号内所标明的内容就比较简单，即"（2000 年 3 月 15 日第九届全国人民代表大会第三次会议通过 2000 年 3 月 15 日中华人民共和国主席令第三十一号公布）"。如果有的法律经过修改，且修改次数较多，括号中的内容就会较多。如《中华人民共和国个人所得税法》下面的括号中标明：

中华人民共和国个人所得税法

（1980 年 9 月 10 日第五届全国人民代表大会第三次会议通过 根据

1993 年 10 月 31 日第八届全国人民代表大会常务委员会第四次会议《关于修改〈中华人民共和国个人所得税法〉的决定》第一次修正　根据 1999 年 8 月 30 日第九届全国人民代表大会常务委员会第十一次会议《关于修改〈中华人民共和国个人所得税法〉的决定》第二次修正　根据 2005 年 10 月 27 日第十届全国人民代表大会常务委员会第十八次会议《关于修改〈中华人民共和国个人所得税法〉的决定》第三次修正　根据 2007 年 6 月 29 日第十届全国人民代表大会常务委员会第二十八次会议《关于修改〈中华人民共和国个人所得税法〉的决定》第四次修正　根据 2007 年 12 月 29 日第十届全国人民代表大会常务委员会第三十一次会议《关于修改〈中华人民共和国个人所得税法〉的决定》第五次修正　根据 2011 年 6 月 30 日第十一届全国人民代表大会常务委员会第二十一次会议《关于修改〈中华人民共和国个人所得税法〉的决定》第六次修正）

第二种情况是规范法律文本的正文中请示说明、注释和补充的意思。如《规章制定程序条例》第十一条第一款规定："国务院部门法制机构，省、自治区、直辖市和较大的市的人民政府法制机构（以下简称法制机构），应当对制定规章的立项申请进行汇总研究，拟订本部门、本级人民政府年度规章制订工作计划，报本部门、本级人民政府批准后执行。"本项中的括号中的内容就是表示说明。

第三种情况是在习惯上通常用条款之下"项"的顺序，将表示项的顺序的数词括号。如《法规规章备案条例》第三条规定："法规、规章公布后，应当自公布之日起三十日内，依照下列规定报送备案：

（一）地方性法规、自治州和自治县的自治条例和单行条例由省、自治区、直辖市的人民代表大会常务委员会报国务院备案；

（二）部门规章由国务院部门报国务院备案，两个或两个以上部门联合制定的规章，由主办的部门报国务院备案；

（三）省、自治区、直辖市人民政府规章由省、自治区、直辖市人民政府报国务院备案；

（四）较大的市的人民政府规章由较大的市的人民政府报国务院备案，同时报省、自治区人民政府备案；

（五）经济特区法规由经济特区所在地的省、市的人民代表大会常务委员会报国务院备案。"

　　书名号在法律文本中通常用来表示某个或某些法律文本的名称。在立法实践中如果条文中使用名称是命名的，一般都使用书名号。如《规章制定程序条例》第三十四条规定："规章应当自公布之日起三十日内，由法制机构依照立法法和《法规规章备案条例》的规定向有关机关备案。"《法规规章备案条例》第二条第二款规定："本条例所称规章，包括部门规章和地方政府规章。部门规章是指国务院各部、各委员会、中国人民银行、审计署和具有行政管理职能的直属机构（以下简称国务院部门）根据法律和国务院的行政法规、决定、命令，在本部门的职权范围内依照《规章制定程序条例》制定的规章。地方政府规章，是指省、自治区、直辖市和较大的市的人民政府根据法律、行政法规和本省、自治区、直辖市的地方性法规，依照《规章制定程序条例》制定的规章。"

　　引号是表示法律条文中引用或特别强调的部分。如《行政法规制定程序条例》第四条规定："行政法规的名称一般称为'条例'，也可以称'规定'、'办法'等。国务院根据全国人民代表大会及其常务委员会的授权决定制定的行政法规，称'暂行条例'或者'暂行规定'。""国务院各部门和地方人民政府制定的规章不得称'条例'。"在立法实践中应用引号要注意的事项是：一是如果完整地引用法律条文，而且引文中已经有标点，那么句子末的标点不变，并将其放在引号内；二是引文本来有逗号或者句号，但引文末尾与非引文部分衔接得紧，中间不能停顿，这时引文末尾的逗号、句号应当去掉；三是如果引文较长，又分了段，那么只有在每段开头用前半个引号，在最后一段的末尾才加上后半个引号。

第十六章

立法谋划

第一节　立法预测

一、立法预测的概念

古人云："凡事预则立，不预则废。"① 立法也不例外。因此在立法工作中搞好立法预测对于提高立法的总体质量、科学有效地规范社会关系具有十分重要的意义。

立法预测，是指根据经济社会发展规律和法律发展规律，运用科学的方法和手段，对未来社会的法律发展趋势、需求所进行的推测。

立法预测的准确与否与预测手段是否科学、前期调研是否深入、预测水平是高是低、相关信息资源是否充分直接相关。如果立法预测者所使用的预测手段是科学的、前期调研是深入的全面的、预测是高水平的、相关信息的掌握是充分的可靠的，则立法预测必然就是准确的。反之，立法预测的准确性就会受到严重的影响。

搞好立法预测，能够为立法工作提供充分的立法信息资源，为有权机关进行立法决策、立法规划和立法工作服务，确保所立之法的高质量。科学的立法预测能够保证立法的科学化、保证法律体系和立法体系的完备与协调、保证国家立法与社会的协调发展。正如学者所言："立法预测具有多种作用，其中，根本的作用就在于为立法决策、立法规划等服务，使法律与社会协调发展，从而使法律达到调控社会的最佳效果。"②

---

① 《礼记·中庸》。

② 朱力宇、叶传星：《立法学（第四版）》，中国人民大学出版社 2015 年版，第 154 页。

二、立法预测的分类

理论界根据不同的标准对立法预测进行了不同的分类。现介绍几种常见的分类方法：

（一）短期立法预测、中期立法预测和长期立法预测。

根据预测期限的不同，将立法预测区分为短期立法预测、中期立法预测和长期立法预测。

短期立法预测，是指对未来五年以内的立法发展趋势和前景所进行的预测。

中期立法预测，是指对未来五年至十年的立法发展趋势和前景所进行的预测。

长期立法预测，是指对未来十年以上或者更长期限的立法发展趋势和前景所进行的预测。

这种分类方法主要受我国国民经济和社会发展规划的影响，以五年作为一个时间段，通常都会根据国家的国民经济和社会发展规划来预测立法工作。

长期立法预测是中、短期立法预测的指导和依据，中、短期立法预测又是长期立法预测的基础或支撑。可以说，这三种立法预测之间是相互影响、互为因果的。

（二）立法机关的立法预测和非立法机关的立法预测

根据立法预测主体的不同，可以将立法预测区分为立法机关的立法预测和非立法机关的立法预测。

立法机关的立法预测，是指享有立法权的机关进行的立法预测。如全国人民代表大会及其常务委员会的立法预测、国务院的立法预测、享有立法权的地方人民代表大会及其常务委员会的立法预测。

非立法机关的立法预测，是指不具有立法权的组织或个人进行的立法预测。如法学研究机构、法学工作者所作的立法预测。

立法机关的立法预测具有明显的优点，即预测结果具有权威性，能够较快地被立法机关采纳，付诸实施；预测资源的保障性，国家能够提供充足的财力和人力，能够获取所需要的各种信息资源。非立法机关的立法预测，其中立性和专业性强，其预测结果的科学性较高，但因预测者没有将预测结果直接运用到立法中的权力，因此权威性较低。但应当注意的是，非立法机关的预测结果是否被采纳，并不能够证明其科学与否，因为整个立法过程中的人为因素较多，立法机关采纳的结果未必也是科学的。

（三）宏观立法预测和微观立法预测

以立法预测内容的具体化程度不同，将立法预测区分为宏观立法预测和微观立法预测。

宏观立法预测，是指对国家或部门、区域的整个立法发展趋势进行的综合性预测。如对未来十年我国立法预测。

微观立法预测，是指针对某一单一的立法发展趋势进行的预测。如对能源立法的预测。

这里值得注意的是，"宏观和微观的分类只具有相对意义并无严格标准，不排除牵一发而动全身的效果，因此，微观预测结果也会为宏观的预测提供重要的补充"①。

（四）全国性立法预测和地方性立法预测

根据立法预测所涉及的区域范围不同，将立法预测区分为全国性立法预测和地方性立法预测。

全国性立法预测，是指针对一个国家范围内的立法发展趋势（既包括中央机关立法，也包括地方立法；既包括权力机关立法，也包括行政立法）所作的预测。

地方性立法预测，是指针对一个国家范围内某一区域的立法发展趋势进行的预测。

一般而言，全国性立法预测的难度大，地方性立法预测的难度要小一些，但是由于地方立法受中央立法的影响和限制，所以，地方立法预测的难度也并不小。

（五）定性立法预测和定量立法预测

根据立法预测内容的不同，将立法预测区分为定性立法预测与定量立法预测。

定性立法预测，是指预测在今后应当制定、修改、补充或废止哪些法律或者预测法律的调整对象有什么变化以及法律的调整范围有什么变化。

---

① 张永和：《立法学》，法律出版社 2009 年版，第 72 页。

定量立法预测是指预测今后一定时期内应当修改、补充或废止多少法律，或对立法预测所取得的未来社会信息资料进行量化分析，从而寻觅立法发展规律。①

三、立法预测的步骤

我国理论界关于立法预测的步骤存在不同的意见。有学者主张七步骤说，有学者主张四步骤说，而在主张四步骤的学者中关于四步骤的具体内容也存在分歧。现将各种学说介绍如下：

立法预测的七步骤学说，为周旺生教授所主张。他认为大多数立法预测都是按照七个步骤进行的，即：一是作出立法预测决策，二是落实立法预测班子，三是确定立法预测的目标，四是选定立法预测的类别，五是选择立法预测的方法，六是正式进行预测，七是将立法预测报告及时转给立法决策方面。②

主张立法预测四步骤的学者认为，立法预测要经过四个步骤，即：一是确定立法预测的目标，二是搜集立法信息，三是分析立法信息，四是提出立法预测报告。③

另一种四步骤学说则认为，立法预测要经过的四个步骤是：一是确立立法预测的目标，二是设立立法预测的组织，三是搜集并处理立法信息，四是形成立法预测报告。④

第二节　立法规划

一、立法规划的概念

立法规划，又称立法计划，是指立法主体根据立法预测的结果，在法定范围内根据经济社会发展的需要，依据一定的原则和程序所编制的关于未来一定时期内的立法目标、措施、步骤的基本设想和安排。

---

① 刘和海、李玉福：《立法学》，中国检察出版社 2001 年版，第 90 页。
② 周旺生：《立法学》，法律出版社 2004 年版，第 295—296 页。
③ 朱力宇、叶传星：《立法学（第四版）》，中国人民大学出版社 2015 年版，第 156 页。
④ 张永和：《立法学》，法律出版社 2009 年版，第 73 页。

虽然曾经有学者认为，由于制定法律不是生产过程，制订规划。[①] 但从经济社会发展的情况和各国对立法的重视程度，投入的人力、物力，国家的国民经济和社会发展规划的制定情况看，制定立法规划还是有客观条件的。

二、立法规划的分类

根据不同的标准，对立法可以作不同的分类，常见的分类方法有：

（一）长期立法规划、中期立法规划和短期立法规划

这种分类是以立法规划的时间长短为标准的。

长期立法规划，是指规划期限在十年以上的立法规划；中期立法规划，是指规划期限在五年以上十年以下的立法规划；短期立法规划，是指规划期限在五年以下的立法规划。这里值得注意，立法规划期限的长短，国家并没有严格的规定，这种分类方法是参照国家经济和社会发展规划的制定期限而进行的分类。

（二）中央立法规划和地方立法规划

这种分类是以制定立法规划的主体的级别不同为标准的。

中央立法规划，是指中央立法主体根据立法实际制定的立法规划；地方立法规划，是指地方立法主体根据地方立法需要制定的立法规划。通常而言，中央立法规划是针对全国的具体立法实际而进行的，地方立法规划只是针对某一地区的地方性事务进行的。

（三）权力机关的立法规划和行政机关的立法规划

这种分类是以制定立法规划的机关的性质不同为标准的。

权力机关的立法规划，是指由享有国家立法权的国家权力机关制定的立法规划。行政机关的立法规划，是指由享有行政立法权的行政机关编制的立法规划。

根据相关法律的规定，在我国，有权制定权力机关立法规划的主体包括全国人民代表大会及其常务委员会，省、自治区、直辖市的人民代表大会及其常务委员会，设区的市的人民代表大会及其常务委员会；有权制定行政立法规划的主体包括国务院，国务院各部门，省、自治区、直辖市的

---

① 吴大英、任允：《比较立法学》，法律出版社 1985 年版，第 259 页。

人民政府和设区的市的人民政府。

（四）专项立法规划和综合立法规划

这种分类是以立法规划的内容不同为标准的。

专项立法规划，是指立法机关为调整某一方面的社会关系而制定的立法规划，如经济立法规划、科技立法规划、教育立法规划、能源立法规划，等等。综合立法规划，是指立法机关针对经济社会生活的各个领域而制定的立法规划。

三、我国制定立法规划的基本情况

我国立法规划工作大致分为三个阶段，即全国人民代表大会秘书处主持拟定阶段、全国人民代表大会办公厅主持拟定阶段和全国人民代表大会常务委员会法制工作委员会主持拟定阶段。

第九届全国人民代表大会及其之前的几届全国人民代表大会，立法规划都是由全国人民代表大会常务委员会秘书处主持拟定的。这是全国人民代表大会常务委员会立法规划工作的第一个阶段。我国从 20 世纪 80 年代开始逐步重视立法规划工作。1981 年经国务院批准制定了 1982 年至 1986 年经济立法规划。1986 年，国务院批准"七五"期间立法规划，并按年度制定了每一年的立法规划。1988 年，第七届全国人民代表大会常务委员会第二次会议印发了《全国人民代表大会法律委员会关于五年立法规划的初步设想》。1988 年，全国人民代表大会常务委员会制定的常务委员会工作要点中就五年的立法工作作了规划，并据此对立法工作进行具体安排。1991 年 11 月，第七届全国人民代表大会常务委员会制定了 1991 年 10 月至 1993 年 3 月立法规划。这一立法规划把法律草案分为两类。第一类是拟提请全国人民代表大会或全国人民代表大会常务委员会审议的法律草案（共 21 件）；另一类是拟抓紧调研论证的法律草案（共 43 件）。1993 年年底，第八届全国人民代表大会常务委员会开始制定了年度立法计划。第八届全国人民代表大会常务委员会十分注重立法工作的计划性，制定了五年立法规划，每年都制定年度立法计划。这一立法规划把法律草案分为两类：第一类是本届内审议的法律草案（共 115 件）；另一类是研究起草成熟时安排的法律草案（共 37 件）。全国人民代表大会常务委员会依据第一类规划，相应地制定了年度立法计划。第九届全国人民代表大会常务委员会在此基础上，提出立法工作要做到"年度有计划、五年有规划、长远有纲要"。第九届全国人民代表大会常务委员会制定的立法规划 89 件法律草案，其中，第一类本届内审议的法律草案 63 件，第二类研究起草、成熟时安排审议的法律草案 26 件。

从第十届全国人民代表大会常务委员会开始，由常务委员会办公厅负责立法规划、立法计划的拟定工作。这是全国人民代表大会常务委员会立法规划工作的第二个阶段。第十届全国人民代表大会常务委员会制定的立法规划包括 76 件法律草案，其中，第一类本届内审议的法律草案 59 件，第二类是研究起草、成熟时安排审议的法律草案 17 件。

2007 年，全国人民代表大会常务委员会对立法工作机制作出重要调整，决定由常务委员会法制工作委员会承担立法的规划、组织、协调、指导、服务等职能，统筹立法工作的全过程。由法工委负责立法规划、立法计划的拟定工作，是全国人民代表大会常务委员会立法规划工作的第三个阶段。第十一届全国人民代表大会常务委员会立法规划包括第一类 49 件法律案都安排在本届全国人民代表大会常务委员会任期内提请审议。案涉及宪法及宪法相关法、民法商法、行政法、经济法、社会法、刑法、诉讼与非诉讼程序法全部七个法律部门。立法规划还包括司法协助法、住房保障法、违法行为矫治法等 15 件需要进行深入研究、条件成熟时安排审议的二类立法项目。本届立法规划坚持制定与修改并重，使法律更好地适应我国经济社会发展新时期新阶段的需要，发挥法律在国家经济、政治、文化和社会生活中的规范、引导和保障作用。

全国人民代表大会常务委员会的立法规划，对地方立法规划的制定具有十分积极的指导作用。在全国人民代表大会常务委员会立法规划的指导下，享有立法权的地方人民代表大会常务委员会也相应地制定了自己的立法规划，对推动我国立法工作的发展起到了巨大的作用。

四、立法规划的意义

制定立法规划对于促进立法工作具有十分重要的作用，具体表现在：

第一，有利于分清立法工作的轻重缓急，在立法工作中突出重点，确保经济社会生活迫切需要的法律得到优先出台。

第二，有利于法制的统一和法律体系的完善与和谐。

第三，有利于科学立法，统筹立法力量，调动社会各方参与立法的积极性，减少和避免立法工作中的重复工作。

在没有制定和严格执行立法规划的条件下，我国的立法工作通常是"天女散花"式的，基本没有章法，立法机关很被动，相关部门互相掣肘，立法工作不配套。正如有人指出的："没有立法规划时，全国人民代表大会常务委员会的立法工作比较被动。常务委员会会议审议什么法律草案，要等着有关机关提请审议。'提什么审什么'，这样，一些经济社会发展急需的法律不能及时出台。""制定立法规划，是人民代表大会加强立法工作的一个重要举措。实行计划立法，可以使立法工作突出重点，使立法活动适应改革开放和现代化建设的需要；能够增强立法工作的主动性；可以防止立法工作中的重复、分散或遗漏现象，避免不必要的立法活动；有助于各部门之间的协调和有准备地参加立法活动，提高立法质量。"①

五、制定立法规划的基本原则

我国立法中还没有专门关于立法规划原则的规定，立法机关在进行立法规划时根据经济社会发展的需要其坚持的立法规划原则也是不同的。

第八届全国人民代表大会常务委员会在制定立法规划时，根据当时经济社会发展的需要，依据三个基本原则，即：一是既根据发展改革开放和现代化建设的客观要求，考虑实际可能；二是既突出重点，又兼顾其他；三是既发挥全国人民代表大会专门委员会在立法工作中的作用，又充分发挥各部门起草法律的积极性。

第九届全国人民代表大会常务委员会在制定立法规划时，根据当时经济社会发展的需要，依据四项基本原则，即：一是从我国处于社会主义初级阶段的实际出发，根据依法治国、改革开放和社会主义现代化建设需要，突出重点，同时兼顾其他；二是在我国已经初步形成以宪法为核心的有中国特色社会主义法律体系框架的基础上，注意各法律部门、各立法项目之间相互衔接与协调，逐步形成中国特色社会主义法律体系；三是综合

---

① 郭晓宇：《解读十一届全国人民代表大会常务委员会立法规划》，http：//www.china-law.gov.cn/article/xwzx/fzxw/2009/200811/20081100117257.shtml，最后访问时间：2011 年 3 月 8 日。

性法律一时制定不出来的，先分别制定各单项法律；四是重视对已有法律的修改工作。

第十届全国人民代表大会常务委员会在制定立法规划时遵循的基本原则有三项，即：一是突出重点；二是着眼于基本形成中国特色社会主义法律体系；三是制定法律与修改法律并重。①

学者在总结立法规划的基本原则时，也存在不同的观点，有学者认为，我国立法规划的基本原则包括三项，即：合法性原则，要求编制立法规划时不能与现行宪法和法律相冲突；科学性原则，要求编制立法规划要合乎客观规律，遵循科学原理；可行性原则，要求突出重点，充分考虑可实现的程度。② 还有学者认为，制定立法规划应当遵守的原则有：一是从实际出发，注重可行性的原则；二是突出重点，兼顾其他的原则；三是科学合理，注重法律体系协调的原则。③

六、编制立法规划的程序

我国《立法法》对编制立法规划的内容只在五十二条中作出了原则性规定。即《立法法》第五十二条规定："全国人民代表大会常务委员会通过立法规划、年度立法计划等形式，加强对立法工作的统筹安排。编制立法规划和年度立法计划，应当认真研究代表议案和建议，广泛征集意见，科学论证评估，根据经济社会发展和民主法治建设的需要，确定立法项目，提高立法的及时性、针对性和系统性。立法规划和年度立法计划由委员长会议通过并向社会公布。""全国人民代表大会常务委员会工作机构负责编制立法规划和拟订年度立法计划，并按照全国人民代表大会常务委员会的要求，督促立法规划和年度立法计划的落实。"

（一）提出拟立法的项目

1. 立法项目的来源

立法项目，是指准备进行立法的项目。

---

① 朱力宇、叶传星：《立法学（第四版）》，中国人民大学出版社2015年版，第158页。
② 张永和：《立法学》，法律出版社2009年版，第76—77页。
③ 朱力宇、叶传星：《立法学（第四版）》，中国人民大学出版社2015年版，第158—159页。

在我国，提出立法项目的主体是广泛的。就中央层面而言，全国人民代表大会常务委员会的立法项目，可以由全国人民代表大会各专门委员会、国务院有关部门、最高人民法院、最高人民检察院、中央军事委员会、全国人民代表大会常务委员会工作机构以及人民团体等提出；国务院的立法主要由国务院的各有关部门提出。

提出立法项目不能只是简单地提出一个立法名称，通常立法项目应当包括如下内容：

第一，拟立法的名称；

第二，拟立法调整的社会关系；

第三，拟通过立法解决的主要问题；

第四，拟通过立法确立的主要制度；

第五，相关的立法进度。

这里需要特别注意，提出立法项目时还应当注意解决进行立法的必要性、可行性，国家已有相关立法规定，拟立之法与相关法律的关系，可能给社会带来的影响及立法成本分析，为保证立法活动顺利进行的保障措施，等等。

2. 立法项目的分类

实践中立法规划一般分为三大类：第一类是条件比较成熟、年内拟提请审议的法律草案，通称一档项目；第二类是需要抓紧立法工作、条件成熟时提请审议的法律草案，通称二档项目；第三类是立法条件尚不完全具备、需要继续研究论证的立法项目，通称三档项目。"从八届到十一届全国人大常务委员会立法规划都只有前两类，十二届全国人大常委会立法规划首次明确了第三类研究论证项目。""列入年度立法计划的立法项目通常分为三类：安排继续审议的法律案（上一年度审议尚未通过、结转到下一年度的法律案）、初次审议的法律案（具体列出法律案提请初次审议的具体月份）和若干预备项目（条件成熟时提请初次审议）。"①

在实践中，一档项目是内容必须完成的，二档项目在条件成熟时也可以在年内完成，但不是必须完成。

---

① 武增：《中华人民共和国立法法解读》，中国法制出版社 2015 年版，第 199 页。

（二）汇总立法项目

有关部门根据规定提出拟立法的项目后，有关部门应当将这些项目进行汇总，以便进行分析、协调，最终作出立法规划。根据相关规定和实践情况，在中央，拟由全国人民代表大会常务委员会确定的立法项目，由全国人民代表大会常务委员会秘书处负责接受并汇总立法项目；拟由国务院制定行政法规的立法项目，由国务院法制办公室负责接受并汇总立法项目；国务院各部门拟制定行政规章的立法项目，由各部门的法制工作机构负责接受并汇总立法项目。在地方，拟制定地方性法规的立法项目，由本级人民代表大会常务委员会的法制工作委员会负责接受和汇总；地方政府规章的立法项目，由本级人民政府的法制机构负责接受并汇总。

（三）审查立法项目，并编制立法规划

接受拟立法项目的机构或部门，在收到立法项目后，要根据立法规划的基本原则进行全面、认真的审查，根据实际情况编制立法规划草案。

当然，为了体现立法的民主性和专业性，编制立法规划的机构或部门应当采用多种方式听取民众的意见和专家的建议。

（四）审议、批准立法规划

有关机构或部门编制完成立法规划草案后，应当将立法规划草案提请有权机关审议，然后进行批准。

根据有关规定和实践，在全国人民代表大会常务委员会，立法规划是先在委员长会议上进行讨论，然后再提请常务委员会会议审议通过。在国务院，立法规划是先由国务院法制办公室根据国家的总体工作部署对部门报送的行政法规立项申请汇总之后进行研究，在统筹兼顾、突出重点的情况下，拟订国务院年度立法工作计划，报国务院审批后实施。在地方，人民代表大会常务委员会的立法规划一般也是先由本级人民代表大会常务委员会的法制委员会提出，报常务委员会批准后实施；地方政府的规章立法，一般是由法制工作机构提出，本级人民政府批准后实施。

第三节　立法决策

一、立法决策的概念

立法决策，只是一个法学概念，理论界对其定义尚无统一认识。有学者认为，立法决策，就是决定立法策略或办法，或者是决定的立法策略或办法。①

二、立法决策的主体

立法决策的主体，是指依法享有决定立法方法、方针、策略或办法的机构或者个人。

根据《宪法》《全国人民代表大会组织法》《立法法》《全国人民代表大会议事规则》《全国人民代表大会常务委员会议事规则》等的规定，我国在中央国家权力机关的立法层面的立法决策主体可以分为主席团、委员长会议、辅助立法主体三个组成部分；国务院行政立法的决策主体是国务院，国务院各部门行政规章立法决策权的主体是国务院各部门。在地方立法决策主体中，包括享有立法权的本级政府和享有立法权的地方人民代表大会常务委员会。

中央国家权力机关立法的决策主体：

1. 全国人民代表大会主席团

根据《宪法》第六十一条第二款的规定，全国人民代表大会举行会议的时候，选举主席团主持会议。《全国人民代表大会组织法》第九条、第十条规定，凡向全国人民代表大会提出属于全国人民代表大会职权范围内的议案，都要由主席团决定交各代表团审议，或者并交有关的专门委员会审议，提出报告，再由主席团审议决定提交大会表决。《全国人民代表大会议事规则》第二十一条、第二十三条也有与此基本相同的规定。此外，《立法法》第十四条规定，全国人民代表大会主席团可以向全国人民代表大会提出法律案，由全国人民代表大会会议审议。全国人民代表大会常务委员会、国务院、中央军事委员会、最高人民法院、最高人民检察院、全国人民代表大会各专门委员会，可以向全国人民代表大会提出法律案，由主席团决定列入会议议程。第十五条还规定，一个代表团或者三十名以上的代表联名，可以向全国人民代表大会提出法律案，由主席团决定是否列入会议议程，或者先交有关的专门委员会审议、提出是否列入会议议程的意见，再决定是否列入会议议程。专门委员会审议的时候，可以邀

---

① 朱力宇、叶传星：《立法学（第四版）》，中国人民大学出版社 2015 年版，第 163 页。

请提案人列席会议，发表意见。

2. 委员长会议

根据《全国人民代表大会组织法》第三十二条第二款的规定，全国人民代表大会各专门委员会、国务院、中央军事委员会、最高人民法院、最高人民检察院，均可向常务委员会提出属于常务委员会职权范围内的议案，由委员长会议决定提请常务委员会审议，或者先交有关的专门委员会审议，提出报告，再提请常务委员会审议。《全国人民代表大会常务委员会议事规则》第十二条也作了基本一致的规定。《立法法》第二十六条规定，委员长会议可以向常务委员会提出法律案，由常务委员会会议审议。国务院、中央军事委员会、最高人民法院、最高人民检察院、全国人民代表大会各专门委员会，可以向常务委员会提出法律案，由委员长会议决定列入常务委员会会议议程，或者先交有关的专门委员会审议、提出报告，再决定列入常务委员会会议议程。如果委员长会议认为法律案有重大问题需要进一步研究，可以建议提案人修改完善后再向常务委员会提出。在第二十七条中，《立法法》又规定，常务委员会组成人员十人以上联名，可以向常务委员会提出法律案，由委员长会议决定是否列入常务委员会会议议程，或者先交有关的专门委员会审议、提出是否列入会议议程的意见，再决定是否列入常务委员会会议议程。不列入常务委员会会议议程的，应当向常务委员会会议报告或者向提案人说明。专门委员会审议的时候，可以邀请提案人列席会议，发表意见。

3. 辅助立法决策主体

《立法法》第二十条规定，列入全国人民代表大会会议议程的法律案，由法律委员会根据各代表团和有关的专门委员会的审议意见，对法律案进行统一审议，向主席团提出审议结果报告和法律草案修改稿，对重要的不同意见应当在审议结果报告中予以说明，经主席团会议审议通过后，印发会议。第三十三条规定，列入常务委员会会议议程的法律案，由法律委员会根据常务委员会组成人员、有关的专门委员会的审议意见和各方面提出的意见，对法律案进行统一审议，提出修改情况的汇报或者审议结果报告和法律草案修改稿，对重要的不同意见应当在汇报或者审议结果报告中予以说明。对有关的专门委员会的审议意见没有采纳的，应当向有关的专门委员会反馈。法律委员会审议法律案时，应当邀请有关的专门委员会的成员列席会议，发表意见。

在实践中，全国人民代表大会常务委员会法制工作委员会作为全国人民代表大会常务委员会的工作机构，虽不是权力机关，但在立法决策过程中常常起很大作用，是辅助立法决策主体中的一个重要组成部分。此外，我国辅助立法决策主体还包括政府工作部门和地方人大，中国人民政治协商会议，工会、妇联、青联、残联等人民团体，以及公民个人和组织等。但在这里需要特别注意，辅助立法决策主体不具有立法决策权，并不能直接对立法作出决定。

三、立法决策的程序

根据实践经验，立法决策一般需要经过四个基本步骤，即：

第一，明确立法问题。这一步主要是确定通过立法所要解决的问题，即通常所说的法律的调整对象问题。对于立法决策者而言，明确立法问题重点需要考虑拟调整的问题有无通过立法解决的必要、有无通过立法解决的可能、调整范围是否明确等问题。

第二，明确解决问题的程度。这一步的重点是确定通过立法将拟解决的问题处理到何种程度。任何事物都不可一蹴而就，立法也不例外，对社会关系的调整不可能"一法就灵"，因此，决策必须根据社会发展的实际、立法技术的成熟程度和现有条件决定通过立法解决社会问题的程度。

第三，确定调整社会关系的基本方案。通过立法解决社会问题，实现既定的目标，只是立法者的良好愿望，为了防止出现事与愿违的情况，调整社会关系的基本方案就显得十分重要。通常而言，如果方案切实可行，则实现目标的可能性就越大，反之，则有可能背道而驰。因此，立法决策机关确定好调整社会关系的基本方案，在此前提下具体起草的人员才好设计具体的法律条文，提高法律条文起草的效力和质量。否则，必然会出现事倍功半的后果。

第四，作出科学抉择。对立法过程中出现的多种方案进行抉择，是立法决策中最后，也是最重要的一个环节。立法决策机关的抉择如果是科学的，则立法的科学性、针对性都十分强，否则，立法工作必然会走弯路，甚至出现事与愿违的不良后果。

第四节　立法协调

一、立法协调的概念

立法协调，往往是在两种意义上加以使用的。第一种意义上的立法协调是静态意义上的，即立法的结果（法律）处于一种和谐、有序、前后呼应、上下衔接、左右不矛盾的状态。第二种意义上的立法协调是动态意义上的，即它是实现或达到法律（体系）和谐、有序、前后呼应、上下衔接的过程，即立法机关在制定法律的过程中针对不同的立法方案选择、职权与职责任的配置、权利与义务的配置过程中出现的矛盾或不同意见所作的调适。《决定》提出："加强人大对立法工作的组织协调，健全立法起草、论证、协调、审议机制，健全向下级人大征询立法意见机制，建立基层立法联系点制度，推进立法精细化。健全法律法规规章起草征求人大代表意见制度，增加人大代表列席人大常委会会议人数，更多发挥人大代表参与起草和修改法律作用。完善立法项目征集和论证制度。健全立法机关主导、社会各方有序参与立法的途径和方式。探索委托第三方起草法律法规草案。""健全立法机关和社会公众沟通机制，开展立法协商，充分发挥政协委员、民主党派、工商联、无党派人士、人民团体、社会组织在立法协商中的作用，探索建立有关国家机关、社会团体、专家学者等对立法中涉及的重大利益调整论证咨询机制。拓宽公民有序参与立法途径，健全法律法规规章草案公开征求意见和公众意见采纳情况反馈机制，广泛凝聚社会共识。"表现在立法中，核心就是要搞好立法协商工作。

静态意义上的立法协调又分为两种：立法内部协调和立法外部协调。立法内部协调，是指一国（或地区）的法律体系内部处于和谐、有序、前后呼应、上下衔接、左右不矛盾的状态。这是一国或地区法制统一的重要内容和标志。我国《宪法》和《立法法》等都明确规定要"维护社会主义法制的统一"。立法外部协调，是指法律与经济基础及其他上层建筑之间处于和谐、有序、不矛盾的状态。这是法律能够充分有效地发挥其作用的必要前提。立法内部协调与外部协调是相互联系的、密不可分的。没有立法外部协调，也就不可能有立法内部协调，反之亦然。不过，如果社会生活本身不和谐，立法也就不可能协调。由于社会生活是不断发展变化的，社会关系也复杂多变，立法的静态协调是相对的，不可能存在永恒的协调状态。当静态的协调出现问题时，就需要启动动态协调的机制进行协调。

动态意义上的立法协调对于保证静态意义上的立法协调具有十分重要的意义。正如有的学者所指出的："法律体系内部的和谐一致、法律与社会关系的协调，都不是自然而然的，也不是自动实现的，而是要通过不断地废、改、立，才能逐步实现的。""立法协调作为一个过程，不可能达到一种绝对的和谐一致，而只能是相对的。就这一点而言，立法不可能一劳永逸，而只有不断地和适时地废、改、立，才能使法律适应社会的需要。"①

二、立法协调的种类

（一）不同位阶之间的法律协调

在我国，法的渊源有宪法、基本法律、基本法律以外的法律、行政法规和其他规范性文件、地方性法规、规章（部委规章和地方规章）和其他规范性文件、自治条例和单行条例、军事法规和军事规章、特别行政区的法律和其他规范性文件、国际条约等。需要说明的是，《立法法》并未全面涵盖军事法规和军事规章、特别行政区的法律和其他规范性文件以及国际条约，也没有包括司法解释。但对于军事立法已经在第一百零三条中明确规定："中央军事委员会根据宪法和法律，制定军事法规。""中央军事委员会各总部、军兵种、军区、中国人民武装警察部队，可以根据法律和中央军事委员会的军事法规、决定、命令，在其权限范围内，制定军事规章。""军事法规、军事规章在武装力量内部实施。""军事法规、军事规章的制定、修改和废止办法，由中央军事委员会依照本法规定的原则规定。"

同时，《立法法》第六十四条也规定："全国人民代表大会常务委员会工作机构可以对有关具体问题的法律询问进行研究予以答复，并报常务委员会备案。"这一规定说明，全国人民代表大会常务委员会工作机构（如法制工作委员会）对有关具体问题的法律询问所给予的"答复"，也

---

① 万其刚：《立法理念与实践》，北京大学出版社 2006 年版，第 190 页。

是法的渊源的一种。这些都是我们在研究法的渊源的协调时应当加以密切注意的。

不同位阶之间的法律协调，包括以下内容：

第一，宪法具有最高法律效力，一切基本法律、其他法律、行政法规、地方性法规、自治条例和单行条例、规章和其他规范性文件都必须同宪法保持一致，不得抵触。《宪法》第五条第三款规定："一切法律、行政法规和地方性法规都不得同宪法相抵触。"《立法法》第八十七条更加明确地规定："宪法具有最高的法律效力，一切法律、行政法规、地方性法规、自治条例和单行条例、规章都不得同宪法相抵触。"

第二，人民代表大会立法与其他立法之间的协调。一切行政法规、地方性法规、规章和其他规范性文件都必须同基本法律和其他法律保持一致，不得抵触。《立法法》第八十八条规定："法律的效力高于行政法规、地方性法规、规章。""行政法规的效力高于地方性法规、规章。"

第三，地方立法之间的协调。一切地方性法规、规章和其他规范性文件都必须同基本法律、其他法律、行政法规和其他规范性文件保持一致，不得抵触。《立法法》第八十九条规定："地方性法规的效力高于本级和下级地方政府规章。""省、自治区的人民政府制定的规章的效力高于本行政区域内的设区的市、自治州的人民政府制定的规章。"

第四，自治条例、单行条例与其他法律之间的协调。由于自治条例和单行条例，是由民族自治地方的人民代表大会依据当地民族的政治、经济和文化的特点而制定的。一方面，自治条例和单行条例可以依照当地民族特点，对法律和行政法规的规定作出变通规定，但不得违背法律或者行政法规的基本原则，不得对《宪法》和《民族区域自治法》的规定以及其他有关法律、行政法规专门就民族地区所作的规定作出变通规定。另一方面，自治条例和单行条例依法对法律、行政法规、地方性法规作变通规定的，则只在本自治区地方适用。《立法法》第九十条第一款规定："自治条例和单行条例依法对法律、行政法规、地方性法规作变通规定的，在本自治地方适用自治条例和单行条例的规定。"

第五，经济特区与非经济特区之间的协调。《立法法》第九十条第二款规定："经济特区法规根据授权对法律、行政法规、地方性法规作变通规定的，在本经济特区适用经济特区法规的规定。"

第六，规章之间的协调。《立法法》第九十一条规定："部门规章之间、部门规章与地方政府规章之间具有同等效力，在各自的权限范围内施行。"

第七，司法解释与立法之间的协调。司法解释必须与宪法、基本法律、其他法律、行政法规和其他规范性文件保持一致，不得抵触。

（二）法律体系协调

法律体系协调，是指法律体系的内部结构的和谐一致。根据中国特色社会主义法律体系的组成部门，从横向上来说法律体系的协调包括以下内容：

第一，宪法与宪法相关法、民法商法、行政法、经济法、社会法、刑法、诉讼与非诉讼法等一切法律部门都必须同宪法保持一致，不得抵触；

第二，法律部门内部要协调一致，不得相互矛盾、冲突；

第三，部门法之间或其他规范性文件之间不得相互矛盾、冲突；

第四，同一规范性文件内部不得相互矛盾、冲突。

（三）法的内部结构协调

法的内部结构的协调，是指作为法的表现形式的规范性文件内部结构、体例等的和谐、有序。

第一，法律规范的逻辑结构要和谐一致。一般认为，法律规范的逻辑结构包含两个因素：行政模式和法律后果。立法时综观社会关系的各个方面，注意法律规范性文件前后之间的协调一致，保证法律规范性文件与其他规范性文件的联系。

第二，法的体例要协调。《立法法》第六十一条规定："法律根据内容需要，可以分编、章、节、条、款、项、目。""编、章、节、条的序号用中文数字依次表述，款不编序号，项的序号用中文数字加括号依次表述，目的序号用阿拉伯数字依次表述。""法律标题的题注应当载明制定机关、通过日期。经过修改的法律，应当依次载明修改机关、修改日期。"虽然《立法法》没有就行政法规、地方性法规、自治条例和单行条例、规章等的体例作出规定，但国务院《行政法规制定程序条例》、《规章备案规定》和一些地方人民代表大会常务委员会已经结合本地的实际情况，对地方立法的协调性问题作了规定，实践中也应当遵照执行。

第三，法律规范文本的名称要规范。这是法律体系协调、立法协调中的一项内容。我国立法实践中，对法的名称规范化总是比较随意，结果是名称较为混乱，表现为：一是使用的名称较多，如法、基本法、条例、规定、办法、决定、通则等；二是"暂行""试行"等也被用在名称中；三是同一机关使用不同的名称，而不同机关又使用同一名称等等。① 但《立法法》并未对此加以规范。另外，法的目录、标题，法的总则、分则和附则的制作，立法语言的使用等，也是法律体系协调所包含的内容，这里就不一一论述。

（四）法律的配套协调

配套立法主要是指基于全国人民代表大会以及全国人民代表大会常务委员会制定的法律中的授权条款，国务院、国务院有关部门、地方人大及其常委会和地方政府（主要是省级人大及常委会和省级人民政府）授权主体对已有的法律制定实施细则、办法等，对上位母法进行补充完善的立法现象。② 根据《立法法》第六十二条规定："法律规定明确要求有关国家机关对专门事项作出配套的具体规定的，有关国家机关应当自法律施行之日起一年内作出规定，法律对配套的具体规定制定期限另有规定的，从其规定。有关国家机关未能在期限内作出配套的具体规定的，应当向全国人民代表大会常务委员会说明情况。"

三、立法协调的方法

（一）法案起草阶段的立法协调

一个法案是否成熟，能否提交给有权的国家机关进行审议，在很大程度上取决于立法协调工作的质量。在我国，一般都是在有关机关对法案进行审议前，就把协调工作做好了。《决定》指出："加强党对立法工作的领导，完善党对立法工作中重大问题决策的程序。凡立法涉及重大体制和重大政策调整的，必须报党中央讨论决定。党中央向全国人大提出宪法修改建议，依照宪法规定的程序进行宪法修改。法律制定和修改的重大问题由全国人大常委会党组向党中央报告。""实现立法和改革决策相衔接，做到重大改革于法有据、立法主动适应改革和经济社会发展需要。实践证

---

① 万其刚：《法律法规名称中的"暂行"、"试行"》，《法学杂志》1996 年第 2 期。

② 王压非：《我国配套立法问题研究》，法律出版社 2015 年版，第 36 页。

明行之有效的，要及时上升为法律。实践条件还不成熟、需要先行先试的，要按照法定程序作出授权。对不适应改革要求的法律法规，要及时修改和废止。"所以说，法案起草阶段的立法协调，任务重，工作量大，其重要性也是不言而喻的。法案起草阶段的立法协调，是由法案起草小组（往往又分为领导小组和工作小组）负责组织并进行协调的，尤其是法案起草领导小组在协调过程中常常发挥重要作用。而一些重大的、有分歧的意见的协调，要由法案起草领导小组上报，由有关部门及其领导来协调。就法律起草的协调来说，如果是由国务院及其有关部门起草、并且对重要的问题和分歧是属于国务院各部门之间的，就由国务院进行协调；如果是由全国人民代表大会常务委员会或全国人民代表大会专门委员会组织起草的，则由全国人民代表大会常务委员会来协调。比如，证券法草案是由全国人民代表大会财政经济委员会组织起草的，在起草过程中，全国人民代表大会常务委员会有关领导曾多次出面进行协调。在实际工作中，虽然有的问题，在法律草案起草阶段，已经国务院协调，但有的部门又提出不同意见（这种意见往往是向全国人民代表大会及其常务委员会提出）的，仍交由国务院进行协调。法律草案起草阶段的立法协调，方法主要是召开座谈会、论证会等，并以此来征集有关方面的意见。《立法法》没有对此作出明确规定。但是，一方面，在实际立法过程中，已广泛采取诸如座谈会、书面征求意见、调查研究、列席和旁听、公民讨论、专家咨询和论证、社会舆论载体讨论、信访等方式。[①] 另一方面，《立法法》第六十七条明确规定："行政法规由国务院有关部门或者国务院法制机构具体负责起草，重要行政管理的法律、行政法规草案由国务院法制机构组织起草。行政法规在起草过程中，应当广泛听取有关机关、组织、人民代表大会代表和社会公众的意见。听取意见可以采取座谈会、论证会、听证会等多种形式。""行政法规草案应当向社会公布，征求意见，但是经国务院决定不公布的除外。"

事实上，这些方法不仅可以在行政法规起草过程中使用，也可在法律起草过程中加以使用。因为这些方法的广泛运用，不但有助于法案起草班子深刻了解和把握各有关方面的利益、愿望及相关要求，而且有助于立法

---

① 陈斯喜：《论我国立法的公众参与制度》，《行政法学研究》1995 年第 1 期。

协调工作的实施，保证立法顺利进行，使法案更加成熟，质量更高。

（二）法案审议阶段的立法协调

尽管在法案起草阶段已就许多问题进行过协调，但在法案审议阶段依然有较为繁重的协调任务。应该说，这两个阶段的立法协调是不能互相代替的。《立法法》对全国人民代表大会及其常务委员会在审议法律案时的立法协调，作了明确规定。同时，还就行政法规等在审议阶段的立法协调作了规定。

1. 大会主席团的立法协调

对于已经列入全国人民代表大会会议议程的法律案，根据《立法法》的规定，由全国人民代表大会主席团负责进行立法协调。①法律案由有关的专门委员会进行审议，向主席团提出审议意见，并印发会议。②法律案由法律委员会根据各代表团和有关的专门委员会的审议意见，进行统一审议，向主席团提出审议结果报告和法律草案修改稿，对重要的不同意见应当在审议结果报告中予以说明，经主席团会议审议通过后，印发会议。③《立法法》第二十一条规定，列入全国人民代表大会会议议程的法律案，必要时，主席团常务主席可以召开各代表团团长会议，就法律案中的重大问题听取各代表团的审议意见，进行讨论，并将讨论的情况和意见向主席团报告。主席团常务主席也可以就法律案中的重大的专门性问题，召集代表团推选的有关代表进行讨论，并将讨论的情况和意见向主席团报告。④法律案在审议中有重大问题需要进一步研究的，经主席团提出，由大会全体会议决定，可以授权常务委员会根据代表的意见进一步审议，作出决定，并将决定情况向全国人民代表大会下次会议报告；也可以授权常务委员会根据代表的意见进一步审议，提出修改方案，提请全国人民代表大会下次会议审议决定。

总之，上述规定表明，全国人民代表大会主席团有权在审议法律案的过程中，依照法定程序进行立法协调。这与主席团在立法决策中的作用是完全一致的。

2. 全国人民代表大会常务委员会委员长会议的立法协调

对于已经列入常务委员会会议议程的法律案，由委员长会议负责立法协调。①法律案由有关的专门委员会进行审议，提出审议意见，印发常务委员会会议。②专门委员会之间对法律草案的重要问题意见不一致时，应当向委员长会议报告。③重要的法律案，经委员长会议决定，可以将法律草案公布，征求意见。④法律案经常务委员会三次会议审议后，仍有重大问题需要进一步研究的，由委员长会议提出，经联组会议或者全体会议同意，可以暂不付表决，交法律委员会和有关的专门委员会进一步审议。⑤法律草案表决稿，由委员长会议提请常务委员会全体会议表决。

总之，列入常务委员会会议议程的法律案，在审议过程中的立法协调是由委员长会议负责进行的。不仅如此，列入全国人民代表大会会议议程的法律案，在审议过程中，很大程度上也是由委员长会议来进行协调的。这是因为，主席团的主要成员，尤其是常务主席，都是委员长会议的组成人员。况且，法律案在列入全国人民代表大会会议议程之前往往已经过委员长会议反复协调。

3. 国务院法制机构的协调

在政府立法工作中，审查是一个相当重要的环节。同时，审查也是对行政法规草案所进行的协调。就目前的政府立法实际来说，"中央行政机关立法经常在部门矛盾和部门利益争夺中周旋，立法质量和效率受到严重影响"。① 这说明，国务院在审议行政法规草案时，加强协调工作，是十分必要和紧迫的。为此，《立法法》第六十八条规定："行政法规起草工作完成后，起草单位应当将草案及其说明、各方面对草案主要问题的不同意见和其他有关资料送国务院法制机构进行审查。""国务院法制机构应当向国务院提出审查报告和草案修改稿，审查报告应当对草案主要问题作出说明。"就是说，国务院法制机构进行的审查，即是行政法规草案审议时的协调工作。

当然，行政法规草案审议中重大问题的协调，有可能由国务委员、副总理、甚至总理亲自出面来进行。

4. 地方性法规等审议中的协调

《立法法》等法律并没有明确规定地方人民代表大会及其常务委员会在制定地方性法规、自治条例和单行条例时，由谁进行协调。但是，这同上述全国人民代表大会及其常务委员会审议法律案的协调，是差不多的。

---

① 李步云、汪永清：《中国立法的基本理论和制度》，中国法制出版社1998年版，第205页。

《立法法》第七十七条第一款规定："地方性法规案、自治条例和单行条例案的提出、审议和表决程序，根据中华人民共和国地方各级人民代表大会和地方各级人民政府组织法，参照本法第二章第二节、第三节、第五节的规定，由本级人民代表大会规定。""地方性法规草案由负责统一审议的机构提出审议结果的报告和草案修改稿。

也就是说，对于已列入代表大会会议议程的地方性法规草案、自治条例和单行条例草案等，由代表大会主席团负责协调；对于已经列入常务委员会会议议程的地方性法规草案、自治条例和单行条例草案等，则由主任会议进行协调。

另外，立法听证会、专家论证会也是立法协调的重要方法。在本节中，关于法案起草阶段的立法协调和法案审议阶段的立法协调，都涉及包括立法听证会在内的多种协调方法。国内外的立法实践已经表明，有的方法，其协调结果很好。如，征求专家学者的意见就有利于提高法案的质量。"即使是法律上的问题，起草人在下结论前，如能以精益求精的态度向有特别研究的学术团体，或对这方面享有盛誉的学者专家虚心求教，对于法案品质的提升，必有莫大助益。"① 的确，随着现代社会中专业性、技术性问题大量出现，以及立法越来越专业化，就要求立法必须征求专家学者的意见，充分发挥专家学者在立法中的作用。当然，要真正提高立法质量，增强法律实施的效果，还应当把多种方法有机结合起来。

---

① 郭道晖：《当代中国立法（下）》，中国民主法制出版社 1998 年版，第 127—128 页。

第 十 七 章

法律的结构

第一节 法律的形式结构

一、法律形式结构的概念

法律形式结构，又称为法的构造，通常包括法律的名称和法律内容两个部分。因此，在考虑法律的形式结构时，应当充分考虑法律的名称设计和内容设计两个方面的内容。

二、法律形式结构的基本内容

立法技术的总体要求应当是：备而不繁，逻辑严密，条文明确、具体，用语准确、简洁，具有可操作性。

（一）法律名称的结构

法律的名称结构，是指法律名称外在的表现形式，即法律的名称章节条款之间及内部的结构形式。这在立法实践中已经形成了一定的规律。《立法法》第六十一条第三款规定："法律标题的题注应当载明制定机关、通过日期。经过修改的法律，应当依次载明修改机关、修改日期。"

1. 法律名称

法律名称，是指人们对一部法律、法规的称谓。法律的名称应当做到准确、精练、概括、规范、醒目。

通常法律的名称包括三个部分：第一部分反映法律的适用区域（范

围）；第二部分反映法律的核心内容；第三部分反映法律的效力等级。①
如《中华人民共和国行政诉讼法》《中华人民共和国物权法》《中华人民
共和国劳动法》《中华人民共和国劳动合同法》《中华人民共和国行政强
制法》这些名称，"中华人民共和国"表示在中国境内有效；"行政诉讼"
"物权""劳动""劳动合同""行政强制"分别表示规范体现的是行政诉
讼问题、物权问题、用人单位和劳动者之间的劳动关系问题和行政强制问
题；"法"表示这些法律规范体系的级别是法律。但是不能准确地区分该
法律是由全国人民代表大会制定，还是由全国人民代表大会常务委员会制
定的。再如《中华人民共和国政府信息公开条例》，"中华人民共和国"
表明在中国境内有效，"政府信息公开"表明该规范体系是关于政府信息
公开问题的规定，"条例"则表明该法律规范体系属于行政法规。《云南
省公路路政管理条例》中，"云南省"表明该法律规范体系只适用于云南
省，"公路路政管理"则表明该法律规范体系所解决的是公路路政管理的
问题，"条例"则表明该法律规范体系属于地方性法规。

　　名称的第三部分过去不太明确、不太规范，对效力等级的反映不够准
确，容易让人们产生误解。如原《中华人民共和国治安管理处罚条例》，
虽是全国人民代表大会常务委员会通过的法律，却称"条例"；现在仍然
有效的《中华人民共和国学位条例》，虽然属于法律，但名称还是用"条
例"，使人误认为是行政法规。而行政法规和地方性法规都用"条例"，
如果不借助前面的地域性名词则无法区分。而且，即使是国务院制定的行
政法规，有的前面冠以"中华人民共和国"字样（《中华人民共和国政府
信息公开条例》《中华人民共和国发票管理办法》《中华人民共和国海关
事务担保条例》《中华人民共和国无线电管制规定》），有的则没有（《政
府参事工作条例》《行政学院工作条例》《全国人口普查条例》），也很容
易造成误解。《立法法》颁布后，国务院《行政法规制定程序条例》《规
章制定程序条例》和有些地方的地方性法规对名称问题作了规定，但对
于在此之前已经制定的法律文件则没有作出规范性要求，因此未能从根本

---

　　①　台湾学者罗传贤认为，法规标题由三个要件组成，即法规适用范围、法规的内容或调整
对象、效力等级。（罗传贤：《立法程序与技术》，台湾五南图书出版股份有限公司 2009 年版，
第 41—221 页）

上杜绝法律名称混乱的情况。①

2. 确定法律名称的要求

第一，法的名称在格式上应当统一、规范，不宜随心所欲。

第二，法律名称要简洁，不宜过长或过短。过长，太烦琐，不精练；过短，让人无法从名称中把握法律规范的内容。影响名称长短的主要是名称的第二部分，对这一部分要仔细推敲。

第三，不同效力层次的名称应当有所区别。如前文提到的"条例"就很难区分其效力层次。

第四，除实施办法需要出现书名号外，名称中最好不要出现标点符号。

第五，原则上不使用"试行"、"暂行"这样的词。这些词让人感到立法的时机尚不成熟，与法相对稳定的要求不符。

第六，法律名称应当能够正确反映法律法规的内容，既要对法律法规的内容进行高度概括，又要对法律法规所包含的具体内容进行真实反映，做到名实相副。如《中华人民共和国未成年人保护法》，从名称上就能够清楚认识该法的内容是保护未成年人，而不是制裁未成年人。

（二）制定机关和制定时间

我国现行立法，一般在法律的名称之下用括号的方式注明制定机关和制定时间，即采用题注的方式明确制定机关和制定时间。《立法法》

---

① 为了从根本上杜绝法律名称的混乱，周旺生教授提出，将我国不同效力层次的法的名称分别简化为9种固定的名称：（1）"宪法"，即由全国人民代表大会通过的宪法称为"宪法"。（2）"基本法"即由全国人民代表大会通过的宪法以外的法律称为"基本法"。（3）"法"即由全国人民代表大会常务委员会通过的法律称为"法"。（4）"法规"。包括：①行政"法规"，由国务院制定，题头标明"中华人民共和国"；②地方性"法规"，由省、自治区、直辖市、省政府所在地的市、经国务院批准的较大的市人民代表大会及其常务委员会通过，题头标明"××省"、"××市"、"××自治区"；③自治"法规"，由民族自治地方人民代表大会通过，题头标明"××自治区（州、县）"。（5）"规章"。包括：①国务院部门行政"规章"，由国务院所属部、委、局、署等发布，题头标明"××部（委、局、署）"；②地方政府"规章"，由省、自治区、直辖市、省政府所在地的市、经国务院批准的较大的市政府发布，题头标明"××省（自治区、市）"。（6）"授权规定"，即各立法主体授权其他有关主体进行立法的决定与决议。（7）"条例"，即各被授权主体根据授权所立的法称为"条例"。（8）"变动案"，即各立法主体通过或发布的属于修改、补充其所立法的某些内容的规范性决议与决定称为"变动案"。（9）"实施细则"，即由法律、法规和其他规范性文件授权有关机关制定的实施细则仍称为"实施细则"。（周旺生：《立法学教程》，北京大学出版社2006年版，第496—498页）

第六十一条第三款规定："法律标题的题注应当载明制定机关、通过日期。经过修改的法律，应当依次载明修改机关、修改日期。"如《中华人民共和国刑法》下面题注有"（1979 年 7 月 1 日第五届全国人民代表大会第二次会议通过　1997 年 3 月 14 日第八届全国人民代表大会第五次会议修订）"；《中华人民共和国行政强制法》下面题注有"（2011 年 6 月 30 日第十一届全国人民代表大会常务委员会第二十一次会议通过）"；《立法法》下面题注是"（2000 年 3 月 15 日第九届全国人民代表大会第三次会议通过　根据 2015 年 3 月 15 日第十二届全国人民代表大会第三次会议《关于修改〈中华人民共和国立法法〉的决定》修正）"；《全国人民代表大会和地方各级人民代表大会选举法》下面题注是"（1979 年 7 月 1 日第五届全国人民代表大会第二次会议通过　根据 1982 年 12 月 10 日第五届全国人民代表大会第五次会议《关于修改〈中华人民共和国全国人民代表大会和地方各级人民代表大会选举法〉的若干规定的决议》第一次修正　根据 1986 年 12 月 2 日第六届全国人民代表大会常务委员会第十八次会议《关于修改〈中华人民共和国全国人民代表大会和地方各级人民代表大会选举法〉的决定》第二次修正　根据 1995 年 2 月 28 日第八届全国人民代表大会常务委员会第十二次会议《关于修改〈中华人民共和国全国人民代表大会和地方各级人民代表大会选举法〉的决定》第三次修正：根据 2004 年 10 月 27 日第十届全国人民代表大会常务委员会第十二次会议《关于修改〈中华人民共和国全国人民代表大会和地方各级人民代表大会选举法〉的决定》第四次修正）"。

（三）立法条文结构单位及排列顺序

1. 立法条文结构单位

根据《立法法》的规定，我国立法条文的结构单位是编、章、节、条、款、项、目。我国的立法实践中，编、章、节有名称；条、款、项、目则是表现编、章、节内容的独立的意思单位，没有名称。

2. 法条的编排顺序

《立法法》第六十一条规定："法律根据内容需要，可以分编、章、节、条、款、项、目。""编、章、节、条的序号用中文数字依次表述，款不编序号，项的序号用中文数字加括号依次表述，目的序号用阿拉伯数字依次表述。”“法律标题的题注应当载明制定机关、通过日期。经过修改的法律，应当依次载明修改机关、修改日期。”

　　编，是我国目前立法实践中使用的最高层次的立法单位，用得较少，只有内容重大复杂、层次多、体例宏大、篇幅长的法律文件中有时会用到。编的序号用中文数字，编的下位概念是章。通常每一编之下都设若干章。如刑法、刑事诉讼法、民事诉讼法、民法通则、物权法等。

　　有的立法中对编列了序号。

　　示例一：《中华人民共和国刑法》

　　　　中华人民共和国刑法
　　　　（1979 年 7 月 1 日第五届全国人民代表大会第二次会议通过
　　1997 年 3 月 14 日第八届全国人民代表大会第五次会议修订）
　　　　　　　　　　　目　　录
　　第一编　　总　　则
　　　第一章　刑法的任务、基本原则和适用范围
　　　第二章　犯罪
　　　　　第一节　犯罪和刑事责任
　　　　　第二节　犯罪的预备、未遂和中止
　　　　　第三节　共同犯罪
　　　　　第四节　单位犯罪
　　　第三章　刑罚
　　　　　第一节　刑罚的种类
　　　　　第二节　管制
　　　　　第三节　拘役
　　　　　第四节　有期徒刑、无期徒刑
　　　　　第五节　死刑
　　　　　第六节　罚金
　　　　　第七节　剥夺政治权利
　　　　　第八节　没收财产
　　　第四章　刑罚的具体运用
　　　　　第一节　量刑

示例二：《中华人民共和国物权法》

中华人民共和国物权法

（2007 年 3 月 16 日第十届全国人民代表大会第五次会议通过）

目　录

示例三:《中华人民共和国民事诉讼法》

中华人民共和国民事诉讼法

(1991 年 4 月 9 日第七届全国人民代表大会第四次会议通过　根据 2007 年 10 月 28 日第十届全国人民代表大会常务委员会第三十次会议《关于修改〈中华人民共和国民事诉讼法〉的决定》第一次修正　根据 2012 年 8 月 31 日第十一届全国人民代表大会常务委员会第二十八次会议《关于修改〈中华人民共和国民事诉讼法〉的决定》第二次修正)

目　录

有的立法中对编没有编列序号。

示例：《中华人民共和国合同法》

中华人民共和国合同法

（1999 年 3 月 15 日第九届全国人民代表大会第二次会议通过）

目 录

按照《行政法规制定程序条例》的规定，行政法规最高层次的单位是章，因此，行政法规和地方立法中不能用编。

3. 法条结构名称的含义及应用

（1）章

章，是次于编的常用立法单位，使用频率仅次于条、款。

章在内容较多而且划分层次需要时使用。内容较多的法律一般都设章。在分编的法律中通常都设若干章节。在一部法律中，各章之间应有内在的联系，每章都应有能概括本章内容的名称，各章间应以自然序数形式排列。每章的篇幅根据内容确定，一般应当大体一致，当然根据实际情况也可以有所差别。

从立法实践来看，中等篇幅的法律一般有章的排列。章的上位可以设编，也可以不设编；章的下位可以设节，也可以不设节，还可以部分章设节，部分章不设节。章需要有章名，用以表明其下辖的条文具有独立的内容。

示例一：《中华人民共和国公务员法》未分编，但分为十八章。

中华人民共和国公务员法

第一章　总则

第二章　公务员的条件、义务与权利

第三章　职务与级别

第四章　录用

第五章　考核

第六章　职务任免

第七章　职务升降

第八章　奖励

第九章　惩戒

第十章　培训

第十一章　交流与回避

第十二章　工资福利保险

第十三章　辞职辞退

第十四章　退休

第十五章　申诉控告

第十六章　职位聘任

第十七章　法律责任

第十八章　附则

示例二：《中华人民共和国立法法》

中华人民共和国立法法

（2000 年 3 月 15 日第九届全国人民代表大会第三次会议通过　根据 2015 年 3 月 15 日第十二届全国人民代表大会第三次会议《关于修改〈中华人民共和国立法法〉的决定》修正）

目　录

第一章　总则

第二章　法律

　第一节　立法权限

　第二节　全国人民代表大会立法程序

　第三节　全国人民代表大会常务委员会立法程序

　　　　第四节　法律解释

　　　　第五节　其他规定

　　第三章　行政法规

　　第四章　地方性法规、自治条例和单行条例、规章

　　　　第一节　地方性法规、自治条例和单行条例

　　　　第二节　规章

　　第五章　适用与备案审查

　　第六章　附则

　　地方性法规可以设章。如《云南省人民代表大会及其常务委员会立法条例》分为五章，即：

　　第一章　总则

　　第二章　立法准备

　　第三章　立法程序

　　第四章　政府规章的备案与审查

　　第五章　附　则

　　根据《规章制定程序条例》的规定，规章除内容复杂的外，一般不设章。如《云南省农民工工资支付保障办法》就分为二十五条，没有设章。但《云南省城市公共交通管理办法》分为八章，即：

　　第一章　总则

　　第二章　规划与建设

　　第三章　运营许可

　　第四章　运营服务

　　第五章　运营安全

　　第六章　监督管理

　　第七章　法律责任

　　第八章　附则

　　在实践中，章的排列顺序有两种，一种是按照统一的序数排列，编断章不断，如《物权法》《民事诉讼法》。另一种是编断章断，每一编的章重新按序数排列，每编都从第一章起排，如《刑法》《刑事诉讼法》。

　　示例三：《中华人民共和国刑事诉讼法》

中华人民共和国刑事诉讼法

（1979 年 7 月 1 日第五届全国人民代表大会第二次会议通过　根据 1996 年 3 月 17 日第八届全国人民代表大会第四次会议《关于修改〈中华人民共和国刑事诉讼法〉的决定》第一次修正　根据 2012 年 3 月 14 日第十一届全国人民代表大会第五次会议《关于修改〈中华人民共和国刑事诉讼法〉的决定》第二次修正）

目　录

这两种方式何者更加合理，《立法法》中没有明确规定，主要是依起草者和决策者的观点而定。

（2）节

节，是次于章且隶属于章的立法单位。

节有节名，每章之下节可多可少，可有可无，但如果设节则不能少于两节。节只能在设有章的法律中出现，是章的内部划分，目的是使章的内容乃至整个法律的内容更加清晰，便于人们理解。

章之下可以设节，亦可不设节。在有必要设节的法律中，也不是所有的章都要设节。每节应当按章内的不同层次，将相关条款集中，形成相对独立的内容。同一章的各节之间也应当存在内在联系，按一定的逻辑顺序排列。节与节之间按中文数字序数形式排列。节应当有节名。如《刑法》

《刑事诉讼法》《民法通则》《民事诉讼法》等都在有关章下面分设了节。

行政法规、地方立法中用节的不多，但《规章制定程序条例》规定，规章除内容复杂的外，一般也不设节。

（3）条

条，是仅次于章或节的最基本、最完整的立法单位。设条的基本要求是每条应当包括一项完整的规则。① 条使用中文数字，以自然数为顺序表示。条要表述的法律的具体内容，即令行禁止的规定，是法律实质所在。可以说，条是用来表示法律内容的最基本最完整的单位。

与其他结构单位不同，条是法律中的必用单位。条文不宜过短或过长，过短会无实质内容，过长则影响条文的法的特性。每条的内容应具有相对的独立性和完整性。条与条之间应有内在联系。

一部法律、法规，可以没有编、没有章、没有节、没有款、没有项、没有目，但不能没有条。法律、法规的所有条文必须统一连贯地顺序排列，断章断节不断条。"一部法律的条文应当按统一的顺序排列，一贯到底，内容排列按照逻辑从一般到具体。"②

条的设计应当坚持"一事一条"的原则，同一个内容应当规定在同一个条文之中，不同的内容应当规定在不同的条文之中。

（4）款

款，是次于条且隶属于条的立法单位，使用频率也较高。主要功能是将条的内容分层次进行表述，即条的内容具有多个层次，需要分别表述。每一款都表示一层意思，在法律条文中根据需要设置。在内容和篇幅等方面也有与条基本相同的规则要求。"有的法条有时需要表达两个以上具有一定逻辑关系的内容，此时就有必要在同一条下设置不同的款来表述。"③

值得注意的是，款没有顺序号，依附于条而存在，一个条文可以分设为多个款。款用自然段表示，第一段为第一款，第二段为第二款，其余以此类推。

---

① 孙琬钟：《立法学教程》，中国法制出版社1990年版，第195页。
② 乔晓阳：《〈中华人民共和国立法〉导读与释义》，中国民主法制出版社2015年版，第213页。
③ 侯淑雯：《新编立法学》，中国社会科学出版社2010年版，第158页。

在实践中，通常情况款与款之间的排列顺序是：第一款通常是一般规定，第二款、第三款及其他款是特殊、例外的规定。如《刑法》第二十条："为了使国家、公共利益、本人或者他人的人身、财产和其他权利免受正在进行的不法侵害，而采取的制止不法侵害的行为，对不法侵害人造成损害的，属于正当防卫，不负刑事责任。

"正当防卫明显超过必要限度造成重大损害的，应当负刑事责任，但是应当减轻或者免除处罚。

"对正在进行行凶、杀人、抢劫、强奸、绑架以及其他严重危及人身安全的暴力犯罪，采取防卫行为，造成不法侵害人伤亡的，不属于防卫过当，不负刑事责任。"

款在法条中以自然段的形式出现，不采用序数编码的方式。如《物权法》第四十二条："为了公共利益的需要，依照法律规定的权限和程序可以征收集体所有的土地和单位、个人的房屋及其他不动产。

"征收集体所有的土地，应当依法足额支付土地补偿费、安置补助费、地上附着物和青苗的补偿费等费用，安排被征地农民的社会保障费用，保障被征地农民的生活，维护被征地农民的合法权益。

"征收单位、个人的房屋及其他不动产，应当依法给予拆迁补偿，维护被征收人的合法权益；征收个人住宅的，还应当保障被征收人的居住条件。

"任何单位和个人不得贪污、挪用、私分、截留、拖欠征收补偿费等费用。"该条就分为四款。

（5）项

项，是次于款的一个立法单位，但不一定隶属于款，有时项会直接存在于法条之下。项的功能是表述款有几层意思。"设项是应当注意款的性质和层次，同一性质和层次用项表示，也可以用多项款的几层意思。"[1]

项，无论是在款或条之下，都必须是款或条的内容包括许多项目，才有必要分项。分项后会给人一目了然的感觉。项的内容不具有相对的独立性和完整性。项在法律条文中根据需要设置。

项的表述形式是中文数字加括号依次表述，即如（一）、（二）、

---

[1]　乔晓阳：《〈中华人民共和国立法法〉导读与释义》，中国民主法制出版社2015年版，第213页。

（三）等。项在中央立法和地方立法中常用。如《行政诉讼法》：

> 第三十三条　证据包括：
>
> （一）书证；
>
> （二）物证；
>
> （三）视听资料；
>
> （四）电子数据；
>
> （五）证人证言；
>
> （六）当事人的陈述；
>
> （七）鉴定结论；
>
> （八）勘验笔录、现场笔录。
>
> 以上证据经法庭审查属实，才能作为定案的根据。

该条分为二款，其中第一款分为七项。

（6）目

目，是次于项且隶属于项的一个最小立法单位，是我国目前立法中使用的最低层次的单位，立法例中使用很少。项下是否需要分目，取决于项的内容层次的复杂程度。目只在必要时使用，目的内容也不具有相对的独立性和完整性。

目的表述形式是以阿拉伯数字加点依次表述。目在立法中，特别是地方立法中使用较少。如原《行政诉讼法》："第五十四条①人民法院经过审理，根据不同情况，分别作出以下判决：

> （一）具体行政行为证据确凿，适用法律、法规正确，符合法定程序的，判决维持。
>
> （二）具体行政行为有下列情形之一的，判决撤销或者部分撤销，并可以判决被告重新作出具体行政行为：

---

① 根据 2014 年 11 月 1 日第十二届全国人民代表大会常务委员会第十一次会议通过的《全国人民代表大会常务委员会关于修改〈中华人民共和国行政诉讼法〉的决定》，该条已经被分解为四个条文，目的序号已经取消了。

1.主要证据不足的；

2.适用法律、法规错误的；

3.违反法定程序的；

4.超越职权的；

5.滥用职权的。

（三）被告不履行或者拖延履行法定职责的，判决其在一定期限内履行。

（四）行政处罚显失公正的，可以判决变更。"

该条就只有一款，四项，其中第（二）项分为五目。

4. 附件

（1）附件的含义

附件，亦称附录，是在法律正文之后，用来说明法律内容的辅助性资料。附件通常是在法律正文后附加的一部分内容，使用较少，一般是一些收费标准、目录、图形、公式、表格之类的内容。附件的主要目的是帮助人们更加准确地理解法律法规的规定，补充表述法律法规的相关资料或是为保障法律法规有效实施，而附上相关法律法规的名称、条款。"只有在法律法规正文部分不宜写进附件的内容，而在法律法规整体上又非采用附件（附录）方式作补充表述不可的情况下，即可采用附件（附录）的补充表述形式。"① 地方立法在需要时，也可以在法规、规章正文之后加上附件。

（2）附件的内容

附件的内容通常有如下形式：

一是相关规范内容，在法律条文中出现显得十分繁杂，而采用附件的方式。如《香港特别行政区基本法》后有三个附件，即：附件一：香港特别行政区行政长官的产生办法；附件二：香港特别行政区立法会的产生办法和表决程序；附件三：在香港特别行政区实施的全国性法律。

二是附表，即将许多事项列在法律条文之中，结果法律文本会变得繁杂而不易理解时，采用附表的方式更加简捷。如《车船税法》后面附有

---

① 李培传：《论立法（第三版）》，中国法制出版社 2013 年版，第 431 页。

《车船税税目税额表》;《个人所得税法》后面附有《个人所得税税率表一（工资、薪金所得适用）》和《个人所得税税率表二（个体工商户的生产、经营所得和对企事业单位的承包经营、承租经营所得适用）》。

三是附图，当采用文字难以表达法律所欲规范的内容时，立法中可以采用附图的方式。如《国旗法》后附有《国旗制法说明》;《国徽法》后附有《中华人民共和国国徽图案、中华人民共和国国徽图案制作说明》;《道路交通标志 GB 5768.2—2009》中规定的道路交通标志。

（四）法律的公布形式

根据《宪法》、《立法法》和其他相关法律、法规的规定，我国法律公布由国家主席签署主席令公布；行政法规由国务院总理签署国务院令公布；部委规章由部委首长签署部（委）令给予公布。

按照《立法法》的规定，地方人民代表大会制定的地方性法规由大会主席团发布公告予以公布；地方人民代表大会常务委员会制定的地方性法规由常务委员会发布公告予以公布；省（市、自治区）政府规章由省长（市长、自治区主席）签署命令以省（市、自治区）政府令的形式予以公布。

第二节　法律的内容结构

一、法律的内容结构概述

法律的内容结构，是指法律内容在逻辑上的一种排列顺序，是在立法实践基础上形成的表达法律内容的一般规律。

法律的内容结构一般为先总后分，先粗后细，先原则后具体。具体地讲，法律内容的一般排列顺序为：总则、分则、罚则、附则。有些法律条文较多的法律，还有目录（《刑法》《民事诉讼法》），一些重大的法律还有序言（如《宪法》《民族区域自治法》《香港特别行政区基本法》《澳门特别行政区基本法》）。

二、总则

（一）总则的含义

法律的总则，是法的正文中对法律具有纲领性和统率性的法的条文的总称。总则位于法案的首要部分，对整个法律具有统领性。总则的内容制约着分则的内容，分则的规定不能违背总则的精神。"法的总则是法律的'理论基础'，法律条文的'根源'。它不但要论证立法的现实必要性、立法的合法性基础、立法的指导思想和基本法理，而且要设计法定制度来达成立法的目的等。"① 总则规定的是法律的基本原则与制度，因此，其条文应有高度的抽象性，文字要精练。不要把具体的行为规则放入总则中，对事关全局的内容，则应集中在总则中加以规定，而不能分散到分则或附则中去。

（二）总则的分类

在设章的法律中，总则一般作为第一章的名称，这是明示总则。有些法律尤其是未设章的法律，虽有总则性质的条文，但没有以"总则"的字样予以明示，称为非明示总则。

不管是明示总则，还是非明示总则，都必须将总则的内容集中在整个法律的第一部分。

（三）总则的内容

总则的基本内容一般包括：立法的宗旨、立法的依据、该法律适用范围、基本原则、基本制度、主管部门或执法部门，等等。

1. 立法宗旨

立法宗旨，亦称立法目的，是指制定法律法规需要研究解决的首要问题，亦即立法者希望通过制定法律法规所要实现的目标。在总则中，立法宗旨和依据应当规定在第一条中，通常的格式为"为（了）……，依（根）据……，制定（特制定）本法（或条例、办法、规定）。如《立法法》第一条规定："为了规范立法活动，健全国家立法制度，提高立法质量，完善中国特色社会主义法律体系，发挥立法的引领和推动作用，保障和发展社会主义民主，全面推进依法治国，建设社会主义法治国家，根据宪法，制定本法。"《刑法》第一条规定："为了惩罚犯罪，保护人民，根据宪法，结合我国同犯罪作斗争的具体经验及实际情况，制定本法。"《行政诉讼法》第一条规定："为保证人民法院公正、及时审理行政案件，解决行政争议，保护公民、法人和其他组织的合法权益，监督行政机关依

---

① 黄文艺：《立法学》，高等教育出版社 2008 年版，第 154 页。

法行使行政职权，根据宪法，制定本法。"《物权法》第一条规定："为了维护国家基本经济制度，维护社会主义市场经济秩序，明确物的归属，发挥物的效用，保护权利人的物权，根据宪法，制定本法。"当然，我国有的立法中不写立法目的，如《民族区域自治法》第一条规定："中华人民共和国民族区域自治法，根据中华人民共和国宪法制定。"但在序言部分却明确规定"《民族区域自治法》是实施宪法规定的民族区域自治制度的基本法律。"有些法律没有写立法依据。如《合同法》第一条规定："为了保护合同当事人的合法权益，维护社会经济秩序，促进社会主义现代化建设，制定本法。"《公益事业捐赠法》第一条规定："为了鼓励捐赠，规范捐赠和受赠行为，保护捐赠人、受赠人和受益人的合法权益，促进公益事业的发展，制定本法。"

在表述立法宗旨时，应当要突出重点，直截了当。如《公务员法》关于立法宗旨的表述是："为了规范公务员的管理，保障公务员的合法权益，加强对公务员的监督，建设高素质的公务员队伍，促进勤政廉政，提高工作效能"。

2. 立法依据

立法依据，是指制定本法律、法规所依据的上位法。立法依据是制定本法律、法规合法性的根基。我国现行法律、法规中多数有立法依据。实践中关于立法依据的表述主要有如下几种：

第一，法律、法规中只写明立法目的，未写立法依据。例如，《大气污染防治法》第一条规定："为保护和改善环境，防治大气污染，保障公众健康，促进生态文明建设，促进经济社会的可持续发展，制定本法。"《出境入境管理法》第一条规定："为了规范出境入境管理，维护中华人民共和国的主权、安全和社会秩序，促进对外交往和对外开放，制定本法。"

第二，法律、法规中只写明立法依据，未写立法目的。如《国务院组织法》第一条规定："根据中华人民共和国宪法有关国务院的规定，制定本组织法。"《民族区域自治法》第一条规定："中华人民共和国民族区域自治法，根据中华人民共和国宪法制定。"

第三，不写立法目的和依据。《地方各级人民代表大会和地方各级人民政府组织法》第一条规定："省、自治区、直辖市、自治州、县、自治县、市、市辖区、乡、民族乡、镇设立人民代表大会和人民政府。"《人民法院组织法》第一条规定："中华人民共和国人民法院，是国家的审判机关。"第二条规定："中华人民共和国的审判权由下列人民法院行使：（一）地方各级人民法院；（二）专门人民法院；（三）最高人民法院。""地方各级人民法院分为：基层人民法院、中级人民法院、高级人民法院。"《人民检察院组织法》第一条规定："中华人民共和国人民检察是国家的法律监督机关。"第二条规定："中华人民共和国设立最高人民检察院、地方各级人民检察院和专门人民检察院。""地方各级人民检察院分为省、自治区、直辖市、自治州、县、市、自治县人民检察院，省、自治区、直辖市人民检察院按照需要可以设立分院。直辖市和设区的市人民检察院按照需要可以设立市辖区人民检察院。""专门人民检察院的组织由全国人民代表大会常务委员会另行规定。"

第四，将立法宗旨和立法依据分成两条写。如《中国人民解放军军官军衔条例》第一条规定："根据《宪法》和《中华人民共和国兵役法》的有关规定，制定本条例。"第二条规定："为加强中国人民解放军的革命化、现代化、正规化建设，有利于军队的指挥和管理，增强军官的责任心和荣誉感，实行军官军衔制度。"

写立法依据时要特别注意如下问题：

第一，只能写比本法律效力位阶高的法律、法规，即上位法是下位法的立法依据，下位法必须根据上位法制定。

第二，不写与本法律处于同一位阶或低位阶法律、法规，而且一般只写直接的上一层次的法律、法规，并对本法律内容起直接指导作用的上位法。

第三，其他起间接指导作用的上位法，不作为立法依据。

第四，如果没有明确的立法依据，原则上不用"根据国家有关规定"这样模糊的表述，可以不写依据，只写立法宗旨。

第五，是否写立法依据或立法目的，应当根据实际情况的需要而定，不能机械地确定。

3. 法律的标题词解释

法律中的标题词，特指用来指明法律名称的关键词。这里标题词是指一个法律文件中表明法的调整对象的词语。如：《种子法》第二条第二款规定："本法所称种子，是指农作物和林木的种植材料或者繁殖材料，包括籽粒、果实和根、茎、苗、芽、叶、花等。"《行政许可法》第二条规定："本法所称行政许可，是指行政机关根据公民、法人或者其他组织的申请，经依法审查，准予其从事特定活动的行为。"《行政强制法》第二条规定："本法所称行政强制，包括行政强制措施和行政强制执行。""行政强制措施，是指行政机关在行政管理过程中，为制止违法行为、防止证据损毁、避免危害发生、控制危险扩大等情形，依法对公民的人身自由实施暂时性限制，或者对公民、法人或者其他组织的财物实施暂时性控制的行为。""行政强制执行，是指行政机关或者行政机关申请人民法院，对不履行行政决定的公民、法人或者其他组织，依法强制履行义务的行为。"

4. 适用范围

（1）适用范围的含义

法律法规的适用范围，是指法律法规所调整的社会关系的范围和所适用的地域范围。法律适用范围界定的是法律调整对象的内涵或外延，明确该法律与其他法律法规的界限。如《立法法》第二条规定："法律、行政法规、地方性法规、自治条例和单行条例的制定、修改和废止，适用本法。""国务院部门规章和地方政府规章的制定、修改和废止，依照本法的有关规定执行。"

（2）适用范围的排列

在立法技术上，适用范围一般紧跟在立法宗旨和立法依据后面，通常作为法律、法规的第二条，当然也有放在第一条或稍后的条款甚至附则中表述的。如《出境入境管理法》第二条规定："中国公民出境入境、外国人入境出境、外国人在中国境内停留居留的管理，以及交通运输工具出境入境的边防检查，适用本法。"一般情况下，法律、法规的适用范围在一个条文中表述。如《行政许可法》第二条规定："行政许可的设定和实施，适用本法。""有关行政机关对其他机关或者对其直接管理的事业单位的人事、财务、外事等事项的审批，不适用本法。"《行政处罚法》第二条规定："行政处罚的设定和实施，适用本法。"有时由于法律法规的适用范围比较复杂，也可以写在几个条文中。如《刑法》关于刑法的适用范围就比较复杂。第六条规定："凡在中华人民共和国领域内犯罪的，除法律有特别规定的以外，都适用本法。""凡在中华人民共和国船舶或者航空器内犯罪的，也适用本法。""犯罪的行为或者结果有一项发生在中华人民共和国领域内的，就认为是在中华人民共和国领域内犯罪。"第七条规定："中华人民共和国公民在中华人民共和国领域外犯本法规定之罪的，适用本法，但是按本法规定的最高刑为三年以下有期徒刑的，可以不予追究。""中华人民共和国国家工作人员和军人在中华人民共和国领域外犯本法规定之罪的，适用本法。"第八条规定："外国人在中华人民共和国领域外对中华人民共和国国家或者公民犯罪，而按本法规定的最低刑为三年以上有期徒刑的，可以适用本法，但是按照犯罪地的法律不受处罚的除外。"第九条规定："对于中华人民共和国缔结或者参加的国际条约所规定的罪行，中华人民共和国在所承担条约义务的范围内行使刑事管辖权的，适用本法。"第十条规定："凡在中华人民共和国领域外犯罪，依照本法应当负刑事责任的，虽然经过外国审判，仍然可以依照本法追究，但是在外国已经受过刑罚处罚的，可以免除或者减轻处罚。"第十一条规定："享有外交特权和豁免权的外国人的刑事责任，通过外交途径解决。"第十二条规定："中华人民共和国成立以后本法施行以前的行为，如果当时的法律不认为是犯罪的，适用当时的法律；如果当时的法律认为是犯罪的，依照本法总则第四章第八节的规定应当追诉的，按照当时的法律追究刑事责任，但是如果本法不认为是犯罪或者处刑较轻的，适用本法。""本法施行以前，依照当时的法律已经作出的生效判决，继续有效。"

（3）适用范围的表述方式

适用范围应当明确界定法律调整主体、客体、行为或社会关系的角度来表述，在多数情况下，适用范围通常以名词解释的方式出现。在具体的表述方式上，根据学者的总结有十种方式。① 即：

第一种，适用范围限于对一定的主体加以概括。如《药品管理法》第二条规定："在中华人民共和国境内从事药品的研制、生产、经营、使用和监督管理的单位或者个人，必须遵守本法。"

第二种，适用范围限于对一定的客体或物加以概括。如《电力设施保护条例》第二条规定："本条例适用于中华人民共和国境内全民所有的

---

① 李培传：《论立法（第三版）》，中国法制出版社 2011 年版，第 443—447 页。

已建或在建的电力设施（包括发电厂、变电所和电力线路设施及其附属设施，下同）。"

第三种，适用范围限于对一定的活动和行为加以概括。如《种子法》第二条第一款规定："在中华人民共和国境内从事品种选育、种子生产经营和管理等活动，适用本法。"

第四种，适用范围限于对某一类事项的概括。如《行政强制法》第三条规定："行政强制的设定和实施，适用本法。""发生或者即将发生自然灾害、事故灾难、公共卫生事件或者社会安全事件等突发事件，行政机关采取应急措施或者临时措施，依照有关法律、行政法规的规定执行。""行政机关采取金融业审慎监管措施、进出境货物强制性技术监控措施，依照有关法律、行政法规的规定执行。"

第五种，适用范围限于一定的地域。如《环境保护法》第三条规定："本法适用于中华人民共和国领域和中华人民共和国管辖的其他海域。"《草原法》第二条第一款规定："在中华人民共和国领域内从事草原规划、保护、建设、利用和管理活动，适用本法。"《自然保护区条例》第三条规定："凡在中华人民共和国领域和中华人民共和国管辖的其他海域内建设和管理自然保护区，必须遵守本条例。"

第六种，适用范围限于某些特定事项。如《缔结条约程序法》第二条规定："本法适用于中华人民共和国同外国缔结双边和多边条约、协定和其他具有条约、协定性质的文件。"

第七种，适用范围采用定义列举式表述方法。《合伙企业法》第二条规定："本法所称合伙企业，是指依照本法在中国境内设立的由各合伙人订立合伙协议，共同出资、合伙经营、共同收益、共担风险，并对合伙企业债务承担无限连带责任的营利性组织。"

第八种，参照执行、比照适用和比照办理。如《种子法》第九十三条规定："草种、烟草种、中药材种、食用菌菌种的种质资源管理和选育、生产经营、管理等活动，参照本法执行。"《海商法》第二百四十四条第二款规定："运费保险比照适用本条的规定。"《缔结条约程序法》第十九条规定："中华人民共和国缔结的条约和协定的修改、废止或者退出的程序，比照各该条约、协定的缔结的程序办理。"

第九种，不需要写明适用范围。如《母婴保健法》没有明确写明适用范围。

第十种，有些事项难以明确规定适用范围。如《殡葬管理条例》第四条第一款规定："人口稠密、耕地较少、交通方便的地区，应当实行火葬；暂不具备条件实行火葬的地区，允许土葬。"

5. 基本原则

法律法规的基本原则是总则中一般都会出现的内容。"法律原则的结构往往比较简单，大多以祈使句的方式加以宣示。同一法律原则，可能因各国的语言结构而稍有差异，但核心意义都是一样的。"① 法案分则中的内容应当体现总则中规定的基本原则，并且将基本原则具体化。如《立法法》第三条规定："立法应当遵循宪法的基本原则，以经济建设为中心，坚持社会主义道路、坚持人民民主专政、坚持中国共产党的领导、坚持马克思列宁主义毛泽东思想邓小平理论，坚持改革开放。"《环境保护法》第五条规定："环境保护坚持保护优先、预防为主、综合治理、公众参与、损害担责的原则。"

6. 基本制度

总则中有时还会出现法律的基本制度，其通常是明确一些必须共同遵守的普遍制度。如《民事诉讼法》第十条规定："人民法院审理民事案件，依照法律规定实行合议、回避、公开审判和两审终审制度。"《行政诉讼法》第七条规定："人民法院审理行政案件，依法实行合议、回避、公开审判和两审终审制度。"《环境保护法》第四条规定："保护环境是国家的基本国策。""国家采取有利于节约和循环利用资源、保护和改善环境、促进人与自然和谐的经济、技术政策和措施，使经济社会发展与环境保护相协调。"

7. 法律法规实施的主管机关

由于法律法规生效后，必须要有专责机关承担实施责任，因此法律法规必须应当明确规定政府或政府管理部门作为该法律、法规的执法主体。特别是一些专业性较强的法律、法规，实施的主管机关就更加必要。如：《森林法》第十条规定："国务院林业主管部门主管全国林业工作。县级以上地方人民政府林业主管部门，主管本地区的林业工作。乡级人民政府

---

① 侯淑雯：《新编立法学》，中国社会科学出版社 2010 年版，第 262 页。

设专职或者兼职人员负责林业工作。"《反垄断法》第九条规定:"国务院设立反垄断委员会,负责组织、协调、指导反垄断工作,履行下列职责:(一)研究拟订有关竞争政策;(二)组织调查、评估市场总体竞争状况,发布评估报告;(三)制定、发布反垄断指南;(四)协调反垄断行政执法工作;(五)国务院规定的其他职责。""国务院反垄断委员会的组成和工作规则由国务院规定。"《食品安全法》第五条规定:"国务院设立食品安全委员会,其职责由国务院规定。""国务院食品药品监督管理部门依照本法和国务院规定的职责,对食品生产经营活动实施监督管理。""国务院卫生行政部门依照本法和国务院规定的职责,组织开展食品安全风险监测和风险评估,会同国务院食品药品监督管理部门制定并公布食品安全国家标准。""国务院其他有关部门依照本法和国务院规定的职责,承担有关食品安全工作。"第六条规定:"县级以上地方人民政府对本行政区域的食品安全监督管理工作负责,统一领导、组织、协调本行政区域的食品安全监督管理工作以及食品安全突发事件应对工作,建立健全食品安全全程监督管理工作机制和信息共享机制。""县级以上地方人民政府依照本法和国务院的规定,确定本级食品药品监督管理、卫生行政部门和其他有关部门的职责。有关部门在各自职责范围内负责本行政区域的食品安全监督管理工作。""县级人民政府食品药品监督管理部门可以在乡镇或者特定区域设立派出机构。"第七条规定:"县级以上地方人民政府实行食品安全监督管理责任制。上级人民政府负责对下一级人民政府的食品安全监督管理工作进行评议、考核。县级以上地方人民政府负责对本级食品药品监督管理部门和其他有关部门的食品安全监督管理工作进行评议、考核。"第七条规定:"食品行业协会应当加强行业自律,按照章程建立健全行业规范和奖惩机制,提供食品安全信息、技术等服务,引导和督促食品生产经营者依法生产经营,推动行业诚信建设,宣传、普及食品安全知识。""消费者协会和其他消费者组织对违反本法规定,损害消费者合法权益的行为,依法进行社会监督。"由此可见,法律法规的实施组织机关,即人们通常所说的执法机关,既可以是一个,也可以是多个。《环境保护法》第十条规定:"国务院环境保护主管部门,对全国环境保护工作实施统一监督管理;县级以上地方人民政府环境保护主管部门,对本行政区域环境保护工作实施统一监督管理。""县级以上人民政府有关部门和军队环境保护部门，依照有关法律的规定对资源保护和污染防治等环境保护工作实施监督管理。"

这里需要特别注意，地方立法因为主要是围绕政府行政管理领域进行的，所以一般都会对主管部门在总则中作出明确规定，机构设置的情况较复杂。在规定部门职责时，一要依法，二要按照各地的"三定"方案来确定执法机关。在表述主管部门时，尽量不要使用该部门目前的实际名称，称××领域的主管部门较妥，避免部门更名后带来的不必要的修改。如《云南省行政执法监督条例》第四条规定："县级以上人民政府统一领导本行政区的行政执法监督工作。""县级以上人民政府的法制工作机构在本级人民政府领导下，负责本辖区行政执法监督的具体工作。县级以上人民政府所属部门的法制工作机构，在本部门的领导和上级法制工作机构的指导下，负责本系统内行政执法监督的具体工作。""乡（镇）人民政府应当确定专人负责行政执法监督工作。"

以上内容在一件法律中不一定全部出现，在总则部分究竟规定哪些内容，要具体问题具体分析。

（四）总则的作用

法的总则，体现着法律的基本精神和活的灵魂，对整部法律具有统领作用。其具体作用表现为：

第一，指导立法。即法的总则尤其是总则中的立法目的、基本原则的规定是立法者表述每一个法条时所必须遵循的指导思想，目的是确保法律内容上的体系化。

第二，指导法的执行。即法的总则对执法者正确理解法律条文的含义，落实法的总则的精神，实现法的目的具有指导作用。

第三，指导对法律进行解释。即当法律条文的含义不明确需要解释时，不能离开法的总则的指导，只有在法的总则框架之内，解释机关才能求得法条的真意。①

第四，奠定法律基础。即总则是法律的基础，分则是为实现总则服务的，分则的内容不得违反总则，总则对分则的实施具有指导作用。

---

① 应松年：《〈中华人民共和国行政诉讼法〉修改条文释义与点评》，人民法院出版社2015年版，第1页。

第五，弥补法律漏洞。即当法律存在漏洞需要进行弥补时，执法机关可以援引总则的规定处理案件。

三、分则

（一）分则的含义

"法的分则是法中与总则直接对应，顺序位于总则之后，使总则的内容进一步具体化和明确化的法的条文的总称。"① 是法案中规定具体行为规则的那部分内容，是一部法律中最主要的部分，是执法机关执法和公民、法人或者其他组织守法最直接的根据。

分则一般不以明示方式出现（特别是在不分编的法律中，一般都不明示分则），只有极其个别的法律才会以明示的方式出现"分则"的名称，而且通常在设编的法律中才出现。如《刑法》《合同法》就明示总则与分则。分则虽大多以非明示方式出现，但却是所有法律必备的内容，是法律的主体和核心部分。

分则与总则的关系十分密切。分则是总则的具体化，总则是对分则的概括和说明，是分则合法性与合理性的基础。

（二）分则的内容

分则的基本内容就是法律规范的构成要素，即行为模式和法律后果（或假定、处理、制裁；假设、行为模式和法律后果）。由于各个法律所调整的社会关系存在明显的差别，因此，分则的内容也就各不相同。分则的内容就是有关令行禁止的规定，即法律规定允许什么、限制什么、禁止什么、鼓励什么、应当做什么、不得做什么、可以做什么，并规定奖惩措施。

（三）分则的特点

第一，分则部分内容最多，最需要运用好立法技术。

第二，分则以主体的权利义务为核心的行为模式和法律后果为重点。

第三，分则的内容比总则更加明确具体，可操作。

（四）设计分则的要求

第一，体系要完整。

---

① 黄文艺：《立法学》，高等教育出版社 2008 年版，第 154 页。

第二，规定的内容要明确、具体。

第三，结构要合理、层次要清晰。

第四，排列顺序要顺畅。

四、罚则

（一）罚则的含义

罚则，通常是指追究违法者法律责任，或者对违法者进行法律制裁的法律规范。立法中有广义和狭义之分。广义的罚则，包括补偿性法律规范（如赔偿损失等）和惩罚性法律规范（如刑罚、行政处罚、司法处罚、行政处分等）；狭义的处罚仅指惩罚性法律规范。"任何具有禁止或命令行为内容的法规，均须设有制裁法条，以作为违犯禁止或命令行为规定时的公力制裁依据，透过这些法律手段的公力制裁而对树立禁止规范或命令行为规定不容违犯的权威，建立并维系社会共同生活必需的法律秩序。"①在立法学理论中，多数学者都将罚则归并到分则之中进行研究。

有关罚则的理论基础，最完整的是表现在刑事立法理论中。主要有报应主义、②预防主义③和社会防卫主义④三大流派。相比较而言，行政立法、民事立法领域对此研究较少，多是刑事立法中罚则原理在行政立法和民事立法领域中的具体运用。

（二）罚则的基本内容

根据立法工作具体情况，罚则的基本内容包括：

第一，强制措施。如：查封、扣押、扣留等。

---

① 罗传贤：《立法程序与技术》，台湾五南图书出版有限公司2010年版，第275页。

② 报应主义，又称报应刑主义、绝对理论，主张刑罚的施加在于报应，侧重于处罚与违法行为造成的危害在绝对值上对等或相近。刑罚是犯罪之报应，着眼于已然之罪，犯罪事实不仅为刑罚之条件，而且为刑罚之唯一原因。恶有恶报、善有善报是人理常情，犯罪是一种恶，对于犯罪之恶，应以刑罚应之。报应主义经历了神意报应、道德报应、法律报应三种理论形态。

③ 预防主义主张以刑法通过惩罚犯罪所追求的功利价值来论证刑法的正当性。以及意图通过论证刑法的功利效果从而论证刑法的正当性。预防主义可分为一般预防主义和特殊预防主义。一般预防主义，也称为威慑论，主张通过对社会一般人进行刑罚威吓，以达到预防犯罪的功利效果；特殊预防主义，也称为矫正主义，主张通过对犯罪人的矫正，以实现预防犯罪的功利目的。

④ 社会防卫主义认为犯罪不是由自由意志产生的偶然现象而是自然的现象；反对报应主义而主张以预防重新犯罪和保卫社会为目的；反对一般预防而主张刑罚的个别比；反对短期监禁，提倡缓刑、不定期刑、罚金和假释。

第二，行政处罚。包括名誉罚、行为罚、财产罚、人身罚等内容。其中罚款又可以分为固定数额型的罚款、比例数额型的罚款、浮动数额型的罚款。各种处罚形式中又可以分为单一处罚和并处等形式。

第三，刑罚。分为主刑与附加刑两类。

第四，民事罚则。包括承担民事责任的主要方式有：停止侵害；排除妨碍；消除危险；返还财产；恢复原状；修理、重做、更换；赔偿损失；支付违约金；消除影响；恢复名誉；赔礼道歉等形式。

（三）罚则的模式

罚则模式，即罚则在规范性法律文件中的布局。一般而言，大致有宪法罚则模式、刑法罚则模式、民法罚则模式、行政法罚则模式四种类型。

宪法罚则模式，一般是通过权利救济和权力监督体现处罚。

刑法罚则模式，即除了在总则中规定一般归责原则、处罚的种类及性质外，在分则的每一条款中都规定相应的处罚标准。

民法罚则模式，一般是分别在各条款中具体规定法律责任。

行政法罚则模式，一般是把行为模式与法律后果分开规定，先用若干章节规定行为模式；然后用一个章节规定法律后果。

（四）罚则的设计要求

在立法中设计罚则时，要遵守违禁有罚、罚能止禁、处罚法定和有处罚就有救济等四项基本原则。

五、附则

（一）附则的含义

附则，是附在法案后面的、作为总则和分则辅助性内容的规则。从立法实践看，附则中一般包括法律名词、术语解释，实施细则制定权的规定，施行时间的规定，与其他法关系的规定等内容。

附则与附件不同，附则是整个法律的一个组成部分，而附件则设于条文之外。

（二）附则的内容

1. 法律条文中的术语解释

对一些专业名词或术语进行解释，可以使有关规定更加明确，便于理解和执行。常见格式是："本法所称……是指……"或"本条例下列用语的含义是：（一）……（二）……"当然，也有不把这种解释放在附则中，而放在出现需要解释的内容之后，紧跟着作出的。如《公务员法》第十八章附则的内容是："第一百零五条　本法所称领导成员，是指机关的领导人员，不包括机关内设机构担任领导职务的人员。第一百零六条　法律、法规授权的具有公共事务管理职能的事业单位中除工勤人员以外的工作人员，经批准参照本法进行管理。第一百零七条　本法自 2006 年 1 月 1 日起施行。全国人民代表大会常务委员会 1957 年 10 月 23 日批准、国务院 1957 年 10 月 26 日公布的《国务院关于国家行政机关工作人员的奖惩暂行规定》、1993 年 8 月 14 日国务院公布的《国家公务员暂行条例》同时废止。"

2. 授权性条款

授权性条款是附则中常见的内容。如，国务院《城市居民最低生活保障条例》第十六条规定："省、自治区、直辖市人民政府可以根据本条例，结合本行政区域城市居民最低生活保障工作的实际情况，规定实施的办法和步骤。"

3. 实施时间

施行时间的规定是法律的必备内容。过去，立法中大量使用"自公布之日起施行"这样的规定，现在不主张。尤其是对行政法规和规章，更是有明确要求，要在公布之日起三十日后施行，当然涉及国家安全、外汇汇率、货币政策等除外。

这里需要注意在国外的立法中有一种"日出条款"的称谓。日出条款，是指法律生效时间的条款。① 通常有两种情形，一是为了促使某种特别事项尽快用法律规范，在法律条文中特别明确规定完成立法的期限，故又称立法催生条款。如《行政处罚法》第六十四条第二款规定："本法公布前制定的法规和规章关于行政处罚的规定与本法不符合的，应当自本法公布之日起，依照本法规定予以修订，在 1997 年 12 月 31 日前修订完毕。"《行政许可法》第八十三条第二款规定："本法施行前有关行政许可的规定，制定机关应当依照本法规定予以清理；不符合本法规定的，自本法施行之日起停止执行。"二是为了适应新的制度及准备相应的配套制

---

① 罗传贤：《立法程序与技术》，台湾五南图书出版股份有限公司 2010 年版，第 274 页。

度，法律明确未来生效的时间，又称定时生效条款。如《行政许可法》第八十三条第一款规定："本法自 2004 年 7 月 1 日起施行。"又如《香港特别行政区基本法》附件三规定："下列全国性法律，自一九九七年七月一日起由香港特别行政区在当地公布或立法实施。"

4. 本法与其他法的关系

在附则中明确本法律与其他法的关系，对正确适用法律是非常重要的。常见的表述有："本法自……起施行。×年×月×日通过的……同时废止。"或"本法施行前公布的有关规定与本法不一致的，以本法的规定为准。"这里要注意两个问题，一是废止只能针对以前制定的同一内容的法规性文件；二是只能废止与自身效力等级相同或低于自己的法规性文件。如《行政复议法》第四十二条规定："本法施行前公布的法律有关行政复议的规定与本法的规定不一致的，以本法的规定为准。"第四十三条规定："本法自 1999 年 10 月 1 日起施行。1990 年 12 月 24 日国务院发布、1994 年 10 月 9 日国务院修订发布的《行政复议条例》同时废止。"

另外，有时候适用范围也会在附则中出现，如一些"参照执行"、"比照执行"的规定。关于解释权的规定，过去常在附则中写，现在一般不再写了。例如：《公务员法》第一百零六条规定："法律、法规授权的具有公共事务管理职能的事业单位中除工勤人员以外的工作人员，经批准参照本法进行管理。"

（三）法律规范

法律规范是由国家制定或认可，并以国家强制力保障其实施的行为准则。我国是成文法国家，因此法律规范的表现形式是法律条文。

法律规范在内部结构上是由假定（适用的条件）、处理（行为模式）、法律后果三个要素构成的。

1. 适用的条件

每一个行为准则都是在具备一定条件或出现某种情境时才适用的。例如：《民法通则》第二十条规定："公民下落不明满二年的，利害关系人可以向人民法院申请宣告他为失踪人。"在这里，"公民下落不明满二年的"的规定就是假定部分。假定部分规定的是行为准则适用的条件，如果该条件不明确，行为准则就不可能正确适用。所以，在立法技术上对假定部分最主要的要求就是明确。另外，全面也是对假定部分的要求，我们在假定部分的设计过程中，应当将本法律所调整的社会关系中可能出现的社会事实尽可能考虑周全，这样才能更全面、有效地引导、规范人们的社会行为。

2. 行为模式

行为模式，是指法律规范中规定行为准则的那部分内容，是法律规范的主要内容。它规定人们在一定的法律条件具备的前提下，允许做什么、应当做什么、禁止做什么。因此，行为模式可分为三种：可为模式、应为模式、勿为模式。

可为模式，又称授权模式，也就是规定人们在一定的条件下可以做什么。可为模式对人们行为的规范是不确定的，它允许人们自由地选择为或不为。例如，宪法规定公民有宗教信仰自由。对这项宪法赋予公民的基本权利，每个公民都有权行使，但也有权放弃。当公民选择行使这项权利时，法律则保障由此产生的合法权益不受侵犯。在具体条文中常见的用语有："可以……""有权……""有……权利""不受……侵犯"等等。如《行政诉讼法》第二条规定："公民、法人或者其他组织认为行政机关和行政机关工作人员的行政行为侵犯其合法权益，有权依照本法向人民法院提起诉讼。""前款所称行政行为，包括法律、法规、规章授权的组织作出的行政行为。"

应为模式，又称义务模式。也就是要求人们在一定的条件下应当或必须作出某种行为，行为人无权选择为或不为。在具体条文中常见的用语除"必须""应当"外，还有"有义务……""有……义务""有责任……"等等。"必须"和"应当"两词并无实质上的不同，只是习惯理解上的语气上的一种差别，有些人把"应当"理解为"可以"，这种理解是不对的。如《行政诉讼法》第三十二条规定："代理诉讼的律师，有权按照规定查阅、复制本案有关材料，有权向有关组织和公民调查，收集与本案有关的证据。对涉及国家秘密、商业秘密和个人隐私的材料，应当依照法律规定保密。""当事人和其他诉讼代理人有权按照规定查阅、复制本案庭审材料，但涉及国家秘密、商业秘密和个人隐私的内容除外。"该条既设定的可为模式，又设定的应为模式。第三十四条规定："被告对作出的行政行为负有举证责任，应当提供作出该行政行为的证据和所依据的规范性文件。""被告不提供或者无正当理由逾期提供证据，视为没有相应证据。

但是，被诉行政行为涉及第三人合法权益，第三人提供证据的除外。"

勿为模式又称禁止模式。也就是要求人们在一定的情况下不得作出某种行为。在具体条文中常见的用语有"禁止……""不得……""严禁……"等等。如《行政诉讼法》第三十五条规定："在诉讼过程中，被告及其诉讼代理人不得自行向原告、第三人和证人收集证据。"

3. 法律后果

（1）法律后果的含义

法律后果包括对人们守法行为的肯定和违法行为的制裁，是体现法的强制性的重要标志。

（2）奖励

守法行为分为一般行为和应受奖赏的行为，对前者，法律给予确认和保护；而后者是对社会公共利益和他人利益有贡献的，因此，一般都由法律规范明确规定给予行为主体物质的或精神的奖励。《公务员法》第八章就对奖励的对象、原则、条件、种类作了明确的规定。如第四十八条规定："对工作表现突出，有显著成绩和贡献，或者有其他突出事迹的公务员或者公务员集体，给予奖励。奖励坚持精神奖励与物质奖励相结合、以精神奖励为主的原则。""公务员集体的奖励适用于按照编制序列设置的机构或者为完成专项任务组成的工作集体。"第五十条："奖励分为：嘉奖、记三等功、记二等功、记一等功、授予荣誉称号。""对受奖励的公务员或者公务员集体予以表彰，并给予一次性奖金或者其他待遇。"

（3）法律责任

法律责任，是指公民、法人或者其他组织由于作出了违法行为而应当承担的法律不利后果。违法行为，是指有过错的、不符合法律规范设定的行为模式的、有社会危害性的行为。在我国，法律责任包括违宪责任、行政责任、民事责任和刑事责任四种基本形式。

法律责任是法律法规的重要组成部分。从立法的视角而言，法律责任具有如下特征：

第一，法律责任必须由享有立法权的国家机关依据法定权限，在法律法规中设定。如《刑法》第三条规定："法律明文规定为犯罪行为的，依照法律定罪处刑；法律没有明文规定为犯罪行为的，不得定罪处刑。"《行政处罚法》第九条规定："法律可以设定各种行政处罚。""限制人身自由的行政处罚，只能由法律设定。"第十条规定："行政法规可以设定除限制人身自由以外的行政处罚。""法律对违法行为已经作出行政处罚规定，行政法规需要作出具体规定的，必须在法律规定的给予行政处罚的行为、种类和幅度的范围内规定。"第十一条规定："地方性法规可以设定除限制人身自由、吊销企业营业执照以外的行政处罚。""法律、行政法规对违法行为已经作出行政处罚规定，地方性法规需要作出具体规定的，必须在法律、行政法规规定的给予行政处罚的行为、种类和幅度的范围内规定。"《侵权责任法》第二条第一款："侵害民事权益，应当依照本法承担侵权责任。"

第二，法律责任应当具有明确的界限。如《公路法》第七十四条规定："违反法律或者国务院有关规定，擅自在公路上设卡、收费的，由交通主管部门责令停止违法行为，没收违法所得，可以处违法所得三倍以下的罚款，没有违法所得的，可以处二万元以下的罚款；对负有直接责任的主管人员和其他直接责任人员，依法给予行政处分。"

第三，法律责任与违法行为应当相对应。如《刑法》第五条规定："刑罚的轻重，应当与犯罪分子所犯罪行和承担的刑事责任相适应。"《行政处罚法》第四条第二款规定："设定和实施行政处罚必须以事实为依据，与违法行为的事实、性质、情节以及社会危害程度相当。"

第四，法律责任具有国家强制力。

第五，在设章的法律法规中，法律责任通常都独立成一章。

在立法实践中，一个完整的法律责任规则，应当包括责任主体、责任根据和责任后果三个基本要素。设定法律责任应当坚持合法性原则、协调性原则、对应性原则和合理性原则，在立法表述上要做到科学、明确、准确、规范。①

---

① 李培传：《论立法（第三版）》，中国法制出版社 2013 年版，第 338—358 页。

第 十 八 章

立法评估

第一节　立法评估概述

一、立法评估的含义

通常意义上，评估是指由一定的组织或个人依据一定的标准、程序和方法，对立法的价值大小或高低、趋势或发展的预测、评价、判断的活动，其目的是帮助人们认识、把握特定事物或活动的价值或规律。

二、立法评估的种类

立法评估根据评估时间的不同，可以分为立法前评估和立法后评估。

（一）立法前评估

立法前评估，是指法律法规公布实施前，法的制定机关的法制机构对制定过程中的法律法规质量和实施效果，进行有组织的测量、分析、评价并作出结论的预测性活动。

我国的立法前评估工作，是根据第十二届全国人大常委会为提高立法质量，增强法律的可执行性和可操作性的要求而展开的。最早是 2013 年 4 月，全国人大常委会法工委对《旅游法》进行的评估。2014 年 8 月，全国人大常委会法工委召开安全生产法修正案草案出台前的评估会，使立法前评估更加为人们所熟知。

（二）立法后评估

立法后评估，俗称"立法回头看"，理论界有多种称谓，诸如立法评价、法律评价、法律实施效果评价、立法跟踪评估、立法跟踪问效制等。① 是指法律法规公布实施后，法的制定机关的法制机构对实施中的法律法规质量和实施效果，进行有组织的测量、分析、评价并作出结论的活动。立法后评估的目的是为法的立、改、废提供依据的活动。② 根据这一定义，立法后评估具有如下特征：

第一，立法后评估是针对已经实施的法进行的评价。

第二，立法后评估是根据一定的标准对立法评估对象进行评估。

第三，立法后评估具有相对规范的程序。

第四，立法后评估的目的在于提高立法质量。

立法后评估是从西方国家发展起来的一项制度。在德国，立法成本效益分析与评估包括法律实施前的预评估、伴随性评估、法律实施效果评估三个阶段；在英国，分为立法预评估和立法后评估两种。③ 我国的立法后评估是伴随我国改革开放和经济社会持续快速健康发展，法治国家建设取得长足进步，特别是在形成中国特色社会主义法律体系的过程中，从过去的数量型立法向质量型立法转变的过程中提出来的。山东省自 2000 年开始对地方性法规的实施情况进行评估，在我国较早开展了立法后评估工作。作为一项制度创新，立法后评估的现实意义正逐渐得到各级各地立法机关的认同。立法后评估写入国家的正式文件，是 2004 年国务院发布的《全面推进依法行政实施纲要》确定的一项制度。《全面推进依法行政纲要》要求："规章、规范性文件施行后，制定机关、实施机关应当定期对其实施情况进行评估；实施机关应当将评估意见报告制定机关；制定机关要定期对规章、规范性文件进行清理。"中国共产党中央政法委员会提出："要重视立法评估建设，建立健全法律法规实施效果评估机制，并使

---

① 侯淑雯：《新编立法学》，中国社会科学出版社 2010 年版，第 327 页。

② 《厦门市规章立法后评估办法》第二条规定："本办法所称规章立法后评估（以下简称立法后评估），是指市人民政府制定的规章实施后，根据其立法目的，结合经济社会发展情况，对其立法技术、立法内容、实施绩效等情况进行调查和评价，并形成评估报告的活动。"《苏州市政府规章立法后评估办法（草案）》第二条规定："政府规章立法后评估（以下简称立法后评估），是指政府规章实施后，评估机关根据其立法目的，按照一定程序，结合经济社会发展的实际，对政府规章的立法质量、实施绩效、存在问题及其影响因素等进行跟踪调查和分析评价，形成评价结论，提出继续执行、修改或废止等处理意见的制度。"

③ 侯淑雯：《新编立法学》，中国社会科学出版社 2010 年版，第 327 页。

之规范化、制度化。"① 我国的行政立法后评估试点，启动于 2006 年。2013 年 3 月 23 日新修订发布的《国务院工作规则》（国发〔2008〕16 号）纳入了此项内容，在第十八条第三款中明确规定："行政法规实施后要进行后评估，发现问题，及时完善。"

虽然我国的立法后评估现阶段还处在积极探索时期，但已经取得了一些成果。如自 2006 年至 2012 年，连续几年开展立法后评估工作，并组织完成 29 个试点评估项目。② 2008 年 11 月广东省人民政府发布《广东省政府规章立法后评估规定》、2010 年 9 月国土资源部发布《国土资源部规章和规范性文件后评估办法》、2011 年 4 月重庆市人民政府发布了《重庆市政府规章立法后评估办法》。2009 年甘肃省开展了《甘肃省实施〈中华人民共和国人民防空法〉办法》评估，尽管已经取得一定的成效，但是，尚未形成比较成熟的做法和评估制度体系。目前，国务院法制办正在起草《关于行政法规、规章立法后评估的指导意见》。我们相信，在中国特色社会主义法律体系形成后，立法后评估将是我国法治建设的重点之一。

第二节 立法前评估

一、立法前评估的法律依据

《立法法》第三十九条规定："拟提请常务委员会会议审议通过的法律案，在法律委员会提出审议结果报告前，常务委员会工作机构可以对法律草案中主要制度规范的可行性、法律出台时机、法律实施的社会效果和可能出现的问题等进行评估。评估情况由法律委员会在审议结果报告中予以说明。"这是至今为止，我国法律中关于立法前评估最直接法律根据。

二、立法前评估的机构

根据《立法法》第三十九条的规定，负责立法前评估的工作机构是全国人大常委会的工作机构，从已有的实践经验来看，全国人大常委会的立法前评估工作都是由全国人大常委会的工作机构——法制工作委员会负

---

① 中央政法委：《社会主义法治理念读本》，第 130 页。
② 李培传：《论立法（第三版）》，中国法制出版社 2013 年版，第 374 页。

责的。当然，从《立法法》第三十九条的规定来看，立法前评估机构，应当不限于法制工作委员会，全国人大常委会的其他工作机构也是可以进行立法前评估工作的。

三、立法前评估的时间

根据《立法法》第三十九条的规定，立法前评估的时间应当在法律委员会提出审议结果报告前。

四、立法前评估的内容

根据《立法法》第三十九条的规定，立法前评估的内容主要集中在法律草案中主要制度规范的可行性、法律出台时机、法律实施的社会效果和可能出现的问题等四个方面。

第三节　立法后评估

一、立法后评估的法律依据

《立法法》第六十三条规定："全国人民代表大会有关的专门委员会、常务委员会工作机构可以组织对有关法律或者法律中有关规定进行立法后评估。评估情况应当向常务委员会报告。"这是我国开展立法后评估最直接的法律依据。当然，在此之前的《行政许可法》第二十条也规定："行政许可的设定机关应当定期对其设定的行政许可进行评价；对已设定的行政许可，认为通过本法第十三条所列方式能够解决的，应当对设定该行政许可的规定及时予以修改或者废止。""行政许可的实施机关可以对已设定的行政许可的实施情况及存在的必要性适时进行评价，并将意见报告该行政许可的设定机关。""公民、法人或者其他组织可以向行政许可的设定机关和实施机关就行政许可的设定和实施提出意见和建议。"这应当是我国立法中关于立法后评估最早的规定。

二、立法后评估遵循的基本原则

立法后评估遵循的基本原则是指立法主体进行立法评估时遵循的一般原则。除此之外，立法评估主体进行不同阶段、不同性质的评估活动时还需要遵循针对特定评估对象所决定的具体原则。根据立法评估的性质和目的，立法评估主体进行立法评估时至少需要遵循以下原则：

（一）客观公正原则

客观公正原则，是指立法评估主体在收集、分析评估信息，作出评估结论的整个过程中应当深入调查全面了解各方面的意见和建议，准确把握法律实施的真实情况，公平听取各方的意见和建议，运用科学的方法和技术手段分析和评估相关资料，实事求是地得出评估结论。

（二）公开性原则

公开性原则，是指立法评估工作的方案、程序和评估结论，除涉及国家秘密、商业秘密或者个人隐私外，立法评估主体都应当增加透明度，以一定方式向社会公开，不得搞秘密评估。当然，评估主体及其工作人员也应当注意对评估工作中涉及的国家秘密、商业秘密和个人隐私依法保密，不得外泄。

（三）民主参与原则

民主参与原则，是指立法评估主体在立法评估过程中应当为公民、法人和其他组织发表意见和建议提供便利条件，依法保障社会各方面主体，尤其是广大公民、法人和其他组织广泛参与立法评估的权利。对于公民、法人和其他组织通过各种方式提供的评估信息资料、意见和建议，评估主体应当进行研究处理并及时予以反馈。

（四）科学规范原则

科学规范原则，是指评估主体的立法评估方案、立法评估标准或具体指标的设计、收集和分析立法评估信息及有关资料的方法和技术，应当具有理论和实践依据，以便保证信息收集的真实性、数据统计的准确性和分析结论的正确性。

（五）中立性原则

评估主体易受自身利益的左右，而具有一定局限性和主观性。因此，立法后评估主体制度的设计，必须贯彻中立性原则，努力消除各种先入为主或者主观偏见。开展立法后评估时得到有权机关的明确授权，评估结果应经授权机关通过一定民主决策方式形成意见或建议。地方性法规的立法评估，应当由有权机关授权，立法后评估报告应提出法规或存或废或修改或重新制定的意见和建议，并提请立法机关书面审议。

三、立法后评估的标准①

关于立法后评估的标准，学术界有不同的观点：

第一种观点认为，立法后评估的标准是"三个有利于"。② 因为立法评估是以对法的功能作用、实施效果为基础和中心的，这就决定了立法评估的标准与法的社会作用有着十分密切的联系。可以说，法的社会作用是确定立法评估标准的基础和根本出发点。法律的作用决定了应当把法律是否反映、确认了与生产力相适应的生产关系、经济基础，进而是否有利于生产力的提高、社会的进步作为立法评估的根本标准。"三个有利于"是检验、衡量各项工作的最根本标准，当然也是检验、衡量我们立法工作的根本标准、立法评估的根本标准。

第二种观点认为，立法后评估的标准一般原则有：科学性、导向性、客观性、可比性、稳定性。在进行具体的立法后评估标准设定时还可能涉及一些其他原则。同时该观点还认为，对立法后实施效果的评估，因评估对象、考察角度等有所不同，评估的标准也可能有差异，要注意不同类型标准的设定，如：一般标准与特殊标准；短期标准、中期标准与长期标准；微观标准、中观标准与宏观标准；最低标准与最高标准。其中一般标准包括：①效率标准。立法后评估的效率标准是指立法实施效果所达到的水平（收益）与其所投入的人、财、物资源之间的比率关系。②效益标准。立法后评估的效益主要是关于立法后评估标准的研究，认为立法后评估标准受评估对象本身、立法的目标和目的、立法后评估的制度环境、评估标准的量化与立法实施效果难以量化的矛盾等因素的影响和制约。因此，立法后评估标准的设立需要确定一定的原则以确保立法评估标准的可行性。③效能标准。立法后评估的效能标准是指立法实施绩效所达到的程度或影响，即立法实施绩效与立法所预先设定（立法目的）绩效目标之比。④公平标准。是指法律法规实施后所导致的与该法律法规有关的社会资源、利益及成本公平分配的程度。⑤回应性标准。即提倡法律应当具有

---

① 侯淑雯：《新编立法学》，中国社会科学出版社 2010 年版，第 333—338 页。

② 指有利于发展社会主义社会的生产力、有利于增强社会主义国家的综合国力、有利于提高人民的生活水平。

较强的回应性，使法律能够对社会环境的各种变化作出积极回应。

第三种观点主要是针对地方性法规质量的评估标准而言，认为评判地方性法规质量高低，不仅应考量其立法内容、立法程序、立法技术等方面所表露的质量问题，而且应考量其立法目的、立法原则、立法价值等深层次的质量问题；不仅应考察该法规的内在品质，还应考察该法规适用后的社会效果。地方性法规质量的标准划分包括：①法理标准。主要是用法的一般原理来评价某一件地方性法规，包括通常所说的合法性和合理性两个方面，这是立法质量评价的首要标准。②价值标准。主要考量立法者的立法目的、立法理念和立法的价值取向，包括学者所称的"制衡标准"、"激励标准"、"正义性标准"和"合目的性标准"等内容。③实践标准。有的称"实效标准"。主要是对地方性法规实施后果的评价。④技术标准。即有的称"规范性标准"。主要从立法技术角度，考察法规内部的协调性、完备性和可操作性，评价地方性法规的逻辑结构是否合理，条文设计是否科学、严谨，文字表达是否准确、简练、易懂，标点符号运用是否规范。

第四种观点认为，立法评估标准有宏观标准和具体标准。从宏观上讲，立法评估的标准应当符合"三个代表"的根本要求。首先，立法评估的宏观标准应当着眼于法律法规的制定是否能够代表和有利于维护先进生产力的发展要求。其次，立法评估的宏观标准应当着眼于法律法规的制定是否能够代表先进文化的发展方向。最后，立法评估的宏观标准还应当着眼于法律法规的制定是否能够代表人民群众的根本利益。立法评估应当有更加具体的标准：①合目的性标准。评估一部法律法规主要应当考量其立法目的是否科学、合理以及在法律法规的实施过程中是否达成立法目的。其主要内容包括：法律法规的立法目的是否具有科学性、正义性，是否符合社会进步的要求，是否能够代表和反映人民的利益；立法目的是否从实际出发，能否解决实际问题；各方面对立法的期望以及法律法规在实际执行过程中遇到的问题；为达成立法目的所作的特别规定及实际效果；执行部门是否通过立法扩大了自身管理权限及扩大管理权限是否必要；作为地方性法规是否具有地方特色等等。②合法性标准。主要内容包括：法律依据是否充分，立法主体和立法程序是否合法；与上位法的立法精神和相关原则是否一致，与具体条文是否冲突；同位法之间相关条文的协调性、一致性等等。③技术性标准。主要从狭义的立法技术角度考察法律法规的协调性、完备性和可操作性。其主要内容包括：法律法规的名称、内部结构和体例形式是否得当；法律法规规范的行为与处罚模式设定是否对应完整；法律语言文字水平等等。

第五种观点认为，评估标准的制定应考虑两方面的因素，一是要能客观反映法律法规实施效果和成本的基本评价；二是要能客观反映法律法规中设定的各项制度的合法性、合理性、可操作性、协调性，以及立法技术等方面基本评价。立法后评估标准包括：①合法性标准。②合理性标准。③协调性标准。④实效性标准。⑤技术性标准。上述五个方面仅仅是制定评估标准的目标定位，尚未具体化，更未作量化。评估主体完全可以根据评估内容，选择其中几项或者全部并制定更具体的可操作的评估标准，还可以根据实际情况确定其他标准。经验证明，评估标准的制定要力求简明扼要、可操作、可量化，切忌繁多、含糊、重定性不重定量。①

第六种观点认为，立法评估主要是针对立法活动及其过程以及法文件本身的质量问题进行评估，因此评估标准也应当围绕该评估对象和评估目的进行。立法评估至少需要具备以下评估标准：①合法性标准。该标准要求立法主体、立法活动过程等都应当符合国家实体法与程序法的有关规定，制定或变动的规范性法律文件的内容应当与上位法的精神、原则和具体内容相一致，不得抵触。②合理性标准。该标准要求规范性法律文件的内容除具有合法性以外，还应当符合一定的理性，如立法的合理化、合规律性、合科学性、合逻辑性等理性状态。③技术性标准。该标准要求法文件的语言表达、逻辑结构等应符合立法技术的要求，如立法的结构技术、立法的表述技术等。因此该标准主要用于评估立法技术是否规范；法律规范逻辑结构是否严密；立法语言表述是否准确等。④协调性标准。该标准要求法文件的内容应当在与上位法不抵触的前提下，还应注意与同位法规范内容协调，不冲突。因此，该标准主要用于评估法文件与同位阶的其他法文件的内容是否存在冲突，是否相互协调一致或连贯。⑤可操作性标准。该标准要求法文件应符合实际情况，具有实际操作的可行性，便于人

① 俞荣根：《立法后评估：法律体系形成后的一项重要工作》，http：//www. txwtxw. cn/Article_ Show. asp？ ArticleID = 865，最后访问时间：2011 年 9 月 9 日。

们贯彻实施或遵守。

笔者同意第六种观点，但认为还应当补充适应性标准。即在对法律进行后评估时，应当充分考虑法律与经济社会发展的适应性，对于已经不适应经济社会发展的法律应当进行必要的立、改、废。因为法律是稳定的，经济社会是发展变化的，当经济社会已经发展变化的时候，法律也必须作相应的变化，否则法律就会丧失其生命力。

值得注意的是，我国的一些地方在地方政府规章中确定了立法后评估的标准。如《厦门市规章立法后评估办法》第十一条规定："立法后评估主要依据以下标准进行：（一）合法性标准，即规章是否与法律、法规及其他上位法保持一致；（二）合理性标准，即规章是否符合公平、公正原则，是否必要、适当，设定职权与责任是否相统一；（三）科学性标准，即规章是否具有适当前瞻性，是否体现规律要求，是否适应时代需要，是否符合人民意愿，是否解决实际问题；（四）协调性标准，即规章的各项制度之间是否协调一致，与同位阶规章之间是否存在冲突，相关配套制度是否完备；（五）规范性标准，即规章立法技术是否规范，是否影响到规章的正确、有效实施；（六）操作性标准，即规章的概念界定是否明确，各项制度及其程序是否具体可行；（七）实效性标准，即规章是否得到普遍遵守与执行，是否已达到预期目的。"

四、立法后评估的主体、方法和程序

（一）立法后评估的主体

立法后评估的主体，是指根据一定的标准和程序对立法活动及其过程以及法文件的质量测量、分析并作出评估结论的国家机关、社会组织或个人。如英国政府立法后的评估主体主要包括：①制定规章主体本身；②政府特别机构；③部长、大臣和议会；④公众。美国立法成本与效益评估（分析）的主体包括：①行政机构本身；②美国联邦预算和管理局（OMB）；③美国总审计署；④总统；⑤国会。德国立法成本效益与评估工作由总理直接领导的独立工作机构——法规评估委员会和执行成本评估委员会具体负责。韩国立法后评估的主体在不同总统执政期间有所不同，

主要有政府评估机构和民间评估组织。①

立法后评估的主体组建及运作方式有学者提出了四种具体设想：②

第一种方式，由立法机关制定评估内容、标准、程序等规范性文件后，指定委托或招标委托中立的组织进行评估。

第二种方式，采取一体多元主体来开展立法后评估。如以立法机关为虚置主体的操作方式，即由立法机关掌握评估的主导权，但将评估内容分割发包交由多个第三方去实施，也可以由立法机关组成课题组或通过课题立项的办法委托其他组织去完成。受委托方可以是评估机构、科研院所等机构。

第三种方式，立法机关自我评估与授权委托中立第三方评估同时进行，各有侧重，交叉结合。如，法律法规的实施情况调研可以由立法机关牵头组织，吸收中立第三方人员参与，文本评价等相对独立的评估内容则完全交由中立第三方去做。

第四种方式，由人民政协作为评估主体，也采取一体多元的方式进行。

在实践中，"我国目前负责或参与立法评估的主体主要包括：立法机关（其中法制委员会或法制工作委员会通常负责牵头实施，其他委员会参加）；政府有关部门；高等院校或研究机构；人民代表大会代表；专家学者；公众。但负责实施立法评估的主体主要是立法机关和政府有关部门。"③ 立法后评估的主体，应当与法的制定机关相一致，即具有法律效力的立法后主体工作应当由立法机关进行。在实践中，法的制定机关通常将评估工作交由本机关具体负责的法制工作机构负责承担立法后评估的组织实施，具体负责的法制工作机构可以根据实际情况自己组织实施，也可以委托其他单位实施，如委托高等院校、科研机构、民间组织组建评估小组实施。但评估小组的评估报告只具有内部评价的性质，评估报告只有经过立法机关的审议通过才能产生法律效力。如 2011 年 6 月 27 日，第十一

---

① 侯淑雯：《新编立法学》，中国社会科学出版社 2010 年版，第 338—340 页。

② 俞荣根：《立法后评估：法律体系形成后的一项重要工作》，http：//www.txwtxw.cn/Article_Show.asp？ArticleID=865，最后访问时间：2011 年 9 月 9 日。

③ 侯淑雯：《新编立法学》，中国社会科学出版社 2010 年版，第 341 页。

届全国人民代表大会常务委员会第二十一次会议开始审议《关于科学技术进步法有关制度立法后评估主要情况的报告》和《关于农业机械化促进法有关制度立法后评估主要情况的报告》。

（二）立法后评估的方法

1. 文献研究法

评估主体通过查阅和研究与评估对象相关的文献和资料，全面了解评估对象的真实情况和评估对象所调整领域的现状、发展趋势、发展规律。

2. 问卷调查法

针对与这两项法律制度实施关系密切的高等院校、科研机构、企业、科研人员、有关政府部门设计了三份调查问卷，针对社会公众设计了一份调查问卷。

3. 实地调研法

评估主体组织人员深入各地进行实地考察，发现评估对象在实施中的真实情况。

4. 情况报告

评估主体在评估过程中，听取相关立法、执法、司法部门对评估对象的实施情况的报告。

5. 案例分析

评估主体以实际案例为切入点，深入立法、执法、司法部门和人民群众之中，全面了解评估对象的真实情况。

6. 听证法

评估主体根据评估工作的需要举行评估听证会，充分听取社会各界对评估对象的意见和建议。

《厦门市规章立法后评估办法》第十六条规定："立法后评估应当采用下列方法：（一）通过新闻媒体、门户网站公开征集社会公众意见；（二）走访行政执法单位、司法机关、行政相对人或者书面征求其意见；（三）召开座谈会、专家论证会。""评估实施机关根据评估需要，还可以采用以下评估方法：（一）发放调查问卷；（二）实地考察；（三）专题调研；（四）个案分析；（五）相关立法比较分析；（六）成本效益分析；（七）其他方法。"

（三）立法后评估的程序

1. 确定评估组织

有人提出，立法后评估的主体应当有高等院校、科研机构、民间组织的广泛参与。还有人提出，为保证立法后评估的客观公正，可以委托科研院所等参与部分工作。上述意见和建议，目的和出发点都是为了把立法后评估搞得更好、收到实效。鉴于立法后评估工作还处在探索阶段，从实际出发，根据开展立法后评估工作的实际需要与可能，具体做法可以有所不同。法制机构可以将立法后评估的部分工作委托给高等院校、科研机构、民间组织去做，以便取得经验和改进完善评估工作。但是，受委托单位制定的工作方案或办法，应当征得立法机构的同意，以利通过评估活动达到预期目的和效果。

2. 确定评估对象

目前我国的立法后评估工作还处于起步阶段，不可能进行全面的分析评估，只能根据具体情况和实际需要，从现行的法规中有选择地进行评估。立法后评估项目选择，目前尚无统一标准和做法，从目前实践的情况看，被确定为评估对象的主要有：

第一，内容相对单一、涉及执法部门较少、立法效果容易判断的法律；

第二，具有一定代表性，与社会公众利益关系密切、社会各界比较关注的法律；

第三，内容比较丰富、矛盾和问题比较突出的法律。

《厦门市规章立法后评估办法》第七条规定："符合下列情形之一的规章，应当开展立法后评估：（一）实施满五年的；（二）拟上升为地方性法规的；（三）拟作重大修改的；（四）公民、法人或者其他组织提出较多意见的；（五）市人民政府或者其他有权部门认为有必要评估的。""因上位法修改或者有特殊情况需要对规章内容作相应修改的，可以不开展立法后评估。"第八条规定："负责实施规章的行政主管部门应当于每年的 10 月 31 日前向市政府法制部门申报本部门下一年度的评估项目。""市政府法制部门也可以根据实际需要，提出评估项目。"

3. 深入调查，了解实情

立法后评估项目选定后，对法律质量和实施效果，需要深入调查，了解实情，为与会者进行分析评估提供可靠的事实依据。评估调研工作重点应当围绕立法预期目标的实现程度、法律的合法性及合理性、法律内容的可操作性、法律所规定内容的针对性、法律所设定权利义务和法律责任的适当性、法律宣传与执行及配套制度建设情况、法律文本结构与用语的规范性与准确性、评估对象与其他法律之间的协调性等问题展开。立法后评估调研，主要了解法律在实施中出现的法律质量问题和实施效果，通过分析评估，侧重总结出改进立法工作、提高立法质量的经验教训，为法的立、改、废提供事实依据。

4. 听取各方意见

邀请参加评估的单位和个人应当具有代表性，如行政机关执法人员、司法机关司法人员、专家学者、法律工作者和个人等。为了扩大听取意见的广度和深度，评估机构还可以通过网络方式征求广大人民群众的意见。总之要从不同角度和层面吸取法律的质量问题和实施效果改进意见，保证立法后评估工作所提出改进意见或建议的质量，以期收到较好的评估效果。

（四）开展评估

1. 制度目标妥当性评估

制度目标妥当性评估，即要对通过授权通过立法建立起来的制度、立法时的指导思想、立法目的等是否正确进行评估。

2. 实施情况

对法律实施情况的评估，具体包括：

第一，各级人民政府为实施法律采取的措施实施；

第二，司法机关在司法实践中对法律的适用情况；

第三，人民群众对法律的遵守情况。

3. 实施效果

对法律实施效果的评估，具体包括：

第一，法律实施后，对经济社会产生的影响；

第二，立法的目的是否能够实现，并产生效益或效率；

第三，人民群众对法律的认知程度及评价。

4. 存在的主要问题

对法律存在问题的评估，具体包括：

第一，立法本身存在的问题；

第二，立法中规定的制度落实情况，相关配套措施是否已经制定；

第三，促进法律落实体制机制是否建立。

（五）提出立法后评估报告

针对评估中发现的问题，提出合理化建议。这些建议一般包括法律继续有效实施的建议、修改法律的建议、补充法律的建议和废止法律的建议等几种。

评估报告通常包括：

第一，法律实施效果的基本评价；

第二，对法律中主要制度设计的分析和评价；

第三，评估工作的总结和启示，并提出法规是否需要修改的意见和建议。

这里需要注意，提出相关评估建议只有得到有权机关以法律的方式和程序进行认可后才能产生应有的效力。因此，评估结果往往只是作为立法机关的一种参考意见，这样的评估报告与一般的调研报告没有实质区别。

参考文献

周旺生：《立法学》，北京大学出版社 1988 年版。

周旺生：《立法论》，北京大学出版社 1994 年版。

周旺生：《立法学》，法律出版社 2004 年版。

周旺生：《立法学教程》，北京大学出版社 2006 年版。

孙琬钟：《立法学教程》，中国法制出版社 1990 年版。

郭道晖：《立法——原则、制度、技术》，北京大学出版社 1994 年版。

郭道晖：《当代中国立法》，中国民主法制出版社 1998 年版。

李步云、汪永清：《中国立法的基本理论和制度》，中国法制出版社 1998
   年版。

李步云：《立法法研究》，湖南人民出版社 1999 年版。

李步云：《法理学》，经济科学出版社 2000 年版。

朱力宇、叶传星：《立法学（第四版）》，中国人民大学出版社 2015 年版。

张根大：《立法学总论》，法律出版社 1991 年版。

马怀德：《中国立法：体制、程序与监督》，中国法制出版社 1999 年版。

张春生：《中华人民共和国立法法释义》，法律出版社 2000 年版。

孙敢、侯淑雯：《立法学教程》，中国政法大学出版社 2000 年版。

陈伯礼：《授权立法研究》，法律出版社 2000 年版。

刘和海、李玉福：《立法学》，中国检察出版社 2001 年版。

苗连营：《法程序论》，中国检察出版社 2001 年版。

蔡定剑、杜纲建：《外国议会及其立法程序》，中国检察出版社 2002 年版。

戚渊：《论立法权》，中国法制出版社 2002 年版。

刘明利：《立法学》，山东大学出版社 2002 年版。

汪全胜：《立法听证制度》，北京大学出版社 2003 年版。

刘红缨：《法律语言学》，北京大学出版社 2003 年版。

曹海晶：《中外立法制度比较》，商务印书馆 2004 年版。

李林：《立法理论与制度》，中国法制出版社 2005 年版。

胡建淼：《公权力研究——立法权·行政权·司法权》，浙江大学出版社 2005 年版。

于兆波：《立法决策论》，北京大学出版社 2005 年版。

顾昂然：《立法札记——关于我国部分法律制定情况的介绍》，法律出版社 2006 年版。

万其刚：《立法理念与实践》，北京大学出版社 2006 年版。

陈丽芳：《非立法性行政规范研究》，中共中央党校出版社 2007 年版。

乔晓阳：《中华人民共和国立法法讲话（修订版）》，中国民主法制出版社 2008 年版。

乔晓阳：《〈中华人民共和国立法法〉导读与释义》，中国民主法制出版社 2015 年版。

刘莘：《立法法》，北京大学出版社 2008 年版。

张永和：《立法学》，法律出版社 2008 年版。

王学辉、邓华平：《行政立法成本分析与实证研究》，法律出版社 2008 年版。

吴浩：《国外行政立法的公众参与制度》，中国法制出版社 2008 年版。

俞荣根：《地方立法后评估研究》，中国社会科学出版社 2009 年版。

侯淑雯：《新编立法学》，中国社会科学出版社 2010 年版。

张越：《法律责任设计原理》，中国法制出版社 2010 年版。

王利明：《法律解释学》，中国人民大学出版社 2011 年版。

徐向华：《立法学教程》，上海交通大学出版社 2011 年版。

杨临宏：《立法法：原理与制度》，云南大学出版社 2011 年版。

阮荣祥：《地方立法的理论与实践（第二版）》，中国社会科学出版社 2011 年版。

周赟：《立法用规范词研究》，法律出版社 2011 年版。

周静：《法律规范的结构》，法律出版社 2011 年版。

李培传：《论立法（第三版）》，中国民主法制出版社 2013 年版。

袁曙宏：《公众参与行政立法：中国的实践与创新》，中国法制出版社

2012 年版。

袁曙宏：《立法后评估工作指南》，中国法制出版社 2013 年版。

刘作翔、冉井富：《立法后评估的理论与实践》，社会科学文献出版社 2013 年版。

萨孟武：《政治学与比较宪法》，商务印书馆 2013 年版。

阎锐：《地方立法参与主体研究》，上海人民出版社 2014 年版。

侯东德：《我国地方立法协商的理论与实践》，法律出版社 2015 年版。

王压非：《我国配套立法问题研究》，法律出版社 2015 年版。

陈公雨：《地方立法十三讲》，中国法制出版社 2015 年版。

李翔：《立法的几个法理问题——兼论立法实践的破产管理人制度》，四川大学出版社 2015 年版。

武增：《中华人民共和国立法法解读》，中国法制出版社 2015 年版。

全国人大常委会法制工作委员会国家法室：《中华人民共和国立法法释义》，法律出版社 2015 年版。

郑淑娜：《中华人民共和国立法法释义》，中国民主法制出版社 2015 年版。

李清波：《新〈立法法〉如何影响你我的生活》，人民出版社 2015 年版。

冯玉军：《新〈立法法〉条文精释与适用指引》，法律出版社 2015 年版。

肖巧平：《地方人大与其常委会立法权限划分研究》，法律出版社 2015 年版。

崔浩：《行政立法公众参与制度研究》，光明日报出版社 2015 年版。

罗传贤：《立法程序与技术》，台湾五南图书出版股份有限公司 2010 年版。

许剑英：《立法审查——理论与实务》，台湾五南图书出版股份有限公司 2006 年版。

［英］吉米·边沁：《立法理论》，李贵方等译，中国人民公安大学出版社 2004 年版。

［美］安·赛德曼、罗伯特·鲍勃·赛德曼、那林·阿比斯卡：《立法学：理论与实践》，刘国福等译，中国经济出版社 2008 年版。

［美］亨利·赛德曼、罗伯特：《罗伯特议事规则》，袁天鹏、孙涤等译，上海人民出版社 2008 年版。

附录：《中华人民共和国立法法》
修改前后对照表

修改前	修改后
第一章 总 则	第一章 总 则
第一条 为了规范立法活动，健全国家立法制度，建立和完善有中国特色社会主义法律体系，保障和发展社会主义民主，推进依法治国，建设社会主义法治国家，根据宪法，制定本法。	第一条 为了规范立法活动，健全国家立法制度，提高立法质量，完善中国特色社会主义法律体系，发挥立法的引领和推动作用，保障和发展社会主义民主，全面推进依法治国，建设社会主义法治国家，根据宪法，制定本法。
第二条 法律、行政法规、地方性法规、自治条例和单行条例的制定、修改和废止，适用本法。 国务院部门规章和地方政府规章的制定、修改和废止，依照本法的有关规定执行。	第二条 法律、行政法规、地方性法规、自治条例和单行条例的制定、修改和废止，适用本法。 国务院部门规章和地方政府规章的制定、修改和废止，依照本法的有关规定执行。
第三条 立法应当遵循宪法的基本原则，以经济建设为中心，坚持社会主义道路、坚持人民民主专政、坚持中国共产党的领导、坚持马克思列宁主义毛泽东思想邓小平理论，坚持改革开放。	第三条 立法应当遵循宪法的基本原则，以经济建设为中心，坚持社会主义道路、坚持人民民主专政、坚持中国共产党的领导、坚持马克思列宁主义毛泽东思想邓小平理论，坚持改革开放。
第四条 立法应当依照法定的权限和程序，从国家整体利益出发，维护社会主义法制的统一和尊严。	第四条 立法应当依照法定的权限和程序，从国家整体利益出发，维护社会主义法制的统一和尊严。

续表

修 改 前	修 改 后
第五条 立法应当体现人民的意志，发扬社会主义民主，保障人民通过多种途径参与立法活动。	第五条 立法应当体现人民的意志，发扬社会主义民主，坚持立法公开，保障人民通过多种途径参与立法活动。
第六条 立法应当从实际出发，科学合理地规定公民、法人和其他组织的权利与义务、国家机关的权力与责任。	第六条 立法应当从实际出发，适应经济社会发展和全面深化改革的要求，科学合理地规定公民、法人和其他组织的权利与义务、国家机关的权力与责任法律规范应当明确、具体，具有针对性和可执行性。 法律规范应当明确、具有针对性和可行性。
第二章 法 律	**第二章 法 律**
第一节 立法权限	**第一节 立法权限**
第七条 全国人民代表大会和全国人民代表大会常务委员会行使国家立法权。 全国人民代表大会制定和修改刑事、民事、国家机构的和其他的基本法律。 全国人民代表大会常务委员会制定和修改除应当由全国人民代表大会制定的法律以外的其他法律；在全国人民代表大会闭会期间，对全国人民代表大会制定的法律进行部分补充和修改，但是不得同该法律的基本原则相抵触。	第七条 全国人民代表大会和全国人民代表大会常务委员会行使国家立法权。 全国人民代表大会制定和修改刑事、民事、国家机构的和其他的基本法律。 全国人民代表大会常务委员会制定和修改除应当由全国人民代表大会制定的法律以外的其他法律；在全国人民代表大会闭会期间，对全国人民代表大会制定的法律进行部分补充和修改，但是不得同该法律的基本原则相抵触。
第八条 下列事项只能制定法律： （一）国家主权的事项； （二）各级人民代表大会、人民政府、人民法院和人民检察院的产生、组织和职权； （三）民族区域自治制度、特别行政区制度、基层群众自治制度； （四）犯罪和刑罚； （五）对公民政治权利的剥夺、限制人身自由的强制措施和处罚；	第八条 下列事项只能制定法律： （一）国家主权的事项； （二）各级人民代表大会、人民政府、人民法院和人民检察院的产生、组织和职权； （三）民族区域自治制度、特别行政区制度、基层群众自治制度； （四）犯罪和刑罚； （五）对公民政治权利的剥夺、限制人身自由的强制措施和处罚；

续表

修改前	修改后
（六）对非国有财产的征收； （七）民事基本制度； （八）基本经济制度以及财政、税收、海关、金融和外贸的基本制度； （九）诉讼和仲裁制度； （十）必须由全国人民代表大会及其常务委员会制定法律的其他事项。	（六）税种的设立、税率的确定和税收征收管理等税收基本制度； （七）对非国有财产的征收、征用； （八）民事基本制度； （九）基本经济制度以及财政、海关、金融和外贸的基本制度； （十）诉讼和仲裁制度； （十一）必须由全国人民代表大会及其常务委员会制定法律的其他事项。
第九条 本法第八条规定的事项尚未制定法律的，全国人民代表大会及其常务委员会有权作出决定，授权国务院可以根据实际需要，对其中的部分事项先制定行政法规，但是有关犯罪和刑罚、对公民政治权利的剥夺和限制人身自由的强制措施和处罚、司法制度等事项除外。	第九条 本法第八条规定的事项尚未制定法律的，全国人民代表大会及其常务委员会有权作出决定，授权国务院可以根据实际需要，对其中的部分事项先制定行政法规，但是有关犯罪和刑罚、对公民政治权利的剥夺和限制人身自由的强制措施和处罚、司法制度等事项除外。
第十条 授权决定应当明确授权的目的、范围。 被授权机关应当严格按照授权目的和范围行使该项权力。 被授权机关不得将该项权力转授给其他机关。	第十条 授权决定应当明确授权的目的、事项、范围、期限以及被授权机关实施授权决定应当遵循的原则等。 授权的期限不得超过五年，但是授权决定另有规定的除外。 被授权机关应当在授权期限届满的六个月以前，向授权机关报告授权决定实施的情况，并提出是否需要制定有关法律的意见；需要继续授权的，可以提出相关意见，由全国人民代表大会及其常务委员会决定。
第十一条 授权立法事项，经过实践检验，制定法律的条件成熟时，由全国人民代表大会及其常务委员会及时制定法律。法律制定后，相应立法事项的授权终止。	第十一条 授权立法事项，经过实践检验，制定法律的条件成熟时，由全国人民代表大会及其常务委员会及时制定法律。法律制定后，相应立法事项的授权终止。

修 改 前	修 改 后
	第十二条　被授权机关应当严格按照授权行使被授予的权力。 被授权机关不得将被授予的权力转授给其他机关。 （第十条第二款、第三款移此）
	第十三条　全国人民代表大会及其常务委员会可以根据改革发展的需要，决定就行政管理等领域的特定事项授权在一定期限内在部分地方暂时调整或者暂时停止适用法律的部分规定。
第二节　全国人民代表大会立法程序	第二节　全国人民代表大会立法程序
第十二条　全国人民代表大会主席团可以向全国人民代表大会提出法律案，由全国人民代表大会会议审议。 全国人民代表大会常务委员会、国务院、中央军事委员会、最高人民法院、最高人民检察院、全国人民代表大会各专门委员会，可以向全国人民代表大会提出法律案，由主席团决定列入会议议程。	第十四条　全国人民代表大会主席团可以向全国人民代表大会提出法律案，由全国人民代表大会会议审议。 全国人民代表大会常务委员会、国务院、中央军事委员会、最高人民法院、最高人民检察院、全国人民代表大会各专门委员会，可以向全国人民代表大会提出法律案，由主席团决定列入会议议程。
第十三条　一个代表团或者三十名以上的代表联名，可以向全国人民代表大会提出法律案，由主席团决定是否列入会议议程，或者先交有关的专门委员会审议、提出是否列入会议议程的意见，再决定是否列入会议议程。 专门委员会审议的时候，可以邀请提案人列席会议，发表意见。	第十五条　一个代表团或者三十名以上的代表联名，可以向全国人民代表大会提出法律案，由主席团决定是否列入会议议程，或者先交有关的专门委员会审议、提出是否列入会议议程的意见，再决定是否列入会议议程。 专门委员会审议的时候，可以邀请提案人列席会议，发表意见。

修 改 前	修 改 后
	第十六条 向全国人民代表大会提出的法律案,在全国人民代表大会闭会期间,可以先向常务委员会提出,经常务委员会会议依照本法第二章第三节规定的有关程序审议后,决定提请全国人民代表大会审议,由常务委员会向大会全体会议作说明,或者由提案人向大会全体会议作说明。
第十四条 向全国人民代表大会提出的法律案,在全国人民代表大会闭会期间,可以先向常务委员会提出,经常务委员会会议依照本法第二章第三节规定的有关程序审议后,决定提请全国人民代表大会审议,由常务委员会向大会全体会议作说明,或者由提案人向大会全体会议作说明。	常务委员会依照前款规定审议法律案,应当通过多种形式征求全国人民代表大会代表的意见,并将有关情况予以反馈;专门委员会和常务委员会工作机构进行立法调研,可以邀请有关全国人民代表大会代表参加。
第十五条 常务委员会决定提请全国人民代表大会会议审议的法律案,应当在会议举行的一个月前将法律草案发给代表。	第十七条 常务委员会决定提请全国人民代表大会会议审议的法律案,应当在会议举行的一个月前将法律草案发给代表。
第十六条 列入全国人民代表大会会议议程的法律案,大会全体会议听取提案人的说明后,由各代表团进行审议。 各代表团审议法律案时,提案人应当派人听取意见,回答询问。 各代表团审议法律案时,根据代表团的要求,有关机关、组织应当派人介绍情况。	第十八条 列入全国人民代表大会会议议程的法律案,大会全体会议听取提案人的说明后,由各代表团进行审议。 各代表团审议法律案时,提案人应当派人听取意见,回答询问。 各代表团审议法律案时,根据代表团的要求,有关机关、组织应当派人介绍情况。
第十七条 列入全国人民代表大会会议议程的法律案,由有关的专门委员会进行审议,向主席团提出审议意见,并印发会议。	第十九条 列入全国人民代表大会会议议程的法律案,由有关的专门委员会进行审议,向主席团提出审议意见,并印发会议。

修 改 前	修 改 后
第十八条 列入全国人民代表大会会议议程的法律案,由法律委员会根据各代表团和有关的专门委员会的审议意见,对法律案进行统一审议,向主席团提出审议结果报告和法律草案修改稿,对重要的不同意见应当在审议结果报告中予以说明,经主席团会议审议通过后,印发会议。	第二十条 列入全国人民代表大会会议议程的法律案,由法律委员会根据各代表团和有关的专门委员会的审议意见,对法律案进行统一审议,向主席团提出审议结果报告和法律草案修改稿,对重要的不同意见应当在审议结果报告中予以说明,经主席团会议审议通过后,印发会议。
第十九条 列入全国人民代表大会会议议程的法律案,必要时,主席团常务主席可以召开各代表团团长会议,就法律案中的重大问题听取各代表团的审议意见,进行讨论,并将讨论的情况和意见向主席团报告。 主席团常务主席也可以就法律案中的重大的专门性问题,召集代表团推选的有关代表进行讨论,并将讨论的情况和意见向主席团报告。	第二十一条 列入全国人民代表大会会议议程的法律案,必要时,主席团常务主席可以召开各代表团团长会议,就法律案中的重大问题听取各代表团的审议意见,进行讨论,并将讨论的情况和意见向主席团报告。 主席团常务主席也可以就法律案中的重大的专门性问题,召集代表团推选的有关代表进行讨论,并将讨论的情况和意见向主席团报告。
第二十条 列入全国人民代表大会会议议程的法律案,在交付表决前,提案人要求撤回的,应当说明理由,经主席团同意,并向大会报告,对该法律案的审议即行终止。	第二十二条 列入全国人民代表大会会议议程的法律案,在交付表决前,提案人要求撤回的,应当说明理由,经主席团同意,并向大会报告,对该法律案的审议即行终止。
第二十一条 法律案在审议中有重大问题需要进一步研究的,经主席团提出,由大会全体会议决定,可以授权常务委员会根据代表的意见进一步审议,作出决定,并将决定情况向全国人民代表大会下次会议报告;也可以授权常务委员会根据代表的意见进一步审议,提出修改方案,提请全国人民代表大会下次会议审议决定。	第二十三条 法律案在审议中有重大问题需要进一步研究的,经主席团提出,由大会全体会议决定,可以授权常务委员会根据代表的意见进一步审议,作出决定,并将决定情况向全国人民代表大会下次会议报告;也可以授权常务委员会根据代表的意见进一步审议,提出修改方案,提请全国人民代表大会下次会议审议决定。

续表

修改前	修改后
第二十二条 法律草案修改稿经各代表团审议,由法律委员会根据各代表团的审议意见进行修改,提出法律草案表决稿,由主席团提请大会全体会议表决,由全体代表的过半数通过。	第二十四条 法律草案修改稿经各代表团审议,由法律委员会根据各代表团的审议意见进行修改,提出法律草案表决稿,由主席团提请大会全体会议表决,由全体代表的过半数通过。
第二十三条 全国人民代表大会通过的法律由国家主席签署主席令予以公布。	第二十五条 全国人民代表大会通过的法律由国家主席签署主席令予以公布。
第三节 全国人民代表大会常务委员会立法程序	**第三节 全国人民代表大会常务委员会立法程序**
第二十四条 委员长会议可以向常务委员会提出法律案,由常务委员会会议审议。 国务院、中央军事委员会、最高人民法院、最高人民检察院、全国人民代表大会各专门委员会,可以向常务委员会提出法律案,由委员长会议决定列入常务委员会会议议程,或者先交有关的专门委员会审议、提出报告,再决定列入常务委员会会议议程。如果委员长会议认为法律案有重大问题需要进一步研究,可以建议提案人修改完善后再向常务委员会提出。	第二十六条 委员长会议可以向常务委员会提出法律案,由常务委员会会议审议。 国务院、中央军事委员会、最高人民法院、最高人民检察院、全国人民代表大会各专门委员会,可以向常务委员会提出法律案,由委员长会议决定列入常务委员会会议议程,或者先交有关的专门委员会审议、提出报告,再决定列入常务委员会会议议程。如果委员长会议认为法律案有重大问题需要进一步研究,可以建议提案人修改完善后再向常务委员会提出。
第二十五条 常务委员会组成人员十人以上联名,可以向常务委员会提出法律案,由委员长会议决定是否列入常务委员会会议议程,或者先交有关的专门委员会审议、提出是否列入会议议程的意见,再决定是否列入常务委员会会议议程。不列入常务委员会会议议程的,应当向常务委员会会议报告或者向提案人说明。 专门委员会审议的时候,可以邀请提案人列席会议,发表意见。	第二十七条 常务委员会组成人员十人以上联名,可以向常务委员会提出法律案,由委员长会议决定是否列入常务委员会会议议程,或者先交有关的专门委员会审议、提出是否列入会议议程的意见,再决定是否列入常务委员会会议议程。不列入常务委员会会议议程的,应当向常务委员会会议报告或者向提案人说明。 专门委员会审议的时候,可以邀请提案人列席会议,发表意见。

修 改 前	修 改 后
第二十六条 列入常务委员会会议议程的法律案，除特殊情况外，应当在会议举行的七日前将法律草案发给常务委员会组成人员。	第二十八条 列入常务委员会会议议程的法律案，除特殊情况外，应当在会议举行的七日前将法律草案发给常务委员会组成人员。 常务委员会会议审议法律案时，应当邀请有关的全国人民代表大会代表列席会议。
第二十七条 列入常务委员会会议议程的法律案，一般应当经三次常务委员会会议审议后再交付表决。 常务委员会会议第一次审议法律案，在全体会议上听取提案人的说明，由分组会议进行初步审议。 常务委员会会议第二次审议法律案，在全体会议上听取法律委员会关于法律草案修改情况和主要问题的汇报，由分组会议进一步审议。 常务委员会会议第三次审议法律案，在全体会议上听取法律委员会关于法律草案审议结果的报告，由分组会议对法律草案修改稿进行审议。 常务委员会审议法律案时，根据需要，可以召开联组会议或者全体会议，对法律草案中的主要问题进行讨论。	第二十九条 列入常务委员会会议议程的法律案，一般应当经三次常务委员会会议审议后再交付表决。 常务委员会会议第一次审议法律案，在全体会议上听取提案人的说明，由分组会议进行初步审议。 常务委员会会议第二次审议法律案，在全体会议上听取法律委员会关于法律草案修改情况和主要问题的汇报，由分组会议进一步审议。 常务委员会会议第三次审议法律案，在全体会议上听取法律委员会关于法律草案审议结果的报告，由分组会议对法律草案修改稿进行审议。 常务委员会审议法律案时，根据需要，可以召开联组会议或者全体会议，对法律草案中的主要问题进行讨论。
第二十八条 列入常务委员会会议议程的法律案，各方面意见比较一致的，可以经两次常务委员会会议审议后交付表决；部分修改的法律案，各方面的意见比较一致的，也可以经一次常务委员会会议审议即交付表决。	第三十条 列入常务委员会会议议程的法律案，各方面意见比较一致的，可以经两次常务委员会会议审议后交付表决；调整事项较为单一或者部分修改的法律案，各方面的意见比较一致的，也可以经一次常务委员会会议审议即交付表决。

续表

修 改 前	修 改 后
第二十九条　常务委员会分组会议审议法律案时，提案人应当派人听取意见，回答询问。 　　常务委员会分组会议审议法律案时，根据小组的要求，有关机关、组织应当派人介绍情况。	第三十一条　常务委员会分组会议审议法律案时，提案人应当派人听取意见，回答询问。 　　常务委员会分组会议审议法律案时，根据小组的要求，有关机关、组织应当派人介绍情况。
第三十条　列入常务委员会会议议程的法律案，由有关的专门委员会进行审议，提出审议意见，印发常务委员会会议。 　　有关的专门委员会审议法律案时，可以邀请其他专门委员会的成员列席会议，发表意见。	第三十二条　列入常务委员会会议议程的法律案，由有关的专门委员会进行审议，提出审议意见，印发常务委员会会议。 　　有关的专门委员会审议法律案时，可以邀请其他专门委员会的成员列席会议，发表意见。
第三十一条　列入常务委员会会议议程的法律案，由法律委员会根据常务委员会组成人员、有关的专门委员会的审议意见和各方面提出的意见，对法律案进行统一审议，提出修改情况的汇报或者审议结果报告和法律草案修改稿，对重要的不同意见应当在汇报或者审议结果报告中予以说明。对有关的专门委员会的重要审议意见没有采纳的，应当向有关的专门委员会反馈。 　　法律委员会审议法律案时，可以邀请有关的专门委员会的成员列席会议，发表意见。	第三十三条　列入常务委员会会议议程的法律案，由法律委员会根据常务委员会组成人员、有关的专门委员会的审议意见和各方面提出的意见，对法律案进行统一审议，提出修改情况的汇报或者审议结果报告和法律草案修改稿，对重要的不同意见应当在汇报或者审议结果报告中予以说明。对有关的专门委员会的重要审议意见没有采纳的，应当向有关的专门委员会反馈。 　　法律委员会审议法律案时，应当邀请有关的专门委员会的成员列席会议，发表意见。
第三十二条　专门委员会审议法律案时，应当召开全体会议审议，根据需要，可以要求有关机关、组织派有关负责人说明情况。	第三十四条　专门委员会审议法律案时，应当召开全体会议审议，根据需要，可以要求有关机关、组织派有关负责人说明情况。

修 改 前	修 改 后
第三十三条　专门委员会之间对法律草案的重要问题意见不一致时，应当向委员长会议报告。	第三十五条　专门委员会之间对法律草案的重要问题意见不一致时，应当向委员长会议报告。
第三十四条　列入常务委员会会议议程的法律案，法律委员会、有关的专门委员会和常务委员会工作机构应当听取各方面的意见。听取意见可以采取座谈会、论证会、听证会等多种形式。 常务委员会工作机构应当将法律草案发送有关机关、组织和专家征求意见，将意见整理后送法律委员会和有关的专门委员会，并根据需要，印发常务委员会会议。	第三十六条　列入常务委员会会议议程的法律案，法律委员会、有关的专门委员会和常务委员会工作机构应当听取各方面的意见。听取意见可以采取座谈会、论证会、听证会等多种形式。 法律案有关问题专业性较强，需要进行可行性评价的，应当召开论证会，听取有关专家、部门和全国人民代表大会代表等方面的意见。论证情况应当向常务委员会报告。 法律案有关问题存在重大意见分歧或者涉及利益关系重大调整，需要进行听证的，应当召开听证会，听取有关基层和群众代表等方面的意见。论证情况应当向常务委员会报告。 常务委员会工作机构应当将法律草案发送相关领域的全国人民代表大会代表，地方人民代表大会常务委员会以及有关部门、组织和征求意见。
第三十五条　列入常务委员会会议议程的重要的法律案，经委员长会议决定，可以将法律草案公布，征求意见。各机关、组织和公民提出的意见送常务委员会工作机构。	第三十七条　列入常务委员会会议议程的法律案，应当在常务委员会会议向社会公布，征求意见，从早到晚互通委员长决定不公布的除外。向社会公布征求意见的时间一般不少于三十日。征求意见的情况应当向社会通报。
第三十六条　列入常务委员会会议议程的法律案，常务委员会工作机构应当收集整理分组审议的意见和各方面提出的意见以及其他有关资料，分送法律委员会和有关的专门委员会，并根据需要，印发常务委员会会议。	第三十八条　列入常务委员会会议议程的法律案，常务委员会工作机构应当收集整理分组审议的意见和各方面提出的意见以及其他有关资料，分送法律委员会和有关的专门委员会，并根据需要，印发常务委员会会议。

续表

修改前	修改后
	第三十九条 拟提请常务委员会会议审议通过的法律案,在法律委员会提出审议结果报告前,常务委员会工作机构可以对法律草案中主要制度规范的可行性、法律出台时机、法律实施的社会效果和可能出现的问题等进行评估。评估情况由法律委员会在审议结果报告中予以说明。
第三十七条 列入常务委员会会议议程的法律案,在交付表决前,提案人要求撤回的,应当说明理由,经委员长会议同意,并向常务委员会报告,对该法律案的审议即行终止。	第四十条 列入常务委员会会议议程的法律案,在交付表决前,提案人要求撤回的,应当说明理由,经委员长会议同意,并向常务委员会报告,对该法律案的审议即行终止。
第三十八条 法律案经常务委员会三次会议审议后,仍有重大问题需要进一步研究的,由委员长会议提出,经联组会议或者全体会议同意,可以暂不付表决,交法律委员会和有关的专门委员会进一步审议。	
第三十九条 列入常务委员会会议审议的法律案,因各方面对制定该法律的必要性、可行性等重大问题存在较大意见分歧搁置审议满两年的,或者因暂不付表决经过两年没有再次列入常务委员会会议议程审议的,由委员长会议向常务委员会报告,该法律案终止审议。	第四十二条 列入常务委员会会议审议的法律案,因各方面对制定该法律的必要性、可行性等重大问题存在较大意见分歧搁置审议满两年的,或者因暂不付表决经过两年没有再次列入常务委员会会议议程审议的,由委员长会议向常务委员会报告,该法律案终止审议。

续表

修 改 前	修 改 后
	第四十一条 法律草案修改稿经常务委员会会议审议，由法律委员会根据常务委员会组成人员的审议意见进行修改，提出法律草案表决稿，由委员长会议提请常务委员会全体会议表决，由常务委员会全体组成人员的过半数通过。
第四十条 法律草案修改稿经常务委员会会议审议，由法律委员会根据常务委员会组成人员的审议意见进行修改，提出法律草案表决稿，由委员长会议提请常务委员会全体会议表决，由常务委员会全体组成人员的过半数通过。	法律草案表决稿交付常务委员会会议表决前，委员长会议根据常务委员会会议审议的情况，可以决定将个别意见分歧较大的重要条款提请常务委员会会议单独表决。
	单独表决的条款经常务委员会会议表决后，委员长会议根据单独表决的情况，可以决定将法律草案表决稿交付表决，也可以决定暂不付表决，交法律委员会和有关的专门委员会进一步审议。
	第四十三条 对多部法律中涉及同类事项的个别条款进行修改，一并提出法律案的，经委员长会议决定，可以合并表决，也可以分别表决。
第四十一条 常务委员会通过的法律由国家主席签署主席令予以公布。	第四十四条 常务委员会通过的法律由国家主席签署主席令予以公布。
第四节 法律解释	**第四节 法律解释**
第四十二条 法律解释权属于全国人民代表大会常务委员会。 法律有以下情况之一的，由全国人民代表大会常务委员会解释： （一）法律的规定需要进一步明确具体含义的； （二）法律制定后出现新的情况，需要明确适用法律依据的。	第四十五条 法律解释权属于全国人民代表大会常务委员会。 法律有以下情况之一的，由全国人民代表大会常务委员会解释： （一）法律的规定需要进一步明确具体含义的； （二）法律制定后出现新的情况，需要明确适用法律依据的。

修 改 前	修 改 后
第四十三条　国务院、中央军事委员会、最高人民法院、最高人民检察院和全国人民代表大会各专门委员会以及省、自治区、直辖市的人民代表大会常务委员会可以向全国人民代表大会常务委员会提出法律解释要求。	第四十六条　国务院、中央军事委员会、最高人民法院、最高人民检察院和全国人民代表大会各专门委员会以及省、自治区、直辖市的人民代表大会常务委员会可以向全国人民代表大会常务委员会提出法律解释要求。
第四十四条　常务委员会工作机构研究拟订法律解释草案，由委员长会议决定列入常务委员会会议议程。	第四十七条　常务委员会工作机构研究拟订法律解释草案，由委员长会议决定列入常务委员会会议议程。
第四十五条　法律解释草案经常务委员会会议审议，由法律委员会根据常务委员会组成人员的审议意见进行审议、修改，提出法律解释草案表决稿。	第四十八条　法律解释草案经常务委员会会议审议，由法律委员会根据常务委员会组成人员的审议意见进行审议、修改，提出法律解释草案表决稿。
第四十六条　法律解释草案表决稿由常务委员会全体组成人员的过半数通过，由常务委员会发布公告予以公布。	第四十九条　法律解释草案表决稿由常务委员会全体组成人员的过半数通过，由常务委员会发布公告予以公布。
第四十七条　全国人民代表大会常务委员会的法律解释同法律具有同等效力。	第五十条　全国人民代表大会常务委员会的法律解释同法律具有同等效力。
第五节　其他规定	第五节　其他规定
	第五十一条　全国人民代表大会及其常务委员会应当依照宪法和法律的规定，加强对立法工作的组织协调，充分发挥在立法中的主导作用。

续表

修 改 前	修 改 后
	第五十二条　全国人民代表大会常务委员会通过立法规划、年度立法计划等形式，加强对立法工作的统筹安排。编制立法规划和年度立法计划，应当认真研究代表议案和建议，广泛征求意见，科学论证评估，根据经济社会发展和民主法治建设的需要，确定立法项目，提高立法的及时性、针对性和系统性。立法规划和年度立法计划由委员长会议通过并向社会公布。 全国人民代表大会常务委员会工作机构负责编制立法规划和拟订年度立法计划，并按照全国人民代表大会常务委员会的要求，督促立法规划和年度立法计划的落实。
	第五十三条　全国人民代表大会有关的专门委员会、常务委员会工作机构可应当提前参与有关方面的法律草案起草工作；综合性、全局性、基础性的重要法律草案，可以由有关的专门委员会或者常务委员会工作机构组织起草。 专业性较强的法律草案，可以吸收相关领域的专家参与起草，或者委托有关专家、教学科研单位、社会组织起草。
第四十八条　提出法律案，应当同时提出法律草案文本及其说明，并提供必要的资料。法律草案的说明应当包括制定该法律的必要性和主要内容。	第五十四条　提出法律案，应当同时提出法律草案文本及其说明，并提供必要的参阅资料。修改法律的，还应当提交修改前后的对照文本。法律草案的说明应当包括制定或者修改该法律的必要性、可行性和主要内容，以及起草过程中对重大分歧的协调处理的情况。
第四十九条　向全国人民代表大会及其常务委员会提出的法律案，在列入会议议程前，提案人有权撤回。	第五十五条　向全国人民代表大会及其常务委员会提出的法律案，在列入会议议程前，提案人有权撤回。

续表

修 改 前	修 改 后
第五十条 交付全国人民代表大会及其常务委员会全体会议表决未获得通过的法律案,如果提案人认为必须制定该法律,可以按照法律规定的程序重新提出,由主席团、委员长会议决定是否列入会议议程;其中,未获得全国人民代表大会通过的法律案,应当提请全国人民代表大会审议决定。	第五十六条 交付全国人民代表大会及其常务委员会全体会议表决未获得通过的法律案,如果提案人认为必须制定该法律,可以按照法律规定的程序重新提出,由主席团、委员长会议决定是否列入会议议程;其中,未获得全国人民代表大会通过的法律案,应当提请全国人民代表大会审议决定。
第五十一条 法律应当明确规定施行日期。	第五十七条 法律应当明确规定施行日期。
第五十二条 签署公布法律的主席令载明该法律的制定机关、通过和施行日期。 法律签署公布后,及时在全国人民代表大会常务委员会公报和在全国范围内发行的报纸上刊登。 在常务委员会公报上刊登的法律文本为标准文本。	第五十八条 签署公布法律的主席令载明该法律的制定机关、通过和施行日期。 法律签署公布后,及时在全国人民代表大会常务委员会公报和中国人大网以及在全国范围内发行的报纸上刊载。 在常务委员会公报上刊登的法律文本为标准文本。
第五十三条 法律的修改和废止程序,适用本章的有关规定。 法律部分条文被修改或者废止的,必须公布新的法律文本。	第五十九条 法律的修改和废止程序,适用本章的有关规定。 法律被修改的,应当公布新的法律文本。 法律被废止的,除由其他法律规定废止该法律的以外,由国家主席签署主席令予以公告。
	第六十条 法律草案与其他法律相关规定不一致的,提案人应当予以说明并提出处理意见,必要时应当同时提出修改或者废止其他法律相关规定的议案。 法律委员会和有关的专门委员会审议法律案时,认为需要修改或者废止其他法律相关规定的,应当提出处理意见。

修 改 前	修 改 后
第五十四条　法律根据内容需要，可以分编、章、节、条、款、项、目。 编、章、节、条的序号用中文数字依次表述，款不编序号，项的序号用中文数字加括号依次表述，目的序号用阿拉伯数字依次表述。 法律标题的题注应当载明制定机关、通过日期。	第六十一条　法律根据内容需要，可以分编、章、节、条、款、项、目。 编、章、节、条的序号用中文数字依次表述，款不编序号，项的序号用中文数字加括号依次表述，目的序号用阿拉伯数字依次表述。 法律标题的题注应当载明制定机关、通过日期。经过修改的法律，应当依次载明修改机关、修改日期。
	第六十二条　法律规定明确要求有关国家机关对专门事项作出配套的具体规定的，有关国家机关应当自法律施行之日起一年内作出规定，法律对配套的具体规定制定期限另有规定的，从其规定。有关国家机关未能在期限内作出配套的具体规定的，应当向全国人民代表大会常务委员会报告。
	第六十三条　全国人民代表大会有关的专门委员会、常务委员会工作机构可以组织对有关法律或者法律中有关规定进行立法后评估。评估情况应当向常务委员会报告。
第五十五条　全国人民代表大会常务委员会工作机构可以对有关具体问题的法律询问进行研究予以答复，并报常务委员会备案。	第六十四条　全国人民代表大会常务委员会工作机构可以对有关具体问题的法律询问进行研究予以答复，并报常务委员会备案。
第三章　行政法规	**第三章　行政法规**
第五十六条　国务院根据宪法和法律，制定行政法规。 行政法规可以就下列事项作出规定： （一）为执行法律的规定需要制定行政法规的事项；	第六十五条　国务院根据宪法和法律，制定行政法规。 行政法规可以就下列事项作出规定： （一）为执行法律的规定需要制定行政法规的事项；

修 改 前	修 改 后
（二）宪法第八十九条规定的国务院行政管理职权的事项。 应当由全国人民代表大会及其常务委员会制定法律的事项，国务院根据全国人民代表大会及其常务委员会的授权决定先制定的行政法规，经过实践检验，制定法律的条件成熟时，国务院应当及时提 请全国人民代表大会及其常务委员会制定法律。	（二）宪法第八十九条规定的国务院行政管理职权的事项。 应当由全国人民代表大会及其常务委员会制定法律的事项，国务院根据全国人民代表大会及其常务委员会的授权决定先制定的行政法规，经过实践检验，制定法律的条件成熟时，国务院应当及时提请全国人民代表大会及其常务委员会制定法律。
第五十七条　行政法规由国务院组织起草。国务院有关部门认为需要制定行政法规的，应当向国务院报请立项。	第六十六条　国务院法制机构应当根据国家总体工作布置拟订国务院年度立法计划，报国务院审批。国务院年度立法计划中的法律项目应当与全国人民代表大会常务委员会的立法规规划和年度立法计划相衔接。国务院法制机构应当及时跟踪了解国务院各部门落实立法计划的情况，加强组织协调和督促指导。 国务院有关部门认为需要制定行政法规的，应当向国务院报请立项。
第五十八条　行政法规在起草过程中，应当广泛听取有关机关、组织和公民的意见。听取意见可以采取座谈会、论证会、听证会等多种形式。	第六十七条　行政法规由国务院有关部门或者国务院法制机构具体负责起草，重要行政管理的法律、行政法规草案由国务院法制机构组织起草。行政法规在起草过程中，应当广泛听取有关机关、组织、人民代表大会代表和社会公众的意见。听取意见可以采取座谈会、论证会、听证会等多种形式。 行政法规草案应当向社会公布，征求意见，但是经国务院决定不公布的除外。

修 改 前	修 改 后
第五十九条 行政法规起草工作完成后，起草单位应当将草案及其说明、各方面对草案主要问题的不同意见和其他有关资料送国务院法制机构进行审查。 国务院法制机构应当向国务院提出审查报告和草案修改稿，审查报告应当对草案主要问题作出说明。	第六十八条 行政法规起草工作完成后，起草单位应当将草案及其说明、各方面对草案主要问题的不同意见和其他有关资料送国务院法制机构进行审查。 国务院法制机构应当向国务院提出审查报告和草案修改稿，审查报告应当对草案主要问题作出说明。
第六十条 行政法规的决定程序依照中华人民共和国国务院组织法的有关规定办理。	第六十九条 行政法规的决定程序依照中华人民共和国国务院组织法的有关规定办理。
第六十一条 行政法规由总理签署国务院令公布。	第七十条 行政法规由总理签署国务院令公布。 有关国防建设的行政法规，可以由国务院总理、中央军事委员会主席共同签署国务院、中央军事委员会令公布。
第六十二条 行政法规签署公布后，及时在国务院公报和在全国范围内发行的报纸上刊登。 在国务院公报上刊登的行政法规文本为标准文本。	第七十一条 行政法规签署公布后，及时在国务院公报和中国政府信息网以及在全国范围内发行的报纸上刊登。 在国务院公报上刊登的行政法规文本为标准文本。
第四章 地方性法规、自治条例和单行条例、规章	**第四章 地方性法规、自治条例和单行条例、规章**
第一节 地方性法规、自治条例和单行条例	**第一节 地方性法规、自治条例和单行条例**
第六十三条 省、自治区、直辖市的人民代表大会及其常务委员会根据本行政区域的具体情况和实际需要，在不同宪法、法律、行政法规相抵触的前提下，可以制定地方性法规。	第七十二条 省、自治区、直辖市的人民代表大会及其常务委员会根据本行政区域的具体情况和实际需要，在不同宪法、法律、行政法规相抵触的前提下，可以制定地方性法规。

修 改 前	修 改 后
较大的市的人民代表大会及其常务委员会根据本市的具体情况和实际需要，在不同宪法、法律、行政法规和本省、自治区的地方性法规相抵触的前提下，可以制定地方性法规，报省、自治区的人民代表大会常务委员会批准后施行。省、自治区的人民代表大会常务委员会对报请批准的地方性法规，应当对其合法性进行审查，同宪法、法律、行政法规和本省、自治区的地方性法规不抵触的，应当在四个月内予以批准。 省、自治区的人民代表大会常务委员会在对报请批准的较大的市的地方性法规进行审查时，发现其同本省、自治区的人民政府的规章相抵触的，应当作出处理决定。 本法所称较大的市是指省、自治区的人民政府所在地的市，经济特区所在地的市和经国务院批准的较大的市。	设区的市的人民代表大会及其常务委员会根据本市的具体情况和实际需要，在不同宪法、法律、行政法规和本省、自治区的地方性法规相抵触的前提下，可以对城乡建设与管理、环境保护、历史文化保护等方面的事项制定地方性法规，法律对设区的市制定地方性法规的事项另有规定的，从其规定。设区的市的地方性法规须报省、自治区的人民代表大会常务委员会批准后施行。省、自治区的人民代表大会常务委员会对报请批准的地方性法规，应当对其合法性进行审查，同宪法、法律、行政法规和本省、自治区的地方性法规不抵触的，应当在四个月内予以批准。 省、自治区的人民代表大会常务委员会在对报请批准的设区的市的地方性法规进行审查时，发现其同本省、自治区的人民政府的规章相抵触的，应当作出处理决定。 除省、自治区的人民政府所在地的市，经济特区所在地的市和国务院已经批准的较大的市以外，其他设区的市开始制定地方性法规的具体步骤和时间，由省、自治区的人民代表大会常务委员会综合考虑本省、自治区所辖的设区的市的人口数量、地域面积、经济社会发展情况以及立法需求、立法能力等因素确定，并报全国人民代表大会常务委员会和国务院备案。 自治州的人民代表大会及其常务委员会可以依照本条第二款规定行使设区的市制定地方性法规的职权。自治州开始制定地方性法规的具体步骤和时间，依照前款规定确定。 省、自治区的人民政府所在地的市，经济特区所在地的市和国务院已经批准的较大的市已经制定的地方性法规，涉及本条第二款规定事项范围以外的，继续有效。

修 改 前	修 改 后
第六十四条　地方性法规可以就下列事项作出规定： （一）为执行法律、行政法规的规定，需要根据本行政区域的实际情况作具体规定的事项； （二）属于地方性事务需要制定地方性法规的事项。 除本法第八条规定的事项外，其他事项国家尚未制定法律或者行政法规的，省、自治区、直辖市和较大的市根据本地方的具体情况和实际需要，可以先制定地方性法规。在国家制定的法律或者行政法规生效后，地方性法规同法律或者行政法规相抵触的规定无效，制定机关应当及时予以修改或者废止。	第七十三条　地方性法规可以就下列事项作出规定： （一）为执行法律、行政法规的规定，需要根据本行政区域的实际情况作具体规定的事项； （二）属于地方性事务需要制定地方性法规的事项。 除本法第八条规定的事项外，其他事项国家尚未制定法律或者行政法规的，省、自治区、直辖市和较大的市根据本地方的具体情况和实际需要，可以先制定地方性法规。在国家制定的法律或者行政法规生效后，地方性法规同法律或者行政法规相抵触的规定无效，制定机关应当及时予以修改或者废止。 设区的市、自治州根据本条第一款、第二款制定地方性法规，限于本法第七十二条第二款规定的事项。 制定地方性法规，对法律、行政法规已经明确规定的内容，一般不作重复性规定。
第六十五条　经济特区所在地的省、市的人民代表大会及其常务委员会根据全国人民代表大会的授权决定，制定法规，在经济特区范围内实施。	第七十四条　经济特区所在地的省、市的人民代表大会及其常务委员会根据全国人民代表大会的授权决定，制定法规，在经济特区范围内实施。
第六十六条　民族自治地方的人民代表大会有权依照当地民族的政治、经济和文化的特点，制定自治条例和单行条例。自治区的自治条例和单行条例，报全国人民代表大会常务委员会批准后生效。自治州、自治县的自治条例和单行条例，报省、自治区、直辖市的人民代表大会常务委员会批准后生效。	第七十五条　民族自治地方的人民代表大会有权依照当地民族的政治、经济和文化的特点，制定自治条例和单行条例。自治区的自治条例和单行条例，报全国人民代表大会常务委员会批准后生效。自治州、自治县的自治条例和单行条例，报省、自治区、直辖市的人民代表大会常务委员会批准后生效。

修改前	修改后
自治条例和单行条例可以依照当地民族的特点,对法律和行政法规的规定作出变通规定,但不得违背法律或者行政法规的基本原则,不得对宪法和民族区域自治法的规定以及其他有关法律、行政法规专门就民族自治地方所作的规定作出变通规定。	自治条例和单行条例可以依照当地民族的特点,对法律和行政法规的规定作出变通规定,但不得违背法律或者行政法规的基本原则,不得对宪法和民族区域自治法的规定以及其他有关法律、行政法规专门就民族自治地方所作的规定作出变通规定。
第六十七条　规定本行政区域特别重大事项的地方性法规,应当由人民代表大会通过。	第七十六条　规定本行政区域特别重大事项的地方性法规,应当由人民代表大会通过。
第六十八条　地方性法规案、自治条例和单行条例案的提出、审议和表决程序,根据中华人民共和国地方各级人民代表大会和地方各级人民政府组织法,参照本法第二章第二节、第三节、第五节的规定,由本级人民代表大会规定。 　　地方性法规草案由负责统一审议的机构提出审议结果的报告和草案修改稿。	第七十七条　地方性法规案、自治条例和单行条例案的提出、审议和表决程序,根据中华人民共和国地方各级人民代表大会和地方各级人民政府组织法,参照本法第二章第二节、第三节、第五节的规定,由本级人民代表大会规定。 　　地方性法规草案由负责统一审议的机构提出审议结果的报告和草案修改稿。
第六十九条　省、自治区、直辖市的人民代表大会制定的地方性法规由大会主席团发布公告予以公布。 　　省、自治区、直辖市的人民代表大会常务委员会制定的地方性法规由常务委员会发布公告予以公布。 　　较大的市的人民代表大会及其常务委员会制定的地方性法规报经批准后,由较大的市的人民代表大会常务委员会发布公告予以公布。 　　自治条例和单行条例报经批准后,分别由自治区、自治州、自治县的人民代表大会常务委员会发布公告予以公布。	第七十八条　省、自治区、直辖市的人民代表大会制定的地方性法规由大会主席团发布公告予以公布。 　　省、自治区、直辖市的人民代表大会常务委员会制定的地方性法规由常务委员会发布公告予以公布。 　　市区的市、自治州的人民代表大会及其常务委员会制定的地方性法规报经批准后,由市区的市、自治州的人民代表大会常务委员会发布公告予以公布。 　　自治条例和单行条例报经批准后,分别由自治区、自治州、自治县的人民代表大会常务委员会发布公告予以公布。

续表

修改前	修改后
第七十条 地方性法规、自治区的自治条例和单行条例公布后，及时在本级人民代表大会常务委员会公报和在本行政区域范围内发行的报纸上刊登。 在常务委员会公报上刊登的地方性法规、自治条例和单行条例文本为标准文本。	第七十九条 地方性法规、自治区的自治条例和单行条例公布后，及时在本级人民代表大会常务委员会公报和中国人大网、本地方人民代表大会网站以及在本行政区域范围内发行的报纸上刊载。 在常务委员会公报上刊登的地方性法规、自治条例和单行条例文本为标准文本。
<div align="center">第二节 规 章</div>	<div align="center">第二节 规 章</div>
第七十一条 国务院各部、委员会、中国人民银行、审计署和具有行政管理职能的直属机构，可以根据法律和国务院的行政法规、决定、命令，在本部门的权限范围内，制定规章。 部门规章规定的事项应当属于执行法律或者国务院的行政法规、决定、命令的事项。	第八十条 国务院各部、委员会、中国人民银行、审计署和具有行政管理职能的直属机构，可以根据法律和国务院的行政法规、决定、命令，在本部门的权限范围内，制定规章。 部门规章规定的事项应当属于执行法律或者国务院的行政法规、决定、命令的事项。没有法律、行政法规依据，部门规章不得创设限制或者剥夺公民、法人和其他组织权利的规范，或者增加公民、法人和其他组织义务的规范，不得增加本部门的权力、减少本部门的法定职责。
第七十二条 涉及两个以上国务院部门职权范围的事项，应当提请国务院制定行政法规或者由国务院有关部门联合制定规章。	第八十一条 涉及两个以上国务院部门职权范围的事项，应当提请国务院制定行政法规或者由国务院有关部门联合制定规章。
第七十三条 省、自治区、直辖市和较大的市的人民政府，可以根据法律、行政法规和本省、自治区、直辖市的地方性法规，制定规章。 地方政府规章可以就下列事项作出规定： （一）为执行法律、行政法规、地方性法规的规定需要制定规章的事项；	第八十二条 省、自治区、直辖市和设区的市、自治州的人民政府，可以根据法律、行政法规和本省、自治区、直辖市的地方性法规，制定规章。 地方政府规章可以就下列事项作出规定： （一）为执行法律、行政法规、地方性法规的规定需要制定规章的事项；

修 改 前	修 改 后
	（二）属于本行政区域的具体行政管理事项。
	设区的市、自治州的人民政府根据本条第一款、第二款制定地方政府规章，限于城乡建设与管理、环境保护、历史文化保护等方面的事项。已经制定的地方政府规章，涉及上述事项范围以外的，继续有效。
	除省、自治区的人民政府所在地的市，经济特区所在地的市和国务院已经批准的较大的市以外，其他设区的市、自治州的人民政府开始制定规章的时间，与本省、自治区人民代表大会常务委员会确定的本市、自治州开始制定地方性法规的时间同步。
（二）属于本行政区域的具体行政管理事项。	应当制定地方性法规但条件尚不成熟的，因行政管理迫切需要，可以先制定地方政府规章。规章实施满两年需要继续实施规章所规定的行政措施的，应当提请本级人民代表大会或者其常务委员会制定地方性法规。
	没有法律、行政法规、地方性法规的依据，地方政府规章不得设定减损公民、法人和其他组织权利或者增加其义务的规范。
第七十四条　国务院部门规章和地方政府规章的制定程序，参照本法第三章的规定，由国务院规定。	第八十三条　国务院部门规章和地方政府规章的制定程序，参照本法第三章的规定，由国务院规定。
第七十五条　部门规章应当经部务会议或者委员会会议决定。 地方政府规章应当经政府常务会议或者全体会议决定。	第八十四条　部门规章应当经部务会议或者委员会会议决定。 地方政府规章应当经政府常务会议或者全体会议决定。
第七十六条　部门规章由部门首长签署命令予以公布。 地方政府规章由省长或者自治区主席或者市长签署命令予以公布。	第八十五条　部门规章由部门首长签署命令予以公布。 地方政府规章由省长或者自治区主席、市长或者自治州州长签署命令予以公布。

修 改 前	修 改 后
第七十七条　部门规章签署公布后，及时在国务院公报或者部门公报和在全国范围内发行的报纸上刊登。 　　地方政府规章签署公布后，及时在本级人民政府公报和在本行政区域范围内发行的报纸上刊登。 　　在国务院公报或者部门公报和地方人民政府公报上刊登的规章文本为标准文本。	第八十六条　部门规章签署公布后，及时在国务院公报或者部门公报和中国政府法制信息网以及在全国范围内发行的报纸上刊载。 　　地方政府规章签署公布后，及时在本级人民政府公报和中国政府法制信息网以及在本行政区域范围内发行的报纸上刊载。 　　在国务院公报或者部门公报和地方人民政府公报上刊登的规章文本为标准文本。
第五章　适用与备案	**第五章　适用与备案**
第七十八条　宪法具有最高的法律效力，一切法律、行政法规、地方性法规、自治条例和单行条例、规章都不得同宪法相抵触。	第八十七条　宪法具有最高的法律效力，一切法律、行政法规、地方性法规、自治条例和单行条例、规章都不得同宪法相抵触。
第七十九条　法律的效力高于行政法规、地方性法规、规章。 　　行政法规的效力高于地方性法规、规章。	第八十八条　法律的效力高于行政法规、地方性法规、规章。 　　行政法规的效力高于地方性法规、规章。
第八十条　地方性法规的效力高于本级和下级地方政府规章。 省、自治区的人民政府制定的规章的效力高于本行政区域内的较大的市的人民政府制定的规章。	第八十九条　地方性法规的效力高于本级和下级地方政府规章。 　　省、自治区的人民政府制定的规章的效力高于本行政区域内的较大的市的人民政府制定的规章。
第八十一条　自治条例和单行条例依法对法律、行政法规、地方性法规作变通规定的，在本自治地方适用自治条例和单行条例的规定。 　　经济特区法规根据授权对法律、行政法规、地方性法规作变通规定的，在本经济特区适用经济特区法规的规定。	第九十条　自治条例和单行条例依法对法律、行政法规、地方性法规作变通规定的，在本自治地方适用自治条例和单行条例的规定。 　　经济特区法规根据授权对法律、行政法规、地方性法规作变通规定的，在本经济特区适用经济特区法规的规定。

修 改 前	修 改 后
第八十二条　部门规章之间、部门规章与地方政府规章之间具有同等效力，在各自的权限范围内施行。	第九十一条　部门规章之间、部门规章与地方政府规章之间具有同等效力，在各自的权限范围内施行。
第八十三条　同一机关制定的法律、行政法规、地方性法规、自治条例和单行条例、规章，特别规定与一般规定不一致的，适用特别规定；新的规定与旧的规定不一致的，适用新的规定。	第九十二条　同一机关制定的法律、行政法规、地方性法规、自治条例和单行条例、规章，特别规定与一般规定不一致的，适用特别规定；新的规定与旧的规定不一致的，适用新的规定。
第八十四条　法律、行政法规、地方性法规、自治条例和单行条例、规章不溯及既往，但为了更好地保护公民、法人和其他组织的权利和利益而作的特别规定除外。	第九十三条　法律、行政法规、地方性法规、自治条例和单行条例、规章不溯及既往，但为了更好地保护公民、法人和其他组织的权利和利益而作的特别规定除外。
第八十五条　法律之间对同一事项的新的一般规定与旧的特别规定不一致，不能确定如何适用时，由全国人民代表大会常务委员会裁决。 　行政法规之间对同一事项的新的一般规定与旧的特别规定不一致，不能确定如何适用时，由国务院裁决。	第九十四条　法律之间对同一事项的新的一般规定与旧的特别规定不一致，不能确定如何适用时，由全国人民代表大会常务委员会裁决。 　行政法规之间对同一事项的新的一般规定与旧的特别规定不一致，不能确定如何适用时，由国务院裁决。
第八十六条　地方性法规、规章之间不一致时，由有关机关依照下列规定的权限作出裁决： 　（一）同一机关制定的新的一般规定与旧的特别规定不一致时，由制定机关裁决；	第九十五条　地方性法规、规章之间不一致时，由有关机关依照下列规定的权限作出裁决： 　（一）同一机关制定的新的一般规定与旧的特别规定不一致时，由制定机关裁决；

修 改 前	修 改 后
（二）地方性法规与部门规章之间对同一事项的规定不一致，不能确定如何适用时，由国务院提出意见，国务院认为应当适用地方性法规的，应当决定在该地方适用地方性法规的规定；认为应当适用部门规章的，应当提请全国人民代表大会常务委员会裁决； （三）部门规章之间、部门规章与地方政府规章之间对同一事项的规定不一致时，由国务院裁决。 根据授权制定的法规与法律规定不一致，不能确定如何适用时，由全国人民代表大会常务委员会裁决。	（二）地方性法规与部门规章之间对同一事项的规定不一致，不能确定如何适用时，由国务院提出意见，国务院认为应当适用地方性法规的，应当决定在该地方适用地方性法规的规定；认为应当适用部门规章的，应当提请全国人民代表大会常务委员会裁决； （三）部门规章之间、部门规章与地方政府规章之间对同一事项的规定不一致时，由国务院裁决。 根据授权制定的法规与法律规定不一致，不能确定如何适用时，由全国人民代表大会常务委员会裁决。
第八十七条 法律、行政法规、地方性法规、自治条例和单行条例、规章有下列情形之一的，由有关机关依照本法第八十八条规定的权限予以改变或者撤销： （一）超越权限的； （二）下位法违反上位法规定的； （三）规章之间对同一事项的规定不一致，经裁决应当改变或者撤销一方的规定的； （四）规章的规定被认为不适当，应当予以改变或者撤销的； （五）违背法定程序的。	第九十六条 法律、行政法规、地方性法规、自治条例和单行条例、规章有下列情形之一的，由有关机关依照本法第九十七条规定的权限予以改变或者撤销： （一）超越权限的； （二）下位法违反上位法规定的； （三）规章之间对同一事项的规定不一致，经裁决应当改变或者撤销一方的规定的； （四）规章的规定被认为不适当，应当予以改变或者撤销的； （五）违背法定程序的。

修 改 前	修 改 后
第八十八条　改变或者撤销法律、行政法规、地方性法规、自治条例和单行条例、规章的权限是： 　　（一）全国人民代表大会有权改变或者撤销它的常务委员会制定的不适当的法律，有权撤销全国人民代表大会常务委员会批准的违背宪法和本法第六十六条第二款规定的自治条例和单行条例； 　　（二）全国人民代表大会常务委员会有权撤销同宪法和法律相抵触的行政法规，有权撤销同宪法、法律和行政法规相抵触的地方性法规，有权撤销省、自治区、直辖市的人民代表大会常务委员会批准的违背宪法和本法第六十六条第二款规定的自治条例和单行条例； 　　（三）国务院有权改变或者撤销不适当的部门规章和地方政府规章； 　　（四）省、自治区、直辖市的人民代表大会有权改变或者撤销它的常务委员会制定的和批准的不适当的地方性法规； 　　（五）地方人民代表大会常务委员会有权撤销本级人民政府制定的不适当的规章； 　　（六）省、自治区的人民政府有权改变或者撤销下一级人民政府制定的不适当的规章； 　　（七）授权机关有权撤销被授权机关制定的超越授权范围或者违背授权目的的法规，必要时可以撤销授权。	第九十七条　改变或者撤销法律、行政法规、地方性法规、自治条例和单行条例、规章的权限是： 　　（一）全国人民代表大会有权改变或者撤销它的常务委员会制定的不适当的法律，有权撤销全国人民代表大会常务委员会批准的违背宪法和本法第七十五条第二款规定的自治条例和单行条例； 　　（二）全国人民代表大会常务委员会有权撤销同宪法和法律相抵触的行政法规，有权撤销同宪法、法律和行政法规相抵触的地方性法规，有权撤销省、自治区、直辖市的人民代表大会常务委员会批准的违背宪法和本法第七十五条第二款规定的自治条例和单行条例； 　　（三）国务院有权改变或者撤销不适当的部门规章和地方政府规章； 　　（四）省、自治区、直辖市的人民代表大会有权改变或者撤销它的常务委员会制定的和批准的不适当的地方性法规； 　　（五）地方人民代表大会常务委员会有权撤销本级人民政府制定的不适当的规章； 　　（六）省、自治区的人民政府有权改变或者撤销下一级人民政府制定的不适当的规章； 　　（七）授权机关有权撤销被授权机关制定的超越授权范围或者违背授权目的的法规，必要时可以撤销授权。

修改前	修改后
第八十九条　行政法规、地方性法规、自治条例和单行条例、规章应当在公布后的三十日内依照下列规定报有关机关备案： （一）行政法规报全国人民代表大会常务委员会备案； （二）省、自治区、直辖市的人民代表大会及其常务委员会制定的地方性法规，报全国人民代表大会常务委员会和国务院备案；较大的市的人民代表大会及其常务委员会制定的地方性法规，由省、自治区的人民代表大会常务委员会报全国人民代表大会常务委员会和国务院备案； （三）自治州、自治县制定的自治条例和单行条例，由省、自治区、直辖市的人民代表大会常务委员会报全国人民代表大会常务委员会和国务院备案； （四）部门规章和地方政府规章报国务院备案；地方政府规章应当同时报本级人民代表大会常务委员会备案；较大的市的人民政府制定的规章应当同时报省、自治区的人民代表大会常务委员会和人民政府备案； （五）根据授权制定的法规应当报授权决定规定的机关备案。	第九十八条　行政法规、地方性法规、自治条例和单行条例、规章应当在公布后的三十日内依照下列规定报有关机关备案： （一）行政法规报全国人民代表大会常务委员会备案； （二）省、自治区、直辖市的人民代表大会及其常务委员会制定的地方性法规，报全国人民代表大会常务委员会和国务院备案；设区的市、自治州的人民代表大会及其常务委员会制定的地方性法规，由省、自治区的人民代表大会常务委员会报全国人民代表大会常务委员会和国务院备案； （三）自治州、自治县的人民代表大会制定的自治条例和单行条例，由省、自治区、直辖市的人民代表大会常务委员会报全国人民代表大会常务委员会和国务院备案；自治条例、单行条例报送备案时，应当说明对法律、行政法规、地方性法规作出变通的情况； （四）部门规章和地方政府规章报国务院备案；地方政府规章应当同时报本级人民代表大会常务委员会备案；设市区的市、自治州的人民政府制定的规章应当同时报省、自治区的人民代表大会常务委员会和人民政府备案； （五）根据授权制定的法规应当报授权决定规定的机关备案；经济特区法规报送备案时，应当说明对法律、行政法规、地方性法规作出变通的情况。

修改前	修改后
第九十条　国务院、中央军事委员会、最高人民法院、最高人民检察院和各省、自治区、直辖市的人民代表大会常务委员会认为行政法规、地方性法规、自治条例和单行条例同宪法或者法律相抵触的，可以向全国人民代表大会常务委员会书面提出进行审查的要求，由常务委员会工作机构分送有关的专门委员会进行审查、提出意见。 前款规定以外的其他国家机关和社会团体、企业事业组织以及公民认为行政法规、地方性法规、自治条例和单行条例同宪法或者法律相抵触的，可以向全国人民代表大会常务委员会书面提出进行审查的建议，由常务委员会工作机构进行研究，必要时，送有关的专门委员会进行审查、提出意见。	第九十九条　国务院、中央军事委员会、最高人民法院、最高人民检察院和各省、自治区、直辖市的人民代表大会常务委员会认为行政法规、地方性法规、自治条例和单行条例同宪法或者法律相抵触的，可以向全国人民代表大会常务委员会书面提出进行审查的要求，由常务委员会工作机构分送有关的专门委员会进行审查、提出意见。 前款规定以外的其他国家机关和社会团体、企业事业组织以及公民认为行政法规、地方性法规、自治条例和单行条例同宪法或者法律相抵触的，可以向全国人民代表大会常务委员会书面提出进行审查的建议，由常务委员会工作机构进行研究，必要时，送有关的专门委员会进行审查、提出意见。 有关的专门委员会和常务委员会工作机构可以对报送备案的规范性文件进行主动审查。
第九十一条　全国人民代表大会专门委员会在审查中认为行政法规、地方性法规、自治条例和单行条例同宪法或者法律相抵触的，可以向制定机关提出书面审查意见；也可以由法律委员会与有关的专门委员会召开联合审查会议，要求制定机关到会说明情况，再向制定机关提出书面审查意见。制定机关应当在两个月内研究提出是否修改的意见，并向全国人民代表大会法律委员会和有关的专门委员会反馈。	第一百条　全国人民代表大会专门委员会、常务委员会工作机构在审查、研究中认为行政法规、地方性法规、自治条例和单行条例同宪法或者法律相抵触的，可以向制定机关提出书面审查意见、研究意见；也可以由法律委员会与有关的专门委员会、常务委员会工作机构召开联合审查会议，要求制定机关到会说明情况，再向制定机关提出书面审查意见。制定机关应当在两个月内研究提出是否修改的意见，并向全国人民代表大会法律委员会和有关的专门委员会或者常务委员会工作机构反馈。

修 改 前	修 改 后
全国人民代表大会法律委员会和有关的专门委员会审查认为行政法规、地方性法规、自治条例和单行条例同宪法或者法律相抵触而制定机关不予修改的，可以向委员长会议提出书面审查意见和予以撤销的议案，由委员长会议决定是否提请常务委员会会议审议决定。	全国人民代表大会法律委员会、有关的专门委员会、常务委员会工作机构根据前款规定，向制定机关提出审查意见、研究意见，制定机关按照所提意见对行政法规、地方性法规、自治条例和单行条例进行修改或者废止的，审查终止。 　　全国人民代表大会法律委员会、有关的专门委员会、常务委员会工作机构经审查、研究认为行政法规、地方性法规、自治条例和单行条例同宪法或者法律相抵触而制定机关不予修改的，可以向委员长会议提出予以撤销的议案、建议，由委员长会议决定提请常务委员会会议审议决定。
	第一百零一条　全国人民代表大会有关的专门委员会和常务委员会工作机构应当按照规定要求，将审查、研究情况向提出审查建议的国家机关、社会团体、企业事业组织以及公民反馈，并可以向社会公开。
第九十二条　其他接受备案的机关对报送备案的地方性法规、自治条例和单行条例、规章的审查程序，按照维护法制统一的原则，由接受备案的机关规定。	第一百零二条　其他接受备案的机关对报送备案的地方性法规、自治条例和单行条例、规章的审查程序，按照维护法制统一的原则，由接受备案的机关规定。
第六章　附　则	第六章　附　则
第九十三条　中央军事委员会根据宪法和法律，制定军事法规。 　　中央军事委员会各总部、军兵种、军区，可以根据法律和中央军事委员会的军事法规、决定、命令，在其权限范围内，制定军事规章。 　　军事法规、军事规章在武装力量内部实施。 　　军事法规、军事规章的制定、修改和废止办法，由中央军事委员会依照本法规定的原则规定。	第一百零三条　中央军事委员会根据宪法和法律，制定军事法规。 　　中央军事委员会各总部、军兵种、军区、中国人民武装警察部队，可以根据法律和中央军事委员会的军事法规、决定、命令，在其权限范围内，制定军事规章。 　　军事法规、军事规章在武装力量内部实施。 　　军事法规、军事规章的制定、修改和废止办法，由中央军事委员会依照本法规定的原则规定。

修改前	修改后
	第一百零四条　最高人民法院、最高人民检察院作出的属于审判、检察工作中具体应用法律的解释，应当主要针对具体的法律条文，并符合立法的目的、原则和原意。遇有本法第四十五条第二款规定情况的，应当向全国人民代表大会常务委员会提出法律解释的要求或者提出制定、修改有关法律的议案。 　　最高人民法院、最高人民检察院作出的属于审判、检察工作中具体应用法律的解释，应当自公布之日起三十日内报全国人民代表大会常务委员会备案。 　　最高人民法院、最高人民检察院以外的审判机关和检察机关，不得作出具体应用法律的解释。
第九十四条　本法自 2000 年 7 月 1 日起施行。	第一百零五条　本法自 2000 年 7 月 1 日起施行。